경제이론의 역사

박기주 지음

The History of Economic Theory

도서출판
해남

경제이론의 역사

초판1쇄 발행 2016년 8월 25일
초판2쇄 발행 2017년 8월 9일
초판3쇄 인쇄 2022년 2월 21일
초판3쇄 발행 2022년 2월 28일

지은이 박기주
발행인 노현철
발행처 도서출판 해남

출판등록   1995. 5. 10 제 1-1885호
주   소   서울특별시 마포구 마포대로8길 9 영명빌딩 405호
전   화   739-4822   팩스 720-4823
이 메 일   haenamin30@naver.com
홈페이지   www.hpub.co.kr

ISBN   978-89-6238-103-0   93320

머리말

　오늘날 경제학은 너무 난해하고 현실과는 동떨어진 것처럼 보인다. 미분위상기하학(differential topology) 등 고도의 수학이론을 원용한 논문은 동류의 경제학자들조차 접근하기 어려울 정도이다. 경제 문제가 결코 덜 중요해진 것이 아님에도 불구하고 경제학은 현실의 중요한 경제적 문제들에 대해 이렇다 할 답을 내놓지 못하고 있다. 과거의 경제학 역시 지금의 경제학처럼 그랬던 것은 아니다. 경제학이야말로 사람들을 현실이라는 바리케이드의 가장 앞까지 몰아세운 치열한 학문이었다. 그래서 이전의 시대로 돌아가서 문제에 직면하여 경제학자들이 어떤 해답을 내놓았는지를 살펴보는 것은 단순한 회고에 그치는 것이 아니라 현대 경제학에 대한 교훈의 의미가 있다.

　경제학은 간단히 말하면 더 많은 것을 소비하려는 인간의 욕구에 비해 재화와 서비스가 상대적으로 희소하기 때문에 사회가 직면하는 문제를 설명하는 과학이다. 희소성의 문제를 해결하기 위해서는 제한된 자원을 여러 용도에 배분하는 시스템이 필요하다. 폴라니(K. Polanyi)는 이를 호혜경제, 재분배경제와 시장경제라는 것으로 설명하였다. 앞의 둘은 우호적 관계나 권위에 의해 이루어지는 배분 체계이며, 시장경제는 그보다 나중에 성립하여 현재 구미(歐美)를 비롯한 거의 모든 사회에 정착된 체계이다. 경제학은 바로 이런 시장경제에서 희소성의 문제가 해결되는 방식과 관련한 여러 문제를 다룬다.

　시장경제가 성립하기 이전에는 경제학을 이해하기 위한 어떤 집단도 없었지만 16세기부터 18세기 중엽까지 경제 문제와 관련한 저작들이 많이 증가하였다. 초기에는 주로 경제 정책에 관심을 가진 사람들이 특정 이슈에 대해 쓴 논문이나 팸플릿 정도였으며, 마지막 1세기 동안에 경제적 지식의 본체에 해당할 만한 것이 등장하지만 아직 유치한 수준의 것이었다. 애덤 스미스라는 인물이 이런 초기적 저작들을 섭렵하고, 그것을 유명한 『국부론』을 통해 경제학의 교의로 담아내면서 경제학은 독립적인 학문으로 성립 · 발전하게 되고 그것을 공유하는 연구 집단이 생겨났다. 우리는 이들을 경제학자라고 부른다. 사실 경제학 태동기의 학자들은 인생 경력과 성격이 각양각색이어서 그중에는 독신의 철학자, 성직자, 증권 중개인, 혁명가, 귀족, 회의주의자, 방랑자 등도 있었다. 그들을 공통으로 묶을 수 있는 것은 그들이 모든 인간 행동의 가장 세속적인 부분, 즉 부를 향한 욕구와 물질 세계의 질서를 다루고 있다는 점이며, 그 때문에 어떤 사람은 경제학자를 세속의 철학자라고도 하였다.

　어떻게 그들의 이론을 탐구할 것인가. 모든 학문에서 그 발전 과정을 이해하려는 방법으로는 기본적으로 두 가지가 있다. 첫 번째는 상대주의적 · 역사적 방법으로서, 역사적 · 경제적 · 정치적 · 사회적 힘들이 사람들로 하여금 어떤 경제 문제에 관심을 갖도록 했으며, 어떤 내용의 이론을 등장시켰는가에 주목한다. 여기서는 예컨대 고전학파 경제학의 등장과 당시 영국의 공업화와의 관계라든가, 리카도 경제학과 당시 여러 계급 간의 갈등관계, 그리고 케인스 경제학과 1930년대 공황과의 관계 등을 강조한다. 즉, 상대주의적 방법은 각 시대에 당면한 문제들에 대해 경제학자들이 어떤 분석 방법을 적용하였으며, 경제 분석의 틀이 어떻게 변해 왔는가에 주목한다.

두 번째는 절대주의적 · 논리적 방법으로서, 경제학 이론의 발전에서 학문 세계의 내적 역량, 예컨대 경제학에 대한 전문성이 어떻게 증가했는가에 주목한다. 이는 경제이론의 발전이 단순히 역사적 상황을 반영하는 것일 뿐 아니라, 지적 발전을 흡수한 전문가들이 그동안 풀 수 없었던 문제나 역설을 인식하고 설명함으로써 가능하였다고 생각한다. 따라서 여기서는 주로 경제 분석의 이론적 기초가 어떻게 논리적으로 정당화되고 또 비판되었는지가 주요한 논점이 된다. 이는 곧 학문의 본질을 구성하고 있는 이론, 개념 및 분석 방법 자체가 어떻게 변모해 왔는가를 변증법적으로 고찰한다는 것을 의미하며, 최신 이론이 이전 이론보다 진실에 더 가깝고 오류가 적다고 본다.

경제이론의 발전이 때로는 전문가 내에서의 지적 능력에 기인하며, 다른 한편으로는 각 시대의 정치적 · 경제적 의제에 대한 검토에서 얻어지는 통찰력에 기인하기도 한다. 따라서 위의 두 가지 방법은 결코 서로 배제하는 것은 아니며, 대부분의 경제사상사 연구는 두 가지 방법을 함께 고려해 왔다. 사실 상당한 경우에 여러 힘이 뒤섞여 작용하고 있으므로 어느 한 방법만으로 이론의 발전을 만족스럽게 설명하기는 어렵다. 본서는 첫 번째의 접근 방법에 좀 더 강조점을 두고 여러 세대에 걸친 경제학자의 사고의 변화 과정을 통해 경제학의 발전을 살펴보고자 한다. 그런데 역사적 맥락 속에서 경제사상의 발전을 생각할 때 직면하는 중요한 어려움은 어떤 시점에서 적절한 합의를 이룬 이론을 특정할 수 있느냐는 점이다. 아마 자연과학의 한 분야라면 그것은 비교적 용이할 것이다. 거기에는 연구자라면 누구나 동의하고 공유하는 이론이 있기 때문이다. 문제의 핵심이 되는 기초적인 이론 체계가 잘 정리되어 있으며, 따라서 연구자는 거기에 기초하여 자신이 관심을 가진 문제를 풀어 나갈 수 있다.

각 세대의 과학자들이 어떻게 자신이 훈련 받은 분석 방법을 고수하거나 재구성하거나 변경하는가에 흥미를 가진 토머스 쿤(T. S. Kuhn)과 같은 과학철학자들은, 과학자 다수가 당연한 것으로 받아들이고 있는 학문의 핵심을 패러다임(paradigm)이라는 말로 표현하였다. 쿤은 패러다임을 '학문적 틀'(disciplinary matrix)로 정의했다. 즉, 패러다임은 '어떤 학문적 공동체 그리고 그들만이 공유'하고 있다는 의미에서 학문적이며, 하나하나가 더 상세한 특정화를 필요로 하는 일련의 요소로 성립되어 있다는 의미에서 틀이다. 패러다임은 '보편적으로 수용되고 있는 과학적 성과로서, 학문적 공동체에 대해 이론의 의제(agenda)와 해답을 제공'한다. 쿤은 기존의 패러다임으로는 설명할 수 없는 이례적 상황에 직면하였을 때 패러다임의 전환(shift)이 일어난다고 하고 그것을 과학혁명이라고 하였다. 패러다임의 전환은 패러다임 간의 공약불가능성(incommensurability) 때문에 한 걸음씩 진행되는 것이 아니라 형태(gestalt)의 전환처럼 일시에 일어나는 개종(conversion)이다.

이런 쿤의 패러다임 개념은 과학적 의제를 결정론적으로 해석하며, 패러다임의 전환을 의미하는 과학혁명이라는 개념은 수사학적 과장을 내포하고 있다. 그래서 과학 발전에서의 불연속성보다 연속성을 중시하는 사람들은 어떤 시점에서의 분석 방법을 하나의 사상으로 묶는다는 것 자체가 불가능하다고 생각하고 패러다임 전환이라는 생각에 강하게 반대하였다. 뉴턴의 물리학에서 아인슈타인의 물리학으로의 전환은, 이전 이론의 전제 하에서 추리한 결과가 아니라, 사고의 전환을 의미한다는 것에 대해서는 누구나 동의할 수 있을 것이다. 그러한 불연속성이 존재하지만, 다른 한편으로는 과거 이론이 새로운 이론의 관점에서 합리적으로 이해될 수 있는 연속성 또한 존재한다. 즉, 아인슈타인의 물리학에서도 천천히 움직이는 거대한 물체의 경우에, 뉴턴의 법칙은 여전히 타당성을 갖고 있다. 즉, 패러다임 간에 불연속성이 존재한다고 해도 다른 한편에서 보면 연결다리가 보인다. 사실 이러한 주장은 경제학에서 큰 힘을 지니고 있다.

경제학의 발전을 사회적·역사적 맥락에서 설명함에 있어서 패러다임이나 과학혁명의 개념이 필수불가결한 것은 아니며, 또한 패러다임과 과학혁명이라는 용어가 마치 경제이론과 개념이 완전하다거나 연속적인 변화는 없고 불연속적인 변화만 존재한다는 오해를 낳을 수 있다. 그러나 경제학의 발전 과정에서 시대마다 경제학자 다수가 받아들인 이론, 개념, 분석 방법이 있었으며, 또한 그것이 크게 변해 왔음을 부정할 수는 없다. 그것들은 현실을 다른 관점에서 바라보는 틀이다. 그것을 패러다임으로 이해한다면 구명되어야 할 문제는, 언제부터 어떤 패러다임이 무엇을 계기로 등장하며, 각 패러다임이 갖고 있는 특징이 무엇이고, 중요한 개념이 어떤 혁명적인 내용을 담고 있으며, 어떻게 패러다임의 전환이 성공하는가라는 것이다.

그런데 사회과학의 경우에 하나의 패러다임이 등장했다가 사라지는 것은 패러다임의 설명력과는 관계없는 요인들에도 많이 의존하고 있다. 경제학(Political Economy)은 끊임없이 과학적·객관적 측면을 발전시키려고 노력해 왔음에도 불구하고, 철학과 윤리학을 모태로 하므로 항상 강한 규범적 함의를 지닌 학문이었다. 경제 문제와 관련된 많은 질문은 철학적이고 윤리적인 이슈이기도 하며 이것들이 경제학의 다양한 전망을 제공한다. 사회가 아무리 노력해서 희소한 자원을 배분하더라도 여전히 충족되지 못한 욕구가 존재하며, 균등과 정의, 공정과 같은 이슈들은 희소성의 문제에 내재되어 있다. 따라서 이런 이슈들에 대한 철학적·이념적 배경은 어떤 이론이 수용되고 영향력을 계속 유지할 수 있도록 하는 중요한 역할을 하고 있다. 그리고 이념과도 무관하지 않지만, 경제학의 패러다임이 바뀌는 가장 중요한 원인은 아마도 경제 문제의 내용이나 대상이 시기에 따라 달라진다는 점일 것이다. 또한 경제이론의 상대적 우월성을 평가할 때, 어떤 문제가 중요한가 하는 점뿐만 아니라 현실에 대한 경제학자의 사고가 변한다는 점을 고려하지 않으면 안 된다. 따라서 경제학의 발전 과정에서 있었던 여러 논쟁을 시야에 두고 경제학이 풀어야 할 문제가 무엇이었으며 어떻게 해결되었는지에 대해 살펴보는 것은, 경제학의 패러다임이 어떻게 변해 왔는지를 이해함에 있어 매우 중요하다.

　본서는 경제학이 해결해야 할 몇 가지 문제, 즉 가치(가격)·성장·화폐·분배·방법론의 문제에 초점을 맞추었다. 경제학을 흔히 미시경제학과 거시경제학으로 구분하는데, 가치와 분배는 미시경제학의 문제이고, 성장과 화폐는 거시경제학의 문제이다. 경제 문제는 교환관계로부터 발생하며 교환관계에서의 핵심은 교환 비율, 즉 재화의 가치 또는 가격의 문제이다. 따라서 그것은 경제학을 출발시킨 대주제이며 그에 관한 사고는 고대로까지 소급할 수 있다. 경제성장의 문제는 비록 현재의 경제학 교과서에서는 그에 상응하는 지위를 부여받지 못하고 있지만, 고전학파 시대의 경제학자들에게 있어서는 설명해야 할 가장 중요한 과제였다. 화폐 문제는 교환관계로부터 시작되므로 매우 오래된 주제이며, 특히 현대 경제에서 중앙은행의 역할, 국제금융과 외부 화폐가 일국 경제에 미치는 영향을 생각하면 중요한 주제임은 말할 필요가 없다. 분배는 이상의 여러 문제와 연관된 문제이기도 하지만, 근대 경제 이후에 특히 사회적·정치적 이슈와도 관련된 중요한 주제이다. 오늘날의 경제학은 분배 문제에 관심을 보이지 못하고 있기 때문에 실천성이 약화되고 있다. 그리고 각 패러다임의 특징을 설명해 주는 요체라고 할 수 있는 방법론에 대해서도 검토한다. 경제학 패러다임이 바뀌는 것은 경제학자들의 연구 대상의 범위와 방법론의 차이에서 비롯되며, 연구 대상의 범위는 방법론과 상호 연관되어 있다.

그동안 경제학의 발전에 중요한 공헌을 많이 한 경제학자들이 있었다. 본
서는 간결하게 쓴 교과서이고 지면의 제약도 있으므로 그들 모두를 망라하여
설명할 수는 없다. 따라서 그들 중에서 누구라도 인정할 만한 지도적 입장에 있
던 일군의 권위 있는 경제학자들을 중심으로, 그들이 자기 시대의 문제에 대응
하여 구축한 이론의 배경, 개념, 연구 방법, 사회경제적 함의 등을 살펴본다.
〈그림〉에서 제시한 경제사상의 흐름에서 본서가 대상으로 하는 것은 시기적으
로는 16-20세기 중엽이고 내용으로는 그림의 가운데 배치한 주류적 학설이다.

〈그림〉 경제사상의 흐름

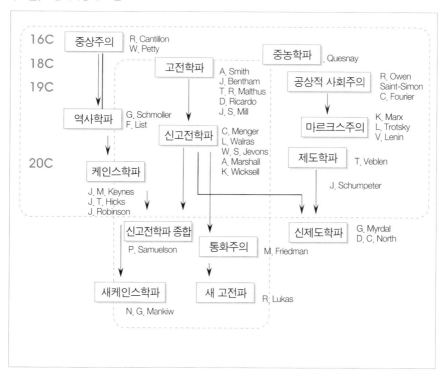

경제학은 시작부터 20세기 전반에 이르기까지 영국을 중심으로 하여 발전하였기 때문에 영국의 경제학자들이 학계의 주류를 이루었다. 그러나 경제학의 주류에서 벗어난 학설이라고 해서 의미가 없다는 것은 아니며, 상황에 따라서는 비주류 경제학이 경제사회를 보는 훨씬 탁월한 통찰력을 제공하기도 한다. 주류 경제학자들은 사회·정치·경제 제도를 주어진 것으로 간주하고 그 제도하에서 인간의 행동이 어떻게 나타나는지를 연구하지만, 비주류 경제학자들은 이러한 제도의 반전에 주목하여 현상을 설명한다. 이러한 비주류 경제학자들에 대해서는 하일브로너(R. Heilbroner)나 헌트(E. K. Hunt)의 책이 읽을 만하다.

본서는 저명한 경제사학자 딘(P. Deane)의 『경제사상의 진화』(*The Evolution of Economic Ideas*, 1978)를 인용부호 없이 많이 참조하였음을 밝힌다. 케임브리지 대학이 학부생과 관심 있는 일반 독자들을 위해 기획한 경제학 시리즈물의 하나인 이 책은, 경제사상사 연구자가 아니라 경제사학자가 쓴 책이기 때문에, 이 분야의 일반적인 교과서에서 느낄 수 없는 흥미를 유발한다. 특히, 강의용 교재로 쓰기에 적합하게 구성되어 있어, 필자는 수년간 경제학설사를 강의하면서 이 책을 교재로 사용하였다. 그러나 내용이 매우 압축적이고 영국인 특유의 복잡한 문장으로 되어 있어 이해하기 쉽지 않으며, 또한 중요한 이론이 누락되거나 미흡하게 다루어진 부분도 있다. 이에 필자는 경제학자들과 그들의 이론을 좀 더 체계적이고 깊이 있게 이해할 수 있는 강의용 교재의 필요성을 느끼고 본서를 집필하였다. 본서는 비록 딘의 책이 집필의 출발이고 기본 골격도 그것에 크게 의존하고 있지만, 나름대로 독창성을 유지하고자 하였다. 그러나 여전히 미흡하거나 누락된 부분이 있을 수밖에 없는데 그것은 추후로 미룰 수밖에 없다.

마지막으로 더위를 잘 견디지 못하는 필자의 건강을 보살펴 준 아내에게 감사하며, 또한 본서를 집필하도록 조언하고 출판되기까지 애써 준 도서출판 해남의 노현철 사장과 편집진에게 심심한 사의를 표한다.

2016년 8월

박기주

[일러두기]

본서에 인용된 원문의 출처는 모두 약어로 표기하였으며, 참고문헌에 약어를 정리하였다.

■ 본서에 자주 언급되는 주요 경제사상가의 생몰 연도

Thomas Hobbes(1588-1679)

William Petty(1623-1687)

François Quesnay(1694-1774)

Richard Cantillon(c.1680-1734)

David Hume(1711-1776)

Adam Smith(1723-1790)

Jeremy Bentham(1748-1832)

Henry Thornton(1760-1815)

Thomas R. Malthus(1766-1834)

Jean-Baptiste Say(1767-1832)

David Ricardo(1772-1823)

Nassau W. Senior(1790-1864)

John Stuart Mill(1806-1873)

Karl Marx(1818-1883)

William S. Jevons(1835-1882)

Léon Walras(1834-1910)

Carl Menger(1840-1921)

Alfred Marshall(1842-1924)

Knut Wicksell(1851-1926)

Joshep Schumpeter(1883-1950)

John M. Keynes(1883-1946)

Piero Sraffa(1898-1983)

Lionel C. Robbins(1898-1984)

Joan V. Robinson(1903-1983)

John R. Hicks(1904-1989)

Milton Friedman(1912-2006)

차례

1 근대 경제학의 기원

Chapter 1

근대 경제학의 기원

1. 고대와 중세

동서양을 막론하고 경제 문제에 관한 언급은 아주 오래 전부터 있었다고 할 수 있다. 동양에서 예로부터 사용된 '치부'(致富)라는 용어는 부의 생산을 의미하였다. 중국 춘추전국시대의 유가 사상을 성립시킨 공자(B.C. 551-B.C. 478)나 맹자(B.C. 372-B.C. 298)의 저서에서도 경제 정책의 포괄적인 체계를 얻을 수 있다. 공자는 사람이 부귀를 좋아하고 빈천을 싫어한다고 하였고, 부귀를 얻을 수 있다면 비록 채찍을 들고 수레를 모는 일이라도 하겠다고 했다. 그리고 국가를 다스리는 기본은 백성을 부하게 하고 족하게 하는 것이라고 하였다. 그보다 앞서 관중(B.C. 725-B.C. 645)은 『관자』에서 재화가 풍성하면 가격이 하락하고 가두어 두면 가격이 오른다고 하였다. "나라를 다스리는 데 사치하면 국고를 낭비하게 되어 백성들이 가난하게 된다. 백성들이 가난해지면 간사한 꾀를 내어 나라를 어지럽히게 된다"라고도 하였다.

한편, 아리스토텔레스(B.C. 384-B.C. 322)는 좋은 삶을 위해서는 최소한의 부가 필수적이며 가정의 존재 목적이 인간의 자연적 욕구를 충족시키는 것이라고 하였다. 그의 스승인 플라톤(?-B.C. 348/347)은 이상적 사회의 지배계급은 재산을 둘러싼 분쟁으로 인해 자신의 관심이 보다 중요한 문제로부터 벗어나지 않도록 하기 위해 재산을 사유해서는 안 되고 공유해야 한다고 주장하였다. 그러나 아리스토텔레스는 사유 재산이 사회에 유용하게 작용하며 따라서 거기에 어떤 제한이 가해져서도 안 된다고 믿었다. 이처럼 고대 서양의 사상가들로부터도 경제에 관한 생각을 읽을 수 있다. 표준적인 경제사상사 또는 경제학설사 서적은 플라톤과 아리스토텔레스에 대해 언급하고 중세의 공정가격(just price)에 관한 논의도 상당한 정도로 포함하고 있는 것이 보통이다. 그래서 서구의 경제사상을 말할 때, 고대 그리스 시기, 중세 스콜라 시기, 중상주의 시기, 근대 시기로 구분하는 것이 일반화되어 있다.

첫 번째, 고대 그리스 시기의 경제사상은 귀족정치 하의 노예제 도시국가 사회에서의 윤리적 문제들을 중심으로 한 정치철학의 일부였다. 경제(economy)의 그리스어 어원은 가정을 뜻하는 오이코스(oikos)와 관리와 분배를 의미하는 네메인(nemein)의 합성어인 오이코노미아(oikonomia)이다. 따라서 그것은 제도나 규범에 의한 가정관리를 의미한다. 이 용어를 사용한 아리스토텔레스와 크세노폰(Xenophon)과 같은 철학자에게 있어서 경제는 가정경제라는 의미밖에 갖지 못했다. 경제는 가정에서 생산한 수확물을 팔고 시장에서 필요한 재화를 구입하는 과정에서 필요한 법칙과 규범 정도에 불과하였다고 할 수 있다. 가정은 생산의 주체이면서 소비의 주체였으며, 국가라는 정치조직을 구성하는 사회의 기본 단위였다. 아리스토텔레스가 가정관리를 다룬 『정치학』(Politics) 제1권 제4장은 '재산은 가정의 일부이고 재산 획득 기술은 가정관리의 일부'라는 구절로 시작한다. 그러나 이처럼 재산 축적을 정당화하는 교부들이 없지는 않았지만,

재산을 소유하고 축적하는 것은 당시의 종교적 교의에는 맞지 않았다.

　두 번째, 유럽 중세의 스콜라학파(Scholaticism) 역시 경제적 질문에 대해서는 벽을 쌓았다. 중세적 관계를 이해하는 열쇠는 관습과 전통이었다. 쌍무적인 의무와 봉사의 시스템에 기초하여, 토지 점유자인 농노는 토지에 대한 보호의 대가로 영주에게 잉여의 대부분을 지불하였다. 또한 종교가 매우 강력하고 광범위하게 영향력을 행사하고 있었다. 중세의 농업사회에 이질적이라고 할 수 있는 원격지 상업의 부활과 도시의 발달은, 이러한 중세적 질서와 충돌하는 여러 가지 문제를 발생시켰다. 그러나 상인이 집결한 도시는 주위의 자급자족적인 촌락으로 둘러싸여 있어 마치 망망한 대해에 떠 있는 섬과 같았으며, 자연경제가 지배적이며 시장경제는 아직 성립하지 않았다. 따라서 스콜라학파에서의 고리대나 공정가격에 관한 논의는 시장이 어떻게 기능을 하고 또 어떻게 기능을 해야 하는가를 설명하는 것과 관련된 것이라기보다, 시장경제와 연관된 개인 행동의 도덕적 교훈을 이끌어 내는 것에 관한 것이었다.

　1639년 보스턴의 한 법정에서 재판이 진행되고 있었다. 가증스러운 죄를 범한 신학 교수인 로버트 키인에 대한 재판이었다. 1실링당 6펜스 이상의 엄청난 이익을 올렸다는 것이 바로 그의 죄목이었다. 다행히 오점이 없는 그의 전력을 참작하여 중벌 대신 200파운드의 벌금형이 선고되었다. 보스턴의 한 목사는 이런 큰 범죄자의 살아있는 사례를 이용할 수 있는 절호의 기회를 놓치지 않았다. 그래서 주일 설교 때 키인이 보인 탐욕의 사례를 들어 잘못된 상거래 원칙을 소리 높여 비난하였다. '상품을 최대한 비싸게 팔고 최대한 싸게 사는 것, 해상 재난 등으로 상품에 손실을 입은 경우 이를 핑계로 나머지 상품값을 올리는 것, 비록 비싸게 상품을 구입했다 하더라도 살 때의 값 그대로 파는 것'은 모두 잘못이고, 잘못이며, 또 잘못이라고 목사는 역설하였다(Heilbroner, *Worly*

Philosophers).

　이처럼 일상생활 속에서 이익의 개념은 존재하지 않았으며 사실상 교회가 이런 개념을 적극적으로 죄악시했기 때문에 10세기부터 15세기에 이르는 세계와 이후의 세계 사이에는 엄청난 차이가 있다. 일은 다른 목적, 즉 돈과 일용품을 획득하기 위한 수단이 아니었다. 일 자체가 목적이었고 일을 하면 당연히 돈과 일용품을 얻을 수 있었다. 생산, 유통, 소비 과정에서 등장하는 경제적 문제는 '시장경제'라는 위대한 사회적 발명품이 아직 만들어지지 않은 사회에서는 그다지 중요한 문제가 아니었다.

　물론 시장은 인류 역사 초기부터 존재했다. 물물교환은 그 역사가 오래되었으며 위대한 수메르 문명을 만든 사람들은 상인들이었다. 그리고 그리스 · 로마 문명이 가능했던 것도 상업의 힘이었으며, 다시 자급자족의 농업사회로 회귀한 중세의 유럽에도 시장은 존속하였다. 그러나 단순히 시장이 존재한다는 것만으로 그 사회가 시장경제라고 하기는 어렵다. 그리스 시대부터 중세 스콜라주의 마지막까지의 2,300여 년 동안에 도시의 성장, 운송 수단의 개선, 효율적인 생산 방법과 함께 시장의 거래도 증가하였지만, 사회의 기본 구조는 크게 바뀌지 않았다. 시장은 여전히 부차적 지위를 차지하고 있을 뿐이었다. 따라서 그리스의 철학자 및 중세 스콜라학파의 학자에게 있어서 경제 문제는 그들의 정치적 · 신학적 흥미의 주변에 머물렀고, 그들의 접근 방법은 경제학적 사고방식과는 큰 차이가 있었다. 따라서 근대 경제학의 연구자들이 그들의 사상이나 결론으로부터 어떤 자극이나 시사를 받았다고 생각하기 어렵다.

　그러나 경제사상사적으로 보면, 이 시기의 철학자들도 시장경제와 관련된 개념이나 도구를 인식하고 있었음을 알 수 있다. 사실 경제 문제는 교환관계로부터 현실화되며, 시장에서 거래되는 재화의 가치가 어떻게 결정되는지에 대한 논의는 경제학의 가장 중요하고 기초적인 문제이자 경제학 패러다임의 열쇠라고 할 수 있다. 이에 로빈스(L. Robbins)는 경제이론에서 가장 기본적인 명제는 가치의 일반이론에 관한 명제이며, 학파를 막론하고 재화 간 상호관계의 본질과 그 관계의 결정방식을 설명하는 일련의 명제가 전체 이론 체계에서 중추적인 지위를 차지하게 된다고 하였다. 가치의 개념에 관한 지배적 사고방식과 그 개념의 사용 방법은 그때그때 경제학의 통설에 따라 계속 변해 왔다. 경제사상사에서 역사적·골동품적 흥미밖에 없는 시기인 고대와 중세에도, 비록 완성된 것이라고 할 수는 없지만, 가치에 대한 사고는 존재하였다.

아리스토텔레스는 필요가 없다면 교환이 일어나지 않을 것이므로 가치의 원천은 필요(need)라고 하였다. 그는 가치를 사용가치와 교환가치로 구분하고, "우리가 갖고 있는 모든 것에는 두 가지 용도가 있다. 예컨대, 구두는 신기 위해 사용되며 교환을 위해 사용된다"라고 하였다. 그러나 그의 이러한 탁견에도 불구하고 이에 대한 더 이상의 탐구가 없었기 때문에 가치론에 남긴 영향은 미미하였다. 중세 스콜라학파의 철학에서는 무엇이 상품의 공정한 가치인지가 논쟁의 대상이었으며, 가치는 보통 도덕적으로 정당시되는 가격을 의미하였다. 중세의 기독교적 윤리와도 부합하는 것이기도 한 공정가격은 사회적으로 인정된 가치를 반영하는 통상 가격이며, 공동체가 쉽게 납득할 수 있는 수준이었다고 할 수 있다. 공정가격은 아마도 직접적인 생산비(노동에 대한 정당한 보수)에 상인이 갖는 최소한의 이윤이 조금 더해진 정도였을 것으로 추측할 수 있다. 그러나 경제생활에 있어서 시장이 보다 지배적이 됨에 따라 공정가격의 개념은 점차 통상의 이윤을 포함한 정상적인 경쟁시장의 가격 개념에 접근하고 있었다. 왜냐하면 시장가격 자체가 관습적인 가격이 되고 타당한 가격인 것으로 정당화되기에 이르렀기 때문이다. 더 나아가 비록 극소수이기는 하지만, 토마스 아퀴나스(T. Aquinas, 1225-1274)와 같은 현실주의자는 일시적인 품귀에 의해 가격이 상승했을 때도 실제의 시장가격을 공정가격이라고 부르는 것을 두려워하지 않았다.

2. 중상주의

세 번째, 중상주의 시기는 신대륙의 발견으로 새로 열린 경제적 기회를 두고 서로 경쟁하는 절대주의(Absolutism) 국민국가들이 무역통제를 통해 국력을 증강시키기 위한 정책에 집중하던 때였다. 이 시기의 활동가들인 중상주의자들은 이전 시기와는 다른 생각을 하고 있었다. 특히, 17세기 '과학혁명' 시대의 중상주의자들은 의식적으로 자연과학을 모방하여 모형을 만들고 객관적인 접근 방법을 취함으로써 실증경제학의 전통을 창출했다고 평가되고 있다. 그 후 약 반세기 동안 경제 문제에 관한 논문과 저서가 홍수처럼 발행되었다. 그것들 모두가 객관적이었다고는 할 수 없지만, 중상주의자들 중 일부는 거시경제 시스템이 어떻게 기능하고 논리적으로 어떻게 서로 관계하고 있는가를 명시적·이론적으로 설명하기도 하였다.

16세기 후반 및 17세기의 학식 있는 사람들이 거시경제적인 정책 문제에 활발하게 흥미를 가졌던 것은 주로 다음과 같은 두 가지 이유에 기인하고 있다. 첫째는 종교전쟁 이후 국제정치의 최대 초점이었던 힘의 균형 게임 속에서 강력한 상비군을 유지해야 했고, 그 때문에 정부 수입을 크게 증가시킬 필요가 있었다는 점이다. 둘째는 확대되고 있는 국내외 시장에서 상인·은행가들은 자신의 사업이, 특히 정부의 경제 정책에 의해 크게 좌우됨을 인식하게 되었다는 점이다. 그 결과 정부 · 생산자 · 소비자 이 삼자는 복잡한 상호 의존적 경제 시스템 속에서 행동하고 있었으며, 따라서 이 시스템의 본질을 설명하는 것이 그들에게 있어서 매우 중요하였다.

물론 중상주의자들의 저작의 대부분은 특정 정책을 지지할 목적으로 쓰인 것에 불과하였다. 따라서 경제가 어떻게 기능하는가에 대해 그들이 공통의 이론을 채택하기 시작했다고 하더라도, 그것은 정치가에게 정책적 제언을 하기 위한 노력의 부산물이며, 보통 그들의 저작 중에 명시적으로 제시되어 있기보다 암시되어 있는 것에 불과했다. 그럼에도 불구하고 페티(W. Petty, 1623-1687), 흄(D. Hume, 1711-1776), 캉티용(R. Cantillon, c.1680-1734) 등을 현대적 의미에서 경제학자로 받아들이더라도 큰 문제가 없으며, 오늘날의 교과서에 나오는 이론과 개념의 일부가 중상주의자의 저작에 기인한다고 하더라도 별로 어색하지는 않다. 페티와 흄은 경제적 자유주의의 선구자라고 해도 손색이 없으며, 제번스에 의해 뒤늦게 알려진 캉티용은 많은 경제사상사 연구자들에 의해 첫 번째의 경제 이론가로 평가되고 있다.

중상주의자 대부분은 대외무역 문제에 주된 관심을 갖고 있었지만, 그렇다고 해서 생산, 가격, 화폐, 이자, 관세 정책, 빈곤 구제 등의 여러 가지 경제 문제에 대해 무관심했던 것은 아니다. 초보적이었을지는 모르겠지만, 그들은 이미 수요 · 공급의 이론에 필수적인 요소를 어느 정도 통달하고 있었다. 또한 투자수익과 대부 자금의 공급이라는 요소를 고려한 이자이론을 발전시키고 있었다. 특히, 중상주의 후기에는 점차 성장과 발전의 문제에 깊은 관심을 가지고 있었다. 예컨대, 동인도 무역에 관한 논쟁에서는 어떤 부문의 무역이 바람직한 이유는 무역 균형에 대한 공헌보다는, 국가의 총생산 · 총고용에 대한 공헌에 달려 있다는 사고방식이 명확하게 수용되었다.

1) 가치론

먼저, 중상주의자들의 가치론에 대해 살펴보자. 중상주의 시기에는 국내적으로나 국제적으로 시장경제가 확대됨에 따라 재화의 가격과 상인의 이윤이 크게 변하고 있었으며, 사회적으로도 그것을 당연한 것으로 받아들이고 있었다. 그들은 상인의 이윤이 생산 과정에서가 아니라 시장에서의 판매가격과 구매가격의 차이에서 발생하는 것이며, 가치는 어떤 내재적인 것이 아니라 효용(utility)과 희소성(scarcity)에 의해 결정된다고 생각하였다. 또한 그들은 공정가격이라는 중세의 사고를 포기하고 팔린 가격이 곧 상품의 가치라고 생각하였다. 중상주의 초기의 사상가들은 이처럼 중세의 생산비적 접근을 버리고 시장에서의 판매에 초점을 맞추었다. 상인들의 활동이 활발했던 이 시기에 다수의 중상주의자들이 가치를 생산 비용이 아니라 시장가격으로 인식한 것은 당연한 일이었다고 할 수 있다.

바본(N. Barbon, c.1640-c.1698)은 『교역론』(A Discourse of Trade, 1690)에서 "시장이 가치를 결정하는 가장 좋은 심판자이다. …옛 법칙에 따르면 어떤 사물이든 그것이 팔리게 될 만큼의 가치가 있는 것이다." 또 "모든 상품의 가치는 그것을 사용하는 데서 생긴다. 상품가치의 고저는 그 상품이 풍부한지 희소한지에 의해 결정된다"라고 설명하였다. 즉, 바본은 재화의 자연가치는 시장가격으로 간단히 표현된다고 생각하고 모든 재화의 가치는 용도(use)에서 나오며, 용도가 없는 재화는 가치가 없다고 하였다. 갈리아니(F. Galiani, 1728-1787) 역시 효용가치론을 발전시키고 한계효용 체감의 개념도 암시적으로 묘사하였다. 존 로(J. Law,

1671-1729)는 유명한 다이아몬드와 물의 역설을 설명하면서, 가치는 수요와 공급 요인에 의해 결정된다고 하였다.

중상주의 후기에 이르면 17세기 철학자 데카르트의 연역적 철학에 영향을 받아 중상주의 초기의 효용 관점 대신 생산비에서 가치의 원천을 찾고자 하였다. 시대적으로는 상업이윤이 평준화되고 구매와 판매의 가격 격차만으로 이윤을 얻을 수 있는 가능성이 줄어들었다. 자본주의적 생산이 확대되고 자본가가 판매 과정을 통합하여 통제하면서 자본가와 상인 간의 이해가 대립하고 있었다. 또한 중상주의 초기에 있었던 중세 도덕률의 연장인 국가적 온정주의와 국가 개입을 거부하고 개인주의가 등장하였다. 이를 배경으로 하여, 가격과 이윤이 수요와 공급, 특히 효용이 아니라 생산 조건에서 규정되고 발생한다는 견해가 나타나고 있었다.

페티의 가치론은 조세에 대해 탐구하는 중에 도출되었다. 페티는 자연적·내재적 법칙을 탐구하였으며 자연가격(natural price)에 대한 언급이 그중 하나이다. 그는 주관적 가치론을 포기하고 노동에서 가치를 찾았다. 즉, "풍부한 재물은 노동을 통하지 않고는 구할 수 없다"라고 하여, 가치를 투하된 노동만으로 설명하고자 하였다. 그는 가치를 창조함에 있어 토지보다 노동이 중요하다고 인식하였으며, 지대는 가격을 결정하는 것이 아니라 가격에 의해 결정되는 잉여라고 보았다. 페티의 사고는 이후 고전학파 노동가치설과 리카도 지대론의 선구였다고 할 수 있다. 캉티용 역시 페티와 마찬가지로 상품의 '내

W. 페티(1623-1687)

재적' 가치의 원천을 노동과 토지에서 찾았다. 그는 후술하듯이 내재적 가치는 불변이며 생산비에 의해 결정되는 반면, 시장가격은 그것을 중심으로 수급의 상황에 따라 변동한다고 보았다.

그러나 중상주의 시대의 가치론은 고작 암시적이었으며, 또한 중상주의 초기와 후기가 명확하게 구분되었던 것도 아니었다. 그 시대의 가치 개념은 가치 그 자체보다 소득의 사회적 분배, 특히 이윤 문제와 밀접하게 연관되어 있었다. 이는 자연경제가 강했던 중상주의 이전 시대에는 상인의 높은 이윤이 종종 도덕적으로 바람직하지 않다고 생각되었으나, 교환이 점차 일반화된 중상주의 시대에 이르러 상인의 이윤이 객관적이라고 생각되는 가치 개념에 호소함으로써 정당화될 수 있었음을 반영한다.

2) 경제순환과 성장

중상주의 시대의 경제학자라 불러도 손색이 없는 캉티용은 1680년경에 아일랜드에서 출생하였으나 생애의 대부분을 파리에서 보내면서 은행가로서 많

은 부를 축적한 인물이었다. 1732년경에 쓴 『교역본성론』(Essay on the Nature of Commerce in General)은 그의 유일한 저작이며, 프랑스와 영국의 지식인들에 의해 광범하게 읽혔다. 이 책은 경제 문제를 이해하는 방식에서 상당히 세련되고 고차원적이었으며, 애덤 스미스의

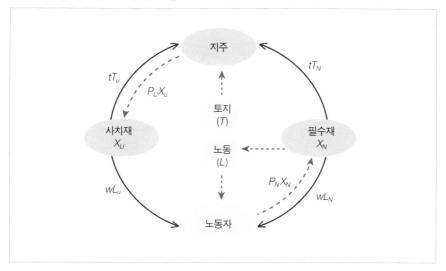

『국부론』이 출간(1776)된 이후에 영국에서 인기가 시들해졌으나, 이후 제번스에 의해 재발견되어 경제 문제를 최초로 체계적으로 설명한 것으로 칭송받았다.

 캉티용은 최초로 경제를 가격 체계에 따라 상호작용하는 경제주체 간의 소득순환 시스템으로 인식하고 장기 균형을 소득과 지출 흐름의 균형으로 정의함으로써, 이후 중농학파와 고전학파 이론의 기초를 제공하였다고 평가받고 있다. 그는 〈그림 1-1〉과 같은 소득순환 모형 속에서 생산비에 의한 가격이론과 요소 투입 및 기술에 의한 생산이론을 구축하였다. 그림에서 실선은 소득의 흐름이고, 점선은 지출의 흐름이다. 토지는 외생변수이고 노동은 필수재에 의해 결정되는 내생변수이며 양자의 투입에 의해 사치재와 필수재가 생산된다. 지주와 노동자는 요소 소득을 가지며(tT_U+tT_N, wL_U+wL_N), 각각 사치재와 필수재를 소비한다(P_UX_U, P_NX_N). 여기서 소득과 지출, 그리고 노동 공급이 균형을 이루지 않으면 경제는 붕괴한다. 만일 노동자가 필수재 구입에 필요한 임금을 충분하게 얻지 못하면 굶어 죽게 되고, 노동을 투입으로 하는 재화가 생산되지 못하게 되므로 지주는 사치재를 구입할 수 없게 된다. 그러나 캉티용은 균형이 가능하다고 보고 이를 자연 상태라고 하였다. 자연 상태는 토지와 기술이라는 외생변수에 의해 제약되어 있지만, 그것이 유지되려면 소득 흐름의 균형 메커니즘이 필요한데, 그것이 자연가격(natural price)이다. 자연가격은 소득 흐름의 균형에 의해 달성되는 가격이며, 시장가격은 특정 시점에서의 수요 · 공급에 의해 결정되는 가격이다. 요컨대, 자연 상태에서의 토지와 노동과 사치재와 필수재의 가격과 수량은 두 재화의 생산에 토지가 배분되는 비율, 즉 기술 계수에 의해 결정되며, 토지의 양이 생산량과 고용의 크기를 결정한다.

캉티용의 소득순환 모형은 중농주의자 케네(F. Quesnay)로 이어지고, 자연가격 개념은 애덤 스미스에서 복제되며, 또한 단기의 시장가격 결정 요인으로 수요 · 공급 메커니즘을 묘사한 것은 한계혁명과 연관된다. 따라서 캉티용은 고전학파의 원조인 동시에 신고전학파의 원조이기도 하다. 또한 그는 로크의 화폐수량설에 기초하여 상대가격의 변화가 미칠 영향에 대해서도 설명하였다. 요컨대, 그의『교역본성론』은 단순한 에세이 이상으로 '경제학의 요람' 역할을 한 셈이다.

중상주의자들은 국가의 번영과 부를 증가시키기 위한 최선의 정책을 절대 군주에게 조언하였다. 국부를 증가시키는 것, 즉 성장은 적어도 중상주의 이래로 지도적 경제학자의 주요 관심사였다. 그들은 세계 전체의 부는 일정하며 따라서 어느 한 쪽의 이득은 다른 한 쪽의 손실이 되는 제로섬 게임으로 생각하고, 무역에서의 성공과 실패가 국가 간의 경제력의 균형이나 순위를 변화시키며 실제로 그렇다고 믿었다. 그들은 국부를 증가시키기 위한 수단으로 무역을 강조하고 수출을 장려하였으며, 수입을 막기 위한 관세나 보조금, 쿼터제 등의 정책을 지지하였다.

또한 그들은 경제활동의 목적이 소비가 아니라 생산에 있으며, 따라서 국가의 개입이 생산을 자극하여 경제성장을 한층 촉진시킬 수 있다고 생각하는 경향이 있었다. 그러나 국가의 부가 개인의 부의 합으로 정의되지 않았다. 그들은 생산을 장려함으로써 국가의 부를 증가시킬 것을 주장하였지만, 그것은 어디까지나 국내 소비를 묶어두고 수출을 증가시키는 것을 통해서 달성되어야 했다. 중상주의자들은 무역에서 경쟁력을 갖도록 국내의 임금이 낮아야 하며 임금이 높으면 노동을 줄이게 되므로 국내 생산이 감소할 것으로 생각하였다. 중상주의자들 대다수는 낮은 임금을 위해 출생률을 증가시키는 정책을 지지하였다. 이처럼 중상주의자들은 1인당 소득의 증가보다 국가의 총생산이 증가한다는 의미에서의 경제성장에 큰 관심을 가지고 있었다. 캉티용처럼 인구 증가가 1인당 생산의 감소를 야기할지도 모른다는 가능성을 언급한 사람은 그들 중 극히 일부에 불과하였다. 만일 토지/인구 비율이 불리해지면 그들도 그런 정책이 생산성과 장기적인 성장에 미치는 영향을 생각했을지 모르지만, 중상주의 시대에 1인당 생산 증가라는 의미에서의 경제성장이론은 아무리 단편적인 것이라도 찾아보기 어렵다.

3) 화폐이론

시장경제에서 화폐는 필수불가결한 기능을 한다. 화폐라는 교환의 매개 수단이 있을 때 교환은 쉽게 이루어진다. 화폐는 교환의 매개 수단일 뿐 아니라, 가치저장의 수단이기도 하고 지불 수단이며 가치척도의 기준이기도 하다.

시장경제에서 화폐는 이처럼 중요한 기능을 하기 때문에 경제 문제를 다루는 저술가들은 시장경제의 작동에 흥미를 가졌던 것과 같은 정도로 오랫동안 화폐가 경제활동에 대해 갖는 의미와 영향을 분석해 왔다. 화폐를 교환의 매개 수단 정도로 생각한 애덤 스미스는 귀금속(즉, 화폐)의 축적을 국가의 부와 동일시하는 중상주의 정책에 대해 신랄하게 비판하였다. 화폐가 단순히 교환의 매개 수단이므로 과연 실물의 허상(veil)에 불과한지 그렇지 않은지를 둘러싸고 화폐 이론이 발전하였으며, 화폐에 관한 논쟁은 항상 현실의 정책적 필요와 밀접한 관계를 갖고 전개되었다.

초기 중상주의자들은 신대륙으로부터 스페인으로 엄청난 귀금속의 유입을 목도하면서, 외국으로부터 귀금속의 유입이 국가를 부강하게 한다고 생각하였다. 그런데 15세기 말에서 17세기 초에 걸친 '장기 16세기' 동안에 유럽에서 있었던 급격한 물가 상승은 이전에 경험하지 못한 현상이었다. 16세기의 물가 상승이 통화량과 물가의 관계를 보여 주는 좋은 사례라고 할 수 있지만, 당시 정부를 비롯한 많은 사람들은 물가 상승이 상인의 독점과 음모 때문이라고 생각하였다. 그러나 16세기의 프랑스 중상주의자 보댕(J. Bodin, 1530-1596)은 물가 상승이 유럽으로의 금·은의 유입 때문이라고 하였다. 이로써 후일의 화폐수량설적 사고방식이 탄생하였지만, 그에게는 아직 유통 속도와 거래량(혹은 소득)의 중요성에 대한 인식이 있었던 것은 아니었다.

당시 중상주의자들은 인플레이션이 무역 적자를 야기한다는 이유로 달가워하지는 않았기 때문에, 보댕의 설명대로라면 무역 흑자를 통해 귀금속을 끊임없이 축적하는 것은 자가당착이라고 할 수 있다. 그러나 만일 통화량의 변화가 가격보다 거래량에 영향을 미친다면 그런 문제는 사라질 수 있다. 그들은 통화량의 증가가 물가를 상승시키는 대신 신속한 거래를 가능하게 한다고 추론

함으로써 무역 흑자로 인한 귀금속의 유입이 갖는 자가당착을 피할 수 있었다. 이처럼 중상주의자들은 적절한 통화량의 증가가 국내적으로나 국제적으로 실질거래 규모를 증가시키는 데 중요한 역할을 한다고 주장하였으며 통화량의 변화가 생산 수준을 변화시킨다고 믿었다. 이처럼 통화량이 경제활동 수준에 영향을 미친다는 사고는 수세기를 넘어 19세기 초의 헨리 손턴(H. Thornton)과 20세기 초의 케인스(J. M. Keynes)로 이어졌다.

경제활동 수준이 통화 공급량과 관련 있다는 생각이 일반적이던 시대에 로크(J. Locke, 1632-1704)는 보댕처럼 화폐 사용을 하나의 관습(convention)으로 보고 화폐수량설로 잘 알려진 이론을 제시하였다. 그러나 국내 가격 하락이 수출을 증가시켜 부를 증대시킬 것으로 믿는 중상주의자에게 있어서 로크의 설명은 이해할 수 없는 말이었다. 로크에 의하면 무역에 일정한 양의 화폐가 필요하지만 얼마나 필요할지는 확정할 수 없는데, 그것은 화폐의 유통 속도에 달려 있었기 때문이었다. 사실 화폐의 유통 속도에 대한 이해는 화폐수량설의 핵심이라고 할 수 있다.

로크의 직관을 이어받은 사람은 애덤 스미스의 절친한 친구인 흄이었다. 사상적으로 보면 흄은 중상주의와 고전학파 경제학 양쪽에 다리를 걸치고 있었다고 할 수 있다. 그는 무역수지와 통화량과 물가의 관계를 나타내는 물가-정화 흐름의 메커니즘(price-specie flow mechanism)을 완전하게 설명하였다. 중상주의자들은 무역 흑자를 통해 금의 축적이 지속될 수 있다고 보았지만, 흄은 무역 흑자에 의한 금의 유입이 국내 물가를 상승시키고, 그것이 무역 적자를 가져와 금의 유출과 물가 하락으로 이어진다고 하면서, 금의 흐름이 일방적으로 계속될 수는 없다고 하였다. 흄에 의하면 금 · 은의 증가는 노동과 상품의 가격을 올리는 것 외에 어떤 효과도 발생시키지 않으며, 화폐는 허구의 가치를 갖고 있기 때문에 국민경제 내에서는 그것의 많고 적음이 아무런 결과를 낳지 않는다.

이상에서 살펴본 것처럼, 중상주의 이론은 비록 단편적이고 부분적이기는 하지만 이후 경제학에 계승되는 내용이 있고, 부분적이나마 영향을 미쳤다고 할 수 있다. 그렇더라도 그것은 분명히 고전학파 경제학과는 전혀 다른 특징을 갖고 있다. 예컨대, 국가의 경제 개입을 지지하는 경향이라든가, 경제 발전을 위한 해외무역의 역할에 대한 강조라든가, 노동의 불완전고용을 가정하는 경향 등이 그것이다. 또한 최근의 연구에 의하면, 중상주의는 체계적인 경제 분석·이론의 전통이나 일반적으로 받아들여지는 시종일관된 경제이론을 발전시켰던 것 같지는 않다. 방법론상이나 이론상의 확실한 특징을 갖게 된 17세기 후반에서 18세기로 논의를 한정하더라도, 중상주의 경제이론이 체계적인 학문이나 시종일관된 학설에 이르렀다고는 하기 어렵다.

18세기에 성숙기에 달한 중상주의 경제이론을 가장 체계적으로 설명한 책은 애덤 스미스의 『국부론』이다. 물론 애덤 스미스가 『국부론』 제4부에서 전개한 것은 세련된 해설자에 의해 정확하게 정리한 것이라기보다, 자신이 반대하는 부분에 대한 고찰에 불과함에 유의할 필요가 있다. 애덤 스미스는 중상주의를 개인의 원초적 자유를 침해하고, 자원 배분의 왜곡을 초래한 비정상적 정책이라고 비난하였다. 그러나 애덤 스미스에 의해 실추된 중상주의 명예는 19세기 후반에 역사학파 경제학자인 슈몰러(G. Schmoller)나 커닝햄(W. Cunningham), 그리고 20세기에 케인스에 의해 회복되었다. 물론 그것은 매우 한정된 부분에 불과하다. 중상주의 경제학의 가정이나 분석 체계를 객관적으로 이해하기 위해 경제사상 연구자가 중상주의의 여러 팸플릿을 연구하기 시작한 것은 비교적 최근의 일이다.

3. 중농주의와 애덤 스미스

네 번째, 근대 시기는 18세기에 시작된다. 1700년경에 이르면, 앞서의 '가증스런' 범법자 로버트 키인을 처벌하고 '공정가격'을 걱정하던 이전의 세계는 이미 기울고 있었다. 그 대신 사회는 모든 인간이 천성적으로 이익을 갈구한다거나, 이익과 맞서서 통용될 수 있는 법은 없다거나, 이익은 상거래 활동의 핵심이라고 하는 새로운 격언을 자명한 것으로 받아들이기 시작했다. 18세기에 유럽은 새로운 분위기가 태동하고 있었다. 계몽주의적 합리주의 사조에 기초하여 정치적으로는 1776년의 미국의 독립전쟁과 1789년의 프랑스혁명으로 이어지는 혁명적 변화가 준비되고 있었고, 경제적으로는 인류사를 이전과 이후로 나누게 될 산업혁명의 물결이 1760년대부터 영국에서 시작되고 있었다. 이런 시대적 배경 하에서 18세기 철학자인 프랑스 중농주의자와 애덤 스미스에 의해 현실의 배후에 있는 이론을 이해하려는 체계적인 경제학 연구가 시작되었다.

1) 중농주의 경제순환 모형

프랑스 중농주의자들은 중상주의자들과 달리 국가의 부는 금·은에 있지 않고 실물의 순생산에 있다고 하였으며, 경제성장이라는 문제에 관해 많은 결실이 있는 사고방식을 발전시켰다. 중상주의자들처럼 그들도 국민경제 전체를 대상으로 하여 각 부문이 상호 의존하고 있다고 생각하고 분석하였다. 그들은 1인당 생산물이 아니고 집계된 총생산물을 분석의 중심으로 삼았으며, 개별 부문 간의 상호 의존적인 역학(dynamics)을 조직적으로 분석하는 방법을 개발했다.

이를 잘 보여 주는 것이 대표적 중농주의자인 케네(F. Quesnay, 1694-1774)의『경제표』(Tableau Économique, 1759)이다. 이 책은 루이 15세의 애첩의 주치의였던 그가 거의 죽음 직전이었던 왕세자를 성공적으로 치료한 공로로 귀족의 작위와 함께 하사받은 토지를 관리하면서 국가 운영에 대한 사상을 정리한 것이었다.

『경제표』는 의사로서의 식견에서 나온 것이었다. 케네는 부가 생산에서 나오며, 손을 거치면서 마치 혈액이 순환하는 것처럼 사회를 살찌게 한다고 생각했다.『경제표』는 1955년에 필립스(A. W. Phillips) 교수가 투입산출 행렬로 해석하면서 비로소 선구적인 거시 모형으로 이해되었으며, 많은 경제학자들에게 새로운 의미를 제공하였다. 케네는『경제표』에서 어떤 부문에서의 지출이 어떻게 다른 부문의 소득을 낳게 하는가를 도표를 사용하여 설명하였다. 케네가 사용한 모형은 세 계급, 즉 유산계급인 지주, 생산계급인 농부와 농업노동자, 비생산계급인 수공업자와 상인으로 구성되고, 곡물과 공산품의 두 재화를 생산·소비

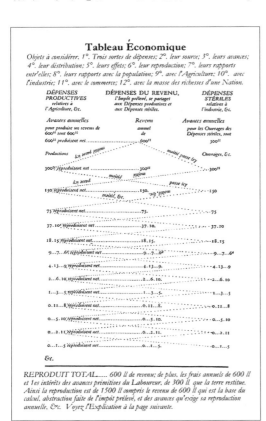

하는 순환 모형이었다.

국민은 세 계급의 시민, 즉 생산계급, 유산계급, 비생산계급으로 분류된
다. 생산계급은 토지를 경작해 매년 국가의 부를 재생산하는 계급으로
서, 이들은 농업노동을 위한 지출을 선불하고 매년 토지 소유자의 수입
을 지불한다. ⋯유산계급은 군주와 토지소유자, 징세관이 포함된다. ⋯
비생산계급은 농업 이외의 서비스와 노동에 종사하는 시민으로 구성되
는데, 이들의 경비는 생산계급과 소유계급 ─이들도 생산계급에게서 수
입을 확보한다─ 에 의해 지불된다.(*Tableau Économique*)

〈그림 1-2〉와 같은 경제순환 모형에서 지주, 농부, 수공업자, 노동자 계급
이 있으며, 지주는 곡물과 공산품을 각각 300단위를 소비하며, 나머지 세 계급
은 곡물과 공산품을 각각 150단위를 소비한다. 지주는 지대로 받은 600원의 현
금을 갖고 있으며, 농부는 노동자를 고용하여 1,500단위의 곡물을 생산하고, 수
공업자는 750단위의 공산품을 생산한다. 공산품과 곡물의 1단위 가격은 1원이
다. 지주는 600원의 지대 소득으로 300원씩의 공산품과 곡물을 구입하며, 수공
업자는 750단위의 공산품을 생산하여 150단위를 자가소비하고 600단위를 판매
한다. 이를 위해 600단위의 곡물을 구입하여 150단위를 상인의 수입 원료와 교
환하고, 자가소비와 생산원료로 각각 150단위와 300단위를 소비한다. 농부는
1,500단위의 곡물을 생산하여 600단위를 자가소비하고 900단위를 지주와 수공
업자에게 판매한다. 600단위의 자가소비는 농부와 노동자가 각각 150단위를 소
비하고 300단위는 종자와 가축 사육 등에 사용된다. 이 순환 모형에서 화폐의
흐름을 보면, 농부가 300원의 공산품을 구입하고 수공업자가 600원의 곡물을

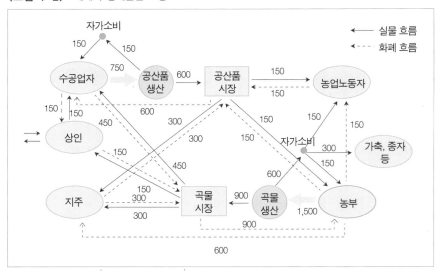

구입하여 차액 300원이 수공업자로부터 농부에게 지불되기 때문에, 최초에 지주로부터 나온 600원이 수공업자와 농부에게 각각 300원씩 흘러들어가지만, 최종적으로 모두 농부에게 남게 되고 이것이 지주에게 지대로 지불된다.

　　〈그림 1-2〉는 순환 모형을 보여 주고 있지만, 지주계급이 전기(前期)에 얻은 지대 소득을 지출하고 있으므로, 사실 케네의 모형은 연속적으로 일어나는 생산과 소비 과정을 보여 주고 있다고 할 수 있다. 또한 그의 『경제표』는 독특한 성장이론의 분석 체계를 표시하고 있다. 중농주의자는 사회의 유일한 생산계급이 농업 부문에 종사하는 자들이라고 하였는데, 이는 산업화 이전의 상황을 반영하고 있다. 그림에서처럼 수공업에서는 750단위의 투입(수입 원료 150단위, 곡물 원료 300단위, 자가소비하는 곡물과 공산품 각 150단위)을 통해 750단위의 공산품이 생산되었으며, 농업에서는 900단위의 투입(종자·가축 등 300단위, 농부와 노동

자가 소비한 곡물과 수공업품 각 300단위)을 통해 1,500단위의 곡물이 생산되었다. 이 순환 모형에서 수공업자는 자신의 노동을 재생산한 것 외에는 사회의 생산액을 증가시키지 않으므로 '비생산적'이며, 지주 역시 아무것도 생산하지 않는다. 즉, '비생산적' 계급과 '유산' 계급은 사회의 잉여에는 아무것도 공헌하지 않는다. 그러나 농부는 투입보다 많은 생산을 하는 생산적 계급이며, 잉여에 해당하는 차액은 지대로 지주에게 지불되었다.

생산적 계급인 농부는 세 종류의 자본 지출을 한다. ① 연(年)선불(avances annueles) 또는 운전자본(즉, 농지를 준비하고 씨를 뿌리며 경작하고 수확하기 위한 지출, 농업노동자나 가축을 기르기 위한 지출 등), ② 원(原)선불(avances primitives, 즉 농업 용구나 기구, 가축 등을 갱신하고 수선하는 비용), ③ 토지선불(avances foncieres, 즉 토지개량, 배수 설비, 울타리, 건물 등의 반영구적인 공통 자본(overhead capital)의 유지 · 보완을 위한 지출)의 세 가지이다. 중농주의자 중 누군가는 다시 네 번째의 자본 투자를 구별하였다. 그것은 ④ 주권선불(avances souveraines)이며 현재 우리들이 국민총생산 중 정부의 몫에서 지불되는 사회간접자본(예컨대, 도로, 운하, 하천, 항만 등)이라 부르는 것에 대응한다.

중농주의 모형은 경제의 각 부문이 어떻게 상호 연관되어 있는가를 보여주는 거시경제 모형이었다. 잉여를 생산하는 농업 부문이 순환의 중심에 있으며, 농업 생산(따라서 국민총생산)의 크기는 선불, 특히 연선불의 크기에 달려 있다. 어느 해에 연선불로 사용할 수 있는 양이 감소하면, 그 이유가 전년도에서 이월된 농업 잉여가 적기 때문이거나 소득이 사회의 투자계급으로부터 소비계급으로 재분배되었기 때문이며, 그 결과 국민총생산은 감소한다. 생산을 확장하기 위해서는 운전자본(연선불)이 단순한 갱신을 위해 필요한 수준 이상으로 확대되지 않으면 안 된다. 즉, 잉여가 지대나 조세로 흘러들어가는 대신, 농업

기술의 발전, 농업 과세의 인하, 지대율의 인하 또는 국내외 관세 제거를 통해 농업 생산에 투입되면 더 많은 잉여가 발생하고 경제 규모가 커질 수 있다. 때문에 중농주의자들은 농업 부문에 대한 세 부담의 경감과 프랑스 국내의 농산물의 이동을 저해하고 있던 국내 관세의 폐지와 새로운 농업기술의 채용·보급을 장려하기 위한 제도 개혁을 주장하였다.

2) 중농주의와 애덤 스미스

중농주의자는 상업과 산업에 대한 중상주의 정책을 의미하는 콜베리즘(Colberism)을 비판하였다. 18세기 프랑스는 여전히 농업이 산업의 중심이고 중세적인 질서에 갇혀 있었다. 부역이 강제되고 독점적인 도시의 상인길드는, 농민이 생산물을 갖고 와서 가장 비싸게 응찰한 자에게 팔거나, 원자재를 싸게 사는 것을 허용하지 않았다. 농업은 여전히 봉건시대의 기술을 쓰고 있고, 영세한 규모였으며 비효율적이었다. 농업에 필요한 사회간접자본이 아직 제대로 갖추어져 있지 않았고 노동 이동도 제한되고 있었다. 조세 체계는 무질서하고 비효율적이며 억압적이고 공정하지 못했다. 중농주의는 자유방임주의를 내세우고 무역과 노동 이동에 대한 모든 제약을 제거하고 부역을 폐지하며 국가에 의한 독점 허용과 무역 특권을 폐지하고 길드 제도를 해산할 것을 요구하였다.

중농주의(Physiocracy)의 프랑스 원어는 '자연 법칙'을 의미한다. 그것이 함의하는 바는 신성한 섭리가 보편적·내재적인 완전한 자연 질서를 낳았으며, 그 자연 질서의 법칙에 순응하는 것이 최고의 행복을 가져오며, 이를 어기게 되면 재앙이 뒤따른다는 것이다. 자비로운 신의 합리적 창조물인 인간은 그에 순응하여 활동하도록 되어 있기 때문에, 정부의 규제는 필요하지도 않고 바람직하지도 않다. 튀르고(A. R. J. Turgot, 1727-1781)는, "당신이 그들에게서 얻고자 하는 이익에 그토록 사람들의 관심이 지대하다면 '그대로 내버려 두라'(laissez-les-faire) 이것이 중요하고도 유일한 원칙"이라면서 경제적 자유를 찬양하고 통제경제와 보호주의를 반대하였다. 따라서 흔히 중농주의가 프랑스 대혁명을 예고한 것이 아닌가 생각할 수도 있다. 그러나 예상 밖으로 그들은 오히려 절대왕정과 귀족주의를 열렬히 지지하였다. 그들이 이해한 자연 법칙은 불필요한 법률이 없는 상태였지 무법 상태는 아니었기 때문이었다. 그들은 선출된 대표들이 국민 전체를 위해 사적·집단적 이익을 결합시킬 수 없으며, 영원하고 이기심이 없는 세습적 왕정만이 모두의 이해를 조정할 수 있다고 믿었기 때문에, 민주적 자율을 지지하지 않았다.

중농주의자와 동시대에 영국에는 애덤 스미스(A. Smith, 1723-1790)가 있었다. 애덤 스미스는 1723년 영국 스코틀랜드 커콜디(Kirkcaldy)에서 세관원의 아들로 태어났다. 그는 글래스고 대학에서 문학과 수학, 도덕철학을 공부하였으며 졸업 후 옥스퍼드 대학을 다니다가 중퇴하고, 스코틀랜드로 돌아와 에든버러 대학 강사를 거쳐 1751년에 글래스고 대학 교수가 되어 스승인 허치슨의 도덕철학 강의를 이어받았다. 그의 도덕철학 강의는 자연신학, 윤리학, 법학(정의론), 행정학(정치경제학)의 네 부분으로 구성되어 있었다. 애덤 스미스는 1764년에 교수직을 사임하였다. 재무장관을 지낼 만큼 유능한 타운센드가 돈 많은 미망인과 결혼한 후 의붓아들의 가정교사로 그를 발탁했기 때문이었다. 당시 애덤 스미스의 교수 연봉이 170파운드에 불과했는데, 타운센드는 500파운드의 연봉에 실 경비 그리고 연간 500파운드의 평생 연금을 지급하겠다고 제안하였다. 애덤 스미스는 타운센드의 의붓아들인 젊은 공작과 함께 3년간 프랑스와 스위스를 여행하였다. 이때 프랑스에서 볼테르를 만나고 이코노미스트라 불리던 중농주의자, 그중에서도 특히 케네와 장시간 교류하였다. 1776년에 여행을 중단하고 귀국한 애덤 스미스는 커콜디에 머물면서 그의 위대한 책『국부론』을 저술하였으며, 1778년에 스코틀랜드 세관위원으로 임명되었고, 1787년에 글래스고 대학 명예총장에 취임하였지만 병으로 1790년에 사망하였다.

애덤 스미스의 생애 후반기에 영국에서는 산업혁명이라는 큰 변화가 시작되었다. 이미 전부터 영국은 가장 발달된 시장을 갖고 있었고 세계무역의 최강자였으며, 18세기 중엽에 글래스고를 포함하는 많은 상공업 도시에서는 구식의 수공업 생산기술을 사용하는 공장들이 공산품을 생산하고 있었다. 애덤 스미스가 생애의 대부분을 보낸 스코틀랜드는 그가 태어나기 수년 전인 1707년에 잉글랜드에 병합되었다. 자존심이 무참히 짓밟힌 스코틀랜드는 자존심 회복과 스스로의 정체성을 학문의 세계에서 찾았다. 그 결과 스코틀랜드에서는 지적 활동이 왕성하였으며 후일에 '스코틀랜드 계몽'이라고 불릴 정도의 명성을 갖게 되었다. 글래스고 대학은 에든버러 대학과 함께 스코틀랜드 계몽의 중심 기관이었다. 애덤 스미스가 인간과 사회에 관한 근본적인 문제, 즉 도덕철학의 문제를 탐구하게 된 것도 이런 지적 배경과 무관하지 않다.

애덤 스미스와 중농주의자는 동시대에 속하였으며, 서로 영향을 끼쳤다고 할 수 있다. 양자 모두 사회를 유기적 관계의 통합체라고 인식하였다. 또 양자는 사회경제 질서의 기본이 되는 자연 법칙, 즉 있어야 할 상태를 분명히 하기 위한 철학적 체계를 만들려고 한 점에서도 일치한다. 애덤 스미스가 프랑스 여행 중에 만난 케네는 사실 자유방임이라는, 당시로서는 매우 급진적인 정책을 옹호하고 있었다. 중농주의와 애덤 스미스는 똑같이 사회의 여러 경제주체를 노동자, 지주, 자본가라는 형태로 분류했다. 또한 기본적으로 전(前) 산업적 개념을 사용하는 점에서도 공통적이었는데, 예컨대 양자가 사용하는 '자본'이라는 개념은 '생산 과정의 시작 전에 축적되고, 그 후 최종 생산물로부터의 수익을 기대하여 노동자에게 선대(先貸)된 식료나 도구'를 의미하였다. 양자는 또 성장을 중요한 경제적 문제로 인식하였으며, 중상주의자가 해외무역의 확대에 관심을 집중했던 것과는 달리, 경제성장에 있어서 국내시장의 중요성을 강조했다. 그리고 양자는 중상주의가 무역수지를 흑자로 유지할 것을 제창했던 점에 반대하고, 실물 자본의 축적이야말로 '근린 궁핍화' 정책에 의존하지 않고 급속한 성장을 이룩할 수 있는 열쇠라고 주장했다. 그러나 양자 간에 무시할 수 없는 큰 차이도 있었다. 케네의 『경제표』가 단적으로 보여 주고 있는 것처럼, 중농주의자들은 경제 시스템을 거시경제의 순환적 흐름으로 분석하려고 하였지만, 애덤 스미스는 경제 시스템에 대한 체계적 분석보다 그것이 조화롭게 운영되도록 추동하는 힘에 대해 설명하려고 하였다. 또한 중농주의자는 농업을 경제 발전의 원동력으로 생각하였지만, 애덤 스미스는 분업의 확대를 중요하게 생각하였다.

3) 근대 경제학의 탄생

경제사상의 발전을 더듬어 나가는 데 중농주의자가 아닌 애덤 스미스로부터 시작하는 것은, 그의 분석 틀이 본질적으로 특출하거나 어떤 연구 방법에서 그가 연대기적으로 앞서기 때문도 아니다. 케네도 애덤 스미스와 마찬가지로 경제학의 창시자였다는 것은 의심할 수 없는 사실이다. 『경제표』에 제시된 경제순환은 일종의 투입산출표와 같은 것이며, 국민계정분석(national account analysis)을 전공하는 경제학자에게는 그 무엇보다도 의미 있는 것이었다. 그러나 비록 애덤 스미스의 거의 모든 경제학적 공헌이 그 이전의 뛰어난 학자의 저술에 이미 포함되어 있었다는 점에서 독창적이라고 할 수는 없어도, 그가 바로 영국뿐 아니라 유럽의 모든 정통적 경제학자들이 경제학의 창시자로 여기고 있는 인물임에는 의문의 여지가 없다.

애덤 스미스의 유명한 저서 『국부론』은 1776년에 출판되자마자 베스트셀러가 되었다. 1800년까지 영국에서 9판이 나왔고 미국, 아일랜드, 스위스에서도 출판되었다. 1810년까지는 덴마크어, 네덜란드어, 프랑스어, 독일어, 이탈리아어, 스페인어, 러시아어의 번역본도 출판되었다. 『국부론』은 정통파 경제학자뿐만 아니라 정통파에서 뛰쳐나온 혁명적 이론가에게 있어서도 경제학이라는 새로운 학문의 성서로서 국제적으로 인정되었다. 1848년에 출판된 밀(J. S. Mill)의 『경제학원리』(*Principles of Political Economy*)는 『국부론』을 바탕으로 한 책이었으며, 마르크스(K. Marx)도 경제학이 누구로부터 시작되었는가라는 질문에 대해서는 똑같은 답을 가지고 있었다.

애덤 스미스를 경제학의 창시자로 보는 것은, 그가 경제학의 일반적 이론, 개념, 분석 방법의 체계를 처음으로 제시함으로써 경제학 최초의 패러다임, 즉 학문의 틀(matrix)을 만들어 냈기 때문이다. 그는 경제학의 방법론과 개념, 체계뿐 아니라, 경제학자가 연구하는 문제의 범위를 결정하는 요소인 이념적 경향, 경제 문제를 논의할 때 통상적으로 사용하는 분석 틀, 그 같은 문제의 해답에 내재한 정치적 편향 등에서 거의 반세기 이상에 걸쳐서 결정적인 영향을 끼쳤다. 그후로도 『국부론』은 경제학의 가장 중요한 고전으로서의 지위를 유지하고 있다.

그러나 애덤 스미스는 지금과 같은 전문적 경제학자의 범주에 넣기는 어렵다. 그는 사실 철학자였으며 경제학을 도덕철학의 한 분야에 불과하다고 생각하였다. 그의 뛰어난 후계자들도 그러했듯이, 그는 경제학이란 철학, 심리학,

윤리학, 법학, 정치학을 포함한 사회의 일반이론의 한 분야에 불과하다고 생각하였다. 그는 당대의 다른 철학자들과 마찬가지로 '가급적 적은 수의 원칙에서 모든 현상을 설명'하는 것에 대한 강한 의지를 가지고 있었다. 그와 동시대 학자들이 과학적 탐구를 할 때 모범으로 삼았던 것은 뉴턴(I. Newton, 1642-1727)의 접근 방법이다. 애덤 스미스는 뉴턴의 체계를 일컬어 "인류에 의해 이룩된 최대의 발견이며, 단 하나의 중요한 사실, 즉 우리들이 매일 경험하고 있는 현실인 '중력'에 의해 서로 연결되어 있다는 가장 중요하고 숭고한 진실의 발견"(MS)이라고 말하였다.

애덤 스미스는 뉴턴이 혼돈의 우주 속에 있는 질서를 탐구할 때 보여 준 노력을 인간 사회에 적용하였다. 그는 각 개인이 자기 이익을 추구하느라 혼란스럽고 분주한 가운데서도 어떻게 사회가 산산조각 나지 않고 서로 결합되어 무리 없이 돌아갈 수 있는가를 탐구하였다. 그러한 탐구의 대상은 바로 '시장'이었다. 그가 발견한 뉴턴의 중력 법칙과 같은 원리는 시장에서 작동하는 인간의 '이기적 본성'이었다. "문명사회에서 인간은 타인의 협력과 원조를 필요로 하지만… 그것을 그들의 박애심에만 기대한다면 헛수고이다. 그보다… 그들의 자애심을 자극하고 그들이 원하는 대로 하는 것이 그들 자신에게 이익이 된다는 것을 그들에게 보여 주는 것이 효과적이다." 이러한 상황은 마치 각자의 탐욕을 채우려고 혈안이 되어 있는 정글과도 같고 무자비한 듯하다. 이를 홉스(T. Hobbes, 1588-1679)는 만인의 만인에 대한 투쟁 상태로 표현하였다. 이에 대한 규제자가 '경쟁'이다. 사회적 결과에 대한 고려 없이 자신의 이익을 위해 최선을 다하려는 개인은 동일한 본성을 가진 다른 개인을 마주하게 된다. 때문에 가령 판매자가 높은 가격을 부르면 구매자를 찾지 못할 것이다. 이런 경쟁의 결과 우리는 전혀 예상하지 못한 결과를 얻게 된다. 즉, 시장은 우리 모두가 이기적 본성에 따라 행동하며 서로 경쟁하는 가운데 사회적 '조화'를 이루게 됨을 보여준다. 그것을 애덤 스미스는 다음과 같이 말한다.

> 우리가 저녁식사를 기대할 수 있는 것은 정육업자, 양조업자, 제빵업자들의 자비심 때문이 아니라, 그들의 개인 이익 추구 때문이다. 우리는 그들의 인간애가 아니라 자애심에 대해 말하며 그들에게 우리 자신의 필요가 아니라 그들의 이익을 말한다.(WN)

> 그는 사실 공익을 증진하려고 의도하지 않으며, 또 얼마나 증대시킬 수 있는지도 알지 못한다. …그는 자신의 안전만을… 자신의 이익만을 생각한다. 그러나 이렇게 행동하는 가운데 '보이지 않는 손'의 인도를 받아서 원래 의도하지 않았던 목표를 달성할 수 있게 된다.(WN)

애덤 스미스는 사람들이 자연적인 이기심에 따라 행동하면, 시장에서의 이른바 '보이지 않는 손'에 의해 부지불식 간에 모든 경제활동이 조정되고 개인과 사회의 조화가 실현된다고 보았다. 이를 애덤 스미스보다 반세기나 앞서 설파한 인물이 네덜란드 출신의 영국 의사 맨더빌(B. Mandeville, 1670-1733)이었다.

맨더빌은 인간의 이기적 본성을 심층적으로 다룬 『꿀벌의 우화』(Fable of the Bees, 1714)에서 소비, 방탕 등 개인의 이기심에서 비롯된 악덕이 사회를 부유하게 한다고 설파하였다. 그는 금욕과 절제를 강조하는 중세 기독교적 도덕 윤리를 공격함으로써, 중세에서 근대로 나아가는 시대상의 중요한 변화를 간파하였다. 맨더빌은 우화의 형식으로 사람들에게 금욕과 절제 등의 '위선'에서 벗어나라고 외쳤다. 중요한 메시지는 다음과 같은 몇 개의 문장으로 정리될 수 있다. 개인의 악덕도 숙련된 정치가가 솜씨 있게 다룬다면, 사회 전체가 세속적 행복을 누릴 수 있다. 인간은 욕망에 사로잡히지 않고서는 힘을 다하지 않으며, 따라서 잠자는 욕망을 깨워 주지 않으면 인간이 지닌 탁월함과 능력은 드러나지 않을 것이다. 가난을 덜어 주는 것은 사려 깊은 일이지만 가난을 없애는 것은 바보짓이며, 연민과 자선은 필요하지만 그것이 동냥이나 게으름을 부추기지 않아야 한다.

　'개인의 악이 공공의 이익'이라고 한 맨더빌의 도덕관이 많은 상층 계급의 분노를 일으킨 것은 놀라운 일이 아니다. 『꿀벌의 우화』는 미들섹스 주 대배심에 의해 공공의 이익에 반하는 책이라고 하여 판매 금지를 당했다. 맨더빌이 하고 싶었던 말은 사회적 진보와 번영이 개인의 미덕과는 무관하다는 것이었다. 그는 탐욕, 야심, 허영과 같은 개인의 악이 사회를 번영시키는 원동력이라고 하였다. 그러나 선과 악에 대한 그의 구분은 지나치게 청교도적이었다. 후일 애덤 스미스가 『도덕감정론』과 『국부론』에서 주장한 것은 바로 이기심이 사회를 움직이는 기본 원리라는 것이며, 개인의 미덕이 반드시 자기 부정을 의미하는 것은 아니며, 자기 이익을 추구하는 것 자체가 미덕이라는 것이었다.

　맨더빌은 우화를 통해 시장 메커니즘에 대한 선구적인 통찰력을 보여 주었으며 경제적 자유방임주의를 옹호하였다. 시장을 정부의 규제나 이타주의로 간섭할 필요가 없으며 그냥 내버려 두는 것이 좋다는 것이었다. 서로 경쟁하는 개인의 자유가 절정을 이룬 상태에서 시장이 거둔 아름다운 성과는, 계획에 의한 통제나 성직자의 율법에 의한 도덕으로도 얻을 수 없다. 시장의 아름다운 성과는 시장이 바로 자신의 보호자라는 사실이다. 개인의 경제적 자유가 절정을 이루는 시장이 모든 것을 엄격히 규제하는 역할을 한다. 시장에 의한 익명의 압력은 통제나 도덕과는 다르게 작용한다. 어떤 사람도 자신이 원하는 대로 행동할 수 있지만, 시장이 그것을 용납하지 않는다면 개인적 자유의 대가는 경제적 파탄일 것이다. 예컨대, 판매자가 자기 이익을 위해 슬그머니 값을 올린다면 자기 제품의 구매자를 잃게 될 것이다. 또한 서로 경쟁하고 있기 때문에 누군가가 많은 이익을 보고 있다면, 다른 경쟁자가 진입하면서 이익은 점차 보통의 수준으로 낮아질 것이다. 그리하여 시장은 사회가 필요한 상품의 양만큼 생산자로 하여금 공급하도록 할 것이고, 소비자들도 대가를 지불할 용의가 있는 만큼을 구입할 수 있도록 한다.

시장이 정말 이런 식으로 움직였을까? 적어도 애덤 스미스의 시대는 그러했다고 말할 수 있다. 물론 당시에도 시장에서의 자유로운 경쟁을 거스르는 요소가 있었지만, 거대 기업이 시장 체제를 위협하는 일은 아직 나타나지 않았고 기본적으로 시장은 경쟁적이었으며, 가격은 수요·공급의 상호작용에 따라 오르내렸다. 경제학이 사회를 이론적 원리로서 이해하고 설명하는 것이라면, 현상적으로 복잡하게 보이는 경제를 하나의 질서 체계로서 이해하고 설명함으로써 경제학을 출발시킨 것에 애덤 스미스의 위대함이 보인다.

2 애덤 스미스의 경제학

Chapter 2

애덤 스미스의 경제학

1. 자유주의 경제사상

1) 사회의 기본 원리

애덤 스미스는 모교인 글래스고 대학 교수가 되어 스승의 도덕철학 강의를 이어받았다. 당시 도덕철학은 윤리학과 정치경제학, 법학에 이르는 모든 분야를 망라한 학문이었다. 애덤 스미스의 문제의식은 중세적 속박에서 벗어난 자유로운 개인으로 구성된 시민사회가 과연 질서, 평화, 발전을 이룰 수 있는가 하는 것이었다. 그의 도덕철학 강의는 고립적인 개인으로 구성된 시민사회의 질서·조화의 합리성과 필연성을 구명하는 것이 과제였으며, 자연신학, 윤리학, 법학, 정치경제학의 4부로 구성되어 있었다. 그는 제1부 자연신학에서 시민사회의 구성·질서 원리가 존재한다는 사실을 논증하였다. 자연신학은 중력 법칙이라는 질서 원리가 있어 천체가 정연하게 움직이는 것처럼 인간 사회에도 그런 원리가 있으며, 바로 인간의 이기적 본성이 그것이라고 하였다.

애덤 스미스의 도덕철학 강의는 인간의 본성에 대한 탐구로 이어지며, 이 탐구가 도덕철학 강의의 제2부인 윤리학이었다. 그는 1759년에 윤리학 강의를 묶어 최초의 대표작인 『도덕감정론』(The Theory of Moral Sentiments)을 출판하였다. 『도덕감정론』은 인간 본성 또는 도덕감정에 대해 집요하게 추적해 온 계몽시대의 스코틀랜드 도덕철학자들의 성찰을 토대로 하여, 윤리학의 두 가지 문제, 즉 덕은 무엇이며 인간은 어떻게 행위를 선택하는가를 다루었다. 그는 이 책을 통해 명성을 얻어 귀족의 가정교사로서 유럽을 여행하는 기회를 가졌다. 그는 도덕철학 강의의 제3부인 법학 강의를 묶어 1762년에 '법과 통치의 일반 원리와 역사'에 관한 책을 출판할 계획이었지만, 새로 시작한 세관 업무로 인해 단념하였으며 원고는 죽기 며칠 전에 소각되고 말았다. 다행히 이후 수강생의 강의 노트가 발견되어 애덤 스미스 사후에 발간된 『철학논문집』(1795)에 수록되어 법학 강의 내용이 빛을 보게 되었다. 마지막으로 1776년에 출판된 『국부론』은 그가 유럽 여행을 마치고 귀국한 후, 재정적으로 비교적 여유가 있었던 1769년에서 1776년 사이에 쓴 정치경제학 강의록에 바탕을 두고 있다.

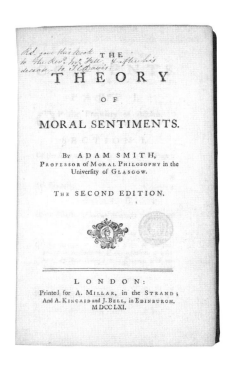

애덤 스미스는 스승인 허치슨으로부터 인간에 내재하는 도

덕의식에서 사회질서의 원리를 찾고자 하는 스코틀랜드의 학문적 전통과 도덕 의식이 인간의 경험에서 비롯된 것이라는 경험론적 전통을 물려받았다. 그는 『도덕감정론』에서 이기적 존재인 인간이 어떻게 이기심을 누르고 더 높은 차 원으로 변화시키는 도덕적 판단을 할 수 있는가라는 도덕적 용인과 금지의 근 원을 탐구하였다. 이를 위해 그는 인간의 일상적 경제 행동을 뉴턴의 물리학처 럼 몇 가지의 그럴 듯한 가정에 의해 질서를 갖춘 체계로서 설명하고자 하였다. 그에 의하면 "인간 사회 시스템은 여러 가지 점에서 기계와 비슷하다. 기계란 기능공에 의해 만들어진 여러 가지 설비나 효과를 실제로 결합시켜 동작할 수 있도록 만들어진 작은 시스템이다. 시스템은 현실적으로 일어나고 있는 여러 가지 움직임이나 효과를 상상으로 결합시키기 위해 고안된 공상의 기계이 다."(*MS*)

사회의 기본 원리에 대한 이러한 인식은 17세기 과학혁명에 의해 일반화된 계몽주의적 사고, 달리 말하면 합리주의적 유신론에 기초하고 있다. 물리학과 천문학에 의해 밝혀진 세계는, 목적이 아니라 인과율 중심의 자연 법칙이 지배 하는 세계였다. 이제 모든 형체의 움직임과 변화는, 신의 의지가 아니라 관성 및 중력 법칙의 획일적 작동을 보여 주는 것으로 이 해되었다. 과학은 현상을 구성하는 요소를 하나하나 해부하고 재구성하였다. 계몽주 의 사상가들은 당대를 이성의 시대로 불렀 는데, 이성이란 본질적으로 그와 같은 분석 적 · 수학적 능력을 지칭한다. 인간은 그런 능력으로 자연을 완벽히 이해하고 정복할

애덤 스미스(1723–1790)

수 있다고 믿었다. 신에 대한 인식도 달라졌다. 합리주의적 유신론, 즉 이신론 (deism)은 신의 존재를 인정하되 자연종교의 계시나 교회의 가르침을 통해 얻는 지식이 아니라, 인간의 이성을 사용하여 신의 행동(창조 세계)을 이해할 수 있다고 생각한다. 이러한 사상은 하느님이 우주를 창조하기는 했지만 관여는 하지 않으며 우주가 자체의 법칙에 따라 움직인다고 보고, 인간의 이성으로 신을 이해할 수 있다고 생각한다. 예컨대, 시계는 사람이 만들지만 저절로 돌아가는 것처럼, 창조주가 만든 인간 세상은 신의 자의적인 개입이 없이도 돌아간다는 것이다.

이런 인식론적 태도는, 사회를 정확하고 예측 가능하게 움직이며 원인과 결과의 설명이 가능한 기계장치로 이해한다. 그리고 이 장치의 '위대한 설계자'는 우주의 위대한 지배자, 최후의 심판자, 신성한 존재, 흔히 신이라고 하는 자비심이 깊은 창조자였다. 애덤 스미스는 사회란 신이 창조한 위대한 기계이며, 사회 그 자체에 맡겨 두면 후생이 자동적으로 최대화될 수 있다고 생각하였다. 즉, "추상적 · 철학적 시각에서 보면 인간 사회는 위대하고 깊이를 알 수 없는 장치이며, 그것의 규칙적이고 조화 있는 움직임이 많은 바람직한 결과를 가져온다."(MS) 애덤 스미스는 이러한 기계장치가 신의 뜻대로 움직이게 하는 것이 바로 인간의 이기심이며, 인간의 이기심이 '보이지 않는 손'의 작용에 의해 사회의 총이익으로 나타난다고 하였다.

부자들은 가장 값지고 탐나는 부분을 선택할 수 있을 뿐, 그들의 소비량은 빈자들과 다르지 않다. 비록 그들이 타고난 이기심과 탐욕을 갖고 있고 자신의 편의만 도모하며, 그들의 유일한 목적은 고용된 수많은 사람들의 노동을 토대로 자신의 허영과 끝없는 욕망을 충족시키는 것일지라도, 그들은 모든 생산물을 빈자들과 나눈다. 그들은 보이지 않는 손에 인도되어, 토지가 농민들에게 똑같은 몫으로 분배되었을 때와 마찬가지로 생필품을 나누게 된다. 그리고 의도하지 않고 알지도 못했지만, 그들은 사회의 총이익을 증대시키게 된다.(MS)

그러나 이렇게 되기 위해서는 인간의 이기적 본성이 우리 내부에 있는 '공정한 관찰자'에 의해 지배되어야 한다. 애덤 스미스에게 있어서 이런 관찰자는 '도덕감정'이었다. 그는 인간이 도덕감정에 기초하여 자연적 감정과 개인적 욕망에 따름으로써 신의 계획을 만족시킬 수 있다고 하였다. 도덕감정은 "강제로 짜낼 수 없는 자비(공감(sympathy), 관용, 선의, 우정을 포함)와 종종 강제할 필요가 있고 사회적으로도 항상 인정되는 사회정의, 그리고 우리들이 생활의 향상이라고 부르는 인간의 삶의 위대한 목적"(MS)인 사려 깊음(근면, 절약을 포함)이다. 이 시스템이 유지되는 이유는 각자가 동시대의 사람들로부터 사회적 존경을 받는 데 적극적인 관심을 갖고 있다는 점에 있다. "자연은 사회를 구성하는 인간을 만들 때 동료를 기쁘게 해주려는 기초적 마음과 동료에게 불쾌감을 주는 것을 피하는 기초적 마음을 부여하였다."(MS)

애덤 스미스에 의하면, 인간은 이기심에 따라 행동하지만, 동시에 본능적으로 타인의 행복이나 불행에도 관심을 갖고 있다는 것이다. 따라서 신의 설계도에 의해 계획된 사회에서는 인간 본래의 정념(passion)의 하나인 도덕감정의 상호작용에 의해 인간 행복의 최대화가 달성될 수 있다. 그는 이렇게 말한다. "창조주가 세계를 창조했을 때 의도한 본래의 목적은 인류와 모든 이성적 창조물의 행복이었을 것이다. …우리들의 도덕적 재능에 따라 행동하는 가운데 우리들은 필연적으로 인류의 행복을 증진시키는 가장 효율적인 수단을 추구하게

된다."(MS)

인간 행동의 전략적 요소에 관한 애덤 스미스의 여러 가정에 대해 논란이 있겠지만, 이러한 사회인식론이 그럴듯하지 않은 것은 아니다. 사회적으로 존경받고 싶은 욕구가 인간의 강한 행동 유인이라는 것은 사회학자나 심리학자들이 인정하는 바이다. 자비, 사회정의, 사려 깊음이라는 미덕은 반드시 모든 사회에서 같은 정도로 사회적으로 높게 평가되고 있는 것은 아니지만, 적어도 18세기의 영국에서 그것들이 중요했음을 부정할 명백한 이유는 없다. 특히, 애덤 스미스에게 있어서 미덕의 보편성이 본질적으로 정당화되는 것은, 그것이 가져다주는 성공 때문이었다. 본능적인 도덕적 미덕이나 이상에 따름으로써 사람들은 자기의 부를 축적하고 자신뿐만 아니라 사회의 총소득을 증대시킬 수 있었다.

2) 최초의 경제학 교과서

한 인간의 위대한 대표작이자 고금의 명저로 칭송된 『국부론』(원명은 『국부의 본질과 원인에 관한 연구』(An Inguiry into the Nature and Caufes of the Wealth of Nations))은 방대한 분량의 저작이며, 곳곳에 애덤 스미스의 예리한 관찰로 가득 차 있다. 『국부론』은 사실 애덤 스미스의 도덕철학 강의를 구성하는 한 부분이며, 『도덕감정론』에서 소개한 철학을 발전시킨 책이다. 『도덕감정론』에서 말한 공감과 정의가 가능하기 위해서는 인간이 경제적으로 자립할 수 있어야 한다. 왜냐하면 경제적 종속은 인간을 쉽게 타락시키는 경향이 있는 반면, 경제적 자립은 정직·성실한 인간을 만들어 내기 때문이다. 그래서 상공업을 발달시키고 국부(國富)의 증진을 도모해야 할 필요가 생기며, 국부 증진의 원인과 방법 등을 연구하는 정치경제학이 필요하였다.

『도덕감정론』과『국부론』의 관계에 대해서는 이미 많은 연구가 있으며, 특히 두 책 간에 나타나는 몇 가지 모순에 대해 설명하는 책도 많다. 두 책은 15년이라는 세월의 간격이 있으며, 따라서 그동안에 애덤 스미스가 몇 가지 점에서 입장을 바꾸었다고 해서 놀랄 일은 아니다. 애덤 스미스의 생애 동안에 두 책은 여러 번 개정되었는데, 그가 두 번째 책을 출판한 훨씬 뒤에 첫 번째 책의 개정판을 출판하면서 그런 모순점을 수정하지 않았다는 것은, 그가 그것을 그다지 중요한 문제로 의식하지 않았음을 의미한다. 『국부론』은 현실을 설명하는 많은 예를 포함하고 있으며, 여러 가지 점에서『도덕감정론』에 비해 보다 충실하고 독창적인 책이었다. 『도덕감정론』이 철학적 추상이론이었던 반면,『국부론』은 현재의 제도 하에서 사람들이 실제로 어떻게 행동하는가라는 점에 초점을 맞춘 저술이라고 할 수 있다.

『국부론』을 저술할 당시에 애덤 스미스는 경제 체제가 가져야 할 모습인 '자연적 질서'에 대한 분명한 생각을 갖고 있었지만, 현실적으로 그것이 기능하기에는 몇 가지 결함이 있음을 인정하였다. 정부는 비효율적이고 무능하며, 경영주와 기능공은 항상 다투고, 상인과 공장주는 지주의 이해와 충돌하였다. "지대와 이윤은 임금을

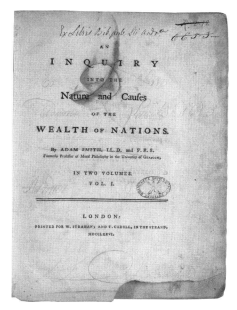

삼켜버리고, 지주와 자본가라는 두 상층계급은 노동자라는 하층계급을 압박"하며 "같은 업종의 상인들은 오락이나 기분 전환을 위해서조차 서로 잘 모이지 않지만, 그들의 대화는 사회에 대한 음모, 즉 가격 인상을 위한 음모로 시종일관"(WN)하였다. 『도덕감정론』에서 누구나 갖고 있다고 생각한 '사려 깊음'에 관련해서도, 애덤 스미스는 "인간은 위험한 사업에 성공할 가능성을 과대평가하는 경향을 가지고 있으며, 그 결과 너무나 많은 자본이 그 같이 위험한 사업에 투자되고 있다"(WN)라는 결론을 내렸다. 따라서 그는 경제 체제를 신이 의도한 자연 질서에 맞춤으로써 사회적 생산을 최대화하는 광범한 개혁을 주장하였다.

애덤 스미스는 현실을 풍부하고 꼼꼼하게 관찰하였지만, 그가 『국부론』에서 설명하는 경제 체제의 이미지는 산업혁명 이전의 것이었다. 『국부론』은 1784년에 대폭 개정·증보되었지만, 개정판에서도 당시에 이미 잘 알려졌을 면공업에서의 갖가지 발명이나 코크스를 사용한 선철 생산에 대해서는 언급하지 않았다. 그가 기술 발전을 설명하기 위해 예로 든 것은 '시시한 소규모의 핀 공장'에서의 노동 분업에 불과하였다. 『국부론』의 초판 출간 시점에 영국의 산업혁명이 막 시작되었으며, 그로 인한 조직, 기술, 구조상의 혁명적 변화를 실감하기 위해서는 반세기 이상의 시간이 필요했다. 따라서 애덤 스미스가 말하는 기술 발전은 새로운 기계나 생산 공정 및 새로운 제품의 개발과 관계 있는 것이 아니라, 주로 분업화에 의해 노동력이 조직되고 보다 고도의 숙련을 갖게 됨에 따라 생기는 것이었다. 또한 그에게 있어서는 자본이라는 말도 기계나 건물과 같은 고정자본이 아니라 유동자본, 즉 노동력 고용이나 원료 구입을 위해 투입된 자본을 의미했다.

그럼에도 불구하고 『국부론』이 인간의 경제적 행동을 과학적 분석 방법으로 설명함으로써 경제학의 출발을 의미함은 의심할 여지가 없다. 만일 과학적 이론을 체계적인 설명과 확실한 예측을 위한 법칙으로, 그리고 과학적 방법론을 법칙을 찾기 위한 논리적·실증적 검증의 기술적 도구라고 정의한다면, 애덤 스미스가 과학으로서의 경제학을 창시했다고 말하는 것은 과도한 표현일 것이다. 그러나 적어도 그가 사회를 이해하는 하나의 이론 체계를 만들고 그것을 검증함으로써 과학으로서의 경제학의 첫걸음을 내디뎠다고는 할 수 있다. 그는 물리적 현상을 이해하는 뉴턴의 중력 법칙과 같은 인간 본성의 법칙, 즉 이기심을 기초로 하고 상호간의 경쟁이 작용하고 있는 인간의 행동을 처음으로 이해하고 체계적인 형태로 공식화하였다. 즉, 그는 역사상 처음으로 사회 분석을 위한 체계적인 경제이론, 즉 논리적으로 상호 의존하고 있는 이론을 구축했으며, 이 점이 그를 경제학의 창시자로 인정하는 이유이다.

그의 이론 체계에 있어서 중요한 변수는 분업이다. 애덤 스미스는 분업의 정도가 시장의 크기에 의해 제한된다고 하였다. 따라서 그는 경제성장에 있어서 노동이 중요함을 강조하고 토지와 같은 천연자원의 공급량보다는 시장의 크기가 중요하다고 생각하였다. 애덤 스미스가 시장의 크기를 강조한 점에서는 중상주의적 사고를 수용하고 있다고도 볼 수 있지만, 해외시장보다는 국내시장의 중요성에 초점을 맞추고 있다는 점에서 그는 중상주의자보다 프랑스의 중농주의자에 가깝다고 할 수 있을 것이다. 왜냐하면 산업혁명 이전의 사회에서 국내시장을 강조한다는 것은 농업을 경제성장의 원동력까지는 아니더라도 중요한 요인의 하나로 생각하고 있음을 의미하기 때문이다.

애덤 스미스는『국부론』제4부의 서론에서 "사람들의 부와 관련하여 두 개의 상이한 경제 시스템을 탄생시켰다. 하나는 상업 시스템, 또 다른 하나는 농업 시스템"(WN)이라고 하였다. 전자는 중상주의(mercantilism) 시스템이며, 후자는 중농주의(physiocracy) 시스템이다. 제4부의 대부분은 중상주의에 대한 비판으로 구성되어 있고, 마지막 한 장이 중농주의에 할애되었다. 중농주의자들은 농업만이 국민소득을 보다 높은 수준으로 끌어올리기 위해 필요한 경제 잉여를 산출할 수 있으며, 공업은 아무런 잉여도 산출하지 못한다는 의미에서 '비생산적'이라고 생각하였다. 그러나 애덤 스미스는 노동이 국부의 본질(이는 후술하는 노동가치설의 기초)이라고 강조함으로써, 귀금속의 축적에만 관심을 갖고 그것을 국부로 인식하는 중상주의를 비판하였을 뿐 아니라, 토지가 부의 원천이라고 하는 중농주의와도 다름을 명확히 하였다. 그는 그것을 『국부론』의 서론 첫 문장에서 다음과 같은 간단한 한 문장으로 설명하였다.

> 모든 국가의 연간 노동이 국가가 매년 소비하는 생활필수품과 편의품을 원천적으로 공급하는 기금이며, 그것은 그 노동의 직접적인 생산물이거나 그 생산물로 다른 국가로부터 구입한 것으로 구성된다.(WN)

『국부론』은 이후 반세기 이상 경제학자들의 교과서였고, 오늘날에도 여전히 대부분의 경제학자들이 자신의 중요한 사상적 기초로 삼고 있다. 『국부론』이 이처럼 강력하고 장기적인 영향을 미칠 수 있었던 이유는, 그것이 잘 정리된 사회 인식과 시의성 있는 문제의식과 새로 다가올 시대에 부합하는 가치관을 내포하고 있었기 때문이다.

첫째, 애덤 스미스는 경제학을 사회를 대상으로 한 규범적 연구이며 도덕철학의 한 분야에 불과하다고 생각했다. 따라서 그의 경제학은 자연과학적이라기보다 도덕적이며 논리적이거나 수학적이라기보다 철학적인 학문이며, 정치산술가들의 실증적·수량적 편향과는 멀어져 있었다. 또한 규범적 연구라는 점에서 그것은 18세기의 저술가들이 갖고 있던 정치선동가적 지향에 대해 지적인 지지를 보내는 것이기도 했다. 실제로 그는 실증적으로 검증이 가능하다기보다 자기 성찰적이고 철학적인 몇 가지 일반 원칙으로부터 추상적·연역적 학문의 패턴을 만들어 냈다. 그는 이론의 내적 상호 연관성과 경제의 작동에 대해 묘사하고 역사적 사실과 이론을 결합시키는 능력에서 타의 추종을 불허하였다.

애덤 스미스는 기계론적인 사회인식론에 기초하여, 사회를 '신성한 설계자'에 의해 구상되고 자기 보존과 자기 진보의 인간 본능에 의해 움직이는 '적절한 장치'라고 가정하였다. 그는 재화의 가치 결정 문제에 관심을 갖고 있었지만, 그의 경제학에서 보다 더 중요한 관심은 '국부의 본질과 원인에 관한 연구'라는 책의 제목이 말하듯이 경제성장과 그것을 촉진하는 정책에 있었다. 또 그의 분석 방법은 '자연적'인 경제 질서가 갖는 의미를 사회에서 일어나는 모순이나 불완전함으로부터 추론하고, 그 바람직한 작용에 의해 경제적 후생이 최대화된다는 것을 논리적으로 설명하는 것이었다. 여기에 내포되어 있는 그의 이념적 편향은 권위(교회나 국가)에 의한 개인의 자유에 대한 간섭을 최소화해야 한다는 것이다. 이런 생각이 국가의 개입 대신에 개인주의나 자유방임주의를 촉진시켰다는 것은 의심할 여지가 없다.

둘째, 애덤 스미스는 아무도 할 수 없고 하지도 않은 방법으로 경제학의 기초적 이론을 구축하고, 그것을 철학적 사고와 체계적으로 연관시킴으로써 경제학에 지적인 매력을 부여했다. 이처럼 경제 문제를 간결하면서도 포괄적으로 연구하는 일은, 정치적 편향이나 입장의 차이에도 불구하고 교양 있는 사람들에게 있어서 흥미 있는 도전이었다. 그의 패러다임은 인구와 국부가 팽창하면서 산업화가 시작되고 있는 사회에서 예상되는 중요한 경제적 문제를 가장 적합한 방식으로 정식화하였다. 경제성장은 당시의 이목을 집중시킨 문제였으며, 사회의 기본 계급이 된 지주, 노동자, 자본가와 그들의 소득 형태, 즉 지대, 임금 그리고 이윤에 대한 설명은 서유럽에서 출현하고 있던 자본주의 사회에 특히 의미 있는 것이었다. 그는 시장경제에 대한 분석을 통해 다음과 같이 소득과 가격의 상호 연관성을 전례가 없을 정도로 적절하고 현실성 있게 설명하였다.

> 모든 특정 상품의 가격이나 교환가치는, 개별적으로 이 세 부분 중 하나로나 모두로 분해되며, 따라서 한 나라의 노동이 만들어 내는 연간 총생산을 구성하는 모든 상품의 교환가치는 전체적으로 마찬가지의 세 부분으로 분해되고, 그 나라를 구성하는 여러 사람들에게 그들 노동의 임금, 그들 주식의 이윤, 또는 그들 토지의 지대로 분배된다. 한 나라의 노동이 1년 내에 모으거나 생산한 모든 것, 또는 같은 말이지만 그것의 총가격은, 이와 같은 형태로 그 나라의 서로 다른 구성원 사이에 원천적으로 분배된다. 임금, 이윤, 지대는 모든 교환가치뿐만 아니라 모든 수입의 세 가지 원천인 것이다. 다른 모든 수입은 궁극적으로 이 세 가지 중의 하나로부터 도출된다.(WN)

이처럼 동시대인이 의미가 있다고 생각한 경제 문제를 정식화하고 그들이 현실적이라고 생각하는 형태로 생산요소를 분석함으로써, 애덤 스미스는 자본주의 사회의 본질적인 문제라고 할 수 있는 임금, 이윤, 지대의 범주를 구분하고 그에 대해 조리 있는 해답을 준 최초의 경제학자가 되었다. 비록 분배이론은 그의 가장 중요한 관심사는 아니었지만, 그는 『국부론』 제1부 제8장에서 생존

임금이론, 생산성이론, 임금협상이론과 임금기금이론까지 제시하였으며, 다른 장에서는 비록 짧지만 이윤의 원천에 대해서 그리고 지대의 발생에 대해서도 설명하였다. 이 모든 것이 시장에서 결정된다. 따라서 경제성장과 함께 애덤 스미스가 가장 관심을 기울인 것은 시장이 보여 주는 조화로운 질서였다. 그는 시장에서 거래하는 수많은 개인이 각자 자기의 이익을 추구함에도 불구하고 어떻게 해서 혼란 대신에 질서를 낳게 되는 것인가에 대해 다음과 같이 설명하였다.

> 따라서 각 개인이 각각의 자본을 국내 산업의 진흥을 위해 사용하고 그로 인해 그 산업의 생산액이 커질 수 있도록 노력함으로써, 각 개인은 필연적으로 사회의 연간 소득이 가급적 커질 수 있도록 노력하게 된다. 각 개인은 보통 공공의 이익을 추구할 의도도 없을 뿐 아니라 얼마나 공공의 이익을 촉진시키고 있는지도 모른다. …어떤 산업의 생산을 최대화하는 방식으로 이끄는 것은 오로지 그 자신의 이득 때문이다. 다른 많은 경우와 마찬가지로 여기서도 각 개인은 보이지 않는 손에 이끌려 자신의 의도와는 전혀 관계없는 목적을 촉진시킨다. …자기 자신의 이익을 추구함으로써 각 개인은 종종 의도적으로 노력하는 경우보다 더 효과적으로 사회의 이익을 촉진시킨다.(WN)

 마지막으로, 『국부론』이 제시하는 정책적 지향은 당시에 막 시작되어 전개되고 있던 산업화 사회의 기업가들에게 대단히 매력적이었다. 16세기부터 시장경제가 본격적으로 등장하면서 사람들의 가치관에는 커다란 변화가 나타나기 시작했다. 이전 사회에서는 물질적 이득을 추구하는 것을 그다지 자랑스럽지 못한 행동으로 여겼다. 그러나 시장경제가 등장하면서 사람들은 물질적 성공을 중요하게 생각하였지만, 그렇다고 해서 그것을 추구할 용기도 없었기 때문에 심각한 갈등을 느낄 수밖에 없었다. 그들은 아직도 영혼의 구원과 세속적 욕망이 양립하기 힘들다고 생각하고 있었다. 이와 같은 딜레마에 확실한 마침표를 찍었다는 데 사상가로서 애덤 스미스의 위대함이 있다.

애덤 스미스는 사람들이 세속적인 물질적 욕망을 추구하는 것에 더 이상 죄책감을 느낄 필요가 없다는 새로운 경제 윤리를 제시하였으며, 그것을 '그대로 내버려 두라'(laissez faire)라고 하였다. 그는 상인이나 신흥 자본가들의 '야비한' 탐욕을 비난하는 등, 스스로를 그들에 대한 강한 비판자라고 생각했지만, 역설적이게도 애덤 스미스에 대한 열광적인 지지자의 대부분은 그들이었다. 대중을 속이고 억압하려는 자들이라고 신흥 자본가들을 비난한 애덤 스미스가 도리어 그들을 후원하는 성자로 추앙되었다. 이는 애덤 스미스의 패러다임이 지지하는 그 같은 가치관 때문이었다. 또한 그것은 그의 패러다임이 명성을 떨치면서 오랜 동안 주류가 될 수 있었던 큰 이유였다고 할 수 있다.

만약 누군가가 애덤 스미스의 이론이 당대의 문제를 잘 해결해 주었는지를 묻는다면 적어도 18세기 말에서 19세기 전반까지는 그렇다고 답할 수 있을 것이다. 19세기 전반까지의 자본주의 사회, 특히 산업혁명을 경험한 최초의 국가인 영국에서는 애덤 스미스의 이론을 바탕으로 한 정책이 재화·서비스의 생산을 최대화하는 데 성공했던 것은 틀림없는 사실이다. 시장에 대한 정부의 불필요한 개입이나 국내·국제 무역에 대한 제한 또는 자본이나 노동의 이동에 관한 제약을 감소시킨 것이 경제성장을 가져왔음은 확실하다. 그러나 그의 이론이 또 다른 정책 목표, 예컨대 공정한 분배 또는 정치적으로 안정적인 분배라는 목표를 달성했는가라는 질문에 대해서는 명쾌하게 그렇다고 답하기 어렵다. 19세기 중엽에 등장한 전혀 다른 패러다임인 마르크스 경제학이 부의 분배에 초점을 맞춘 것이 우연은 아니다.

2. 애매한 노동가치설

애덤 스미스가 국부에 대한 체계적인 분석을 시작한 무렵에 이미 가치 개념은 상당한 정도로 발전하였으며, 철학자들은 가치론에 필요한 몇 가지 요소들을 충분히 인식하고 있었다. 애덤 스미스의 스승이며 글래스고 대학 도덕철학 강의의 전임자였던 허치슨(F. Hutcheson, 1694-1746)은 재화의 가격이 어떤 용도(use)에서 생기는 수요와 재화 획득에 따르는 어려움, 즉 희소성에 의존한다고 하였다. 그는 용도에 일차적 중요성을 부여하면서 모든 가치 또는 가격의 근원은 재화가 제공하는 어떤 용도에 있다고 하였다. 용도가 수요 측면에서 가치를 결정하는 요인이라면, 희소성은 공급 측면에서 가치를 결정하는 요인이다. 허치슨은 희소성이 인간의 노동뿐 아니라 자연이나 환경적 요인에 의해 재화의 공급이 제한되는 경우에도 발생한다고 하였다. 애덤 스미스 역시 자신의 법학 강의에서 재화의 가치를 결정하는 요인을 용도로부터 생기는 상품의 수요 또는 필요성과, 그것과 비교한 재화의 풍부함 또는 희소성이라고 설명하였다. 그러나 그는 『국부론』 제1부 제4장에서 화폐의 본질에 대한 검토를 한 후 마지막에 다음과 같이 서술하였다.

가치라는 말은 두 개의 다른 의미를 가지고 있음을 이해하지 않으면 안 된다. 때로는 가치가 어느 특정 대상의 효용을 나타내고, 또 어떤 때에는 그 대상을 소유함으로써 생기는 다른 재화에 대한 구매력을 표시한다. 전자는 '사용가치', 후자는 '교환가치'라고 부를 수 있을 것이다. 사용가치가 매우 큰 재화의 교환가치는 종종 매우 작거나 제로이다. 한편, 교환가치가 큰 재화의 사용가치는 종종 제로이다. 물보다 유용한 것은 존재하지 않겠지만 물로는 어떤 희소한 것도 살 수 없다. 즉, 희소한 것을 물과 교환해서 얻을 수 없다. 반면에 다이아몬드는 거의 아무런 사용가치도 없다. 그러나 다이아몬드와 교환해서 종종 다른 재화를 대량으로 구입할 수 있다.

애덤 스미스는 재화의 가치로는 재화 속성에서 비롯되는 사용가치와 다른 재화와의 교환 과정에서 구매력으로 표현되는 교환가치가 있으며, 양자 간에는 괴리가 있다고 하였다. 그러나 어떤 재화라도 사용가치를 갖지 않으면 다른 재화와 교환될 수 없다는 점에서 사용가치와 교환가치를 분리해서 파악하는 것은 문제가 있다. 따라서 효용가치론을 지지하는 후세의 학자들은 위의 인용문에 포함되어 있는 사례를 애덤 스미스가 헤어나지 못한 '물과 다이아몬드의 역설'이라고 하였다. 그러나 이 사례를 통해 애덤 스미스가 말하고자 한 것은 사용가치와 교환가치 간에는 체계적인 관련이 없다는 것이었다. 이에 그는 교환가치의 원리를 해명하는 것이 가치론의 과제라고 하고, 그것을 다음과 같이 서술하였다.

상품의 교환가치를 규율하고 있는 원리를 해명하기 위해 다음과 같은 점을 분명히 밝히고 싶다. 첫째, 교환가치를 측정하는 참된 척도는 무엇인가, 즉 모든 재화의 실질가격을 측정하는 척도는 무엇인가 하는 점이

다. 둘째, 실질가격을 구성하고 형성하는 각 부분은 무엇인가 하는 점이
다. 그리고 마지막으로 가격의 구성요소의 일부 또는 전부를 때로는 상
승시키고 이따금 그것들을 자연적 또는 통상적인 율보다 하락시키는 조
건은 무엇인가, 그리고 시장가격, 즉 현실의 가격이 자연가격과 일치하
는 것을 저해하는 요인은 무엇인가 하는 의문이다.(WN)

즉, 가치론에서 해명되어야 할 중요하면서도 서로 연관된 과제는 다음과
같다. 첫째, 가치를 측정하는 척도이다. 이는 재화가 어떻게 그리고 왜 가치를
갖게 되는가라는 가치의 원천을 구명하는 문제와도 연관되어 있다. 둘째, 재화
의 가치를 구성하는 것은 무엇인가이다. 이는 재화의 가치가 어떻게 분배되는
가의 문제이면서 또한 애덤 스미스의 관심사인 성장이론과 연관되는 문제이
다. 셋째, 가치와 시장가격 간의 관계이다. 재화의 내재적·영속적 특질로서의
가치와 시시각각으로 변하는 시장가격 사이의 복잡하고 일정하지 않은 관계를
어떻게 풀어 낼 것인가의 문제이다. 이하에서는 교환가치의 원천과 척도, 시장
가격과 가치의 괴리, 재화의 가치 구성이라는 순으로 살펴보자.

첫째, 교환가치의 원천과 척도는 무엇인가. 애덤 스미스는 "모든 나라의 연
간 토지와 노동의 생산물은 생산적 노동자 수를 증대시키거나 이미 고용되어
있는 노동자들의 생산성을 증대시키는 것 외의 어떤 방법으로도 그 가치가 증
대될 수 없으며", "상품의 생산에 투입되는 노동량은 지배(교환)하는 노동량을
규정하는 유일한 조건"(WN)이라고 하여, 노동이 가치의 유일한 원천이라고 생
각하였다. 즉, 재화가 가치를 갖기 위한 필요조건은 바로 그것이 인간 노동의
생산물이어야 한다는 것이다. 자연이 아니라 노동이 가치의 원천임을 밝힌 것
은 애덤 스미스의 위대한 통찰이었다. 애덤 스미스는 개인적으로는 프랑스 여

행 중에 만난 중농주의자들의 농업 편향적 인식을 수용할 수 없었다. 이에 그는 가치 논쟁을 페티류의 객관적 노동가치설로 되돌려놓았다. 이후 노동가치설은 고전학파와 마르크스 경제학이 당연하게 받아들인 정설이 되었다. 애덤 스미스는 다음과 같이 노동을 교환가치의 척도라고 하면서 투하된 노동이 교환가치의 크기를 결정한다(투하노동가치설)라고 주장하였다.

> 노동은 교환가치의 진실한 척도이다. 모든 물품에 지불되는 최초의 가격이기도 하다. 모든 물건의 실질가격(real price), 즉 그것을 얻고자 하는 사람이 실제로 지불해야 하는 가치는 그것을 얻는 데 드는 수고와 번거로움이다.(WN)

그는 "한 시간의 힘든 일은 두 시간의 쉬운 일보다 더 많은 노동을 함유하고 있을 수 있고, 배우는 데 10년이 걸리는 직업에서의 한 시간의 일은 보통의 평범한 직업에서의 한 달간의 일보다 더 많은 노동을 함유"(WN)하고 있다고 하여 투하되는 노동의 질이 상이함에 대해서도 의식하고 있었다. 그러나 가치의 척도 문제에서 애덤 스미스의 노동가치설은 점차 어려움에 봉착한다. 가치척도에 대한 애덤 스미스의 설명은 다소 복잡하다. 가치는 어떤 단위로 측정할 수 있어야 하며, 또한 척도가 일정해야 한다. 만일 척도가 일정하지 않아 측정이 불가능하면 이론은 검증 불가능하기 때문이다.

시장에서 재화의 가치는 통상 화폐 단위의 가격으로 표시되므로 화폐는 가장 손쉽게 생각할 수 있는 가치척도이다. 그러나 국가 간 혹은 다른 시점 간의 교환에서 재화의 가치 측정은 또 다른 문제를 제공한다. 왜냐하면 화폐 자체의 가치가 변하기 때문이다. 이 때문에 애덤 스미스는 실질가격과 명목가격을 구별했다. "동일한 실질가격은 항상 동일한 가치를 나타낸다. 그러나 금이나 은의 가치 변동 때문에 동일한 명목가격이 때로는 전혀 다른 가치를 갖는다." (WN) 이에 애덤 스미스는 금·은과 달리 시간이나 장소를 막론하고 안정된 성질을 갖는 곡물을 가치척도로 할 것을 생각하였다. 왜냐하면 곡물은 노동자의 생활 수단에서 큰 비중을 차지하고, 노동자의 생존에 필요한 곡물의 양은 상대적으로 불변이며, 곡물 가격이 상승하면 화폐 임금 역시 상승하므로 곡물의 양으로 표시한 임금이 불변이기 때문이다. 그러나 곡물 가격이 상승할 경우에 각 재화의 가치에 미치는 영향이 달라서, 곡물 집약적인 재화의 가치는 증가하고 다른 재화의 가치는 상대적으로 감소한다. 따라서 성장하는 경제 또는 '풍요를 향해 나아가고 있는 사회'에서는 생산물 구성이 변하고 곡물의 가치도 변하므로, 총생산물의 가치는 가치척도에 따라 증가할 수도 감소할 수도 있다.

독립적인 가치척도가 필요했던 애덤 스미스는 결국 다음과 같은 생각에 이른다. "노동이야말로… 유일 보편의 정확한 가치의 척도이며, 어떤 시대, 어느 지역의 서로 다른 상품을 비교할 수 있는 유일한 기준이다."(WN) 이 말이 정확하게 무엇을 의미하는가 하는 점에 대해서는, 이미 많은 논의가 있었고 논쟁이 일어날 충분한 여지가 있다. 애덤 스미스가 '유일의 정확한 가치척도'라고 생각한 것은 다음에 인용한 것처럼 상품의 생산 과정에서 구체화된 투하노동이 아니라 교환 과정에서 드러나는 지배노동이었다(지배노동가치설).

어떤 상품을 소유하고는 있으나, 자기 자신이 사용하거나 소비할 생각은 없고 다른 상품과 교환할 것을 생각하고 있는 사람에게 있어서, 그 상품의 가치는 그것으로 살 수 있는 또는 지배할 수 있는 노동량과 같다. 따라서 노동은 모든 상품의 교환가치의 참된 척도이다.(WN)

마지막 문장은 필시 교환 과정에서의 지배노동이 가치척도라는 의미이다. 따라서 그의 가치론은 노동이 모든 가치의 원천이라고 할 때는 투하노동이 가치를 결정한다고 하면서 다른 한편으로 가치척도에 관해 말할 때는 교환 과정에서 지배하는 노동이 가치척도라고 말함으로써 비일관성을 드러내고 있다. 애덤 스미스가 언급한 바와 같이 '사회가 발달하지 못하여 원시 상태에 있고 자본도 축적되지 못하고 토지도 사유화되어 있지 않았던 때'에는 상품 중에 투하된 노동이나 상품에 의해 지배되는 노동은 같다. 비버와 사슴의 예가 그것을 잘 설명하고 있다.

> 수렵 민족 사이에서 비버를 잡는 것이 사슴을 잡는 것보다 두 배의 노동이 든다면, 한 마리의 비버는 당연히 두 마리의 사슴과 교환되거나 두 마리의 사슴과 같은 가치가 있어야 할 것이다. 일반적으로 이틀 또는 두 시간의 노동생산물은 하루 또는 한 시간의 노동생산물의 두 배의 가치가 있어야 하는 것은 당연하다.(WN)

그러나 이것은 어디까지나 자본을 사용하지 않는 시대에나 적용될 수 있다. '노동의 전 생산이 모두 노동자에게 소유된다고는 할 수 없는' 자본주의 경제에서는, 후에 리카도가 지적한 바와 같이 임금이 노동생산성과 동률로 증가하지 않는 한, 바꿔 말하면 임금이 전 생산액의 일정 비율을 항상 차지하지 않으면 투하노동과 지배노동은 괴리되고 만다. 노동자 1인당 자본가치, 즉 자본장비율이 동일하다면 지배노동을 의미하는 재화의 가격은 투하된 노동량과 비례할 수 있지만, 자본장비율이 생산 부문마다 다르면 가격(이는 후술하듯이 임금, 이윤 및 지대의 합이다)은 투하노동의 크기와 비례하지 않는다.

둘째, 현실의 일시적인 현상인 시장가격과 영속적인 가치의 괴리를 어떻게 설명할 것인가. 애덤 스미스는 시장가격이 수요·공급 메커니즘에 의해 결정되며, 과도한 사치나 전쟁과 흉작 등으로 수요가 공급을 초과한 경우에는 구매자 간의 경쟁이 사실상 가격을 결정하고, 상품의 부패를 우려한 출하로 공급이 수요를 초과한 경우에는 판매자 간의 경쟁이 가격을 결정한다고 했다. 또한 그는 장기 지속적 성질을 갖는 가치와 시장의 수급에 의존하는 시장가격 간의 관계를 설명하기 위해, 장기 정상균형에서의 가격으로 정의된 '자연가격' 개념을 도입하였다. 자연가격은 가치의 다른 표현으로서 일종의 균형가격이며, 그것을 기준으로 하여 시장가격이 변동하는데, 시장가격이 자연가격에 접근하도록 하는 것은 시장에서의 수요와 공급의 힘이다.

자연가격이란 모든 상품의 가격이 항상 그것에 이끌리는 이른바 중심가격이다. 여러 가지의 우연이 때로는 가격을 자연가격보다 훨씬 높은 수준에 머무르도록 할 수 있고, 때로는 자연가격보다 약간 낮은 수준으로까지 끌어내린다. 그러나 가격이 지속적이고 안정적인 중심에 머무르지 못하게 하는 이유가 무엇이든, 가격은 항상 자연가격에 접근하려고 한다.(WN)

셋째, 재화의 가치를 구성하는 것은 무엇인가. 애덤 스미스가 가치와 시장가격의 괴리를 설명하기 위해 도입한 자연가격 개념은 재화시장을 생산요소시장과 결부시킴으로써 그의 가치론이 분배이론과의 연관성을 갖도록 하였다. 이처럼 그의 분배이론은 가치론이 낳은 부산물에 지나지 않지만, 그럼에도 많은 후세의 연구자들이 분배이론을 구축하는 데 필요한 많은 암시를 남겼다. 애덤 스미스는 자본가들이 생산수단을 지배하고 지주들이 토지를 독점하고 있는 상황에서 자연가격은 다음과 같이 자연율의 임금, 지대, 이윤의 합으로 구성된 다고 하였다.

모든 사회 또는 지방에서는 모든 노동의 고용 및 자본의 이용에 대해 통상 혹은 평균적인 임금 및 이윤이 존재한다. 내가 이하에서 표시한 바와 같이 그것은 한편으로는 사회의 일반적 환경, 사회의 빈부, 성장·정체·쇠퇴의 조건에 의해, 다른 한편으로는 각각의 고용의 특수한 성격에 의해 규정된다. 마찬가지로 모든 사회 또는 지방에서도 통상적이거나 평균적인 지대율이 존재한다. 내가 이하에서 표시한 바와 같이 그것은 토지가 위치한 사회 또는 지방의 일반적 환경과 토지 본래의 또는 개량된 후의 비옥도에 의존한다. 이러한 통상적인 또는 평균적인 율은 그것이 보편적인 시대 및 장소의 임금, 이윤, 지대의 자연율이라고 할 수 있을 것이다. 상품의 가격이 그 상품을 생산하고 준비하고 출하함에 있어 사용한 토지의 지대, 노동의 임금, 자본의 이윤을 각각의 자연율에 따라 지불하는데, 과다하거나 과소하지 않을 때 그 상품은 자연가격으로 팔렸다고 말할 수 있을 것이다.(WN)

자연가격은 애덤 스미스의 가치론이 단순한 합성이론에 불과하다고 평가받는 이유이기도 하지만 자원 배분의 메커니즘을 설명하는 개념이기도 하다. 그에 의하면 어떤 재화의 시장가격이 자연가격을 상회할 때 생산요소가 그 산업으로 유인되며 시장가격이 자연가격을 하회할 때는 생산요소가 유출되기 때문이다. 이와 같은 메커니즘은 생산을 최대화하고 장기적으로 비용을 최소화한다. 때문에 "자연가격 혹은 자유경쟁 가격은… 매 순간은 아니라고 하더라도 상당히 장기에 걸쳐서 붙여질 수 있는 최저의 가격이다."(WN) 자연가격 개념은 자유경쟁적인 시장경제에서 개인이 자기 이익을 위해 행동함으로써 자원의 최적 배분이 이루어지고 생산이 최대화되는 상태를 보여 준다는 점에서, 애덤 스미스가 강조하는 조화로운 경제 질서를 함의한다.

애덤 스미스가 가치론에서 정확히 무엇을 말하려고 했는지를 둘러싼 일련의 논쟁이 있지만, 그가 교환가치의 원리를 탐구하면서 제기한 질문으로 되돌아가면 그 답은 다음과 같을 것이다. 첫째, 상품의 교환가치의 참된 척도는 현재 시장에서 그 상품이 지배하고 있는 노동이다. 애덤 스미스는 많은 생필품을 교환을 통하지 않고서는 얻을 수 없는 상황에서 부의 진정한 척도가 될 수 있는 것은 지배노동밖에 없다고 하였다. 둘째, 애덤 스미스는 시장가격과 가치(즉, 자연가격) 사이의 괴리를 설명하고, 이러한 괴리가 시장에서 수요·공급상의 일시적인 이유뿐 아니라 독점과 정부 개입 등에 의해 생긴다고 하였다. 따라서 애덤 스미스의 가치론은 카르텔과 같은 사적 독점이든 정부 개입이든 자유경쟁 시장을 저해하는 어떤 것에 대해서도 반대한다. 셋째, 모든 상품의 자연가격(즉, 가치)은 생산에 투입된 각 생산요소(토지, 노동, 자본)의 보수에 대응하는 부분으로 나눌 수 있다. 애덤 스미스가 말하는 자연가격은 자연율의 임금, 이윤, 지대의 총합으로 정의되어 있으며, 이는 그가 가치의 생산비설을 신봉하고 있음을 보여 준다.

이상에서 살펴본 애덤 스미스의 가치론에는 크게 두 가지 문제가 있다. 첫째, 자연가격 개념을 등장시킨 그의 가치론은 순환론에 빠져 있다. 자연가격은 세 구성요소(임금, 이윤, 지대)의 합인데, 세 구성요소 역시 그 자체가 가격이거나 가격으로부터 파생된 것이기 때문이다. 만일 한 가격을 알기 위해서 다른 가격이 무엇인가를 알아야 한다면, 그 다른 가격은 또 어떻게 설명될 수 있는가에 대한 의문이 즉각적으로 나타날 것이다. 따라서 우리는 가격의 궁극적인 결정 요인을 설명할 수 없게 된다. 애덤 스미스도 막연하게나마 이런 곤란을 알고 『국부론』제8, 9, 11장에서 임금, 이윤, 이자의 수준을 역사적·제도적으로 설명하려고 했지만 성공적이었다고 보기는 어렵다.

둘째, 재화의 가치를 비교할 수 있는 가치척도를 제대로 설정하지 못하였다. 애덤 스미스에게 있어서 화폐(즉, 화폐 임금)는 생산 조건의 변화나 곡물 가격에 따라 변하기 때문에 가치척도가 될 수 없었다. 이에 그는 곡물을 가치척도라고 생각하였으나, 그것도 이내 포기할 수밖에 없었다. 상품마다 임금재인 곡물의 중요도가 다르므로 곡물 가격이 변하면 상품 간의 교환 비율도 변할 수밖에 없기 때문이었다. 따라서 애덤 스미스가 찾아낸 최선의 가치척도는 교환 과정에서 어떤 상품이 지배할 수 있는 노동이라는 것이었지만, 지배노동의 크기 또한 화폐의 가치가 변하듯이 변할 수 있다.

애덤 스미스의 가치론에 나타나는 이상과 같은 문제 때문에, 애덤 스미스의 가치론의 본질 및 논지의 일관성에 관한 논쟁이 되풀이되었다. 후에 한계혁명을 통해 효용 개념을 가치론 속에 확실하게 자리매김한 신고전학파 경제학자에게 있어서는, 애덤 스미스야말로 경제학자들의 관심을 중상주의자의 이론에 이미 명백하게 존재하고 있던 효용과 희소성으로부터 부당하게 생산비설에 바탕을 둔 가치설로 유도한 장본인이었다. 그들의 평가에 의하면 애덤 스미스의 가치론은 '인과적 설명'의 출발점이 되지 못했으며, 단지 몇 가지 명제로 구성된 합성적 가격이론에 불과하였다.

분명히 애덤 스미스의 가치론에는 자연가격을 자연율의 임금, 이윤, 지대의 합으로 설명함으로써 단순한 '덧셈'의 정리에 불과하다고밖에 해석할 수 없는 부분이 있다. 또한 노동가치설을 말하면서 지배노동을 불변의 가치척도로 선택한 것은 분명한 자기 모순이고 오류라고 할 수 있다. 이처럼 애덤 스미스의 가치론이 순환론에 빠지고 가치척도 문제에서 모순을 가질 수밖에 없었던 원인을 찾다보면, 결국 교환가치와 사용가치의 문제로 돌아가게 된다. 따라서 이러한 문제를 해결할 수 있는 방법은 순수한 노동가치설에 따르든가, 사용가치가 가치를 결정한다는 효용가치론을 따르는 것이다. 전자는 리카도와 마르크스의 가치론이고 후자는 신고전학파의 가치론(즉, 가격이론)이다.

요컨대, 그의 가치론이나 분배이론은 모두 재화시장과 생산요소시장에서 자연스럽고 조화롭게 통합된 교환관계를 만드는 보이지 않는 손의 원리에서 출발하고 있다. 그 결과 그의 가치론은 비일관성이라는 비용을 지불할 수밖에 없었다. 시장에서의 교환관계에 초점을 두었기 때문에, 쉽게 사용가치를 포기하고 교환가치로 재화의 가치를 설명하였으며, 또한 노동가치설의 당연한 논리적 귀결인 투하노동 대신 지배노동으로 가치의 척도로 삼은 것이다. 그러나 애덤 스미스와 같은 위대한 사상가가 가치론에서 범한 이와 같은 오류는, 비록 가치론이 이론의 중요한 기초이기는 하지만, 사실 그의 주된 관심에 비추어 보면 그리 중요한 것은 아니었다. 다음과 같은 미크(R. L. Meek)의 설명에 의하면, 애덤 스미스의 가치론은 무엇보다도 경제성장의 조건을 해명한다는 목적에 부합하도록 설계되어 있으며, 이 점은 후에 살펴볼 리카도의 이론과 단적으로 다른 점이다.

소비하거나 혹은 생활필수품과 교환하기 위해서가 아니라, 이윤을 남기고 팔아 자본을 축적하기 위해서 상품의 생산을 조직하는 자본가적 고용주의 견지에서 볼 때, 이러한 상품의 실질가치의 가장 적당한 척도는 그 판매에 의해 그가 다음의 생산기간에 지배할 수 있는 임노동의 양인 것처럼 보이는 것은 당연하다. 상품이 지배하는 임노동의 양이 크면 클수록 그가 자신의 노동력에 추가할 수 있는 양은 더욱 커지며, 그에 따라 축적할 수 있는 양은 더욱 커질 것이다.(Meek, *Studies in the Labour Theory of Value*, 1956)

3. 분업과 자본축적

애덤 스미스에게는 물론이고 18세기와 19세기 초의 경제학자들 대부분에게 있어서 가장 중요한 경제 문제는 경제성장에 대해 설명하고 성장 정책을 제시하는 것이었다. 『국부론』의 집필 목적 자체가 부의 성질과 성장의 원천을 밝히는 것이었다. 힉스(J. R. Hicks)는 애덤 스미스의 성장이론을 다음과 같은 단순한 모형으로 설명하였다. 생산은 전년에 수확한 곡물의 양으로 표현된 자본 스톡에서 시작된다. 자본 스톡은 금년에 고용할 수 있는 노동력의 크기를 결정하며, 따라서 금년의 생산량은 전년의 생산량과 노동생산성 및 1인당 소비량(임금)에 의존한다. 만일 생산성이 소비량보다 크면 경제는 성장할 수 있다. 그런데 만일 전년에 생산된 곡물 중 일부가 비생산적으로 소비된다면 금년에 투입될 수 있는 자본, 즉 노동 고용에 필요한 곡물의 양이 줄기 때문에 금년의 생산이 감소하게 된다. 따라서 경제성장률은 임금과 비생산적 소비에 비해 생산성이 얼마나 빨리 증가하는가에 달려 있다고 할 수 있다. 이처럼 애덤 스미스의 성장이론은 중농주의와 유사하다고 할 수 있다.

애덤 스미스가 젊은 공작과 함께 프랑스를 방문하였을 때 프랑스의 중농주의자들을 알게 되었고, 정부 개입을 옹호하는 중상주의자보다 자유방임 정책을 주장한 그들에 대해 훨씬 공감을 느꼈을 것임을 생각한다면, 애덤 스미스의 성장이론이 중농주의 모형과 유사점을 가지고 있는 것은 놀랄 일이 아니다. 그러나 애덤 스미스는 농업 부문이 사회적 잉여의 유일한 원천이라는 중농주의의 사고방식을 분명히 부정하면서 중농주의 모형에 대해 이렇게 말하고 있다. "중농주의 모형의 가장 중요한 오류는, 기능인·공장주·상인 계급이 전혀 불모이고 비생산적인 계급이라고 했던 점에 있다고 생각된다."(*WN*)

그가 농업이 아닌 공업에서 경제성장의 주요한 원천을 찾았던 것은 경제성장의 중요한 두 요인 모두에서 공업이 농업보다 우위에 있었기 때문이었다. 그는 경제성장이 상호 관련 있는 두 요인, 즉 전문화에 의해 생기는 노동생산성의 증가와 이윤을 저축함으로써 이루어지는 자본축적에 의존한다고 생각했다. 경제성장의 첫 번째 요인은 분업화이다. 애덤 스미스는 잘 알려져 있는 핀 공장 사례를 통해 분업이 얼마나 노동생산성을 높이는지 보여 주었다. 분업이 노동생산성의 증대를 가져오는 이유는, 노동이 세분화되면서 숙련의 향상, 불필요한 시간의 절약, 노동을 간소하게 하는 도구나 기계의 발명이 가능해지기 때문이라고 하였다. 그는 이처럼 분업은 노동자의 기능과 숙련의 향상을 가져오지만, 농업은 산업의 성격상 공업에서와 같은 분업화가 이루어질 수 없음을 지적하고 있다.

분업은 노동의 효율을 최대로 제고시키는 주요 원인이다. 노동생산력을 최대로 개선·증진시키는 것, 그리고 노동할 때 발휘되는 대부분의 기능·숙련·판단은 분업의 결과인 것 같다. 첫 번째 사람은 철사를 뽑아

낸다. 두 번째 사람은 철사를 똑바르게 편다. 세 번째 사람은 철사를 자른다. 네 번째 사람은 철사 끝을 뾰족하게 한다. 다섯 번째 사람은 바늘 귀를 만들기 위해 철사의 다른 끝을 간다. 바늘귀를 만드는 데는 두세 공정이 더 필요하다. 도금을 하고 광을 내는 것은 별개 작업이다. 바늘을 포장하는 일도 또 하나의 작업이다. …열 명의 직공은 그들끼리 하루에 4만 8,000개 이상의 핀을 제작할 수 있다. …그러나 그들이 따로 떨어져 독립적으로 일했다면 한 사람이 하루에 스무 개, 어쩌면 한 개도 만들 수 없었을 것이다. 농업은 그 성질상 제조업처럼 노동이 세분되거나 작업이 완전히 서로 분리될 수 없다.(WN)

그런데 이러한 분업이 존재하기 위해서는 교환이 전제되어야 한다. 이에 대해 애덤 스미스는 "분업은 인간성의 어떤 성향으로부터 비록 매우 천천히 그리고 점진적이기는 하지만 필연적으로 생긴 결과이다. 그 성향이란 곧 하나의 물건을 다른 물건과 바꿔서 거래하고 교환하는 성향"(WN)이라고 하였다. 물론 후일에 마르크스는 교환을 인간의 본성으로 보지 않고 잉여의 발생에서 기인한다고 주장하였다. 어쨌든 애덤 스미스에 의하면, 분업은 인간의 교환 본성에서 생긴 결과이며 "분업의 정도는 교환 능력의 크기, 다른 말로 표현하면 시장의 크기에 의해 제한을 받는다."(WN)

애덤 스미스가 말하는 경제성장의 두 번째 요인은 점차 특화되고 생산적으로 되어 가는 노동력과 결합되는 자본의 축적이다. 애덤 스미스는 노동이 자본축적에 기여하는지 여부에 따라 생산적인지 아닌지를 구분하였다. 그는 제조업의 노동과 같이, 임금 비용을 지불하고 이윤을 남길 정도로 충분한 수입을 가져오며 '판매 가능한' 유형(有形)의 재화를 생산하는 노동을 생산적 노동이라

하였다. 그가 서비스나 직접 생산 과정에 들어가지 않는 재화를 생산하는 노동을 비생산적이라고 정의한 것은, 현재 입장에서 보면 정당성을 확보하기 어렵지만 판매 불가능한 상품이라면 이윤이 존재할 수 없기 때문에 그 자신에게는 큰 문제가 아니었다고 할 수 있다. 그는 생산적 노동이 증가하기 위해서는 자본축적이 필수적임을 다음과 같이 서술하고 있다.

> 어떤 국가의 연간 노동과 토지의 생산물은 생산적 노동자의 수나 이미 고용된 생산적 노동자의 생산력을 증가시키지 않고서는, 어떤 방법으로도 그 가치를 증가시킬 수 없다. 생산적 노동자의 수는 자본의 증가나 그들을 유지하기 위해 사용되는 기금의 증가에 의하지 않고서는, 결코 증가될 수 없다는 것은 분명하다. 일정한 수의 노동자의 생산력은, 노동을 더 간편하게 하거나 줄이는 기계와 도구를 추가하거나 개선하든지, 또는 보다 적합한 분업과 고용 배분을 통하지 않고서는 증가될 수 없다. 어떤 경우에도 거의 항상 추가적인 자본이 요구된다.(WN)

자본축적은 생산적 부문에서의 고용 기회를 증대시키며, 고용의 증대는 생산물 시장의 크기를 확대시키고, 시장의 확대는 분업의 심화, 즉 생산성의 상승을 가져온다. 따라서 더 많은 자본이 축적될수록 생산적 부문에 속하는 노동이 더 많아지고 노동은 더욱 세분화되며 이로 인해 높아진 생산성은 자본축적의 가능성을 더욱 높여 준다. 즉, 자본의 축적이 또 다른 축적으로 이어지면서 내생적(self-reinforcing) 성장이 일어나게 된다. 이처럼 애덤 스미스는 경제성장에서 자본축적이 핵심적 역할을 하고 있으며, 생산적 노동이 자본축적의 원천이라고 하였다.

자본축적과 분업에 의한 성장은 1인당 생산량이 1인당 소비량보다 빠른 속도로 증가하는 한 계속될 것이다. 성장으로 인해 생긴 잉여는 자본축적, 즉 노동에 대한 수요의 증가로 이어지고 따라서 인구도 증가한다. 경제성장의 요인에 대한 이상의 설명에 근거하여 애덤 스미스는 상업이나 공업에서 얻어지는 1인당 소득이 농업 부문에서의 그것보다 높다고 하였다. 그는 『국부론』 제3부에서 로마 제국 붕괴 이후의 유럽 경제사를 개관하면서, 경제성장의 자연스런 첫 순서는 농업이지만 시장이 자유롭고 정부의 개입이 없다면, 자본은 제조업이나 외국무역으로 자연스럽게 흘러들어가게 된다고 하면서 그 이유를 다음과 같이 설명하였다.

> 분명히 이 중농주의의 시스템이 생각하고 있는 것처럼 한 나라 주민의 총수입은 그 나라의 산업이 확보할 수 있는 액수에 있다고 생각된다. 그러나 이 사고방식을 받아들인다고 해도 다른 사정이 일정하다고 한다면, 무역과 공업을 하는 나라의 수입이 무역이나 공업을 하지 않는 나라의 수입을 항상 크게 상회함에는 틀림없다. …소량의 공업 제품은 대량의 천연산물을 생산한다. 따라서 무역과 공업을 주체로 하는 나라는 그 공업 생산의 극히 일부를 가지고 다른 나라의 천연산물을 대량으로 구입할 수 있다. 한편, 무역이나 공업을 갖지 않는 나라는 다른 나라의 공업생산물의 극히 소량을 구입하기 위해 그 천연산물의 대부분을 지불하지 않으면 안 된다.(WN)

애덤 스미스는 자본가의 이윤이 투자로 이어져 성장을 가져오기 때문에 이윤의 크기가 성장의 속도를 결정한다고 하였다. 그는 비록 자본의 한계생산물 체감을 인식하고 있지는 않았지만, 자본가 간의 경쟁으로 인한 임금 상승이 이윤을 감소시킴으로써 자본축적이 이윤율을 하락시키는 경향이 있다고 보았다. 또한 그는 성장이 무한히 지속될 수 있다고 생각하지는 않았다. 새로운 영토, 새로운 사업 기회는 이윤율을 끌어올릴 수 있지만, 장기적으로 볼 때 그러한 기회가 더 이상 존재하지 않게 되고 다음과 같은 상태가 된다.

> 그 나라의 영토가 유지할 수 있는, 또는 그 나라의 자본이 고용할 수 있는 한도에 이른 인구를 갖고 있는 나라에서는 고용 기회를 얻기 위한 경쟁이 너무나도 심해, 노동임금은 노동인구를 겨우 유지할 수 있을 정도로까지 하락하며 최대한도까지 증가한 인구는 결코 그 이상 증가할 수 없다.(WN)

『국부론』에는 이후의 경제학자들이 정상상태(stationary state)라고 부른 이런 상태에 대해 언급한 부분이 몇 군데 더 있다. 그러나 그러한 언급은 성장 경제에서 정상상태 경제로의 이행에 대해 무엇인가 체계적으로 설명하려는 의도에서 나온 것이 아니었다. 애덤 스미스에게 있어서도 "토양 및 기후 그리고 외국과의 상대적인 위치 덕분에 획득할 수 있는 부의 모두를 이미 획득해 버린 나라"(WN)가 더 이상 성장하지 못하게 된다는 것은 자명한 일이지만, 아직 그런 정도로 부를 이룩한 나라는 없었다. 사실 국가가 정체하고 있는 경우라 해도 대개는 법과 제도가 바뀌면 훨씬 더 많은 부에 도달할 수 있는 상태였다. 그의 관심은 당면하고 있는 문제였으며, 그것은 정치적 요인에 의해 만들어진 성장에 대한 제약을 폐지하는 것이었다. 이에 『국부론』의 제4부는 성장을 가능하게 하는 경제적 자유에 관해 서술하고 있으며, 그중 제1장은 경제적 자유를 제약하고 있는 중상주의를 비판하였다.

경제성장은 애덤 스미스의 시대인 18세기의 핵심적 문제였다고 할 수 있다. 중농주의자나 애덤 스미스는 중상주의자처럼 좁은 시야에 얽매여 있지 않고, 매년 잉여를 생산하고 그것을 바탕으로 다음 해의 생산을 증가시킴으로써 성장하는 경제를 생각했다. 이를 가능하게 하는 것은 정부의 간섭을 최소화하는 것이었다. 애덤 스미스에 의하면, 정부의 정책은 시장을 제한하고 자본축적을 저하시킴으로써 분업화의 정도를 감소시켜 생산성을 떨어뜨리는 경향이 있는 반면, 자유롭고 경쟁적인 시장은 자본을 가장 생산적인 산업에 투자하도록 할 뿐 아니라 보이지 않는 손의 작용을 통해 이기적인 이윤 극대화 행위가 사회적으로 유익하도록 인도한다.

자유롭고 안전하게 행할 수 있다면 모든 개인이 자신의 상태를 개선하려고 하는 태생적인 노력은 매우 강력한 힘이다. 따라서 그 노력만으로 다른 아무런 보조가 없어도 사회에 부와 번영을 가져오게 하는 것이 가능할 뿐만 아니라, 인간이 만든 법률의 어리석음이 사회의 작동에 끼친 수많은 어리석은 장애를 헤쳐 나갈 수 있게 된다. 이러한 장애는 많든 적든 항상 사회의 자유를 침해하거나 안전을 해친다.(WN)

『국부론』이 최초의 산업혁명이 시작된 시점에 출판되었다는 역사적 맥락에서 볼 때, 애덤 스미스의 분석이 갖는 장점은 자유방임적인 정부와 경쟁적 시장을 국가 간의 소득 격차 및 성장률의 격차를 설명하는 요인으로 보고 있다는 점에 있다. 자유방임주의 하의 정부는 불의나 억압으로부터 다른 구성원을 보호하며 공공사업과 공공기관을 유지하는 의무만을 갖게 된다.

요컨대, 애덤 스미스의 성장이론의 특징은, ① 분업의 역할 및 그것과 시장의 크기와의 관계를 강조한 점, ② 공업에서 분업의 가능성이 높고 소득 중 저축의 비율이 높은 경향이 있으며, 식료품에 비해 공산품의 수요가 덜 쉽게 포화되는 점 때문에, 생산성 증가에 있어서 공업의 역할을 중요시한 점, ③ 이후의 경제학자들에 의해 계승되고 있지만, 인구와 생산 및 생산성의 증가는 모두 자본축적에 의존하고 있으며, 따라서 성장은 계급 간의 분배에 의존한다고 한 점이다. 애덤 스미스 이전의 그 누구도 유례없이 급속하게 산업화하기 시작한 나라의 경제성장을 이만큼 완전하게 설명하지 못했다.

　그런데 애덤 스미스의 성장이론은 그것에 그치지 않고 이후의 경제학과 연관되는 두 개의 중요한 요소를 내포하였다. 첫 번째 요소는 정상적(normal) 상황에서는 저축이 사용되지 않은 채 남을 가능성을 애덤 스미스가 인정하지 않았다는 점이다. 그는 누구나 현재의 향락을 위해서이든 장래의 이익을 위해서이든 무엇인가를 위해 어느 정도의 저축을 사용하려고 할 것이며 남아 있는 돈을 현재의 소비에도 사용하지 않고 고정자본이나 유동자본에 투자도 하지 않는 사람은 없다고 하였다. 그렇게 말함으로써 그는 세의 법칙(Say's Law), 즉 공급이 수요를 창출한다는 법칙으로 잘 알려진 사고의 기초를 구축했다. 두 번째 요소는 그가 경제성장에 대해 설명하면서 노동 수요와 인구 증가를 결부시킨 점이다. 즉, "인간에 대한 수요는 다른 어떤 상품에 대한 수요와 마찬가지로 인간의 생산을 규정한다. 생산이 너무 늦을 때에는 재촉하고, 너무 급격할 때에는 생산을 중지시키고 마는 것이다."(WN) 이처럼 인구 증가를 내생적이라고 말함으로써, 그는 적어도 어떤 점에서는 맬서스(T. R. Malthus)의 인구이론을 예견하고 있었다고 할 수 있다.

3 리카도의 과학적 경제학

Chapter 3

리카도의 과학적 경제학

1. 곡물법 논쟁과 분배이론

1) 곡물법 논쟁

영국의 고전학파 경제학자들은 애덤 스미스의 『국부론』을 이어받아 과학으로서의 경제학을 완성시키는 작업에 착수했다. 그들에 의해 경제학은 중요한 학문으로 자리 잡았을 뿐 아니라, 광범한 정치적 영향력을 갖는 사고 체계로서의 지위를 부여받았다. 이는 그들의 이론적 탐구의 방향과 형태를 결정한 문제들이 당시의 정책 입안자에게 있어서 실무적으로 긴급하고 중요한 현실적 문제였기 때문이다. 그 하나의 예가 19세기 초에 이목을 집중시킨 중요한 논쟁의 대상이었던 곡물법 문제였다.

영국의 곡물법은 중상주의 시대의 대표적인 정책의 하나로서 상당히 긴 역사를 가지고 있다. 그것은 국내의 공급 상황에 맞추어 관세로 수입을 제한함으로써 곡물 가격을 일정한 수준으로 유지하기 위한 것이었다. 18세기 중엽부터 영국에서 인구가 급증하고 산업혁명이 진행되면서 곡물 수요가 증가하였으며, 전통적으로 곡물 수출국이었던 영국은 1790년대부터 만성적인 곡물 수입국이 되었다. 마침 나폴레옹 전쟁(1797-1815)으로 인한 대륙 봉쇄로 곡물 수입이 차단되고 흉작까지 겹쳐, 국내의 곡물 가격은 급등하였다. 곡물 가격은 1770년대와 1780년대에 1/4톤당 평균 45실링에서 안정적이었으나, 이후 폭등하여 1801년에는 177실링까지 치솟았다. 1802년에 아미앵 조약이 체결되자 평화가 곡물 가격에 미칠 효과를 생각한 지주들은 보호관세 장벽을 더 높이기 위해 의회를 압박하였다. 1791년 법에서는 수입 금지의 기준가격이 50실링이었으나 1803년에 63실링으로 높아졌다. 나폴레옹이 체포되고 전쟁이 끝나 가는 1813년에 지주들은 그것을 다시 80실링으로 인상할 것을 요구하면서 곡물법을 둘러싼 논쟁이 시작되었다. 1814년에 의회 보고서가 출판되고 청문회가 개최되어 많은 그룹이 논쟁에 참여하였다. 곡물법 논쟁에는 맬서스(T. R. Malthus), 웨스트(E. F. West), 토런스(R. Torrens)와 같은 학자가 참여하였다. 특히, 이 논쟁은 애덤 스미스에 이어 고전학파 경제학의 이론과 방법론에 크게 기여한 리카도(D. Ricardo, 1772-1823)라는 저명한 경제학자를 탄생시켰다.

리카도의 가족은 18세기에 박해를 피해 네덜란드로 도망을 온 유대계 포르투갈인이었다. 주식 중개인이던 그의 부친은 리카도가 태어나기 직전에 영국으로 이주하였다. 셋째 아들로 태어난 리카도는 짧은 학교생활을 마친 후, 14세 때부터 아버지 밑에서 런던거래소의 증권 브로커 일을 배웠으며 금방 업계에서 탁월한 능력을 발휘하였다. 21세 때 퀘이커 교도인 여성과 결혼하면서 유대교의 신조는 물론 가족과의 관계도 끊었다. 지인의 도움과 이미 금융가에 알려진 명성으로 그는 국채를 거래하는 사업을 하였으며, 짧은 기간에 큰 부를 갖게 되었다. 충분한 부를 축적한 리카도는 41세 때인 1814년에 금융계에서 은퇴한 후 가트콤(Gatcomb Park)의 사유지를 사들여 지주로 변신하였다. 제임스 밀(J. Mill, 1773-1836)의 등살에 밀려 리카도는 1819년에 의회에 진출하여 생의 마지막까지 의원으로 지냈다. 의회에서 그는 화폐와 상업에 관한 문제, 예컨대 공공 부채의 상환, 자본에 대한 과세, 곡물법 폐지 등과 같은 문제에 관심을 보였다.

리카도가 증권 브로커로 일할 때 관여했던 지금(bullion) 논쟁을 제외하면, 그의 최초의 중요한 팸플릿은 낮은 곡물 가격이 농업 이윤의 저하를 통해 이윤율 일반의 저하를 가져온다고 하는 종래의 논의에 대항하여 작성한『낮은 곡물 가격이 자본의 이익에 미치는 영향에 대한 시론』(An Essay on the Influence of a Low Price of Corn on the Profits of Stock, 1815)이었다. 사실 이는 같은 해에 앞서 출판된 동일한 주제에 관한 맬서스의『지대의 성질과 증진에 관한 연구』(An Inquiry into the Nature and Progress of Rent, 1815) 및 웨스트나 토런스의 팸플릿에 대한 반론이었다. 리카도는 논문에서 맬서스의 곡물법 옹호론을 비판하고, 곡물의 자유무역을 주장하였다. 높은 관세를 지지하는 진영에서는 높은 관세가 국내 농업의 투자를 촉진함으로써 곡물 생산을 증가시킬 것이며, 따라서 곡물 가격도 낮아질 것이라고 주장하였다. 또한 높은 곡물 가격은 높은 지대 때문이라는 주장도 있었다. 그러나 곡물법에 반대하는 리카도는 높은 관세로 인해 상승한 곡물 가격이 임금을 높여 결국 자본가의 이윤을 감소시키고, 지주에게는 더 높은 지대를 분배한다고 하였다.

이처럼 곡물법을 둘러싼 논쟁은 생산물이 지대, 이윤, 임금 사이에 어떻게 분배

D. 리카도(1772-1823)

되는가 하는 문제와 밀접한 관계를 갖고 있었으며, 소득분배는 경제학의 중심 과제인 경제성장과 직결되는 문제였다. 그러나 소득분배에 대한 『국부론』의 설명은 만족스럽지 못했다. 물론 이윤의 크기는 애덤 스미스에게 있어서도 기본적으로 중요한 문제였다. 왜냐하면 그것이 자본축적의 수준을 결정하고 따라서 경제성장률을 결정하기 때문이다. 그런데 애덤 스미스는 이윤의 일반적 수준을 단순히 공급과 수요의 관계로, 즉 한편으로는 자본축적에 들어가는 저축의 흐름, 그리고 다른 한편으로는 수익을 낳는 투자의 기회에 의해 결정된다고 설명하였다. 따라서 임금이 가격이나 생산성보다 빠른 속도로 증가하거나 투자 기회가 자본축적률과 같은 정도로 증가하지 않으면 이윤은 감소한다고 하였다.

그러나 리카도는 애덤 스미스의 그 같은 설명에 만족할 수 없었다. 리카도 역시 애덤 스미스의 사고방식을 받아들여 자본축적을 경제성장의 중요한 요인이라고 생각했지만, 애덤 스미스와 달랐던 것은 국민생산이 이윤, 임금 및 지대에 어떻게 분배되는가를 결정하는 이론을 발전시킬 필요가 있음을 인식한 점이다. 경제학자는 시대의 경제 상황에 따라 무슨 연구를 우선할 것인가를 결정하게 된다. 산업혁명이 시작되는 문턱에 있으면서 경제성장이 일반적 사실로 받아들여지기 전에 저술활동을 했던 애덤 스미스에게는 지속적 성장에 관한 문제가 다른 어떤 문제보다 중요했다. 그것에 비해 경제가 상대적으로 급속하게 확대되고 산업화하며 변모하고 있던 나폴레옹 전쟁 후의 시기에는, 사회의 각 소득 계층 간에 소득분배가 어떻게 변하는가 하는 점이 중요한 문제였다.

실제로 18세기 말 19세기 초에 자본축적이 급격히 진행되고 따라서 인구가 증가하고 있음에도 불구하고, 리카도가 애덤 스미스의 낙관적 전망에 동의할 수 없었던 것은, 곡물 생산에서 나타나는 수확체감 때문이었다. 리카도가 심각하게 생각한 것은, 중요한 임금재인 곡물이 외국으로부터의 수입 없이는 곡물 가격이 낮아질 수 없으며, 그러면 곡물 가격의 상승이 생산액에서 임금이 차지 하는 비율을 높임으로써 이윤을 압박하고, 그 결과 자본축적이 불가능해지고 성장률이 저하될 것이라는 위험이었다. 이에 그는 지대, 이윤 및 임금의 원리를 밝히는 데 자신이 가진 모든 능력을 집중하기로 했으며, 1815년의『낮은 곡물가 격이 자본의 이익에 미치는 영향에 대한 시론』에서 주장한 바를 한층 더 체계 적으로 발전시킨『경제학과 과세의 원리』(On the Principles of Political Economy and Taxation, 1817)를 집필하였다. 그는 이 책 제1판 서문에서 생산물을 지대, 이윤, 임 금으로 분배하는 법칙을 분명히 밝히는 것이 경제학이 풀어야 할 가장 중요한 과제임을 다음과 같이 말하였다.

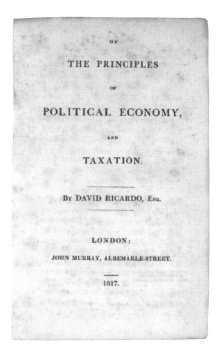

대지의 생산물, 즉 노동, 기계 및 자본을 결합 · 사용함으로 써 지상에서 얻어 낸 모든 것 은, 사회의 세 계급, 즉 토지 소 유자, 경작에 필요한 자본 소 유자, 그리고 실제로 경작하는 노동자에게 분배된다. 상이한 발전 단계에 있는 사회에서 지 대, 이윤, 임금이라는 이름으 로 각 계급에게 분배되는 비율 은 달라질 것이다. 그것은 토 지의 비옥도와 자본과 인구의 크기, 농업에 사용되는 기술, 재능, 도구에 달려 있다. 이러한 분배를 규제하는 법칙을 결정하는 것이 정치경제학의 중심 문제이다. …튀르고(Turgot), 스튜어트(Steuart), 스미스(Smith), 세(Say), 시스몽디(Sismondi) 등에 의해 학문이 발전했지만, 그들은 지대, 이윤, 임금의 자연적 경로를 고찰하기에 충분한 정보를 주지 못하였다.(PPET)

리카도의 분배이론은 당시 리카도가 가장 중요하다고 생각했던 경제학의 미해결 문제, 즉 토지, 노동, 자본에 대한 분배의 상대적 변화가 자본축적 및 경제성장과 어떻게 관련되어 있는가 하는 문제를 설명하기 위해 전개되었다. 지대, 이윤, 임금에 관한 리카도의 이론을 구성하는 요소들은 반드시 독창적이라 할 수 없지만, 그러한 요소들을 종합하여 경제성장과 분배를 하나로 묶은 거시경제 모형의 기초로 삼았다는 점에 그의 독창성이 있다. 그의 분배이론을 구성하는 요소들은 차액지대론, 수확체감과 이윤율하락이론, 임금생존비설이다. 그의 분석은 시종 실물(실질)변수, 즉 사실상 모든 거래를 유일한 공통 기준인 곡물로 환원시킴으로써 재화 단위로 행해진다.

2) 지대 · 이윤 · 임금 이론

리카도의 지대론, 즉 차액지대론은 1815년에 다른 세 사람의 경제학자, 즉 맬서스, 웨스트, 토런스에 의해 제창된 이론과 기본적으로 동일하였다. 사실 리카도는 『경제학과 과세의 원리』(이하 『원리』라 표기) 서문에서 맬서스와 웨스트에게 힘입은 바가 크다고 감사를 표하고 있다. 또 이 이론은 애덤 스미스에 의해서는 지적되지 않았다는 점에서 새로운 이론이었다고 할 수 있다. 리카도의 이론은 토지의 질에는 차이가 있고 또 공급량이 고정되어 있지만, 그렇다고 모든 토지가 사용되고 있는 것은 아니라는 상태에서 출발한다. 인구가 증가하고 자본이 축적되면서 남아 있는 토지가 생산에 투입된다. 양질의 토지는 희소하며, 따라서 경작이 확대됨에 따라 수확체감의 법칙이 작용하기 때문에 지대가 발생한다는 것을 리카도는 다음과 같이 설명하였다.

> 양질의 토지가 증가하는 인구를 위한 식량 생산에 필요한 것보다 양적으로 풍부하게 존재한다면, 또는 기존 토지에 대한 수확체감 없이 자본이 무한히 투입될 수 있다면, 지대의 어떤 증가도 일어나지 않을 것이다. 왜냐하면 언제나 지대는 비례적으로 수확이 감소하는 노동을 추가 투입함으로써 증가하기 때문이다.(PPET)

곡물의 생산비는 토지의 비옥함이나 시장과의 거리에 따라 달라지며, 곡물 가격은 가장 생산성이 낮은 토지, 즉 한계지에서의 생산비를 보상할 수 있을 만큼의 크기여야 한다. 그렇지 않다면 한계적 토지가 생산에 투입되지 않을 것이기 때문이다. 한계지에서 생산액은 겨우 비용을 보상할 수 있을 정도이며 따라서 한계지에서는 지대가 발생하지 않는다. 그러나 동일한 면적과 노동으로 더 많은 생산이 가능한 다른 양질의 토지에서는 잉여가 발생한다. 만일 소유자 자신이 경작한다면 잉여는 그의 소득이 되고, 그렇지 않으면 양질의 토지를 임차하기 위해 경쟁하는 농가에 의해 지주에게 지대로 지불된다. 즉, 지대는 양질의 토지에서의 생산액 중 한계지에서 결정되는 기본적 생산비를 초과하는 부분과 같다. 따라서 이 모형에서는 지대가 가격을 결정하는 것이 아니고, 가격에 의해 지대가 결정된다. 리카도는 "지대가 지불되기 때문에 곡물 가격이 비싼 것이 아니고 곡물 가격이 비싸기 때문에 지대가 지불되는 것"이므로, "가격을 구성하는 요소로서는 어떤 형태로든 지대를 생각할 필요도 없고 생각할 수도 없다"(*PPET*)라고 하면서, 이 원리를 분명히 이해하는 것이야말로 경제학에서 가장 중요하다고 말하였다.

　리카도는 이로써 상이한 토지에서 발생하는 지대의 차이를 설명할 수 있는 동시에, 가치의 결정 요인으로부터 지대를 제외함으로써 가치론과 분배이론을 단순화할 수 있었다. 또한 이러한 차액지대론은 토지 소유자 계급에게 불리한 정책을 정당화하는 이론이 될 수 있었다. 사실 리카도는 거의 전 재산을 토지로 전환한 대지주였기에 자신을 지주의 적으로 보는 것을 인정하지 않았지만, 그의 문장 중에 거기에 부합하는 부분을 찾는 것은 별로 어렵지 않다. 예컨대, 그는 "사회에 직접 이익이 있고 지주에게 있어서도 약간의 이익이 있는 농업기술의 발전을 제외하고 지주의 이익은 항상 소비자나 공업의 이익과 대립"한다고 했으며, 또 같은 문단의 후반부에 "따라서 지주를 제외한 모든 계급은 곡물 가격의 상승에 의해 피해를 입을 것"(*PPET*)이라고 서술하였다.

　다음으로 리카도의 이윤이론에 대해 살펴보자. 리카도의 지대론은 인구가 증가하고 그로 인해 식량 수요가 증가함에 따라 보다 척박한 토지로 경작이 확대된다는 것을 설명했다. 이와 똑같은 주장은 이미 맬서스의 『인구론』에서 언급되었지만, 리카도는 이 논의를 한 걸음 더 밀고 나갔다. 지대를 지불하고 남은 나머지는 노동과 자본에 귀속되는 소득이 되며, 이윤은 임금을 제외한 나머지로 결정된다고 하였다. 즉, 리카도에 의하면, 지대나 임금은 고유의 원리에 의해 결정되지만, 이윤은 임금의 크기에 의해 상대적으로 결정된다. 인구가 증가함에 따라 점차 비옥도가 낮은 토지가 경작에 추가되거나 기존의 토지에 대한 노동력의 투입이 증가하게 된다. 그 결과 지대는 증가하지만, 임금 수준이 일정하다고 하면 임금의 상대적 몫이 증가하면서 이윤의 몫은 감소한다. 이처럼 비옥도가 낮은 토지로의 경작이 확대됨에 따라 마침내 임금 총액은 전 생산액에서 지대를 제외한 금액과 같은 수준으로까지 되고, 이윤이 제로가 되는 정상상태(stationary state)에 도달하게 될 것이다. 이를 리카도는 다음과 같이 말하고 있다.

이윤의 저하는 자연스러운 경향이다. 왜냐하면 사회가 발전하고 부가 축적됨에 따라 필요해지는 추가적 식량은 한층 더 많은 노동의 희생이 있어야 확보될 수 있기 때문이다. 이러한 경향, 말하자면 이윤의 중력 법칙은, 필수품의 생산에 사용되는 기계의 혁신이나 농학상의 발견이 그때까지 필요했던 노동의 일부를 해방하고 따라서 필요한 최저한의 노동 비용을 저하시켜 왔기 때문에, 다행하게도 반복적으로 저지되고 있다. 그런데 필수품의 가격과 노동임금의 상승에는 한계가 있다. 왜냐하면 임금 지불이… 농가의 총수입과 같게 되자마자 그 이상의 축적은 이루어지지 않게 되기 때문이다. 즉, 자본은 전혀 이윤을 얻을 수 없게 되고 노동 수요의 증가는 정지되며, 따라서 인구는 그 이상으로 성장하지 않게 되기 때문이다. 실제로는 이러한 시기가 도래하기 훨씬 이전에 이윤율은 매우 낮아지고 축적은 일어나지 않게 되며, 한 나라의 총생산물은 노동자에게 지불된 것을 제외하고는 거의 모두 토지 소유자의 소득으로 돌아가거나 십일세나 조세로 돌아가고 만다.(PPET)

〈그림 3-1〉은 농업에서 노동 투입에 따른 한계생산물의 크기를 나타낸다. 토지는 동일한 크기로 확장되고 그에 투입되는 노동 투입도 비례적으로 확대

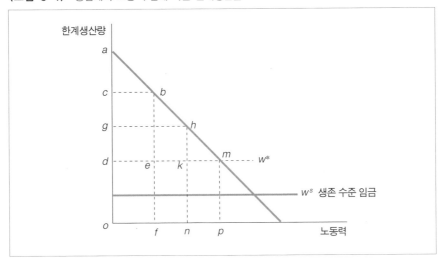

〈그림 3-1〉 농업에서 노동 투입에 따른 한계생산물

된다고 생각하면, 횡축의 노동자 수는 투입되는 경지면적과 동일하다. 또한 모든 노동자가 1단위의 자본을 갖고 생산에 투입된다면, 횡축은 자본 투입량을 나타내는 것이기도 하다. 그림은 점차 비옥도가 낮은 토지로 경작이 확대되면서 투입되는 노동의 한계생산물이 감소하다는 것을 보여 준다(수확체감의 법칙).

그림에서처럼 현재 임금이 w^*이고 f까지 경작이 이루어지고 있다면 차액 지대는 abc이며 지대가 없는 한계지에서의 생산물은 이윤과 임금으로 분배된다. 이윤은 지대를 뺀 생산물에서 노동의 몫을 제외한 후의 나머지로 정의되고 있으므로, 농업 자본가(임차 농가)는 $bcde$의 이윤을 갖게 된다. 농업 자본가는 이윤을 투자하여 고용, 즉 경작을 확대하며, 그것은 p에 이를 때까지 지속된다. p에서는 차액 지대가 adm이고 이윤은 제로(즉, 사회적 최소 이윤만 존재하는 상태)이지만, 임금이 여전히 생존 수준(w^s) 이상이므로 인구가 계속 증가하고, 그에 따라 임금이 하락하면서 생산은 조금 더 확대될 수 있다. 그러나 임금이 생존 수준에 이르면 생산 확대도 멈춘다. 이 지점에 이르는 과정 중에 이윤의 몫은 점차 감소하면서 마침내 제로가 되고, 사회의 잉여는 모두 지대의 몫이 됨을 알 수 있다.

자본가들은 정력을 소모하면서 더 많은 생산을 위해 저축하였지만, 그 수고의 대가는 자본가에게 이윤으로 돌아가는 것이 아니라, 아무것도 하지 않은 채 뒷자리에 앉아 빈둥거리며 높아진 곡물 가격으로 이익을 보고 있는 지주에게 돌아간다. 리카도가 보기에 영국 정부는 곡물 수입을 금지해 비옥도가 낮은 토지를 경작하지 않을 수 없게 하였으나, 이는 이윤을 감소시키고 있을 뿐 아니라, 결국은 경제를 정상상태에 이르게 한다. 따라서 리카도가 곡물법에 반대하고 대륙으로부터 영국으로 값싼 곡물을 수입하는 자유무역의 장점을 주장한 것은 당연한 일이었다.

마지막으로 리카도의 임금이론을 보자. 리카도는 고전학파 시대의 다른 사상가들과 마찬가지로 임금으로 지불될 수 있는 총액을 임금 기금이라 하고, 그것은 임금으로 구입하는 소비재로 구성된 실물 자본의 공급과 같다고 하였다. 이는 임금이 노동 수요와는 독립적으로 노동 공급에 의해 결정된다는 것을 함의한다. 리카도는 임금도 다른 모든 상품의 가격과 마찬가지로 장·단기에서 결정되는 방식이 다르다고 생각했다. 단기에서의 임금은 노동 공급에 대한 임금 기금의 비율이지만, 장기에서의 임금은 인구의 조절을 통해 생존 수준의 자연가격에 접근하게 된다. 단기에서 임금이 이 수준을 상회한다면, 그 상황은 인구 증가와 노동 공급을 증가시킴으로써 임금을 생존비 수준으로 하락시킨다. 반대로 하회한다면, 인구 감소와 노동 공급의 감소가 임금을 생존비 수준으로 회복시킨다. 즉, 리카도는 노동의 시장가치가 단기적인 수급에 따라 달라질 수 있다고 해도 결국은 생존비에 접근하는 일반적 경향을 갖는다고 생각하였다.

리카도는 "노동의 자연가격이란 노동자계급이 전체적으로 생존할 수 있고 종의 증가나 감소 없이 종을 영속시킬 수 있는 정도의 가격"(PPET)이라고 하였다. 즉, 노동의 자연가격은 노동자와 그 가족의 생존을 위해 관습상 필요로 하는 식량, 필수품, 편의품 등의 양에 의존한다. 본래 맬서스의 인구이론은 물리적인 최저 생활비를 바탕으로 구성되어 있지만, 리카도는 생존비의 절대적 수준에 대한 사회적·관습적 요소의 영향을 명시적으로 고려함으로써 실질임금의 장기 상승 경향을 부정하지 않았다.

이상의 리카도의 분배이론에는 사회갈등설이 내재되어 있다. 사실 곡물법을 둘러싼 맬서스와 리카도 사이의 논쟁은 공업화가 힘을 얻음에 따라 지주계급과 공업계급 간의 정치적·경제적 권력 구조가 변하고 있음을 반영하고 있다. 리카도는 "지주의 이해는 소비자와 생산자 모두의 이해와 항상 대립한다"라고 하였으며 또한 "임금이 상승하면 이윤은 반드시 하락한다"(PPET)라고 하였다. 이처럼 그는 지주와 자본가의 이해관계, 자본가와 노동자의 이해관계가 상호 대립하는 것으로 파악하였다. 계급 갈등에 기초한 이론은 후일 마르크스에 의해 계승되었다.

2. 투하노동가치설

리카도는 애덤 스미스가 완성시킨 경제 시스템의 분석 모형 전체를 당연한 것으로서 받아들이면서도, 애덤 스미스의 이론 중 특히 그가 불만족스럽게 생각했던 부분에 주의를 집중했다. 첫 번째는 앞에서 이미 설명하였지만 생산이 지대, 이윤, 임금으로 분배되는 원리이며, 두 번째는 첫 번째 문제를 다루기 위해 해결하지 않으면 안 된다고 생각한 가치론이었다. 리카도가 제임스 밀(J. Mill)의 권고를 받아들여 『원리』의 개요를 준비하기 시작한 때에는 가치에 대해 아직 언급하지 않았으며, 가치에 대한 첫 언급은 1815년 말에 밀에게 보낸 서한에 약간 불명료한 형태로 나타난다. 이후 리카도가 『원리』 제1장에 가치론을 배치한 것은, 국민생산이 어떻게 각 요소에 분배되는가를 설명하기 위해서는 재화의 가치 문제가 선행적으로, 그리고 지대, 이윤, 임금과는 독립적으로 설명될 필요가 있었기 때문이었다.

리카도는 『원리』 제1장 첫머리에 이탤릭체로 "상품의 가치 혹은 그것과 교환되는 다른 상품의 양은 그것의 생산에 필요한 노동의 상대적 크기에 달려 있으며, 그 노동에 대해 지불되는 보상의 크고 작음에 달려 있지 않다"(PPET)라고 서술하였다. 이는 자신의 가치론이 혼란과 순환론에 빠져버린 애덤 스미스의 가치론과 분명히 구별된다는 것을 강조하려는 의도였다. 『원리』는 가치를 갖는 모든 상품은 반드시 효용을 가져야 한다는 명제로부터 시작된다. 그렇지 못할 경우에는 시장에서 판매할 수 없기 때문이다. 그러나 그는 효용이 상품의 가치를 결정하는 것은 아니라고 하였다. "효용을 지닌 상품은 교환가치를 다음의 두 원천으로부터 도출한다. 하나는 희소성이고, 다른 하나는 상품을 얻기 위해 필요한 노동량이다."(PPET) 그러나 희소성은 희귀한 조각이나 미술품, 특별한 품질의 오래된 포도주처럼 마음껏 재생산할 수 없거나, 경쟁이 제한되어 있는 특수한 상품의 경우에만 가치를 결정하는 중요한 요소이며, 그 밖의 모든 상품에 있어서 가치의 진정한 기초는 인간의 노동이라는 것이 리카도의 설명이다.

리카도의 가치론에서 특징적이고 기본적인 요소는 그가 채용한 가치척도이다. 애덤 스미스는 지배노동으로 가치척도를 삼았지만, 리카도는 모든 것을 투하노동으로 환원시켰다. 그에 의하면, 재화의 장기적 교환가치는 그 재화를 생산하기 위해 사용된 노동에 비례하여 변화하며, 사용된 노동에는 직접적인 노동뿐만 아니라, 그 생산에 사용되는 고정자본에 체화되어 있는 노동도 포함된다고 하였다. 그는 『국부론』에 나오는 비버와 사슴의 예를 들면서 이틀 노동의 생산물은 하루 노동의 생산물보다 두 배의 가치를 가지며, 이것이 모든 교환 가능한 가치의 기초이며 경제학의 가장 중요한 원리라고 하였다. 이처럼 리카도는 가치의 생산비설적 전통에 입각하여 재화의 장기 또는 자연가격이론을 전개하였다. 1818년에 맬서스에게 보낸 서한에서 리카도는 생산비에 따라 자연가격이 등락한다는 기본 이론이 잘못이라면 자신의 이론 전체가 부정을 면할 수 없다고 하였다.

국민소득의 분배보다는 성장에 관심을 갖고 있던 애덤 스미스는 실질소득의 변화를 측정할 수 있는 가격 디플레이터를 찾고 있었으며, 그 때문에 지배노동을 가치척도로 선택했지만, 생산물이 어떻게 분배되는가에 주목한 리카도는 무엇에도 영향을 받지 않는 가치척도를 원하였다. 만일 임금의 상승 또는 하락 자체가 총생산물의 가치를 변화시키고 만다면, 이윤에 미치는 임금 변화의 효과를 예측하는 것이 불가능해지고 말기 때문이다. 리카도 이론에서는 임금 상승이 가격이나 국민생산에는 영향을 끼치지 않고, 이윤을 그만큼 저하시키는 효과만을 갖는다. 리카도는 애덤 스미스가 가변적인 지배노동을 가치척도로 삼은 것에 대해 비판하면서 불변의 투하노동을 가치척도로 해야 함을 다음과 같이 말하고 있다.

만일 노동자의 보수가 항상 그의 생산성에 비례한다면, 상품에 투입된 노동량과 그 상품을 살 수 있는 노동량은 같게 되며, 어느 쪽의 양으로도 다른 쪽의 변화를 바르게 측정할 수 있을 것이다. 그러나 실제로 둘은 다르다. 전자는 많은 경우 불변의 척도이며 다른 변화를 바르게 표시한다. 후자는 그 비교하는 상품의 수만큼 변화해 버릴 가능성이 있다.(*PPET*)

　리카도의 가치론은 '단순한' 노동가치설이며, 또 사실 그것이 전부라고 할 수 있다. 리카도는 재화의 가치를 생산에 투입된 노동량(노동시간)으로만 측정한다는 것이 논의를 지나치게 단순화시키는 것임을 충분히 인식하였지만, 그것이 현실로부터 그렇게 크게 괴리되어 있지도 않다고 확신하였다. 물론 그의 가치론이 실제로는 그렇게 단순하지는 않다. 우선 그는 자본을 유동자본과 고정자본으로 구별하였다. 일반적 정의에 따르면 유동자본의 가치는 현존 노동력을 유지하는 데 필요한 곡물량, 즉 임금 기금이므로 유동자본을 노동으로 측정하는 것은 그다지 어렵지 않다. 그러나 고정자본은 내구성이라는 측면을 갖고 있으며, 그 결과 고정자본을 사용하여 생산되는 상품의 가치는 직접적 노동 비용의 차이 외의 이유에 의해서도 달라진다. 즉, 생산에 필요한 노동량이 같은 상품끼리도 시장에 나오기까지 필요한 시간이 다르면 교환가치가 달라질 것임은 말할 것도 없다. 그것을 다음의 예시가 말해 준다.

　〈표 3-1〉은 고정자본 비율과 회임기간이 다른 두 재화의 가치가 어떻게 결정되는지를 보여 준다. 100단위의 x 생산에는 100단위의 현재 노동과 300단위의 과거 노동(고정자본)이 투입되며, 100단위씩 3년간 투입된 과거 노동이 최종 상품으로 실현되는 것은 4년째이다. 100단위의 y생산에는 300단위의 현재 노동과 100단위의 과거 노동이 투입되며, 50단위씩 2년간 투입된 과거 노동이 최종

〈표 3-1〉 고정자본 비율과 회임기간이 다른 두 재화의 가치 결정

	A. 노동 비용 노동 단위×임금	B. 기계 비용 이윤율로 복리계산	C. 이윤 비용 이윤율×(A+B)	D. 총비용 A+B+C	E. 단위당 가격 D/100
Ⅰ. 임금 1원, 이윤 50%의 경우					
상품 x	100.0	712.5	406.25	1,218.75	12.19
상품 y	300.0	187.5	243.75	731.25	7.31
Ⅱ. 임금 2원, 이윤 10%의 경우					
상품 x	200.0	364.1	56.41	620.51	6.21
상품 y	600.0	115.5	71.55	787.05	7.87

상품으로 실현되는 것은 3년째이다. x, y 모두 투하노동이 400단위로 같으므로 상품 1단위의 가격(단가)도 동일해야 하지만 그렇지 않다.

먼저 Ⅰ의 경우를 보자. 임금이 단위당 1원이고 이윤율이 50%라고 하면, x 생산에는 노동 비용은 100원이며 첫 번째 해 초에 투입된 고정자본 비용은 3년 후에 실현되고 두 번째 해의 투입은 2년 후, 세 번째 해의 투입은 1년 후에 실현되므로, 복리로 계산하면 712.5(=100×1.5³+100×1.5²+100×1.5)원이다. 따라서 총투입 비용은 812.5원이 되며, 이것의 50%인 406.25원을 더한 것이 x재화 100단위의 생산 비용이며, 따라서 단가는 12.19원이다. 마찬가지 방식으로 y에 대해서 계산하면 y의 단가는 7.31원이다. 투하노동이 동일하지만 고정자본 비율과 회임기간이 다르면 단가가 달라지는 문제가 있음을 알 수 있다. 게다가 임금 또는 이윤율에 변화가 있게 되면 상대가격이 바뀌는 문제가 발생한다. Ⅱ의 경우와 같이 단위당 임금이 2원이고 이윤율이 하락하여 10%로 변했다고 하고 위와 동일한 방식으로 계산한 결과, 이번에는 x의 단가는 6.21원이고 y의 단가는 7.87원이 되어 이전과 달리 후자가 더 커졌다. 즉, 임금 상승은 자본/노동 비율이 낮은 상품의 상대가격을 높이는 결과를 가져왔다.

리카도는 "고정자본 내구성 차이와 이러한 두 개의 자본, 즉 '고정 및 유동' 자본이 결합되는 비율의 차이가, 상품을 생산하는데 필요한 노동량의 많고 적음에 덧붙여, 상대적 가치의 차이(즉, 노동가치의 변화)에 대한 또 하나의 원인을 제공한다"(PPET)라고 하였다. 즉, 그는 고정자본의 내구성 차이와 '고정자본/노동' 비율의 차이가 상품의 장기적인 교환가치를 결정하는 또 하나의 요소임을 분명히 인식하고 있었다. 또한 제임스 밀에게 보낸 1818년의 편지에서도 교환가치가 변하는 데에는 두 가지 이유밖에 존재하지 않는데, 하나는 생산에 필요한 노동량이고 다른 하나는 자본의 내구성이며, 전자는 후자에 의해 대체될 수 없고 단지 후자에 의해 영향을 받을 뿐이라고 하였다.

고정자본을 고려하면, 〈표 3-1〉에서 확인할 수 있듯이, 임금 상승은 높은 자본/노동 비율로 생산되는 상품에 비해 낮은 자본/노동 비율로 생산되는 상품의 가치를 인상시킨다는 것을 인정하지 않을 수 없다. 맬서스의『경제학원리』에 대해 언급하면서 리카도는 사실 상품의 교환가치가 그것에 투입된 노동량과 정확히 비례하지 않는다는 것을 결코 부정하지 않았다. 그러나 리카도는 고정자본 부분을 무시하고, 때로는 노동 투입량이 유일한 가치척도인 것처럼 서술하였으며, 고정자본 투입량의 변화는 노동 투입량에 비해 비용 변화의 극히 일부분에 불과하다고 생각했다. 즉, 임금의 증가가 이러한 재화의 상대가격에 주는 영향은 겨우 6-7%라고 하였다. 이 때문에 스티글러(G. Stigler)는 리카도 이론을 93%의 노동가치설이라고 하였다.

한편, 리카도 이론은 실물 표시로 되어 있으므로, 그것을 명목 표시로 나타낼 때 여러 가지의 문제를 제기한다. 왜냐하면 상품의 실질가치에 영향을 주는 변화와 상품의 명목가치에 영향을 주는 변화를 구별하지 않으면 안 되기 때문이다. 결국 리카도는 금의 가치가 다른 상품과 비교하여 일정하다는 매우 대담한 단순화에 의해 그 문제를 해결했다. 그는 금으로 만들어진 화폐가 다른 여러 가지의 변화에 영향을 받는 것을 인정하면서도 그것이 불변이며, 따라서 가격의 변화를 상품의 가치 변화에 기인한 것으로 간주하였다. 즉, 그는 금의 생산조건이 일반 상품의 평균적인 자본/노동 투입 비율에 근접한다는 의미에서 금을 '표준적'인 상품이라고 가정하였다.

이상에서 살펴본 리카도의 가치론은 노동가치설로서의 일관성을 유지할 수 있었을지 모르지만, 생산요소가 둘 이상이고 상품에 따라 생산요소의 결합 비율이 다를 때, 그리고 생산기간이 다를 때 한계에 직면한다. 상품을 생산하는 데 필요한 노동량의 많고 적음에 덧붙여, 고정자본 내구성의 차이와 고정자본과 유동자본의 결합 비율 차이가 재화의 상대적 가치의 차이에 대한 또 하나의 원인을 제공하기 때문이다. 결국 불변의 영속적인 가치를 설명하려는 리카도의 노동가치설은 현실의 세계와 맞지 않는 이론이 되고 말았다. 그는 이미『원리』단계에서 가치의 상대적 변화의 척도를 탐구하면서 불변의 척도를 작성하는 것이 절대적으로 불가능하다고 생각하고 있었다고 할 수 있다. 리카도는 제임스 밀에게 보낸 마지막 편지에서 그의 아들 존 스튜어트 밀(J. S. Mill)의 논문에 대한 비평을 하면서, 자신이 여전히 가치척도의 문제를 해결하지 못했음을 고백할 수밖에 없었다. 즉, 그는 "이전에 생각했던 것과 같은 문제에 부딪쳐 있으며 이전보다 한층 엄밀하게 말해서 가치의 바른 척도는 존재하지 않고 어떤 천재도 그것을 만들어 낼 수 없다고 확신한다"라고 하였다.

리카도는 가치의 생산비설을 채용한 점에서 애덤 스미스를 계승하였으며, 추상화의 과정을 통해 한층 더 큰 엄밀성과 일관성을 달성하는 데 성공했다. 그는 가치가 유일하게 노동이라는 생산요소에 의존한다고 하였으며, 이러한 기초 위에서 재화의 장기적 상대가치에 관한 일반이론을 만들었다. 극단적인 단순화의 가정을 포함하고 있는 리카도의 이론은, 이윤과 임금의 상충관계에 대한 자신의 직관적 결론과 모순됨이 없이 여러 관계에 대해 완벽하게 일관된 설명을 해줄 수 있었다. 그러나 노동과 토지와 자본 중 둘 이상이 필요하고 재화마다 요소의 결합 비율이 상이할 때와 생산기간이 다를 때, 리카도의 모형은 극복하기 어려운 곤란에 부딪친다. 즉, 그의 가치론은 좁게 정의된 경우의 분석에 적용이 제한될 수밖에 없었다.

리카도의 투하노동가치설은 국제 간의 거래에서도 적용될 수 없었다. 그는 국가 간에는 자본과 노동의 이동이 어렵기 때문에, 국내의 거래와 국가 간의 거래는 근본적으로 다르다고 하였다. 즉, 전자의 경우에는 생산요소의 이동이 지역 간 임금 및 이윤율을 균등하게 하므로 거래가 비용(투하노동)에 의해 지배되지만, 후자의 경우에는 생산요소의 국가 간 이동이 어렵기 때문에 비용에 근거하여 거래가 이루어지지 않는다. 즉, 국가 간 거래에서는 노동가치설이 적용될 수 없으며 재화가격이 하나로 통일되지 않는다. 자유무역을 옹호하는 리카도의 무역이론, 즉 비교우위론은 오늘날에도 여전히 국가 간 분업을 지배하는 원리이고, 개인이나 기업 간의 분업과 자원의 효율적 배분을 지배하는 원리로서 강력한 지지를 받고 있다. 그러나 역설적이게도 그러한 지지는 노동가치설을 부정하는 한계효용 분석에 입각해 있다.

3. 성장이론

애덤 스미스는 자본축적이 경제성장을 가져오기 때문에 계급 간의 소득분배가 한 나라의 성장 속도를 결정하는 요인이라고 보았다. 애덤 스미스의 후계자인 고전학파 경제학자들도 경제성장을 위해서는 자본축적이 중요하다는 사실을 받아들였다. 그러나 그들은 경제성장이 곧 멈추게 될 것이라는 매우 비관적인 결론에 도달했다. 즉, 고전학파 성장이론의 가장 분명한 특징은 성장 과정을 인구 증가와 자본축적이 멈추는 정상상태를 향해 가는 운동으로밖에 받아들이지 않았던 점에 있다. 이 논의는 애덤 스미스에 의해 이미 단서가 제공된 것이지만, 맬서스의 인구이론과 수확체감의 법칙에 의해 확실하게 자리 잡았다. 그러나 고전학파 성장이론이 이러한 내용을 갖게 된 것은 놀랄 만한 일이 아니다.

1801년에 영국 최초로 행해진 센서스의 결과는 그 이전 수십 년 동안 인구가 가속적으로 증가하였음을 보여 주었다. 동시에 황무지나 공유지 형태의 개간 가능한 잉여지가 급격히 소진되면서 저축과 투자는 감소하였다. 당시의 이런 상황을 배경으로 하여 고전학파의 성장이론은 급격한 인구 증가가 유한한 천연자원에 가하는 압력에 의해 일어나는 수확체감의 경향이 기술 진보의 속도를 상회한다는 점을 강조하였다. 물론 영국에서는 산업혁명이 진행 중이었지만 아직도 여전히 농업이 주요 산업이었으며, 공업과 운송 부문에서 일어난 놀랄 만한 기술 진보가 전 국민의 경제활동에 부분적인 영향밖에 주지 못했다.

고전학파 성장이론을 간단히 말하면 다음과 같다. 인구와 비교하여 토지가 충분히 존재하는 한 경제는 계속 확장될 것이다. 아직 이용되고 있지 않은 토지에 투자함으로써 얻을 수 있는 이윤 획득의 가능성에 의해 자본이 유인되며, 인구는 자본축적에 따른 노동 수요의 증가에 반응하여 증가한다. 그러나 토지의 공급은 고정되어 있어, 인구가 증가하면 한계생산성이 체감하며 임금은 이윤을 압박한다. 마침내 임금이 생산에서 지대를 제외한 것과 같아지면, 이윤은 제로가 되고 새로운 투자는 이루어지지 않고 인구도 변하지 않는 정상상태에 이르게 된다. 물론 노동생산성을 높이고 성장을 가져오는 기술 발전도 진행되고 있다. 그러나 고전학파 경제학자들은 기술 발전의 속도를 저평가하였다. 그들은 비록 기술 발전으로 경제가 성장하더라도 임금이 생존 수준을 넘으면 인구가 증가하고 경제는 상술한 과정을 거치며, 결국은 수확체감의 법칙이 기술 발전의 효과를 압도할 것으로 생각하였다.

따라서 고전학파의 성장이론은 기본적으로 경제가 정상상태를 향해 가는 과정에 관한 이론이었다고 볼 수 있다. 물론 모든 고전학파 경제학자가 정상상태로의 진행을 동일한 메커니즘으로 설명하고 있었던 것은 아니다. 그러나 그들에게 있어서 정상상태는 장기적으로 일어나지 않을 수 없는 역사적 필연이었다. 이러한 고전학파 성장이론을 가장 엄밀하고 일관되게 설명한 것도 리카도였다. 애덤 스미스와 마찬가지로 리카도는 자본축적과 노동 절약적 기술을 성장을 촉진시키는 2대 요소라고 하고, 곡물 가격이 모든 산업에서의 생존 수준 임금을 최종적으로 결정한다고 생각했다. 그러나 그는 농업과 다른 경제 부문 간의 상호 관련성을 고려하면서 경제성장의 메커니즘을 설명했다는 점에서 애덤 스미스를 능가하였다.

리카도 성장 모형의 장점은 극도의 단순함과 일관성에 있다. 이 모형의 핵심은 일정한 토지면적당 곡물의 수확량이 결국 모든 경제 부문에서의 자본 수익률을 결정한다는 점이다. 농업으로 모형을 구축할 경우의 장점은, 곡물이 투입물인 동시에 산출물이므로 투자에 대한 수익률이 쉽게 계산될 수 있다는 점이다. 또한 농업에서 생산요소인 토지는 공급이 고정되어 있으므로 성장방정식에서 제외할 수 있고, 자본은 고용을 위한 지출이어서 노동의 증가와 비례적으로 증가하기 때문에, 리카도의 성장 모형은 사실상 노동이라는 하나의 생산요소만 존재하는 셈이다(one factor model). 자유경쟁 하에서는 이윤율(즉, 자본 수익률)은 자본이 어디에 투자되더라도 같아질 것이므로, 농업에서의 자본 수익률이 곧 경제 전체의 자본 수익률을 규정한다고 할 수 있다. 리카도는 이처럼 모든 산업 간에 자본 수익률과 임금이 동일하다고 가정함으로써, 농업과 곡물이라는 한 산업과 한 생산물만을 갖고도 성장이론을 구축할 수 있게 되었다.

노동 공급을 탄력적이라고 가정하면, 이 모형에서는 기술 발전과 저축의 크기에 따라 성장이 일어나며, 토지의 양에 의해 성장이 제약된다. 기술 발전은 노동생산성을 상승시키며 저축(자본 공급)과 그로 인한 노동 수요는 인구 증가를 유발한다. 그러나 인구 증가는 유한한 농업 자원을 압박하기 때문에 농업 투자의 장기 수익률은 점차 저하되지 않을 수 없다. 리카도는 "이윤의 저하는 자연스러운 경향이다. 왜냐하면 사회가 발전하고 부가 축적됨에 따라 필요해지는 추가적 식량은 한층 더 많은 노동의 희생이 있어야 확보될 수 있기 때문이다"(PPET)라고 하였다. 경제가 성장함에 따라 곡물 가격이 상승하면서 임금 역시 상승하게 된다. 이 경우에 임금이 상승하더라도 산출물 가격이 상승했으므로, 농업 자본가는 전과 동일한 이윤율을 갖게 된다고 생각하기 쉽다. 그러나 동일한 양의 곡물을 얻기 위해서는 이전보다 노동자를 더 많이 고용해야 하기 때문에, 기술 발전에 의해 노동생산성 향상이 없는 한 이윤율은 하락하게 된다. 이윤율이 하락하여 제로가 되면 축적은 더 이상 이루어지지 않는다. 이렇게 축적이 멈추면 경제성장은 중지되고, 임금은 생존 수준으로 하락하는 정상상태에 이르게 된다. 결국 경제성장률은 기술 발전에 의한 노동생산성 향상과 노동 공급 증가에 의한 수확체감 간의 차이에 의존하게 된다.

1821년에 간행된 『원리』의 마지막 개정판에서 리카도는 상술한 모형이 갖는 몇 가지의 자의적인 간단화의 가정을 버리려고 하는 모습을 보였다. 왜냐하면 그는 자본을 단순히 노동을 보완할 뿐 아니라 노동을 대체할 수 있는 생산요소라고 생각하기에 이르렀기 때문이다. 그는 개정판에 '기계에 대하여'라는 제목을 붙인 장을 추가하여, 유동자본(즉, 노동)을 고정자본으로 대체할 경우의 효과에 대해 논하였다. 그는 기계에 의한 노동의 대체가 이윤을 증가시키고 자본축적을 촉진시킴으로써 장기적으로 성장을 촉진하는 효과가 있음을 인식하고 있었다.

이러한 저축은 매년 이루어지며 단기간에 그 기계의 발명에 사용된 금액 이상의 큰 자금을 창출함에 틀림없다. 그 결과 노동 수요는 이전처럼 커질 것이며, 증가한 순수입으로 인해 가능해진 저축의 증가에 의해 사람들의 생활은 더 한층 개선될 것이다.(PPET)

그러나 기계에 의한 노동의 대체에 관한 그의 결론은 성장이론보다는 오히려 분배이론과 직접적으로 관계되어 있다. 원래 리카도는 기계의 도움을 받아 생산된 재화를 싼 가격으로 살 수 있는 이점이 있으므로, 기계의 도입이 모든 계급에게 유익할 것으로 생각했다. 그러나 〈표 3-1〉에서 예시했듯이 실질임금의 상승은 재화의 상대가격을 변화시켜 노동 집약적인 생산보다 자본 집약적인 생산을 유리하게 한다. 따라서 리카도는 인간의 노동을 기계로 대체하는 것은 노동자계급의 이익을 손상하게 되며, 이와 같은 대체가 실업과 임금 기금의 감소를 가져올 가능성이 있다고 보았다. 다만 그는 "기계는 노동과 항상 경쟁하며 대체로 노동이 고가로 되지 않는 한 고용되지 않는다"(PPET)라고 하여, 기계 도입이 경제 전체에 대해 파괴적이라고 할 수 없을 정도로 매우 완만하게 진행되고 있다고 하였다. 리카도와 달리, 고전학파 경제학자들은 일반적으로 기계를 노동의 보완재로 정의하였으며, 자본과 노동의 투입 증가는 같은 속도로 일어난다고 생각하였다.

애덤 스미스와 리카도로 이어지는 고전학파 경제학이 성장이론에 기여한 바는 다음과 같다. 첫째, 그들은 일반적으로 1인당 소득의 성장을 결정한다고 생각되는 요인들의 리스트를 작성했다. 자원, 인구, 자본, 기술 및 경제활동의 제도적 구조가 그것이다. 둘째, 이러한 요인들 간의 관계에 대해 몇 가지의 명제를 만들었다. 예컨대, 자원은 유한하므로 수확체감 현상이 나타나며, 반면에 기술 발전은 투입물 단위당 생산량을 증가시킴으로써 수확체감 현상을 상쇄할 수 있다고 생각하였다. 따라서 경제성장의 속도는 이러한 두 힘의 상대관계에 의존한다고 보았다. 셋째, 성장의 여러 가지 요인을 중요도에 따라 순위를 정하고, 그중에서 중요한 요인이 무엇인지를 지적하였다. 고전학파는 예외 없이 자본축적을 가장 중요한 요인으로, 노동생산성을 그것에 버금가는 요인으로 생각했다.

고전학파 경제학자들은 농업이 아직 중요한 산업이었던 시대에 활동하였으며, 따라서 경제가 수확체감에 의해 결국 정상상태에 이르게 된다고 생각했던 것은 어찌 보면 당연한 일이다. 고전학파의 성장이론에서 천연자원과 제도는 일정하며 기술과 자본, 노동의 투입은 외생적 변수이다. 고전학파 경제학자는 이러한 가정에 의해 어느 정도 일반적이고 쉽게 조작할 수 있는 이론을 창출하였지만, 그 이상 깊이 분석할 필요가 없다고 생각하였다. 고전학파의 마지막에 해당하는 시기에 나타난 마르크스만이 과감하게 이론 속에 기술적·제도적 변화를 내생적 변수로 도입하고 자본을 좀 더 분해된 방식으로 정의했으며, 기술적 변화가 생산 과정에서 자본과 노동이 결합되는 방식에 미치는 영향을 분명하게 설명하였다. 그 결과 그의 이론은 한층 복잡해지고 리카도의 이론에 비해 일반성과 일관성을 잃었으나, 다른 한편 확실한 현실성과 의심할 여지가 없는 극적인 영향력을 갖게 되었다.

4. 경제학 방법론

과학으로서의 경제학을 창설한 사람은 애덤 스미스이며, 리카도는 그의 제자이고 가치·분배 이론에서만 기본 이론을 수정했다고 하는 맥컬록(J. R. McCulloch, 1789-1864)의 평가는, 당시 널리 받아들여진 생각이며 리카도 자신이 『원리』의 서문에서 말하고 있는 것과도 일치하고 있다. 리카도는 책의 서문에서 『국부론』을 대신할 수 있는 서적을 펴낸다는 생각은 없으며, 다만 애덤 스미스가 완전히 해결하지 못한 지대 문제를 주로 다룬다고 하였다. 그러나 리카도는 그의 겸손한 발언과는 비교할 수 없을 만큼 경제학의 방법론에 큰 영향을 주었다. 19세기 초의 경제학자 중에서 리카도보다 당시와 후세의 경제학자에게 큰 영향을 준 학자는 없다. 맥컬록은 『원리』의 출판이 '경제학의 역사상 새로운 시기'를 열었다고 했으며, 마르크스는 리카도를 '과학적 경제학자'라고 하였다. 또한 1860년대에 청년 마셜(A. Marshall)을 경제학 연구에 끌어들인 것도 리카도의 책이었다. 리카도에 대한 현대 경제학자의 평가는 다양하지만, 그가 전문적 독자에게 강렬한 영향을 주었고, 현재에도 주고 있음에는 의문의 여지가 없다.

리카도는 기본적으로 애덤 스미스의 세계관을 그대로 받아들였다. 따라서 그가 경제학에 남긴 큰 공헌은, 경제 질서의 작동방식에 관한 새로운 총체적 비전이나 경제 정책을 제시한 점이 아니라, 경제학의 새로운 방법론을 제시한 점에 있다. 이 점에서 리카도는 역사상 최초의 과학적 경제학자였다고 할 수 있다. 고전학파의 거의 모든 지도적 경제학자는 철학자였으며, 그들의 경제학은 철학적 탐구와 역사적 일화 속에 매몰되어 있었다. 애덤 스미스가 이론을 역사적이고 서술적인 자료로 희석하였다면, 리카도는 순수한 이론가였으며 경제 문제로 이야기를 시작하고 끝을 내며, 철학적 · 사회적 · 역사적 고찰로 탈선하는 경우는 없었다. 그는 자기 시대의 경제로부터 추상하여 연역적 방법에 기초한 분석을 하였다. 그의 기법은 수학적으로는 다소 어색하지만, 오늘날의 순수 이론가들도 감탄할 정도로 대단하였다. 어떤 사람은 리카도가 경제학이 다른 사회과학과는 독립하여 발전할 수 있는 이유를 제공함으로써, 경제학의 범위와 방법을 좁히고 말았다고도 말할 수 있다. 그가 경제 문제에서 사회적 · 정치적 측면을 제거해 버리고 필요 이상으로 단순화시켜 버린 것은 사실이다. 그러나 그렇게 한 결과, 그는 경제학에 다른 학문과는 명확히 다른 독자적인 분석 방법의 기초를 마련하게 되었다. 이 점이야말로 철학적 공리나 역사적 일반화가 아닌 분석 방법으로서의 근대 경제학의 시작을 의미한다.

예컨대, 리카도는 1810년에 『지금의 높은 가격』(The High Price of Bullion)이라는 인플레이션에 관한 짧은 팸플릿을 출판하였다. 당시에 리카도가 증권업에 종사하고 있었으므로 이 책에서 이론이 아니라 사실에 근거한 논의를 전개하였을 것으로 생각하는 사람이 많을 수도 있다. 그러나 예상과는 달리, 리카도는 '전 세계의 귀금속의 분배를 지배하는 법칙'을 만든다는 의도를 갖고 분석을 시작하고 있다. 그는 상인들은 항상 자신의 화폐 이익을 최대화하려고 한다는 간단한 가정으로부터 '통화의 감가는 과잉의 필연적 귀결이며, 이 감가는 귀금속의 수출에 의해 억제될 수 있다'는 법칙을 유도하였다. 이러한 법칙에 입각한 그의 화폐이론은, 반대의 견해를 가진 자들로부터는 너무 이론적이고 비실용적이라는 평가를 받았지만, 19세기의 금융 제도와 국제 금본위 제도의 기초가 되었다.

리카도의 탁월한 이론 중의 하나는 비교우위론이다. 그는 무역에 대한 어떤 제약도 쾌락의 총량을 감소시킨다고 하였다. 리카도의 비교우위론은 어느 한 나라가 모든 상품을 다른 나라에 비해 더 효율적으로 생산하는 경우에도, 자유무역을 통해 두 나라 모두가 이익을 얻는다는 것을 일관된 논리로 설명하였다. 국제 간에 자본과 노동의 이동이 불가능하고 이윤율이 동일하지 않은 상황에서 두 나라가 두 재화를 모두 생산 가능하다고 가정할 때, 각국이 타국에 비해 기회비용이 작은 재화, 즉 상대적 비교우위에 있는 재화를 수출하고 비교열위에 있는 다른 재화를 수입함으로써 무역의 이익을 누릴 수 있다는 것이 리카도의 비교우위론이다.

이상의 화폐와 무역에 관한 두 이론은 모두 당시의 중요한 경제 문제에 대한 리카도의 분석 방법을 보여 준다. 이 밖에도 앞에서 설명한 성장이론 역시 리카도가 문제를 어떻게 접근하고 있는가를 잘 보여 준다. 그의 방법론은 몇 가지의 엄밀한 가정에 기초하여 경제 문제의 배후에 있는 법칙, 즉 이론을 구축하며 그 이론을 당시의 사실을 인용하면서 설명하는 것이었다. 경제학에서의 일관된 논리를 구축하는 능력과 극도로 단순화하여 종합하는 능력에 있어서, 그를 필적할 사람은 없었다. 이는 그가 동시대인들로부터 아낌없는 칭찬을 받았던 이유이며, 그의 후계자들과 또한 이러한 단순한 논리에 의해 가능해진 수학적 도구를 구사하는 사람들에 의해 가장 효과적으로 모방되었다. 그리고 그는 이런 추상적 논의로부터 실제적인 정책적 결론을 도출했으며, 이론이 현실의 정책 이슈에 대한 구체적인 분석의 선행 조건임을 일관되게 주장하였다.

경제사상의 발전에 있어서 리카도의 중요성을 말한다면, 그것은 그의 생각이 시의적절하다거나 개념이 독창적이었다는 점에 있지 않으며, 의미가 분명하고 엄밀하게 정의된 개념을 사용하여 간결하고 일관성 있는 거시경제 모형을 만듦으로써, 복잡한 경제 현상을 분석하고 합리적인 정책을 제안할 수 있도록 한 점에 있다. 이런 리카도의 방법론은 동시대 경제학자들이 복잡한 현실 문제를 분석하는 데 필요한 중요한 길잡이가 되었다. 철학적 · 역사적인 것이 아니라 선험적 가정에서 출발하여 논리적 · 수학적으로 추론해 가는 리카도의 방법론이 정통파 경제학에 미친 영향은 긍정과 부정의 두 가지 측면을 갖고 있다.

첫째, 그것은 이론가로 하여금 경험상의 사실 입증이 아니라 논리상의 반박 가능성을 전제로 한 이론에 의존하게 함으로써, 경제학을 현실로부터 다소 멀어지게 하였다. 후세의 많은 경제학자는 리카도적 방법을 채용하였으며, 그 결과 누구나 받아들이는 논의의 출발점으로서의 여러 가정에 포함되어 있는 '정식화된 사실'(stylized facts) 외의 어떤 경험상의 데이터에도 의존하지 않고, 이론을 창출하고 전개하며 테스트할 수 있게 되었다. 둘째, 리카도의 방법을 사용함으로써 경제학은 다른 사회과학과는 독립적으로 발전할 수 있게 되었다. 경제학자가 논의를 시작할 때 가정으로 사용하는 정식화된 사실은 사회심리학적 또는 사회학적 요소를 띠고 있으나, 이러한 비경제적 요소를 과학적으로 검증할 필요성은 없어지고 말았기 때문이다. 출발점의 가정에 적합하지 않는 것들은 '다른 조건이 일정하다면'(ceteris paribus)이라는 한 구절에 의해 옆으로 밀려나고 그렇게 무시되었다. 슘페터(J. Schumpeter)는 리카도의 방법론을 다음과 같이 선명하게 설명하였다.

리카도의 관심은 직접적이고 실용적인 의미가 있는 분명한 결론을 얻는 데 있었다. 이 때문에 그는 전체 시스템을 여러 부분으로 나누고, 가급적 큰 부분으로 묶어 냉장고에 넣었다. 그래서 가급적 많은 부분이 고정되고 '주어진 것'으로 된다. 그런 후에 그는 단순화를 위한 가정을 하나하나 쌓아 실제로 이러한 가정으로 사태를 정리하여, 주어진 가정 하에 간단한 일방적 관계로 연결된 몇 개의 집계된 집계변수만을 갖게 되었다. 그래서 최종적으로 바라던 결과는 거의 동어반복인 것으로 드러났다.(Schumpeter, *History of Economic Analysis*, 1954)

4 고전학파 화폐이론

Chapter 4

고전학파 화폐이론

1. 손턴과 지금 논쟁

1) 화폐이론 등장의 배경

통화 정책 문제가 근대적인 모습을 갖게 된 것은, 은행권(banknote)이 일상의 교환 수단으로서 주화(coin)에 필적하게 되어, 화폐 공급의 기술적 제약이 없어지면서부터였다. 1694년에 영국 런던에 설립된 잉글랜드은행이 처음으로 은행권을 발행하였으며, 이후 아일랜드은행, 스코틀랜드은행과 여러 지방은행(country banks)이 은행권을 발행하였다. 이들 은행권은 초기에는 금 보관증과 같은 것이어서, 언제라도 금과의 교환, 즉 태환이 가능하였다. 금으로 태환 가능한 은행권인 지폐(paper money)가 발행되고 통용되었지만, 화폐에 관한 분석의 오랜 전통은 '진정한' 화폐는 금속화폐뿐이라는 것이었으며, 은행권 발행의 안전성과 중앙에서의 조정 원칙은 존재하지 않았다. 그러나 18세기의 저술가들은 점차 지폐의 과잉발행이 가져올 인플레이션 압력을 우려하였다. 예컨대, 최초의 화폐이론을 제시한 흄(D. Hume)은 『정치논단』(*Political Discourses*, 1752)에 포함된 「화폐에 대해」와 「무역수지에 대해」라는 논문에서 지폐의 과잉공급이 국제수지에 미칠 영향에 대해 썼다.

은행은 최대 5%라는 고리대금지법에 의한 이자율 규제를 제외하고, 제한 없이 은행권을 발행할 수 있었다. 당시의 이러한 지폐 발행 제도는 통일적인 질서나 책임 있는 중앙은행에 의한 보호 장치도 갖지 않았으며, 규모가 작고 재정적으로 취약한 수많은 신용망의 고리에 의해 위협받고 있었다. 놀라운 것은 지폐 발행 제도가 그런 취약함을 갖고 있음에도 불구하고 중대한 금융 위기를 초래하지 않았으며, 파멸적인 결과를 초래함이 없이 위기를 타개해 나갔다는 점이다. 이러한 놀랄 만한 안정성은 아마 영국, 그리고 특히 잉글랜드은행에 금준비가 비교적 풍부했던 점과 수출이 활발했던 점 때문이었을 것이다.

지폐 발행 제도가 별 문제가 없었기 때문에 애덤 스미스도 화폐 문제에 대해 그다지 깊이 있게 논의를 전개하지 않았다. 그는 전통적 견해에 의거하여 화폐로 주화와 지폐만을 인정하고, "어떤 나라에서 용이하게 유통될 수 있는 지폐의 양은 그것이 없을 경우에 유통될 금·은의 양을 초과할 수 없다"라고 하였다. 그리고 모든 지폐는 자동적으로 정화(specie)로 태환할 수 있으며, 지폐에 대한 신용의 원천은 일반적으로는 '실어음'(Real Bills, 실물의 상품의 매각을 기초로 한 어음)이며, 지폐의 증발은 전국적·국제적이라기보다는 지방적 영향밖에 갖지 않는다고 생각했다.

여러 은행이 은행권을 발행하고 있었기 때문에, 은행은 청산소(clearing house)에 모여 누적된 청구권을 주기적으로 청산함으로써 금융거래를 완결할 수 있었다. 그러나 몇 개의 유력 은행이 어떤 은행에서 발행한 은행권을 모아두었다가 일시에 태환을 요구함으로써 해당 은행을 파산시켜 버릴 수 있었다.

실제로 그런 일이 유럽과 북미에서 드물지 않게 일어나고 있었다. 이에 영국 정부는 청산소를 지배하는 카르텔(즉, 유력 은행들)의 음모에 의해 군소 개별 은행이 파산하고 그로 인해 혼란이 생기는 것을 막기 위해 일시적으로 은행권의 태환 정지가 가능하도록 하였다. 그러나 그것이 은행의 도덕적 해이를 낳을 수 있다고 판단하여 1765년부터 일시적 태환 정지를 금지하였다. 그러다가 1797년에 나폴레옹의 프랑스 군대가 영국에 진주한다는 소문이 퍼지면서 일시에 은행권의 금 태환 요구가 쇄도하자, 영국 정부는 다시 태환 정지를 허용하였다. 이는 은행권과 금의 자동적인 연결고리를 단절하였을 뿐 아니라, 전통적인 은행 업무를 파괴하고 화폐 및 은행에 관한 종래의 사고방식을 재검토하는 계기가 되었다.

태환 정지는 나폴레옹 전쟁(1797-1815) 기간 동안 지속되었으며, 비정상적인 인플레이션 압력 하에서 파운드화의 가치는 하락하였다. 특히, 그 시기는 산업혁명의 큰 파도가 지나가는 중이었고, 인구 증가와 도시화가 가속화되고 있었으며, 동시에 대흉작이 이상하리만큼 집중된 시기였다. 그러나 위기가 어느 정도 진정된 후에도 정부는 재빠르게 태환 제도로 복귀하지 않아, 은행들이 태환 가능성에 대한 고려 없이 은행권을 발행할 수 있도록 하였다. 이런 상황 하에서 화폐와 관련하여 다음 세 가지 정도의 문제에 대한 답이 필요했다. 첫째는 통화 공급의 변화와 경제활동의 일반적 수준 및 환율 간의 관계이며, 둘째는 교환 수단의 스톡(stock)과 처리되어야 할 지불의 흐름(flow) 간의 관계 문제이며, 셋째는 사업을 확대하기 위해 필요한 신용을 어떻게 용이하게 제공할 것인가의 문제였다.

그러나 애덤 스미스의 『국부론』에는 당시의 이러한 절박한 경제 정책상의 문제에 대한 답을 제공할 만한 적절한 분석 이론이 없었다. 애덤 스미스의 이론에서는 설명되고 있지 않는 이런 문제에 직면하여 독립적인 새로운 분야의 이론이 발전하기 시작했다. 따라서 근대적인 화폐이론이 어디서 시작되었는가를 확정하는 것은 어렵지 않다. 즉, 18세기 말부터 19세기 초에 걸친 시기에 나타난 화폐 및 신용에 대한 비정상적 수요에 걸맞은 통화 공급을 어떻게 할 것인가 하는 문제를 둘러싼 논쟁이 화폐이론의 출발점이었다. 리카도를 활발한 경제학 논쟁에 끌어들인 최초의 문제도 바로 19세기 초의 10년간 가장 뜨거웠던 통화·금융 정책의 문제였다. 이 시기에 통화·금융 정책에 관한 의문이 증대되면서, 이런 사태를 더 잘 이해하고 있는 이론가가 필요하게 된 것은 당연한 일이다.

2) 손턴의 화폐이론

새로운 화폐이론의 성격을 규정한 것은 기존 화폐 제도의 성격과 현실의 정책 문제였다. 18세기 마지막 10년 동안 영국의 금융 문제는, 전쟁 비용을 조달하고 연합국에 대해 엄청난 보조금을 지불할 필요가 있었음에도 불구하고, 전국적 수준에서 일관된 통화 정책을 수립·실행하는 데 필요한 제도와 노하우가 없는 상태에서 생긴 문제였다. 본래 1세기 전 중앙정부의 재정적 요구에 의해 설립된 잉글랜드은행은 잉글랜드 유일의 주식회사 조직의 은행이며, 런던에서 유일한 발권은행이었다. 이처럼 분명한 독점력을 갖고는 있었으나 잉글랜드은행은 특허된 상업은행에 불과하고, 오늘날의 중앙은행이 맡고 있는 공적 기능과 책임을 받아들일 정도는 아니었다.

새로운 화폐이론을 전개한 사람은 헨리 손턴(H. Thornton, 1760-1815)이다. 성공한 은행가이며 국회의원이었던 손턴은 1797년에 의회가 태환 정지에 관한 위원회를 열어 그에게 의견을 묻기 전부터 이미 이러한 문제에 대해 고찰하고 있었다. 그는 1802년에 자신의 생각을 정리하여『대영제국의 지폐신용의 본질과 영향에 대해』(An Enquiry into the Nature and Effects of the Paper Credit of Great Britain, 이하 『지폐신용』이라 표기)를 발간했다. 하이에크(F. A. Hayek)가 서문을 붙여 1939년에 출판된 LSE(런던경제대학)판『지폐신용』에는 1797년 3-4월에 열린 '잉글랜드은행 문제에 관한 양원 비밀위원회'에서 손턴이 한 증언이 수록되어 있다. 이 책은 화폐와 신용 이론에 대해 현대적인 감각으로 쓴 최초의 체계적인 책이며, 후에 화폐이론에서 불가결한 요소가 되는 많은 사고를 포함하고 있었다.『지폐신용』을 출판한 이후에도 손턴은 1804년에 아일랜드 통화 문제를 조사한 하원위원회와 1810년에 의회 지금위원회의 중요한 일원으로 활동하였다.

손턴은 당시의 다른 경제 이론가와 마찬가지로 애덤 스미스의『국부론』에서 출발했으나, 애덤 스미스가 제공하는 이론적 기초의 대부분을 미련 없이 버렸다. 왜냐하면 18세기 말에 이르러 영국의 신용 시스템은 크게 변하였으며, 애덤 스미스의 이론은 이미 시대에 뒤떨어졌기 때문이었다. 특히, 지방의 발권 은행의 수와 중요성이 크게 증

> AN
> ENQUIRY INTO THE NATURE
> AND EFFECTS OF THE PAPER
> CREDIT OF GREAT BRITAIN
> (1802)
>
> *by*
> HENRY THORNTON
>
> TOGETHER WITH HIS EVIDENCE GIVEN BEFORE THE COMMITTEES OF
> SECRECY OF THE TWO HOUSES OF PARLIAMENT IN THE BANK
> OF ENGLAND, MARCH AND APRIL, 1797, SOME MANUSCRIPT
> NOTES, AND HIS SPEECHES ON THE BULLION REPORT,
> MAY 1811
>
> EDITED WITH AN INTRODUCTION
> *by*
> F. A. v. HAYEK
>
> LONDON
> GEORGE ALLEN & UNWIN LTD
> MUSEUM STREET

대하면서, 잉글랜드은행은 영국의 금융 시스템에서 중심적 역할을 하였다. 1781년에 특허가 갱신됨으로써 잉글랜드은행은 실질적인 최종 대부자(the last resort)가 되어, 다른 모든 은행의 유동성 준비를 후견 관리하였다. 또한 영국의 대외무역은 급속히 확대되어 영국 경제 전체의 활동 수준을 결정하는 중요한 요소가 되었으며, 또한 가장 일찍 시작된 산업혁명이 해외시장의 확대와 식료·원료의 수입 증대로 이어지면서, 세계경제에서 영국의 역할과 위치가 강화되었다. 당시의 이러한 시대적 상황을 배경으로 하여 탄생한 『지폐신용』의 서론에서, 손턴은 책의 가장 중요한 목적이 "잉글랜드은행의 현금 지불의 연기와 지폐의 재화가격에 미치는 영향과 관련된 일반적인 오류를 드러내는 것"이라고 하였다. 손턴이 제시한 화폐이론에서 주목할 점은 다음과 같은 세 가지로 정리할 수 있다.

첫째, 손턴은 애덤 스미스를 비롯한 고전학파 경제학자들이 생각한 것보다 훨씬 복잡하고도 통일된 화폐이론을 논하고 있다. 애덤 스미스는 화폐의 범위를 매우 제한하여 주화와 은행권만을 화폐로 인정하였다. 그러나 손턴은 은행권 외에 환어음, 재무성 어음, 인도 채권 등의 다양한 지폐신용(paper credit)을 화폐에 포함시켰다. 즉, 그의 화폐이론은 단순히 주화와 은행권에 국한되지 않고 지불 수단 기능을 하는 신용(credit)을 포괄하고 있다. 손턴에 의하면, 어음은 할인이 가능하기 때문에 본질적으로 은행권과 마찬가지로 지불 수단으로 이용될 수 있으며, 지폐신용을 포함한 모든 화폐는 기본적으로 같은 원리

H. 손턴(1760-1815)

에 따라 움직인다. 또한 애덤 스미스는 화폐 간의 유통 속도의 차이를 고려하지 않아서 그의 화폐이론은 경직적이었던 반면, 손턴의 화폐이론은 정교하고 유연하며 화폐의 종류에 따른 유통 속도의 차이를 인정함으로써 고전적 화폐이론의 한계를 넘어섰다. 지폐신용의 유통 속도는 종류에 따라 다르고, 같은 종류라 해도 신뢰도에 따라 다를 수 있다. 한편, 손턴은 화폐 수요와 관련하여 거래적·예비적 동기에 의한 화폐 수요를 의식하고 있었다. 손턴은 『지폐신용』에서 "신용 있는 사회에서는 불의의 사고에 대한 대비가 적어도 가능하다. 이에 반해 혼돈의 시기에는 사람들이 보다 신중해져서 지폐 보유에 따른 이자 손실은 무시하는 것이 가능하다"라고 하였다. 손턴이 1세기 후에 케인스가 말한 투기적 동기의 화폐 수요를 말했는가에 대해서는 논쟁의 여지가 있다. 힉스는 당시의 은행이 5%라는 고리대금지법 하에 있었기 때문에 손턴이 투기적 화폐 수요에 대해서는 알지 못했을 것이라고 하였지만, 손턴은 불확실성과 기대가 유통 속도에 영향을 미침을 알고 있었던 것으로 보인다.

둘째, 손턴은 물가의 복잡한 자동조절 메커니즘(흄이 말한 물가–정화 흐름 메커니즘)에 관해 처음 분석을 하였다. 이 메커니즘에 의하면, 금본위제 하에서 지폐 유통량의 증가는 무역 상대국과 비교하여 그 나라의 물가 수준을 상승시키고 따라서 수출 감소와 수입 증가를 가져오며, 또 그 결과 생기는 무역수지의 불균형은 금 지금(gold bullion)의 수출과 은행의 금준비 감소로 인한 지폐 및 주화의 유통량 감소와 물가 하락으로 이어진다. 여기에는 은행권의 발행 증가와 물가의 관계에 대한 당시의 일반적 인식이 포함되어 있다. 당시 대부분의 사람들은 금의 시장가격이 주조가격을 초과하는 것에 대해 잉글랜드은행의 은행권 과다 발행의 결과라고 하였다. 그러나 그 경우에 자동조절 메커니즘에 의해 금의 지속적인 유출이 있게 되므로, 은행 역시 손실을 입지 않을 수 없다. 손턴은 금 가격의 상승이 은행권의 과다 발행과 같은 화폐적 원인 때문일 수도 있고, 흉작과 같은 실물적 원인 때문일 수도 있다고 하였다. 예컨대, 그는 1790년대 후반의 파운드화의 환율 절하, 즉 금 가격의 상승은 실물적 요인 때문이라고 하였다. 당시에 영국이 곡물 부족으로 곡물을 수입하게 되면서 런던 어음이 함부르크에 과다하게 유통되었으며, 그 결과 파운드화의 환율이 하락하였다. 이처럼 무역수지 적자에 따라 환율이 하락하고 금의 시장가격이 주조가격을 초과하는 현상이 발생하자 은행으로 태환 요구가 쇄도하였다.

셋째, 손턴에게 있어서 화폐는 단순히 실물의 허상이 아니었다. 애덤 스미스의 이론에 의하면, 1793년과 1797년처럼 태환 요구의 압력이 강했던 것은 은행권의 과다 발행 때문이므로, 잉글랜드은행이 은행권 발행을 줄여야 했다. 그러나 손턴이 보기에, 당시의 물가 상승, 금의 유출과 잉글랜드은행의 태환 중지라는 상황에서 잉글랜드은행권의 감소는 적절한 대응이 아니었다. 그는 정치적 혼란이나 경제적 불확실성으로 인해 유동성 수요가 증가할 가능성이 있으며, 그것이 18세기 말에 금이 국내적으로 고갈된 원인이라고 하였다. 그는 통화 증발이 단기적으로 거래나 생산을 자극하고 통화량 감소가 산출량을 감소시키며, 역으로 생산량이나 거래량의 증대가 신용과 통화량의 증가를 유발한다는 점을 인식하였다. 또한 화폐임금의 상대적 경직성에 주목하면서 통화량이 불충분하면 실업이 늘어날 가능성이 있음도 추측하였다. 손턴은 잉글랜드은행을 하나의 큰 은행 정도로 생각한 애덤 스미스와는 달리, 실물 부문과 화폐 부문 간에 상호작용이 존재하기 때문에 영국의 금융 시스템에서 잉글랜드은행이 특별히 중요한 역할을 하고 있으며, 경제 전체의 지불 능력을 유지함으로써 신용 질서가 파괴되지 않도록 해야 한다고 생각하였다.

비록 잉글랜드은행권의 양이 재화의 비용에 대해 또는 지금(bullion)의 시장가격에 대해 미치는 영향을 정확히 인식하는 데는 많은 어려움이 있지만, 잉글랜드은행권의 양적 제한이 그 자체의 가치를 유지하고 다른 모든 지폐의 가치를 유지하거나 양을 제한한다는 일반적인 진술에 대해 조금도 의심할 필요가 없다.(EPC)

요컨대, 손턴은 태환이 중지된 상황 하에서 잉글랜드은행의 중앙은행과도 같은 역할이 중요해지고, 또한 금의 시장가격과 주조가격의 괴리가 국제결제로 해결되는 그런 복잡하고 통일된 화폐 제도를 생각하고 있었다. 또한 그는 화폐와 가격 간의 관계뿐 아니라 화폐가 가격에 영향을 미치는 경로와 관련하여 매우 복잡한 분석을 하였다. 여기에는 화폐 공급뿐 아니라 화폐 수요가 갖는 중요성도 포함되어 있다. 그럼에도 불구하고 그의 이론은 19세기의 주류 경제학자로부터 무시되었으며, 20세기가 되어서야 비로소 재인식되기에 이르렀다.

3) 지금 논쟁

1797년 2월 잉글랜드은행은 태환을 중지하였으며, 그로 인해 그해 3월과 4월에 국회의 양원에서 행해진 청문회를 통해 제한된 규모로 논쟁이 시작되었다. 이 논쟁이 큰 힘과 정치적 중요성을 얻게 되는 것은, 외환시장에서 금·은으로 계산한 상품가치가 급락하고, 전문가들이 환율 변동을 화폐적 현상으로 설명하는 것을 수용한 1800년경부터였다. 금·은으로 표시한 상품가치의 하락은 곧 지폐 파운드화 가치의 하락 또는 금·은의 가격 상승을 의미한다. 그동안 금 가격이 상승하여 1800년 5월에 이르면 함부르크 시장에서 금 지금은 주조가격보다 9% 정도 비싸게 팔렸고, 그해 가을까지 금 지금에 붙는 프리미엄은 10%에 이르렀다.

이러한 물가 상승 또는 금 지금 가격의 상승을 배경으로 법률가, 은행가, 정치인들 간에 은행권의 금 태환 유지에 관해 벌어진 뜨거운 논쟁은, 이후 10년 동안에 경제학계의 중요한 문제가 되었고 1810년 지금위원회 보고(Bullion Committee's Report)로 이어졌으며, 영국이 나폴레옹 전쟁 후에 태환 제도를 회복하여 정식으로 금본위제로 복귀하기까지 계속되었다. '지금 논쟁'(bullionist controversy)으로 일컬어진 이 논쟁은, 금 지금 가격 상승의 이유를 오로지 지폐의 과잉 발행, 즉 잉글랜드은행의 정책 운영 실패에서 찾는 지금파와, 그 이유가 전쟁에 있다고 볼 충분한 상황적 증거가 있고 특히 영국의 막대한 해외 지출과 19세기 최초 10년 동안의 수출 정체 때문이라고 생각하는 반지금파 사이의 기본적인 사고 차이에 기인하고 있다.

지금 논쟁에서 손턴, 리카도, 맬서스, 맥컬록(J. R. McCulloch), 위틀리(J. Wheatley) 및 19세기 초의 지도적 경제학자 거의 모두가 지금파의 입장을 취했다. 지금파의 주장은 명확하였다. 전쟁기간 동안의 무분별한 통화 팽창이 인플레이션의 원인이며, 은행에 태환의 의무가 강제되지 않는다면 그들은 금고에 보유하고 있는 금을 초과하여 은행권을 발행할 유혹을 갖게 될 것이다. 그리고 이는 화폐의 초과 공급으로 이어지고 마침내 화폐가치의 하락, 즉 인플레이션으로 이어질 것이라는 것이다. 따라서 그들은 인플레이션을 피하기 위해서는 은행권의 태환 의무가 반드시 회복되어야 한다고 주장하였다.

반면, 반지금파에는 토런스(C. R. Torrens), 투크(T. Tooke) 등과 잉글랜드은행의 이사나 지도적 입장에 있던 각료들이 포함되어 있었다. 그들은 인플레이션의 원인이 보다 복잡하다고 하면서 흉작과 같은 실물적 요인을 포함시켰다. 그들은 존 로(J. Law, 1671-1729)나 애덤 스미스가 말한 실어음 교의에 의거하여, 은행권이 필요를 초과하여 발행될 수 있다는 것을 부정하였다. 즉, 은행권은 상인의 환어음과 교환을 위해 은행이 발행한 것이며, 공(空)어음이 아닌 실어음인 환어음은 결제가 보장되기 때문에 은행권은 상인이 요구하는 이상으로 발행되지 않는다는 것이다. 간단히 말해, 은행권에 대한 수요는 거래의 필요만큼 제약되기 때문에 태환성이 없더라도 상업에서 요구하는 것보다 더 많이 발행되지 않을 것이며, 따라서 과다 발행은 없다는 것이다. 이 교의는 스코틀랜드 은행 제도가 오랜 기간 동안 태환 없이도 유지되었던 경험에 기초한 것이며, 따라서 이런 반지금파의 주장이 낯선 것은 아니었다.

19세기의 첫 10년 동안은 인플레이션의 시기였으며, 물가는 1814년에 정점에 달했다. 지금파는 이런 인플레이션 상황이 자신들의 주장을 지지한다고 주장하였으며, 반지금파는 인플레이션이 전쟁을 위한 정부 지출의 증가에 따른 물자 부족 현상 때문에 생긴 것이라고 설명하였다. 1810년 의회에 제출된 지금위원회 보고서는 지금파의 입장을 지지하였으며, 태환의 부분적 또는 단계적 재개를 주장하였다. 그러나 1815년에 나폴레옹 전쟁이 끝나고 이후 1830년까지 이어지는 장기적인 디플레이션이 나타나면서 논쟁은 반지금파에 유리하게 바뀌었다. 그럼에도 불구하고 결과는 엉뚱하게도 지금파의 주장대로 되었다. 1819년에 '태환재개법'이 통과되고 1821년부터 지폐의 태환이 재개되었다. 이미 이전 6년 동안 디플레이션을 경험한 영국 경제가 법 통과 이후에 계속 디플레이션에서 벗어나지 못한 것은, 태환 재개로 인한 지출 감소의 효과 때문이었다고 할 수 있다.

지금파인 손턴은 실물적 수요에 의해 화폐량이 제한된다는 애덤 스미스의 실어음 교의에 대해 『지폐신용』에서 강하게 비판하였다. 그러나 아이러니하게도 그는 같은 책에서 1793년과 1797년의 위기와 관련하여 잉글랜드은행이 은행권 발행을 안일하게 규제하고 말았음을 비판하였다. 따라서 손턴의 『지폐신용』은 일관성이 없다는 평을 받기도 한다. 그러나 손턴의 『지폐신용』은 지금 논쟁에서 양 진영이 쏟아낸 대량의 팸플릿, 연설문, 투고 등과 비교해 보면 경제이론적 설명이 훨씬 균형을 이루고 있다. 즉, 제1장에서 제8장까지는 은행권의 과다 발행이 어렵다는 인식 하에 은행권 발행에 대한 제한을 비판하는 입장을 보인 반면, 제9장 이하에서는 은행권의 과다 발행이 가져올 해악을 인식하고, 은행권 발행을 일정 수준으로 억제해야 한다는 입장을 보였다.

은행권 발행을 제한해야 한다는 당시의 일반적 인식은, 은행권이 과다하게 발행되면, 그것이 모두 거래의 지불 수단으로 기능하면서 화폐가치를 하락시킴으로써 태환 요구를 증가시켜 경제 위기를 심화시킨다는 것이었다. 손턴이 책의 전반부에서 은행권 발행을 억제할 필요가 없다고 했던 것은 그러한 인식이 잘못이라는 것을 주장하기 위해서였다. 그는 거래의 지불 수단인 화폐(어음과 같은 지폐신용도 포함)가 실제로 모두 유통되는 것도 아니고 유통 속도도 다르기 때문에, 은행권의 과다 발행이 일어날 수 없다고 하였다. 오히려 위기적 상황에서는 예비적 동기에 의해 과도하게 커진 유동성 수요가 화폐의 퇴장을 증가시키고 동시에 은행 일반에 대한 신뢰가 하락하기 때문에, 시중에 통화 부족이 초래될 수 있다. 따라서 은행권을 자유로이 발행하여 유동성 부족을 해소했다면 경제적 위기를 간단히 해결할 수 있었을 것이지만, 잉글랜드은행이 그렇게 하지 않은 것이 문제였다.

반면, 손턴은 제10장에서 은행권의 과다 발행이 물가를 상승시키고, 무역수지를 불리하게 만든다고 주장하였다. 이는 당시 은행권 발행의 억제에 대한 반대론자들의 주장을 반박하기 위한 것이었다. 손턴은 은행의 무절제하게 과도한 대부가 결국은 화폐가치의 하락과 물가의 상승을 가져온다는 것을 말하고 있다. 그러면 손턴은 왜 이처럼『지폐신용』의 전반부와 상반된 주장을 한 것일까. 손턴이 책의 후반부에서 말한 은행권의 과다 발행은 금 지금의 양에 비해 과다 발행되었다는 의미가 아니라, 거래량과의 관계에서 과다 발행된 것을 의미하며 태환의 염려가 없는 상태에서 나타날 수 있는 일이었다. 그러므로 책의 전반부에서는 태환의 의무를 갖고 있는 은행이 스스로 신뢰도를 떨어뜨릴 정도로 은행권을 과다 발행하지 않는다고 주장한 것과, 후반부에서 과다 발행이 물가 상승을 가져온다고 한 것이 서로 모순적인 것은 아니다.

손턴이 책을 쓴 시기는 지금 논쟁이 아직 실체화되기 전이며, 또한 1797년의 태환 정지가 전쟁과 동시에 취해진 비정상적 조치로서 영속하리라고는 생각하지 않았던 때였다. 말하자면『지폐신용』은 금 가격 상승의 이유를 통화량 증가에서 찾는 것이 일반화되기 전에 쓴 책이었다. 따라서 책의 후반부에서 말한 화폐의 과다 발행에 대한 비판은 장래에 대한 전망을 담고 있다. 손턴이『지폐신용』의 전반부에서 잉글랜드은행에 요구했던 재량적(discretionary) 통화 정책은 당연히 은행에 대한 신뢰로부터 도출된 것이었다. 그러나 태환 중지가 지속되는 상태에서 잉글랜드은행의 이사가 공공의 이익에 입각하여 통화를 관리할 수 있으리라는 신뢰는 사라지고 말았다. 손턴의 예견대로 1809년에 파운드 환율이 다시 하락하기 시작했으며, 1801년 이후 한때 안정을 보이던 금의 시장가격이 상승하면서 주조가격과 시장가격의 괴리가 다시 확대되었다. 금값의 새로운 상승으로 지금 논쟁은 다시 불이 붙어, 앞서 말한대로 1810년 2월에 하원의 지금위원회가 구성되고 같은 해에 보고서가 제출되었다. 하원에서 이 보고서가 논의될 때, 지금위원회 위원의 한 사람이었던 손턴은 잉글랜드은행 이사들이 지폐의 공급량과 통화의 국제가치 간의 관계를 제대로 이해하고 있지 못한 것에 말문이 막혔다. 왜냐하면 지폐의 과잉 발행을 저지하는 데 실패하면, 전쟁이 끝나고 태환 제도를 회복하였을 때 파운드화의 가치가 돌이킬 수 없을 정도로 하락할 것이라는 것이 그에게는 너무나도 자명했기 때문이었다.

2. 리카도와 은행조례

1) 리카도의 화폐이론

지금 논쟁을 통해 경제학계에 데뷔하고 이후 경제학에 큰 영향력을 발휘한 인물은 리카도였다. 파운드 가치 하락이라는 사태에 직면하여 리카도는 활자화된 그의 최초 논문인 「금가격에 대해」("The Price of Gold")를 1809년 8월 29일자 모닝 크로니클(Morning Chronicle)에 익명으로 발표하고, 이후 같은 지상에 게재한 일련의 논문과 그것에 대한 비평에 답하는 형식으로 지금 논쟁에 참여했다. 그는 1810년에 발행된 『지금의 높은 가격, 은행권 감가의 증거』(The High Price of Bullion, a Proof of the Depreciation of the Bank Notes, 이후 『지금의 높은 가격』이라 표기)에서 자신의 견해를 밝히고 있다. 이 책은 제1판 서평에서 비판된 몇 가지 점에 대해 답한 부록을 넣어 1811년에 재판되었다. 이 책에서 리카도는 완전하고 즉각적인 태환 재개를 누구보다도 강력하게 주장하였다.

지금 논쟁에서의 쟁점이자 리카도가 『지금의 높은 가격』에서 논했던 것은, 파운드 지폐의 국제시장에서의 가치 하락, 즉 금으로 측정한 파운드화 가치의 하락이 국내시장에서의 가치 하락을 반영하는 것인가, 그리고 가치 하락이 잉글랜드은행권이라는 화폐의 초과 공급의 직접적 결과인가 하는 것이었다. 바꾸어 말하면, 전시 인플레이션은 단지 전쟁과 그로 인한 해외무역 중단이 가져온 부득이한 결과이고 수시로 닥친 흉작에 의해 더욱 악화된 것인가, 그렇지 않으면 인플레이션은 통화 정책에 의해 만들어진 것이고 외환시장에서의 파운드화의 환율 절하는 화폐 수요에 비해 공급이 지나치게 컸기 때문에 일어난 것인가 하는 문제였다. 이 문제에 대한 리카도의 답은 화폐란 실물에 아무런 영향을 주지 않는 '허상'에 불과하다는 식이었다.

> 금의 가격이 높다고 하는 것은 잘못된 것이다. 금이 아닌 지폐의 가치가 변한 것이다. 3파운드 17실링 10펜스의 가격인 1온스의 금과 다른 상품을 비교해 보자. 1온스의 금은 과거와 같은 양의 상품과 가치가 같다. … 세계의 모든 시장에서 3파운드 17실링 10펜스의 주화에 포함되어 있는 금으로 살 수 있는 동일한 양의 상품을 사는 데 4파운드 10실링의 지폐를 지불하지 않으면 안 된다.(HPB)

그의 책의 내용 대부분은 손턴이 『지폐신용』에서 기술한 논의의 반복이었다. 예컨대, 국내 및 국제적인 귀금속의 분배를 결정하는 갖가지 요인에 대한 분석, 금본위제 하에서의 한 나라의 화폐 공급에 필연적으로 존재하는 제약에 대한 분석, 또는 지방은행의 지폐 발행과 잉글랜드은행 자체의 유통량 간의 관계에 관한 분석 등이 그러했다. 그러나 리카도는 논점을 단순화하고 장기 분석의 구조 속에서 추상적 · 이론적으로 설명하는 것에 지면을 많이 할애하였다. 이는 손턴이 화폐수량설적 사고를 국제경제적으로 적용할 때, 은행 실무가가 직면하게 되는 문제의 본질인 실물적 원인 · 결과와 화폐적 원인 · 결과 간의 복잡한 상호작용을 논한 것과는 대조적이었다. 리카도는 손턴이 단순한 화폐수량설적 설명에 덧붙인 모든 유보 조건을 중요하지 않고 관계없는 조건이라고 하여 배제하였다. 예컨대, 그는 가치론에서 한 것과 유사하게 가상적 통계를 제시하면서, 파운드화의 환율 절하가 무역수지의 악화에 기인한 것일지도 모른다는 손턴의 주장을 다음과 같이 부정하였다.

> 손턴은 불리한 무역이 환율 악화를 설명한다고 하였다. 그러나 이미 살펴본 바와 같이 불리한 무역(이것이 정확한 말이라 하더라도)이 환율에 미치는 효과는 제한적이다. 그것은 아마 4-5% 정도일 것이다. 이 정도로는 15-20%의 환율 절하를 설명할 수 없다.(*HPB*)

즉, 리카도는 무역수지의 악화가 금 가격에 미치는 영향은 크지 않다고 생각했다. 또한 그는 통화량을 증가시킴으로써 국가가 생산적 자본의 스톡을 증가시킬 수 있다는 사고를 부정하였다. 즉, 그는 "은행권의 증가가 수출 상품이나 기계나 원자재를 증가시키지 않으므로 이윤을 올리지도 이자율을 낮추지도 못한다"라고 하였다. 이어서 "화폐 또는 지폐의 양이 풍부하더라도, 그로 인해 상품의 명목가격이 증대하고 생산적 자본의 배분이 달라지며 은행이 은행권을 증가시킴으로써 B와 C에 의해 독점되고 있던 사업에 A가 참가할 수 있게 하겠지만, 한 나라의 실질수입이나 부에는 전혀 아무것도 추가되지 않을 것이다. B와 C는 손해를 보며 A와 은행은 이익을 얻겠지만, 그것은 B와 C가 잃은 만큼이다. 재산이 급격히 부당하게 이전될 것이지만 사회적으로 얻는 이익은 아무것도 없을 것이다"(*HPB*)라고 하였다.

마지막으로 리카도는 인플레이션과 환율 절하의 책임이 잉글랜드은행의 이사들에게 있다고 했다. 그런데 그는 이사들이 그릇된 행동을 취했던 것은 사적 이익 때문이 아니라, 그들이 정부의 요구에 너무 안이하게 굴복하고 자신들의 정책 결과를 충분히 예측할 수 없었던 점에 있다고 하였다. 즉, 그는 "만일 잉글랜드은행의 이사들이… 정화(specie)와 교환할 의무가 있었던 때와 마찬가지로 은행권의 발행을 제한하였다면, 즉 그들이 은행권의 발행을 금의 시장가격이 주조가격을 초과하지 않는 정도로 제한했다면 우리들은 현재와 같이 평가 절하되고 부단히 변동하는 통화에 시달리는 일은 없었을 것이다"(HPB)라고 하였다.

1809년 이후의 환율 절하를 통화량의 측면에서 설명한 리카도의 분석은 어느 정도 정곡을 찌르고 있다고 할 수 있을 것이다. 나폴레옹의 대륙 봉쇄에 의해 수입은 말할 것도 없고 수출도 방해받고 있었으며, 다른 한편으로는 상당히 높은 비율의 성인 남자 노동력이 전쟁에 동원되었기 때문에 소비재의 국내 생산은 평상시보다 비탄력적이었다. 따라서 통화량의 증가가 실물 생산의 증가 효과를 보여 주지 못하고 환율 절하만을 야기하였다. 또한 잉글랜드은행의 이사들이나 그들과 가까운 각료들이 재무성에 대한 은행의 거액 대부와 환율 하락의 경향 사이의 관련을 부정했던 점에서도 분명하듯이, 금융 당국은 그들이 하고 있는 일에 대해 무엇 하나 제대로 이해하고 있지 못하였다. 따라서 손턴을 포함한 거의 모든 저명한 경제학자들은 리카도의 분석 및 그것과 입장이 매우 가까운 지금보고서가 당시의 정책 문제에 관해 전적으로 올바른 분석을 하고 있다고 생각했다.

화폐는 허상에 불과하다는 리카도의 화폐이론은 멀리 보댕으로까지 거슬러 올라가며, 후일 피셔(I. Fisher)의 거래방정식으로 정식화되었다. 거래방정식은 사실 재화와 서비스의 구입 금액과 판매 금액이 같다는 정도의 의미 이상도

이하도 아니다. 단순한 항등식을 보여 준 것에 불과한 리카도의 화폐수량설적 이론이 정통적 화폐이론이 될 수 있었던 것은, 파운드화의 환율 절하에 대한 그의 분석이 당시의 상황 하에서는 문제의 급소를 찌르고 있었기 때문이기도 하지만, 다른 한편으로는 틀림없이 19세기 초기에 경제학자 누구나 인정하는 리카도의 압도적인 권위 때문이었다. 반면『지폐신용』에서 전개된 것과 같이 실물적 요소와 화폐적 요소의 복잡한 상호작용에 대해 치밀하게 한층 수준 높은 설명을 한 손턴은 경제학자들의 시야에서 사라지고 말았다.

지금 논쟁 이후에 '은행조례'의 제정을 앞두고 다시 불붙은 논쟁에 있어서도 리카도의 화폐이론이 강한 영향을 발휘한 결과, 중앙은행이 정책의 금융적인 영향뿐만 아니라 실물적인 영향도 명시적으로 고려하면서 지폐 유통량을 재량적으로 운영해야 한다는 손턴과 같은 사고방식은 채용되지 않았다. 주류 경제학 이론에서는 유동성 선호(liquidity preference)와 같은 화폐 수요의 변화에 대한 영향의 분석에 관해 진지한 노력을 할 수 없게 되었으며, 은행 시스템이 이자율에 미치는 화폐적 영향과 자본의 이윤율에 미치는 '실물적' 영향을 종합하는 시도는 적어도 19세기 말에 빅셀(K. Wicksell)의 화폐이론이 등장하기 전까지는 무대에서 사라졌다.

2) 통화 논쟁과 은행조례

1839년에 영국에서 불황이 시작되자 그 원인을 탐구하기 위해 발권은행 조사특별위원회가 발족되고 동 위원회에서 유명한 통화 논쟁이 전개되었다. 1810년 전후에 있었던 지금 논쟁과는 약간의 차이는 있지만, 비슷한 논쟁이 통화학파와 은행학파 간의 논쟁으로 재연되었다. 논쟁의 가장 중요한 이슈는 통화 발행에서 금 평가(gold parity)를 유지해야 하는가의 문제였다. 리카도적인 강경한 주장을 계승한 통화학파는 지금주의자보다 훨씬 극단적인 주장을 한 반면, 은행학파는 손턴이『지폐신용』에 전개한 논의에서 많은 공감대를 발견하였다.

이전의 지금 논쟁에서 대부분의 지금주의자들은 지폐 발행을 억제하기에 앞서, 잉글랜드은행에 대해 국제수지의 기본적인 불균형을 다룰 수 있는 재량권을 주고 화폐 수요와 대체로 일치하도록 화폐 공급을 유지하게 함으로써, 국내에서의 태환 가능성을 회복하는 것만으로 충분하다고 생각하였다. 그러나 지금주의를 계승한다는 통화학파는 잉글랜드은행의 경영진을 신뢰하지 않고 그들에게 어떤 형태이든 재량권을 부여하는 데 반대하였다. 그들은 지폐의 태환 의무만으로는 불충분하다고 보고, 스코틀랜드은행과 아일랜드은행의 발권을 제한하고 잉글랜드은행의 지폐 발행을 금 보유량과 엄격하게 연관시킴으로써, 지폐 발행이 금 보유량의 변화에 따라 자동적으로 변동하는 시스템을 만드는 것이 불가결하다고 주장했다. 통화학파는 지폐가 화폐용 금을 절약하는 수단의 의미를 갖지만, 금본위제가 기능하기 위해서 지폐는 순수한 금속 화폐처럼 사용되어야 한다고 주장하였다.

한편, 은행학파는 반지금주의를 계승하고 있지만, 반지금주의자의 논의보다 훨씬 세련된 논의를 전개했다. 그들은 화폐 공급을 조절하기 위해서 가장 적절한 화폐의 정의가 무엇인가라는 문제를 제기하면서, 어음이나 수표가 지폐나 주화와 마찬가지의 교환 수단으로 사용되고 있음을 지적했다. 따라서 통화학파가 주장하듯이 은행의 화폐 발행을 규제한다는 것은 사실상 불가능할 뿐 아니라, 도리어 은행이 위기에 대처할 수 있는 능력을 약화시킬 수 있다고 보았다. 그들은 은행 시스템 자체가 경제 전체의 은행권 수요에 대한 가장 최선의 판단자이며, 따라서 잉글랜드은행이 재량적인 대출 정책을 취하더라도 태환

의무만 잘 유지하도록 하는 것으로도 충분하다고 생각하였다. 나아가 그들은 화폐 유통량뿐 아니라 잉글랜드은행의 금융 정책에 대해서도 말하였다. 즉, 그들은 경기에 대한 신뢰를 유지하기 위해 금융을 완화해야 하는 단기의 불균형과 디플레이션 정책을 취해 금의 유출을 막을 필요가 있는 장기의 불균형을 구별하고, 잉글랜드은행이 단기적 적자를 견디고 심각한 문제에 대응할 수 있을 정도의 금준비를 갖출 것을 제창했다. 그리고 그들은 화폐 유통량이 화폐 공급뿐만 아니라 화폐 수요의 결과라는 점도 강조했다. 요컨대, 그들의 논의는 리카도보다는 손턴과의 공통점이 많았다고 볼 수 있을 것이다.

은행학파의 대표적 지도자는 투크(T. Tooke)였다. 그는 태환권의 과잉 발행은 일어날 수 없다는 입장이었으며, 물가가 통화량에 의해 결정되는 것이 아니라 통화량이 물가에 의해 결정된다고 보았다. 그러나 그는 이론가가 아니었다는 점 때문에 그가 주장한 내용의 중요성에 비해 부당하게 경시되어 왔다. 그는 분석의 엄밀성이나 일관성에서 손턴에 미치지 못하였으며 또한 동시대 대부분의 경제학자나 정치가에 대한 발언권도 약했다. 흥미롭게도 은행학파의 선구라고 할 수 있는 반지금파의 대표적 인물인 토런스는, 입장을 바꾸어 이 논쟁에서 통화학파를 지지하였다.

은행조례를 둘러싼 논쟁은 우여곡절이 있기는 했지만, 결국은 통화학파의 '통화 원칙'(currency principle)이 승리하였다. 1844년에 제정된 로버트 필(Robert Peel)의 은행조례(Bank Charter Act)는 소량의 무준비 발행을 인정했지만, 기본적으로 은행권과 금준비 간에 일 대 일의 대응을 유지하도록 하였다. 이렇게 된 것은 다른 어떤 경제학자보다 리카도 화폐이론의 영향이 컸다.

잉글랜드은행은 주식회사 형태의 민간은행이었지만, 은행조례를 통해 전국에 산재해 있는 소규모의 지방은행을 지배하는 독점적 지위를 유지하면서 사실상 '은행의 은행' 역할을 해왔으나, 은행조례가 제정됨으로써 명실상부한 중앙은행이 되었다. 이 조례는 금속 화폐와 태환 화폐의 합으로 정의된 통화 공급에 대한 관리를 잉글랜드은행으로 집중시킬 필요성을 인정하는 동시에, 잉글랜드은행을 가장 중요한 금융 당국으로 공인하였다. 동시에 국고의 금을 보호하기 위해 금융 당국으로서의 역할에 의도적인 제한이 가해졌다. 은행조례는 점차 지방은행의 은행권 발행에 제한을 두고 은행권 발행을 잉글랜드은행으로 모두 흡수하는 한편, 잉글랜드은행을 은행국과 발권국으로 분할했다. 이러한 권한의 분리는, 잉글랜드은행으로부터 화폐 발행의 재량권을 완전히 박탈하고 그것을 통화위원회(currency board)에 부여해야 한다는 리카도의 사고방식을 반영하고 있다. 통용되는 모든 은행권은 일정액의 채권으로 뒷받침된 신용화폐를 제외하고 완전히 금으로 보증되며, 발권국은 은행권을 주화나 지금으로 또는 그 반대로 교환하는 역할을 하고, 은행국은 다른 민간은행과 정부의 은행으로서의 역할을 하게 되었다.

화폐이론 발전에 있어서 은행조례의 중요성은 그것이 적어도 그 후 70년에 걸쳐 영국 금융 정책을 운영하는 제도적 구조의 기본적 특징을 결정한 데 있다. 그러나 조례의 영향은 영국에만 국한되지 않았다. 왜냐하면 모든 국가는 중요한 무역 상대국이자 선진 산업국가인 영국의 금본위제 룰에 따르지 않을 수 없었기 때문이다. 영국의 중앙은행으로 인정된 잉글랜드은행은, 한 세대 이상에 걸쳐 국제수지가 보내는 신호에 로봇처럼 반응하는 것이 의무라는 사고방식을 고집함으로써, 화폐 공급을 재량적으로 조절하는 책임을 가져야 한다는 생각을 결코 받아들이려고 하지 않았다. 잉글랜드은행의 의무는, 만일 국제수지의 적자를 메우기 위해 금이 국외로 유출되는 경향이 있으면 국내의 통화량을 줄이기 위해 할인율을 인상하며, 거꾸로 금이 유입되면 반대로 하는 것이었다. 잉글랜드은행은 이를 넘어서서 일반 상업은행처럼 신용창조 과정을 통한 이윤 추구적인 금융 업무를 하지도 않았고 또 해야 한다고 생각하지도 않았다.

은행조례가 영국 금융 정책의 기본적 틀을 장기에 걸쳐서 유지할 수 있었던 것은, 이 조례가 전적으로 비탄력적이지는 않았기 때문이다. 예컨대, 1847년과 1857년 및 1866년의 위기 시에 공황의 가능성이 있었지만, 신용화폐의 발행에 관한 법적 규제가 정부의 지시에 의해 정지됨으로써, 즉 은행조례가 일시적으로 정지됨으로써 억제되었다. 그러나 조례가 장기에 걸쳐 지속될 수 있었던 것은 19세기 중·후반에 경제 문제가 어떤 형태를 띠고 있었는가라는 점에 의존하는 바가 더 크다. 완전히 자동적이고 금으로 뒷받침되어 있는 화폐라는 인식은 당시 널리 확산되어 있던 자유방임주의·자유무역을 기초로 한 경제철학에 적합했다. 그리고 엄격한 금본위제에 의해 국내의 금융 정책에 대해 가해진 자동적인(built-in) 제약은, 장기적 성장 하에 있고 경상수지가 흑자였던 경제에 대해 거의 지장을 주지 않았다. 그러므로 자연스런 국외로의 금 유출에 대해, 국내의 경제활동을 심각하게 저해할 정도로 금융 제한을 하는 식으로 대응할 필요는 거의 없었다. 역으로, 국내 경제활동의 확대로 인해 잉글랜드은행의 금 준비가 유출되고 이중 일부가 국외로 유출되더라도 비교적 소폭의 이자율 상승에 의해 외국의 단기자본이나 금 유입을 유발함으로써 금 유출을 상쇄할 수 있었다. 그리고 지불 수단으로서의 수표의 발전이 지폐 발행에 관한 법적 제약을 약화시켜 버렸기 때문에 조례를 만들 때 계획했던 만큼 화폐 공급에 대한 제약이 엄격했던 것은 아니었다고도 할 수 있다.

3. 밀의 화폐이론

다른 여러 가지 분야와 마찬가지로 화폐이론 분야에서 정통적 고전학파의 사고방식을 가장 잘 종합한 사람은 존 스튜어트 밀(J. S. Mill)이다. 그는 19세기 전반에 전개된 경제학 이론을 종합 정리한『경제학원리』(*Principles of Political Economy*, 1848)를 저술함으로써 19세기 후반에 미국을 포함한 영국의 독자들이 경제학을 체계적으로 이해할 수 있도록 하였다. 그의 화폐이론은 지금 논쟁의 연장인 은행조례 논쟁과 주기적으로 일어나는 경기 침체와 금융 혼란에 대한 대응이 필요했던 시대적 배경 속에서 나왔으며, 실천적 문제에 대한 대응이 이론적 탐구를 결정한다는 그의 방법론을 반영하고 있다.

나폴레옹 전쟁 당시나 직후에 비해 그의 시대에 금융 정책상의 일상적 문제들은 그렇게 중요하거나 해결이 곤란하지도 않았으며, 기본적인 제도적 구조가 한결같지는 않다고 해도 거의 모든 경우에 만족할 수 있는 정도로 기능하고 있었다. 따라서 고전학파 화폐이론은 개혁할 필요성이 그다지 없는 상태에서 별로 엄밀하다고 할 수 없는 분석 체계를 암묵적으로 유지하고 있었다. 이런 상황 하에서 고전학파 경제학자들이 흥미를 가졌던 중요한 것은 화폐의 가치 문제였다. 즉, 화폐의 가치를 결정하는 것은 무엇인가라는 문제였다. 왜냐하면 화폐는 기본적으로 금속 화폐에 태환 지폐를 더한 것으로 정의되었지만, 그 가치가 평가되는 기준은 분명하지 않았으며, 또 구매력이라든가 일반 물가 수준이라고 하는 정확하게 정의되지 않는 개념을 사용하여 논의가 이루어졌기 때문이다.

화폐의 가치에 대해서는 보통 두 가지 이론으로 구별된다. 하나는 단기 이론으로서, 다소 애매한 화폐수량설과 같은 것이었다. 다른 하나는 장기 이론이며 귀금속의 생산 비용으로 화폐가치를 설명하는 것이었다. 그러나 어느 쪽의 이론도 화폐의 가치가 어떻게 결정되는가에 대한 인과관계를 공고히 분석하려고 하지는 않았다. 결국 거의 모든 경제학자는 화폐의 가치도 다른 모든 상품의 가치와 마찬가지로 설명할 수 있다는 사고방식에 만족하고 있었다. 즉, 화폐의 가치는 단기적으로는 화폐 스톡 시장에서의 공급과 수요에 의존하고, 장기적으로는 금 스톡을 증가시키기 위해 필요한 금의 채굴 비용에 의존한다고 하는 사고방식이다. 화폐의 가치에 관한 논의는 이러한 매우 피상적인 분석 수준에서 가치론의 특수한 경우에 불과하다고 생각되었다. 밀은 "다른 사정이 일정하다면 화폐의 가치는 그 양에 반비례한다. 화폐량의 증가는 가치를 정확히 그 비율만큼 하락시키고 감소는 가치를 그 비율만큼 증가시킨다"(PPE)라는 단순한 명제를 제시하였다. 그러나 이 명제는 한계가 있다.

> 물가가 유통되는 화폐량에 의존한다는 것에 관해 우리가 제시한 명제는, 화폐(즉, 금이나 은)가 유일한 교환 수단이며, 거래가 있을 때마다 손에서 손으로 실제로 전달되며, 어떤 형태의 신용도 알려져 있지 않은 상태에서만 적용되는 것으로 이해되어야 한다. 수중의 화폐와 구별되는 신용이 거래 수단으로 작동하면, 이후 우리는 물가와 유통 수단의 양 간의 연결이 훨씬 덜 직접적이고 덜 긴밀하며 단순한 방식으로 그러한 연결을 표현할 수 없음을 알게 된다.(PPE)

화폐량의 증가가 물가를 상승시키고 감소가 물가를 낮춘다는 것은 가장 초보적인 명제이고 그것 없이는 다른 어떤 것도 알 수 없다. 따라서 경제학자들은 화폐량이 증가하면 물가 상승이 있게 된다고 습관적으로 가정하였다. 그러나 밀은 그것이 결코 그렇지 않고 불가피하지도 않다고 하였다. 한 나라의 화폐량이 어떠하든지 실제로 상품시장에 유입되는 부분이 물가에 영향을 미친다는 것이다. 그는 '유통 속도' 또는 '화폐 효율성'이라는 개념을 도입한 후, 신용을 기초로 하는 근대 사회에서 화폐의 경우에는 좀 더 복잡한 요소가 존재한다는 것을 분명히 했다. 따라서 단순한 명제에는 너무나 많은 제약 조건이 있고 "영국과 같이 복잡한 신용 시스템 하에서는 이 명제는 사실을 극단적으로 왜곡하게 된다"(*PPE*)라고 하였다. 이처럼 밀은 화폐 외의 신용이 광범하게 존재하는 사회에서는 화폐의 가치가 단순히 화폐량의 증감에 의해 결정되지 않음을 명확히 하였다.

밀은 가격 수준, 즉 화폐가치의 변동을 설명함에 있어서, 가격을 인상시키는 것은 금융 정책이 아니고 지출이며, "어떤 사람이 갖는 구매력은 그가 갖고 있는, 또는 지불해야 할 화폐와 그의 신용 모두에 의해 구성되며… 그가 갖는 구매력의 크기는 가격에 대해 갖는 그의 영향력의 척도"(*PPE*)라고 말하였다. 즉, 화폐가치의 변동은 금융 정책보다 구매력의 크기에 의해 결정된다는 것이다. 또한 그는 화폐의 장기 또는 '자연' 가치가 귀금속의 생산비에 의존한다고 하는 고전학파의 이론에 대해서도, "이 이론은 귀금속을 실제로 생산하고 있는 나라에서만 성립되는 논의"(*PPE*)라고 말하고 있다. 그러면서 '수입된 상품으로서의' 화폐의 가치는 국가 간의 교환가치, 즉 지금(bullion)을 수입하고 있는 나라의 수출품과 지금을 수출하고 있는 나라의 수입품 간의 (수송비를 고려한 후의) 교환가치에 의존한다고 설명하였다.

이와 같은 밀의 화폐 분석은 손턴의 현실적이며 폭넓은 사고방식에 가깝고 몇 가지의 중요한 점에서 리카도적인 편협한 추상적 화폐수량설을 수정하고 있다. 밀의 논의나 새로운 사고방식은 리카도에 의해 좁은 틀에 갇혀 있던 화폐이론을 그 자신이나 동시대의 경제학자들조차도 생각하지 못했을 정도로 해방시켜 놓았다. 즉, 그는 고전학파에서 말하는 만큼 단기적인 가격 결정 요인으로서의 화폐 공급량을 강조하지 않았으며, 종래보다 넓게 정의된 화폐 개념을 암시적으로나마 가격에 영향을 주는 변수로 채택했다. 또한 그는 지금에는 내구성이 있고 이미 존재하고 있는 화폐용은 물론 비화폐용의 금·은 스톡이 막대하므로, 광산에서의 채굴 비용과 영국에서 화폐의 장기적 가치 간의 관계가 두드러지게 약해지고 있음을 인식했다.

밀은 리카도식의 단순한 수량설에 의한 분석을 거부하고 있기 때문에, 그가 1844년 은행조례의 경직성에 대해 매우 비판적이었던 것은 당연한 일이었을 것이다. 그는 과도한 투기로 인해 나타날 수 있는 상업신용상의 간극을 메운다는 점에서 은행의 기능은 매우 중요하고 불가결하며, 따라서 은행조례가 폐지되어야 한다고 하면서, 이 조례에 대한 투크나 다른 은행학파의 비판을 호의적으로 인용하였다. 그리고 국제수지의 일시적 불균형에 대해 지나치게 자동적·경직적으로 신용을 긴축하면, 국내의 장래 전망이 악화되고 통상 위기를

잉글랜드은행

가져오게 할 염려가 크다는 것을 지적했다. 그러나 다른 한편으로 그는 재량적 신용팽창이 불황 시에 경제활동을 자극하고, 가격보다 생산을 실질적으로 증가시킬 수 있다는 가능성에 대해서는 손턴만큼 의식하지는 못했으며 리카도처럼 눈을 감고 있었다. 그런 생각은 정통적 고전학파 교의의 경계를 벗어나는 것이므로 그의 입장에서 수용하기 어려웠으며, 따라서 적극적인 통화 관리 정책에 관한 어떤 새로운 사상을 발전시킬 전망도 사라졌다.

5 고전학파의 다양한 세계

Chapter 5

고전학파의 다양한 세계

1. 고전학파 경제학 공동체

　19세기 초에 이르러 경제학은 애덤 스미스 덕분에 하나의 '과학적' 학문이라는 사회적 인식을 얻었으며, 상당히 이질적인 사람들로 구성된 경제학의 지적 공동체가 자연스럽게 출현하였다. 1800년 무렵에 그의 제자인 스튜어트(J. Stewart)는 에든버러 대학에서 처음으로 경제학이라는 과목을 강의하였고, 맬서스(T. R. Malthus)는 1805년에 동인도 대학에서 역사와 경제학을 가르치는 교수로 임명되었다. 지적 공동체에는 14세까지밖에 정식 교육을 받지 못한 유대인 출신 주식 중개인인 리카도, 학구적인 철학자이며 지적으로 애덤 스미스에 결코 뒤지지 않을 공리주의자 벤담(J. Bentham)도 포함되어 있었다. 1820년대의 중반에 이르면 옥스퍼드 대학과 신설된 런던 대학에도 경제학 강좌가 개설되었으며, 1825년에 시니어(N. W. Senior)가 옥스퍼드 대학의 초대 드러먼드(Drummond) 경제학 교수로 임명되었다. 은행가, 무역상, 국회의원 등 명망가를 대상으로 리카도 기념 강의를 계속해 온 맥컬록(J. R. McCulloch)에게는 1827년에 런던 대학의 강좌가 주어졌다.

한편, 대륙의 인물로는 세(J. B. Say)를 들 수 있다. 『국부론』에 매료되어 애덤 스미스의 추종자가 된 그는 나폴레옹 집정 하의 호민관으로 있으면서 1803년에 『경제학개론』(Traite d'economie politique)을 출판하여 대단한 성공을 거두었으며, 파리의 시민들에게 자유방임주의와 애덤 스미스의 패러다임을 강의하였다. 시스몽디(L. S. de Sismondi)도 대륙 쪽의 한 사람이다. 그는 제네바에서 태어났으며, 1803년에 주로 애덤 스미스의 이론에 바탕을 두고 있는 그의 첫 경제학 저작 『상업적 부』(Richesse commerciale)를 발표하였다.

직업적 경제학자가 되기 위한 형식적 조건은 아직도 전혀 모호했지만, 스스로를 경제학자라고 생각한 그룹이 존재했음은 1821년에 '경제학클럽'(Political Economy Club)의 설립에 의해 확인되었다. 이 클럽은 경제학 원리에 관한 상호 지도와 보급을 중요한 목적으로 하며, 1년에 여러 차례 회합을 가지고 경제학의 주제를 논의하는 만찬회였다. 이 클럽의 멤버 모두가 스스로를 전문적 경제학자라고 생각하지는 않았다 하더라도, 영국 고전학파의 경제학에 무엇인가 공헌을 했던 사람들은 모두 생애의 어느 시점에 이 클럽의 멤버였다고 볼 수 있다. 그들은 클럽에 모여 서로 토론하고 서신과 인쇄물을 통해 논쟁하면서, 당시의 중요한 경제 문제를 분석하고 필요한 분야로 논쟁을 확장해 가는 데 흥미를 갖고 있었다.

비록 서로 방법론상의 차이가 있고 어떤 문제를 우선시킬 것인가에 대해 논의의 여지는 있었지만, 1830년대에 이르면 경제학은 개념, 분석 틀, 가치관, 해결할 문제 등에 대해 광범한 동의를 얻고 있었다는 의미에서 비교적 확립된 과학이 되었다고 할 수 있다. 경제학클럽의 초기 멤버라면 누구에게나 그 출발점이 되었던 것은 『국부론』이었다. 애덤 스미스는 노동이야말로 부의 유일한 원천임을 분명히 했으며, 사람들이 행동하는 원인인 재산과 출세에 대한 욕망이 곧 부가 축적되는 이유라는 것도 분명히 했다. 따라서 부의 생산을 결정하는 기본적 이론은 의문이나 논란의 여지가 없을 만큼 확립되었다.

경제학이 유행할 수 있었던 것은 애덤 스미스의 이론이 보여 준 학문적 매력 때문이기도 하지만, 그보다 경제학이 당시의 정책 문제와 직접적인 관련을 갖고 있었기 때문이었다. 경제학클럽의 회보는 당시의 경제학 공동체가 공유하고 논쟁하였던 바가 무엇이었는가를 말해 준다. 19세기 초에 경제학자들이 흥미를 모았던 문제는 경제성장(인구 폭발), 무역 정책(곡물법), 인플레이션(지금 가격의 상승) 등과 같이 매우 논쟁적이면서도 절박한 문제들이었다. 경제학이야말로 이러한 복잡한 문제들에 대해 간결하고 효과적인 분석 방법을 제공하며, 따라서 유익한 정책 수립을 가능하게 한다는 확신 때문에, 맥컬록의 강의에는 재무장관, 런던 시장, 잉글랜드은행의 이사들까지도 모여들었다.

고전학파는 애덤 스미스를 출발점으로 하며 리카도로 그 권위가 이어지지만, 고전학파 경제학자들이 모든 점에서 일치된 견해를 가지고 있었던 것은 아니었다. 후세의 경제학자들은 애덤 스미스의 분석 중 일부를 수정하기도 하고 다른 가치론을 제시하기도 하였다. 예컨대, 진정한 지대론은 1815년 서로 독립적으로 간행된 맬서스와 웨스트(E. F. West)의 팸플릿에서 밝혀졌으며, 가치론과 그에 수반한 분배이론은 리카도의 『원리』에서 완성되었다. 또한 벤담과 시니어를 비롯한 일부의 경제학자들은 고전학파의 노동가치설과 다른 가치론을 전개하였으며, 고전학파 시대의 마지막 주자인 존 스튜어트 밀은 공리주의의 영향 하에 절충적 철학자의 길을 선택하였다.

2. 맬서스 대 리카도

이상적 평등 사회를 지향하는 이상주의 철학자(루소, 콩도르세, 고드윈 등)들의 장밋빛 예측을 비판하는 익명의 책이 1798년에 간행되었다. 초판은 몇 부 발간되지 않았지만 곧 뜨거운 논쟁을 가져왔으며, 저자의 생애 동안에 이 책은 6판이나 발행되었다. 소위 『인구론』(*An Essay on the Principle of Population, as it affects the future improvement of society with remarks on the speculations of Mr. Godwin, M. Condorcet, and other writers*)으로 약칭되는 책의 저자는 성공회 목사였던 맬서스(T. R. Malthus, 1766-1834)였다. 맬서스는 런던 남쪽 서리(Surrey)에서 태어났다. 그는 루소와 흄을 지지한 아버지 다니엘 맬서스로부터 루소의 사상을 교육받았으며, 케임브리지 대학 지저스(Jesus) 칼리지를 졸업한 후에는 성공회 목사로 임명받았다. 그는 콩도르세, 고드윈 등이 말하는 '사회의 완전성'(perfectibility of society)에 동조하는 아버지와 끝없는 지적 논쟁을 벌였다. 그에 대한 생각을 정리한 것이 바로 '고드윈과 콩도르세, 기타 저술가의 연구를 논평하면서 장래의 사회 개선에 미치는 영향을 고찰함'이라는 긴 부제가 달린 『인구론』이었다. 이 책을 통해 그는 당대의 사상가들이 보인 낙관적 전망 대신 적막하고 암울한 전망을 내놓았다. 책은 이후 여러 국가를 여행하면서 관찰한 사실을 바탕으로 하여 여러 차례 개정되었다.

『인구론』은 초판 발행 이후인 1801년에 영국에서 최초로 실시된 인구 센서스에 의해 영국의 인구가 엄청나게 증가한 사실이

T. R. 맬서스(1766-1834)

확인되면서 비관론자의 바이블이 되었으며, 관대한 빈민 구제 시스템을 제한하려는 주장을 정당화하였다. 영국은 1790년까지만 해도 식량을 대체로 자급하였지만 이후 식량이 부족해지면서 가격이 폭등하였으며, 저소득 계층의 빈곤이 눈에 띄게 증가할 정도의 인구 압력이 있었다. 맬서스는『인구론』에서 인구 증가 속도가 항상 식량의 증가 속도를 앞선다는 가설을 제시하였다. 물론 이는 맬서스만의 독창적인 발견이 아니며, 이미 애덤 스미스를 비롯한 다른 사람의 저작 속에서도 찾아볼 수 있었다. 그러나 경제적 사고에 인구 문제를 중요한 요소로 도입한 학자는 맬서스로, 그는『인구론』에서 다음과 같은 가설을 제시하였다.

자연의 법칙에 의해 인구는 그것을 부양할 수 있는 최저한도의 영양물을 초과해서는 사실상 증가될 수 없으므로 식량 획득상의 곤란으로부터 인구 증가에 대한 강력한 억제는 끊임없이 작용한다. …인구는 식량 이상으로 끊임없이 증가하려는 경향을 가졌다는 것, 그리고 이와 같이 증가하려는 경향이 여러 원인에 의해 그것의 필연적인 수준으로 억제된다는 것은 인류가 생존해 온 여러 가지 사회 상태를 관찰하면 분명히 알 수 있을 것이다. (Malthus, *An Essay on the Principle of Population*, 1798)

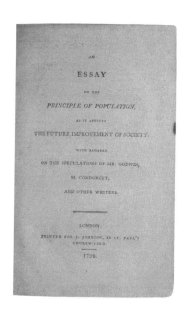

맬서스는 기근과 전염병 등을 통해 사망률이 증가하거나 혼인 연기 등을 통해 출생률을 조절함으로써, 인구 증가가 식량 증가에 맞도록 억제된다고 하면서, 전자를 적극적 억제, 후자를 예방적 억제라고 하였다. 그에 의하면, 인구는 항상 식량 공급을 넘어 증가하려는 경향이 있기 때문에, 하층계급의 소득을 높이거나 생산성을 높여 그들의 생활을 개선하려는 어떤 노력도 결국은 인구 증가로 끝나 버리고 무위가 되고 만다는 것이다. 이러한 경향이 존재하므로 '사회의 완전성'은 도달 불가능하다는 것이 맬서스의 주장이었다. 『인구론』은 그를 한편으로는 일약 지적인 유명 인사로 만들었지만, 다른 한편으로는 무정하게 노예 제도와 유아 살해를 옹호하고, 결혼과 출산을 악으로 보면서도 결혼한 뻔뻔한 인물로 비치게 하였다. 그러나 맬서스는 그런 몰인정한 괴물이 아니었으며, 다만 인구 증가로 야기될 빈곤에 대한 경고를 사회에 던진 것에 불과했다.

유명세를 탄 맬서스는 1805년에는 헤일리버리(Haileybury)의 동인도 대학에서 역사와 경제학을 가르치는 교수로 임명되었으며, 리카도만큼 저명했던 것은 아니지만 영국 최초의 '아카데믹한' 경제학자로 인정받았다. 맬서스는 『인구론』에서 식량 생산이 인구 증가를 따르지 못하는 이유를 수확체감 현상에서 찾았으며, 1815년의 『지대의 성질과 증진에 관한 연구』에서는 "곡물 가격은 점차 덜 비옥한 토지에 사용되는 노동과 자본의 곡물생산성이 하락하는 경향에 의해 지배받는다"라고 하여 비옥한 토지에서 지대가 발생하는 이유를 설명하였다. 또한 생존 수준을 넘는 임금은 결국 인구 증가로 귀결된다고 함으로써, 임금 총액이 일정하고 임금은 생존비 수준에서 결정된다는 임금기금설을 주장하였다.

맬서스와 리카도는 모두 애덤 스미스를 잇는 고전학파 경제학자로서 같은 시대를 보낸 학문적 라이벌이자 일생의 벗이었다. 리카도와 맬서스 두 사람은 처음 만난 순간 서로의 뛰어난 재능을 알아보고 절친한 친구가 되었다. 리카도는 맬서스와의 논쟁이 둘 사이의 우정에 아무런 나쁜 영향을 주지 않았으며, 설령 의견이 같았다고 하더라도 마찬가지였을 거라고 하였다. 리카도가 고전학파의 계보를 잇고 있음은 누구도 부정할 수 없지만, 지대론과 가치론을 종합하여 매우 인상 깊게 설명했기 때문에 리카도의 것으로 알려진 지대론을 비롯한 리카도 이론의 많은 부분은 사실 맬서스로부터 비롯되었다. 맬서스는 학문적으로 선배였지만 리카도의 학문적 권위를 존중하였으며, 주식 중개인이었던 리카도는 주식의 일부를 종종 맬서스의 이름으로 사고 수익을 내면 맬서스에게 보냈다. 두 사람은 이토록 친밀한 관계였지만 살아온 배경과 직업이 달랐던 만큼이나, 학문적 · 이념적으로 다음과 같은 두 가지 면에서 기본적인 큰 차이가 있었다.

첫째, 두 사람은 전혀 다른 정책적 결론에 이르게 할 정도로 근본적으로 다른 이념적 선입관과 사회인식론을 갖고 있었다. 근대적 경제성장이 시작되는 과도기에 살았던 두 사람은 한쪽이 구세계를, 다른 한쪽이 신세계를 대표하고 있었으며, 그것을 잘 보여 주는 것이 곡물법을 둘러싼 논쟁이었다. 맬서스는 애덤 스미스 이상으로 중농주의자로부터 영향을 받고 있었다. 그는 토지야말로 경제 발전의 최종적 원천이며, '과소소비'의 문제를 해결할 지주계급이 중심인 전통적 사회구조를 유지하는 것이 국익에 부합한다고 생각하였다. 반면, 도시의 실업가였던 리카도는 국내 및 국제 무역을 적극적으로 발전시키지 않으면 정체를 피할 수 없다고 생각하고, 영국의 부강과 국민의 행복은 영국 자본이 풍부하고 값이 싼 데서 유래한다고 믿고 있었다. 그는 자본축적이 가능하기 위해서는 임금재인 곡물을 싸게 구입할 수 있어야 한다고 생각하였다.

곡물법 지지와 폐지를 둘러싼 맬서스와 리카도의 차이는 후술하는 세의 법칙과도 연관되어 있다. 영국은 곡물법 논쟁이 있었던 1815년과 1818-1819년에 심각한 공황에 직면하였다. 맬서스는 주기적인 공황의 원인을 찾고자 했고 자본의 과도한 축적이 가져온 문제점에 착안하였다. 즉, 그는 과도한 축적이 소비를 초과하는 전반적 과잉(general glut)을 야기함으로써 부의 증가에 마이너스의 영향을 미친다고 하였다. "소비가 생산을 초과하면 그 나라의 자본은 감소될 것이고… 생산이 소비를 초과하면 구매 수단을 가진 자의 유효수요가 부족하기 때문에 축적과 생산의 유인이 없어질 것이다."(POPE) 그래서 세상이 제대로 돌아가지 않는다고 하는 이러한 주장은, 당대의 눈에는 너무나 이단적이어서 논박의 대상이 되었다. 그러다 보니 맬서스 이론은 1세기가 지나서야 유효수요 이론과 공황이론으로 재연될 수 있었다.

유효수요 부족에 대한 맬서스의 처방은 지주계급에 있었다. 노동자는 생산물 전체를 받지 못하므로 충분한 구매력을 갖고 있지 못하며, 자본가는 구매력을 갖고 있지만 구매할 의사가 결여되었다. 자본가의 생산재에 대한 수요도 총수요에 포함해야 하지만, 자본가의 과도한 투자는 장차 더 많은 소비재의 생산을 의미할 뿐이다. 따라서 맬서스는 총수요 부족으로 인한 공황이라는 문제를 해결하기 위해서는 비생산적 소비자, 즉 "자신이 생각하는 것보다 더 많은 물질적 부를 소비하려는 의사와 능력을 가진 계급이 존재해야 한다. 그렇지 않으면 상인계급은 계속 이윤을 유지할 수 없을 것이다. 이러한 계급으로 지주들이 유력하다"(POPE)라고 하였다. 곡물법 논쟁에서 지주 측은 맬서스의 신봉자들로 채워졌으며, 맬서스는 지주계급의 이익이 항상 사회 전체의 이익과 일치한다는 자신의 생각을 조금도 철회하거나 숨기려 하지 않았다.

그러나 맬서스의 유효수요이론은 당시에는 한낮 조롱거리에 불과했다. 그것은 애덤 스미스가 말한 조화로운 자유경쟁시장에 대한 중요한 수정일 뿐 아니라, 고전학파 경제학자들이 공유하고 있는 세의 법칙과 정면으로 충돌하기 때문이었다. 대부분의 고전학파 경제학자에게는 비옥한 토지의 이용, 노동 절약적인 기계의 도입, 그것을 가능하게 하는 저축이 생산력 증대의 요인이며, 시장이 제 기능을 수행하는 한 일시적 과잉생산은 있을지 모르지만 모든 상품의 과잉생산은 있을 수 없었다. 맬서스의 유효수요이론에 맞서, 리카도는 "어느 누구도 소비하거나 팔기 위해서가 아니면 생산하지 않으며… 따라서 생산자는 필연적으로 자신의 상품의 소비자가 되거나 다른 사람의 상품의 구매자나 소비자가 된다"(*PPET*)라고 하였다.

둘째, 두 사람이 서로의 논의마저 엇갈릴 정도로 다른 결론에 이르게까지 한 것은 학문적 방법론의 차이이다. 이미 언급한 대로 맬서스와 리카도 사이의 논쟁은 지주계급과 산업계급 간의 권력투쟁을 반영하고 있다. 그러나 이 논쟁은 동시에 경제사상의 연구에 있어 무시할 수 없는 경제학 방법론, 즉 경제 문제의 설정과 그것을 해결하는 방식의 차이를 반영하고 있다. 리카도의 방법론은 역사적·철학적이라기보다는 추상적·논리적이었다고 할 수 있지만 맬서스는 그 반대였다.

맬서스는 리카도의 『원리』에 대한 응답으로 『경제학원리』(*Principles of Political Economy*, 1820)를 썼는데, 서론에서 방법론에 대해 다음과 같이 말하고 있다. "경제학이라는 학문은 수학보다 도덕과학이나 정치학과 유사한 점이 많다." 그런데 "현재 경제학을 과학으로 다루려고 하는 사람들 사이에 존재하는 오류나 의견 차이의 주된 원인은, 논의를 너무 성급하게 간결화하고 일반화하려고 하는 경향에 있다."(*POPE*) 이 때문에 맬서스는 『경제학원리』의 대부분을 리카도가 제기한 이론적 문제들, 예컨대 가치척도, 지대이론 등에 대한 논의에 할애하였으며, 당시에 경제학 연구의 첫 번째 목적이었던 문제, 즉 생산력 증가의 중요한 원인들을 탐구하는 것은 책의 마지막에 배치하였다. 리카도의 방법론에 대한 맬서스의 집요한 비판 중 하나는 리카도의 방법론이 경험적 사실에 충분한 주의를 기울이지 않는다는 점에 있었다.

> 경제학자들 사이에서 존재하는 섣부른 일반화의 경향은, 또한 자신의 이론을 경험에 의해 검증하는 것을 싫어하도록 만들기도 한다. 철학의 첫 번째 임무는 사물을 있는 그대로 설명하는 것이다. 사실에 대해 충분하게 이해하는 것은 많은 이론이 나오는 것을 막고 무엇이 정당한 이론인지를 확인하기 위해 필요하다.(POPE)

그들과 동시대에 살았던 토런스(R. Torrens)의 말을 빌리면, 리카도는 상세한 사실을 충분히 귀납하지 않고 이론을 만들고 있었다면, 맬서스는 사실에 너무 치우친 나머지 개인적 경험을 모든 사실에 공통하는 것으로 확장하고, 단순 지식에 참된 과학의 성격을 부여하는 추론 과정을 무시해 버렸다고 할 수 있다. 두 사람 간의 논쟁에서도 리카도는 매일의 변화에 주목해야 할 주식 중개인으로 살아온 배경에도 불구하고, 어떤 장기적 추세와 경제 시스템의 균형 조건을 분명히 하는 데 흥미를 가진, 추상적이고 연역적인 이론가라는 인상을 남겼다. 이에 반해, 맬서스는 단기적 변화에는 관심이 없을 것 같은 수학 교육을 받았음에도 불구하고, 현실 세계에서 나타나는 매일매일의 변화의 원인과 그것이 가져오는 결과에 주목하고 있었다. 1817년 1월에 리카도가 맬서스에게 보낸 다음의 서신이 이상의 차이를 분명히 밝히고 있다. 이 서신은 스라파(P. Sraffa)와 돕(M. Dobb)이 편집한 리카도의 『서간집』(Works and Correspondence of David Ricardo)에 포함되어 있다.

> 우리들이 그토록 자주 논의했던 점에 관한 의견 차이의 큰 이유는, 당신
> 은 항상 어떤 변화가 가져오는 즉각적이거나 일시적인 영향에 흥미를
> 갖는 데 대해, 나는 즉각적이거나 일시적인 효과는 생각하지 않고 변화
> 가 야기하는 항상적인(permanent) 상태에 주의를 집중시키는 점에 있는
> 듯합니다.(Sraffa and Dobb, ed., *The Works and Correspondence*)

맬서스는 리카도의 오류를 밝히는 데 노력하였지만 그러면서도 리카도가
당시 경제학계에서의 지도적 입장에 있음을 인정하는 데 인색하지 않았다. 그
는 "경제학자로서 리카도의 능력을 매우 높이 평가하며 그가 진실에 대해 성실
하고 진실을 사랑하고 있음을 확신하고 있으므로, 그의 논리에는 설득되지 않
았으나 때로는 그의 권위에 압도되고 만다"(*Works and Correspondence*)라고 하였
다. 고전학파 중에서 애덤 스미스를 제외하면 동료들에게 리카도만큼의 권위
와 영향력을 가졌던 경제학자는 존재하지 않았다.

과학으로서의 경제학 패턴을 규정한 것은 맬서스의 귀납적·역사적 방법
론이 아니라 리카도가 갖고 있던 연역적·추상적 방법론이었다는 점에서, 둘
사이의 경쟁에서 승자는 리카도였다. 애덤 스미스의 실질적 후계자로서 경제
학이라는 학문을 확립한 것은 학자인 맬서스가 아니라 '아마추어' 경제학자인
리카도였으며, 리카도의 『원리』가 이후 반세기 동안 경제학의 교과서가 되었
다. 이는 아마 맬서스가 그 시대의 중요한 경제 문제를 인식하고 정식화하는 재
능을 타고 났으나, 리카도만큼 명석하고 논리적이 아니었음에 기인한다. 어쩌
면 그것은 인구 문제를 제외하면 맬서스가 산업화 도상에 있는 영국 경제에서

일어나고 있었던 구조 변화를 리카도만큼 명확하게 파악하지 못했으며, 따라서 차츰 경제적 · 정치적 권력을 잡아가면서 정책 결정력을 획득해 가는 사람들의 관심을 얻지 못했던 때문일 것이다. 그러나 이로부터 1세기 이상이 경과한 후에 사정이 달라졌다. 케인스는 고전학파 경제학을 비판하면서, 리카도가 경제학을 제멋대로의 틀에 맞춰 넣고 말았다고 개탄하였다. 그는 19세기 경제학이 맬서스를 계승할 수 있었다면 세상은 훨씬 더 현명하고 부유하게 되었을 것이라고 하였다.

3. 합리적 주관주의

시장경제는 전문화와 사회적 상호 의존관계의 증대를 의미한다. 그러나 이러한 상호 의존은 인격에 대한 것이 아니라 비인격적인 제도, 즉 시장에 대한 의존이다. 시장은 개인의 통제로부터 벗어나 있으며, 시장의 경쟁 질서는 자연 법칙처럼 작동한다. 이런 시장에 대한 신뢰에 기초하여, 애덤 스미스는 노동을 부의 유일한 원천으로 여기는 노동가치설을 주장하였다. 그러나 애덤 스미스를 출발점으로 하면서도 노동가치설을 따르지 않는 경제학자들이 있었다. 이들을 합리적 주관주의라 부르는데, 그 특징을 대체로 다음과 같이 정리할 수 있다.

첫째, 그들은 개인주의에 기초하여 개인을 고립적 · 독립적 · 원자론적 · 이기적 존재로 파악하였다. 홉스(T. Hobbes)가 『리바이어던』(Leviathan, 1651)에서 말한 바대로 만인의 만인에 대한 투쟁 상태가 된다. 홉스는 아직 중세적 사회

질서가 남아 있던 시대의 인물이고, 따라서 동물적인 대립의 탈출구로 절대 권력에 대한 복종을 옹호하였지만, 그의 인간관을 받아들인 후세의 저자들은 인간의 본성적인 투쟁과 경쟁이 시장에서 보이지 않는 손에 의해 중재되고 있다고 생각하였다.

둘째, 그들은 인간 동기의 본질 또는 기초가 쾌락, 즉 효용(utility)을 달성하고 고통을 피하려는 욕구에 있다는 공리주의(utilitarianism)를 내세웠다. 공리주의를 대표하는 벤담은 '최대 다수의 최대 행복이 도덕과 입법의 기초'라고 하고 "자연은 인류를 고통과 쾌락이라는 두 군주의 지배 하에 두었다. 우리에게 쾌락을 주는 것은 선이고 고통을 주는 것은 악이며, 모든 인간의 행동은 쾌락을 극대화하려는 욕구에서 나온다"라고 하였다.

셋째, 그들은 자본주의와 시장 체제를 주어진 것으로 받아들이며, 모든 사람들의 이해가 사회적으로 조화를 이룬다고 생각하였다. 사회적 조화에 대한 이러한 신념의 기초에는 시장에 대한 신뢰가 있었다. 합리적 주관주의 사상가들은 고전학파의 노동가치설을 받아들이지 않는데, 그것은 노동가치설이 계급 갈등의 결론을 내포하고 있어 이러한 사회 조화의 관점과 종종 모순을 갖기 때문이었다.

넷째, 그들은 자본축적의 중요성을 인식하였으며, 이윤을 자본가계급이 소비를 유보한 데 대한 보수로 보고 정당한 것으로 간주하였다. 자본주의 사회에서 자본축적을 위한 이윤이 증가하기 위해 임금이 상대적으로 감소해야 한다면 이윤은 착취의 결과일 뿐이다. 그러나 시장에 의해 임금과 이윤이 결정된다고 하면, 자본가가 이미 산업화 비용을 지불(희생)한 것으로 되기 때문에 이윤은 도덕적으로 정당화될 수 있었다.

다섯째, 그들은 자본주의적 시장경제가 발전함에 따라 자본가 간 경쟁이 증대한다고 보고, 모든 인간 행위를 합리적이고 계산적인 결정의 결과로 인식하였다. 인간의 행동은 결코 단순히 습관적·우연적·이타적이라거나 감정적이라고 할 수 없으며, 쾌락을 극대화하고 고통을 최소화하려는 합리성을 갖고 있다는 것이다. 이는 후일에 신고전학파에 의해 이윤 극대화나 효용 극대화라는 말로 전환된다.

합리적 주관주의자인 벤담(J. Bentham, 1748-1832)은 옥스퍼드 대학을 졸업하고 법학을 연구하였지만, 법관이 되는 것을 포기하고 철학과 사회 개혁에 집중하였다. 애덤 스미스의 스승인 허치슨이 '재화의 가치는 우리에게 주는 만족에 있다고 하면서 '최대 다수의 최대 행복'이란 말을 만들었는데, 반세기 후에 벤담은 그것으로 자신의 공리주의를 표현하였다. 공리주의의 전제는, 첫째 모든 인간의 동기는 자기 이해적인 쾌락 추구, 즉 효용을 극대화하려는 욕구로 환원

J. 벤담(1748-1832)

될 수 있으며, 둘째 각 개인이 자신의 쾌락에 대한 유일한 판단자이며, 쾌락의 개인 상호간 비교는 불가능하다는 것이었다. 벤담은 가치의 근원을 노동이 아니라 인간의 효용(쾌락)에서 찾았다. 즉, 그는 '모든 가치는 효용에 기초하며' 따라서 '사용가치가 교환가치의 기초'라고 하였다.

애덤 스미스, 리카도, 마르크스는 효용(사용가치)이 비록 모두 상품의 교환가치가 있기 위해 전제되어야 하지만 양자를 별개라고 생각하였다. 애덤 스미스는 물과 다이아몬드의 역설을 통해 사용가치로 교환가

치를 설명할 수 없음을 보여 주었다. 그러나 벤담은 "물이 교환의 관점에서 가치를 갖지 않는 이유는 그것이 사용의 관점에서도 가치를 결여하고 있기 때문"이라고 하였다. 여기서 그는 물 한 방울의 사용가치가 제로라고 하였는데, 이는 후일에 등장하는 한계효용과 가격의 관계를 암시하는 대목이다.

벤담은 초기 저작에서는 애덤 스미스의 논의를 받아들여 정부의 간섭이 생산을 감소시킬 것이라고 믿었다. 또한 자유경쟁시장에서 총공급은 항상 총수요와 같다는 것을 받아들였으며, 따라서 불황이나 비자발적 실업은 존재할 수 없다고 생각했다. 그러나 후기의 벤담은 정부의 간섭에 대한 견해를 바꾸었다. 그가 정부에 의한 사회 개혁을 주장한 것은, 맬서스의 말처럼 저축이 투자로 이어지지 않을 가능성과 최대 다수의 최대 행복이라는 공리주의적 관점에서 부와 소득의 재분배에 대한 필요성을 인식한 때문이었다. 벤담은 돈이 많을수록 화폐의 한계효용이 감소하므로 다른 조건이 동일하다면 부자로부터 빈자에게로 부와 소득을 재분배하는 것이 사회의 효용 총량을 늘려 준다고 하였다. 비록 벤담이 초기의 극단적인 자유방임주의적 태도와 후기의 사회 개혁적인 태도 사이에서 분열과 갈등을 보여 주었지만, 쾌락, 즉 효용을 중시하는 그의 이론은 후에 신고전학파의 기초를 제공했다고 할 수 있다.

효용을 중시하는 공리주의 철학의 기초 위에서 체계적인 경제이론을 구성한 사람은, 공급이 수요를 창출한다는 법칙으로 잘 알려진 프랑스의 사업가이자 경제학자인 세(J. B. Say, 1767-1832)이다. 그는 1789년의 프랑스 대혁명에 참가하였으나 자코뱅당이 혁명을 과격한 방향으로 이끌자 등을 돌리고 경제학을 연구하기 시작했다. 그는 스스로를 애덤 스미스의 제자라고 생각했지만, 애덤 스미스가 가치를 창출하는 능력을 인간의 노동에 돌린 것에 대해서는 오류임을 지적하였다.

그는『경제학개론』(*A Treatise on Political Economy*, 1803)에서 어떤 상품의 교환가치는 전적으로 사용가치 또는 효용에 달려 있다고 하였다. "나는 인간의 욕망을 충족시킬 수 있는 어떤 재화의 고유한 능력 또는 적합성을 효용이라고 이름 붙일 것이다. …재화의 효용은 가치의 토대이며 그 가치는 부를 구성한다. … 교환가치, 즉 가격은 어떤 재화에 인정된 효용의 지표이다." 그는 상품의 생산에 투하된 노동이 아니라 그것의 효용이 바로 상품의 교환가치이며, 효용을 창조하는 힘이 노동뿐 아니라 토지와 자본에도 존재한다고 하였다. 따라서 효용을 생산하고 그 대가로 지대와 이윤, 임금을 받는 과정에서 기만이니 착취니 하는 말은 성립하지 않는다고 하였다.

세는 노동이 가치의 원천임을 거부하고 효용이 가치의 원천이라고 함으로써 노동가치설만 부정한 것이 아니다. 노동가치설에는 계급갈등설적 사회관이 내포되어 있지만, 교환이나 효용의 관점에서 접근하면 우리는 사회조화설적 인식으로 돌아설 수 있다. 애덤 스미스와 리카도에게 있어서는 노동을 통해 얻는 소득과 생산수단 소유에서 기인하는 소득이 기본적으로 다르며 그로 인한 계급 갈등이 자본주의의 특징이었지만, 교환이나 효용을 중시하는 합리적 주관주의 관점에서의 자유시장 자본주의는 사회적 조화의 질서이다. 세의『경제학개론』은 사회적 조화가 자본주의 경제의 결과임을 증명하고 있다. 이러한 사회조화설적인 인식은 공급이 수요를 창출한다는 다음과 같은 주장과도 연관되어 있다.

재화는 만들어지는 순간 시장에서 그 가치만큼의 다른 재화와 교환될 수 있다는 사실이 강조될 필요가 있다. 생산자는 재화의 가치가 하락하면 안 되기 때문에, 재화를 만든 후에 즉시 그 물건을 팔려고 할 것이다.

한편, 화폐의 가치 또한 떨어질 수 있으므로 생산자는 재화를 팔아 번 돈, 또한 빨리 써 버리려 할 것이다. 돈을 쓰는 방법은 다른 재화를 사는 것뿐이다. 그러므로 어떤 재화의 공급은 다른 재화에 대한 수요로 연결 되는 것이다.(*A Treatise on Political Economy*)

그는 맬서스의 말처럼 수급의 불균형에 의해 전반적 과잉이 나타날 가능 성을 부정하였다. 수요와 공급이 일치하지 않는 불균형 상태에 처하더라도 그 것은 일시적인 현상에 불과하며, 장기적으로는 수요가 공급 수준에 맞추어 자 율적으로 조정되기 때문에 경제는 항상 균형을 유지할 수 있다는 것이다. 생산 물시장을 구성하는 수많은 재화 중에서 일부 재화들에 잉여가 발생할 수 있지 만, 이는 소비자들이 자신의 노동 소득으로 다른 재화를 구매하려고 하기 때문 이며, 결국 일부 재화의 잉여는 다른 재화의 부족을 의미한다는 것이다. 거칠게 말하자면, 세의 법칙은 총수요는 총공급을 초과하거나 미달할 수 없다는 것이 며, 제임스 밀은 그것을 '공급은 스스로 수요를 창출'한다는 말로 표현하였다. 맬서스를 제외한 대부분의 경제학자들은 그것을 자연스럽게 받아들였다.

효용이 가치의 원천이라는 세의 발상을 한층 발전시킨 사람이 나소 시니 어(N. W. Senior, 1790-1864)였다. 시니어는 이튼스쿨과 옥스퍼드 대학을 졸업했으 며, 1825년에 옥스퍼드 대학의 경제학 교수가 되었다. 잘나가는 법률가였고 경 제학 교수였던 시니어는 동정심이 많은 사람이었으나, 1830년 노동자들의 대 규모 파업과 폭동을 경험하면서 가난한 사람들에 대한 동정심을 끊어 버렸다. 그는 구빈법위원회 위원이 되어 빈민에 대한 구호 사업을 대폭 축소한 1834년 의 구빈법 개정안을 작성하였으며, 이후 공장개선위원회와 수직공위원회의 위 원이 되어 노동시간 단축을 규정하는 공장법의 제정을 적극 반대하였다.

시니어는 『경제학개요』(An Outline of the Science of Political Economy, 1836)에서 가치를 부여하는 "가장 결정적인 성질은 직접적으로든 간접적으로든 쾌락을 생산하는 힘"이며, 그것을 표현하는 가장 적합한 용어는 '효용'이라고 하였다. 그는 부가 아무리 많더라도 충족되지 못한 욕구가 있기 마련이며, 개인의 부가 늘거나 줄었을 때 각자가 얼마만큼의 효용을 얻거나 잃게 되는지를 서로 비교할 수 없다고 하였다. 또한 시니어는 사회를 지주, 자본가, 노동자로 구분하고 수입을 지대, 이윤, 임금으로 구분한 후에 다음과 같이 설명하였다. "임금은 노동의 보상이고 이윤은 절제의 보상이다. 조금 떨어져서 보면 이러한 구분은 뚜렷해 보인다. 그러나 자세히 보면 그것들은 뒤섞여 있어서 분류하기가 쉽지 않다." 그는 세보다 치밀한 논리를 구사함으로써 지대와 이윤과 임금 간의 차이를 제거하였으며, 자본가의 이윤을 자본가의 절제에 대한 보상으로 설명하였다. 즉, 자본가는 자신의 재산을 소비하고 싶은 욕망을 절제하고 생산에 투자함으로써 효용을 생산하기 때문에, 이윤은 그러한 절제에 대한 대가로 주어진다는 것이다. 이로써 쉬고 싶은 욕망을 참고 노동함으로써 겨우 먹고살 만큼의 소득을 얻는 노동자와 낭비하고 싶은 욕망을 참고 투자함으로써 많은 이윤을 얻는 자본가는 동일한 인간이 된다. 그는 정통 리카도주의에서 벗어나, 효용에 기초한 수요와 생산 비용에 기초한 공급의 도식을 처음 도입한 한계혁명의 중요한 선구자였다고 할 수 있다.

이처럼 시니어는 리카도의 정통으로부터 멀어져 있었지만, 그러나 경제학 방법론에서는 철저하게 리카도를 추종하였다. 따라서 그는 비록 리카도에 대한 비판자로 자처하면서도 본질에서 리카도 경제학을 넘어서지는 못했다고 할 수 있다. 그는 『경제학개요』의 제1장에서 경제학 방법론에 대해 언급하면서, 경제학을 부의 성질과 생산과 분배에 관한 학문으로 정의하고, 논리적 추론을 통해 경제이론을 만들어 낼 수 있다고 하였다. 그는 경제학자로서는 처음으로 경제학이 기초하고 있는 네 개의 자명한 원리를 다음과 같이 정식화하였다.

첫 번째 원리는, 사람은 합리적이고 계산적이어서 가능한 한 최소의 희생으로 최대의 부를 손에 얻으려고 한다는 것이다(합리성의 원리). 이는 시니어에 의해 정식화되기 훨씬 이전부터 경제학의 필수적인 원리였다. 시니어는 물적 재화뿐 아니라 서비스도 부에 포함시켰다. 시니어는 이 원리에 기초하여, 리카도가 가격 결정에서의 효용과 수요의 역할을 다루지 않은 것을 비판하였다. 나머지 세 개는 생산과 분배 이론에 중요한 의미가 있는 원리이다. 두 번째 원리는, 인구는 도덕적·육체적 악이나 물질의 궁핍에 대한 두려움에 의해서만 제약된다는 것이다(맬서스의 인구 원리). 세 번째 원리는, 더 많은 생산물을 생산수단으로 사용함으로써 노동 및 생산 수단의 능력을 무한히 증가시킬 수 있다는 것이다(자본축적의 원리). 그는 맬서스와 달리, 세 번째 원리에 기초하여 생존 수준 소득이 증가하는 경향이 있다고 하였다. 그러나 네 번째 원리는, 농업기술이 일정하여 동일 지역의 토지에 고용되는 노동이 증가해도 일반적으로 생산은 비례적으로는 증가하지 않는다는 것이다(한계생산성 체감의 원리).

시니어는 이상의 '경험적으로 추론된' 공준 또는 원리로부터 보편적 타당성을 갖는 엄밀한 과학의 분석 체계를 전개하였다. 그러면서 그는 경제이론과 경제 정책 문제를 구분하였다. 시니어도 처음에는 경제학자를 부에 관한 과학뿐 아니라 정책을 다루는 사람으로 생각했지만, 후에는 경제학의 일반적 원리를 말하는 것이 경제학자의 일이며 이러한 원리들을 실제의 정책에서 유일하거나 중요한 지침으로 삼을 수 있는 것은 아니라고 하면서, 경제이론과 경제 정책을 별개의 영역으로 분리하였다. 시니어는 경제학이 실증과학이어야 함을 분명하게 주장한 최초의 경제학자 중 한 명이었다. 그는 규범적 진술과 실증적 분석을 구분해야 한다고 하였다. 예컨대, 시니어는 부의 성질과 생산을 지배하는 보편적 법칙과 특별한 관습 및 제도를 반영하는 소득분배의 원리를 구분하였다. 그에 의하면, 과학자로서의 경제학자는 다양한 경제적 행동의 결과와 주어진 목적을 달성하기 위한 수단을 가려낼 수는 있지만, 실증적 과학 분석을 떠나서는 안 되며 어떤 행동이 바람직한지에 대한 가치판단을 해서는 안 된다. 즉, 경제학자는 당위가 아니라 존재하는 것에만 관여해야 한다.

그러나 리카도에 의해 시작되고 시니어가 정리한 경제학 방법론은 경제학의 발전에 반드시 유리하게만 작용하지 않았다. 1830-1840년대의 사회경제적 이슈 가운데 드러난 이론과 현실 간의 갈등은 무시되었으며, 실증적 증거들이 리카도 이론의 몇 가지 기본 전제와 모순을 보였지만 경제학자들은 리카도 방법론에 강하게 집착하였다. 순수 경제학 또는 과학적 경제학으로 범위를 좁혀버린 결과, 이제 경제학은 연역적·수학적 추론, 즉 통찰력에 의해 얻어진 몇 가지의 간결한 가정에 의존하는 추론을 소수의 선택된 변수에 적용함으로써 해결할 수 있는 문제밖에 분석하지 못하게 되었다. 그 결과 경제학자가 탐구할 경제 문제의 범위가 좁아지고 말았다. 전통적으로 경제학자로부터 관심을 끌어왔던 두 가지의 중요한 문제, 즉 소득분배와 경제성장의 문제는 정통 경제학의 중심에서 밀려나 20세기 중반에 이르기까지 대체로 무시되었다.

4. 밀의 절충주의

1) 경제학의 정의와 방법

리카도가 새로운 방법과 체계로 고전학파 경제학의 패러다임을 확립시켰다면, 그 패러다임을 분명히 그리고 포괄적으로 정식화하고『국부론』의 현대판이 되는 체계적인 경제이론서를 저술한 것은 존 스튜어트 밀(J. S. Mill, 1806-1873)이었다. 밀의 교과서는, 애덤 스미스의『국부론』이 이전의 반세기 동안 그러했듯이, 이후 반세기 동안 경제학도들에게 있어서 가장 권위 있는 출발점이 되었다. 밀의 교과서는 마셜(A. Marshall)이 경제학 연구를 시작할 때와 리카도의 저서를 접할 때 입문서가 되었다. 그리고 1890년에 마셜의 교과서가 출판되기 전까지 영국이나 미국, 어느 곳에서도 밀의 교과서에 필적할 만한 서적은 없었다.

밀은 19세기 초를 대표하는 지성인 중의 한 사람이자 벤담과 리카도의 절친한 친구이기도 했던 제임스 밀의 자녀 아홉 명 중 첫째로 태어났다. 제임스 밀은 역사학자, 철학자이자, 정치 논객이었으며, 벤담을 따르는 급진적인 공리주의자이면서 경제학에서는 리카도를 따랐다. 아버지로서 매우 엄격했던 제임스 밀은 아들이 세 살이 되자 그리스어를 가르쳤고 일곱 살 무렵에 플라톤의『대화편』을 읽도록 하고, 헤로도토스의『역사』전체를 여덟 살이 되기 전에 독파하도록 했다. 그 후 산술, 역사, 라틴어, 미적분, 그리고 논리학을 가르쳤으며, 다방면의 지식을 습득할 수 있도록 하였다. 아버지 밀은 1819년 당시 13세였던 아들에게 매일 강의하고 그 강의록을 자기가 만족할 수 있는 수준으로까지 고쳐 쓰도록 했으며, 그 덕분에 밀은 15세가 되던 해 여름에는 가트콤에서 리카도와 산책하면서 경제학을 논할 수 있는 영예를 얻었다.

존 스튜어트 밀은 19세기 영국의 사상과 정치적 논쟁의 지평에 큰 영향을 준 학자였다. 그는 논리학, 인식론, 경제학, 사회정치철학, 윤리학, 종교학과 현실의 여러 문제들에 관한 중요한 저술을 남겼다. 잘 알려진 저작은 『논리학』(*A System of Logic*, 1843), 『경제학원리』(*Principles of Political Economy, With Some of Their Applications to Social Philosophy*, 1848), 『자유론』(*On Liberty*, 1859), 『공리주의』(*Utilitarianism*, 1863), 『여성의 종속』(*The Subjection of Women*, 1869), 『종교 에세이』(*Three Essays on Religion*, 1874) 등이다.

아마도 밀은 19세기의 경제학자 중 경제학 연구를 『국부론』에서 시작하지 않은 최초의 중요한 인물일 것이다. 온화한 표정과 친절한 태도로 청년들에게 매우 매력적이었던 리카도는 엄한 부친 밑에서 교육을 받은 밀에게 깊은 인상을 남겼음이 틀림없다. 밀이 17세의 어린 나이에 가치척도라는 곤란한 문제에 관해 쓴 논문에 대한 리카도의 정감 어린 비평에 대해서는 앞에서 리카도의 가치론을 설명할 때 이미 언급하였지만, 이것이 그들 두 사람의 지적관계를 보여

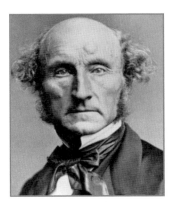

J. S. 밀(1806-1873)

주기에 충분하다고 할 수 있다. 한편, 밀은 그의 부친의 또 다른 절친한 친구인 공리주의의 대가 벤담의 영향을 받았다. 밀은 이와 같은 청년기의 만남이나 폭넓은 교육을 통해 경제학이 사회철학의 한 분야라는 사고방식을 이어받게 된다. 밀은 1840년에 비로소 경제학클럽의 회원이 되었는데, 이미 이전부터 당시의 지도적 경제학자를 알고 있었고 그들의 사고방식을 설명할 정도의

충분한 지식을 가지고 있었다.

밀은 경제학을 도덕과 심리학에 속하는 사회과학이라고 정의했다. 그러나 다른 사회과학과 달리, 경제학은 인간이 부를 얻고 소비하는 욕구에 의해서만 행동한다는 가정에서 출발하며, 만일 부에 대한 욕구가 인간 행동을 절대적으로 규율한다면 인간이 취할 수밖에 없는 행동의 원칙이 무엇인가를 밝히는 것을 목적으로 한다. 물론 경제학자들은 인간이 경제적 이유만으로 행동한다고 믿지는 않는다. 그러나 과학이 필수적으로 따라야 할 방식은, 어떤 현상에 여러 가지 원인이 동시에 존재한다면 그 원인을 하나하나씩 따로 분석하지 않으면 안 된다는 것이다.

밀은 경제학이 기하학과 같은 다른 추상 과학과 마찬가지로 약간의 가정으로부터 추론하는 학문이라고 하였다. 밀에 의하면, 기하학이 '길이는 있으나 폭이 없는 직선'이라는 임의의 가정을 전제로 하는 것과 마찬가지로, 경제학도 인간은 항상 최소의 노동으로 최대의 필수품과 편의품, 사치품을 얻으려고 하는 존재라는 임의의 가정을 전제로 한다. 또한 경험적 사실은, 사실의 관찰이 경제학의 기본적 가정에 기초를 제공할 수 있다는 점을 제외하면, 경제학 이론을 입증하는 정도의 관련만 있을 뿐이다. 경제학에서는 실험을 할 수 없고 현실 세계는 '일반적 법칙'을 유도하기에 너무나도 복잡하므로, 경험적 사실은 경제학의 과학적 진실을 발견하는 데 도움이 될 수 없다. 따라서 역사학적 접근법에 대해서, 밀은 우리가 현재의 10배가 되는 역사를 알고 있다고 해도 역사만으로는 거의 아무것도 증명할 수 없다고 하였다. 리카도의 방법에 대한 맬서스의 비판에 대해서도, 밀은 오류가 "과도한 일반화에서 야기되는 것이 아니고… 반드시 옳지 않은 주장을 하는 데 있다"고 반비판하였다.

그러나 밀이 '과학적 경제학'을 엄격하게 정의한 시니어의 사고방식에 찬성하고 어떤 점에서는 오히려 시니어보다 한층 더 추상적인 방법론을 제안했다고 할 수 있지만, 그의『경제학원리』는 부제가 말해 주듯이 리카도보다 애덤 스미스의 전통을 따르고 있었다. 밀은 책의 서문에서 "목적과 일반 개념에서 애덤 스미스의 저서와 비슷하고 현재의 더욱 확대된 지식과 진보된 사고에 맞는 저서를 쓰는 것이 현재의 경제학이 요구하고 있는 기여"라고 하였다. 그의 책은 전문가보다 비전문가를 대상으로 하여, 당시의 사회경제 문제에 적용하고 또 사회학·철학적 사고와 경제학을 명시적으로 관련지을 수 있도록, 고전학파 경제학을 종합하려고 했던 진지한 시도였다.『경제학원리』서문은 그것이 바로 그가 메우려고 했던 빈틈이었음을 다음과 같이 서술하고 있다.

> 『국부론』의 많은 부분은 이미 시대에 뒤떨어지고 모든 점에서 불완전하다. 소위 경제학(Political Economy)이라고 하는 학문은 애덤 스미스 시대의 요람기로부터 크게 성장했다. 그 저명한 사상가가 자기의 특별한 주제와 사실상 결코 분리시키지 않았던 이 사회철학은, 아직 발전 단계의 초기에 불과하다고는 하지만 그가 남긴 단계로부터 훨씬 발전했다. 그러나 그가 주제를 다루는 실제의 방식을 경제학이 생긴 이래 증대한 지식과 조합하거나 또는 그가 자기 시대의 철학에 의해 감탄스러울 만큼 성공적으로 했던 것처럼 한 나라의 경제적 현상을 현재 최고의 사회사상과의 관련 속에서 설명하려는 시도는 아직 이루어지지 않고 있다.(PPE)

밀의『경제학원리』는 이후 반세기 동안 독보적인 교과서로 사용되었을 정도로 성공적인 저서였음에도 불구하고 그에 대한 경제학자 일반의 평가는 좋지 않았다. 그의 논의에는 모순이 있고 엄밀성도 결여되어 있음이 종종 지적되었다. 그 이유의 일부는 그가 서로 대립하거나 본질에서 다른 여러 이론을 부단히 통일하려고 한 것에 기인한다. 제번스(W. S. Jevons)가 자신의 저서『경제학이론』의 마지막 장으로 쓴 '권위의 유해한 영향'(The Noxious Influence of Authority)은 분명히 밀을 겨냥한 것이었으며, 마르크스도 밀에 대해 적대적이었다. 밀을 지지하는 경제학자들도 밀의『경제학원리』의 성공이 어디에 기인한 것인가에는 의문을 품고 있었다.

밀 이후의 직업적 경제학자 공동체는, 마르크스에 의한 리카도 경제학의 재정식화를 받아들일 수 없었던 것처럼, 밀이 리카도 패러다임의 자연적인 발전이라고 생각하고 제기했던 광범한 사회적 · 철학적 문제들을 선뜻 받아들일 수 없었다. 물론 맬서스의 전통을 따르면서 당시 독일에서 빛났던 역사학파 방법론에 매혹된 대가들, 예컨대 애슐리(W. J. Ashley), 레슬리(T. E. C. Leslie), 잉그램(J. K. Ingram)이나, 또 19세기 후반에 상당한 신망을 모은 역사학파 경제학자들은 달랐다고 할 수 있다. 그러나 고전학파를 잇는 주류 경제학자들은 사회적 · 철학적 문제가 아니라 리카도에 의해 열린 보다 좁은 길을 택하고 논리적 일관성을 추구하면서 수학적 분석 방법을 세련시키고, '과학적' 연구의 대상을 논리와 수학으로 해결할 수 있는 문제에 한정할 것을 선택했다. 그런데 그렇게 함으로써 그들은 고전학파의 방법론에 새로운 혁명을 일으켰다.

2) 가치론과 분배이론

밀은『경제학원리』제1권 제1장에서 노동가치설의 주장을 전개하였다. "생산의 필수 요소는 두 가지, 즉 노동 및 적절한 자연적 대상이다. … 중요하지 않은 약간의 경우를 제외하면 언제나 자연에 의해 제공되는 대상은 인간의 노동지출로 어느 정도의 변형을 거쳐야 인간의 욕망에 도움이 된다."(PPE) 그리고 제3권 제4장에서 리카도의 노동가치설에 근접한 다음과 같은 주장을 하였다.

> 어떤 것의 생산을 위해 생산자들이 부담해야 하는 것은 그것을 생산하는 데 지출된 노동이다. 선지출하는 자본가를 생산자로 보면 노동은 임금이라는 말로 치환될 수 있다. …얼핏 생각하면 그것은 지출의 일부분에 지나지 않는 것처럼 보인다. 왜냐하면 자본가는 노동자들에게 임금을 지불할 뿐 아니라 도구, 원료, 그리고 건물까지 제공했기 때문이다. 그러나 이들 도구, 원료, 건물은 노동과 자본에 의해 생산되었다. 따라서 그 가치는… 생산 비용에 의존하며 그 비용은 다시 노동으로 환원될 수 있다. …그러므로 상품의 가치는 원리상 생산에 필요한 노동량에 의존한다.(PPE)

그러나 그는 마지막 문장 다음에, 가치가 노동량에만 전적으로 의존하는지 어떤지를 뒤이어 살펴볼 것이라는 유보를 달아 두었다. 즉, 노동이 가치의 가장 중요한 결정 요인이기는 하지만 유일하지는 않다는 것이었다. 밀의 주장에 따르면 노동가치설은 자본-노동 비율이 모든 산업에 동일한 경우에만 성립한다. 그러나 대부분 상품에서 그 비율은 상이하다. 그는 동일한 크기의 노동으로 생산된 포도주와 옷감이 서로 다른 가치를 갖는다고 하고, 기계에 의해 만들어진 거의 모든 상품이 그러하다고 하였다. 물론 리카도는 가격이 노동가치에 비례하지 않는 원인을 잘 알고 있었으면서도 그러한 원인에 부차적 중요성밖에 부여하지 않았지만, 밀은 그것에 동의할 수 없었다. 따라서 리카도의 가치론에 대해 밀이 『경제학원리』에서 "다행히도 가치 법칙 중에는 현재 또는 장래의 경제학자가 밝히지 않으면 안 되는 문제는 이미 존재하지 않는다. 이 주제에 관한 이론은 완성되었다"(PPE)라고 진술한 것은 의외라고 할 수 있다. 그러나 확신에 넘치는 이 문장은 그의 문제 인식의 변화와 절충적이고 현실적인 접근 태도를 반영한다. 결국 밀은 리카도가 반대했던 애덤 스미스의 합성적 생산비 이론으로 되돌아갔다.

밀은 이처럼 때로는 리카도의 견해에 동의하면서 때로는 애덤 스미스로 되돌아가기도 하였다. 대표적인 것이 이윤에 관한 논의이다. 밀이『경제학원리』를 쓴 시점에 곡물법은 이미 폐지(1846년)되었으며, 따라서 밀은 리카도가 했던 것처럼 곡물법에 반대하는 입장의 정책을 정당화하기 위해 이윤율이 임금의 함수라고 설명하는 것에는 관심이 없었다. 그는 오히려 인구 증가가 가져오는 임금 하락의 영향을 분석하는 데 흥미를 갖고 있었다. 그는 이윤을 임금이 결정된 후의 잔여로 설명하는 리카도식의 개념을 버리고 합성적 생산비이론으로 돌아가서, 이윤을 절약에 대한 보수로 보는 시니어처럼 자본가의 금욕과 위험에 대한 교환을 통한 보상으로 보고, 거기에는 자연의 이윤율이 존재한다고 하였다.

> 노동자의 임금이 노동에 대한 보수인 것과 마찬가지로 자본가의 이윤
> 은, 시니어의 적절한 표현에 따르면, 금욕에 대한 보상이다. 즉, 이윤이
> 란 자본가가 자신의 자본을 개인적 용도에 소비하는 것을 억제하고, 그
> 것을 생산적 노동자들이 그들의 용도에 소비할 수 있게 함으로써 획득
> 하는 것이다. 이 금욕에 대해 자본가는 보상을 요구한다.(PPE)

이것은 밀의『경제학원리』에 보이는 주된 견해였으며, 상품의 자연가격은

합성적 생산비이론에 따라 결정된다는 것이었다. 밀은 리카도나 마르크스와 달리 노동이 교환가치의 기초가 된다는 생각을 포기하였다. 그에게 있어서 가치란 당연히 교환가치를 의미할 뿐이며, 따라서 그는 리카도가 불변의 가치척도를 애써 찾으려고 한 것을 이해할 수 없었다. 밀은 리카도가 보여 준 추상적 이론화나 모형 작성에 대한 취미를 계승하지 않았다. 따라서 그의 가치론은 엄밀성이 결여되어 있지만, 그 때문에 리카도의 단순한 분석 틀에 맞지 않는 다양한 조건과 예외를 실효성 있게 분석할 수 있었다.

그런데 생산비가 자연가격을 결정한다는 원칙에 몇 가지 예외가 있었다. 그중 중요한 것이 국제시장에서의 가격이다. 국제시장에서의 가격이론은 밀의 가장 중요하고 독창적인 이론적 공헌의 하나이다. 리카도는 두 나라가 서로 다른 생산비를 가질 때 상대적으로 저렴하게 생산하는 상품에 특화함으로써 모두 이익을 볼 수 있다는 설명을 하였다. 그러나 국가 간의 교환 비율, 즉 국제시장에서의 가격이 어떻게 결정되는가를 설명하지는 않았다. 밀은 국내시장에서는 경쟁에 의해 생산비가 균등하게 되고 비용에 일치되는 경향이 있으므로, 가격은 생산비와 일치한다고 하였다. 그러나 국가 간에는 생산요소가 자유롭게 이동할 수 없고, 따라서 국가 간에는 임금 및 이윤율이 균등하게 되지 않는다. 결국 국제시장에서 가격은 생산비에 의존하지 않고 전적으로 수요·공급에만 의존한다. 즉, 각국이 수출 또는 수입하고자 하는 양이 있는데, 그것을 오퍼곡선(offer curve)이라고 한다면 양국의 오퍼곡선이 일치하는 가격, 즉 수급이 일치하는 가격에서 국제거래가 이루어진다는 것이 밀의 설명이다.

밀은 대부분의 고전학파 경제학자들이 말한 임금기금설을 받아들였다. 즉, "노동에 대한 수요는 전적으로 노동자계급의 사용을 위해 남겨 놓은 기금으로만 구성된다. 따라서 임금은 기금을 노동의 공급량으로 나눈 값으로 결정된다. 노동자들의 임금을 상승시킬 수 있는 방법은 노동자 가족 수를 줄이는 것"이라고 생각했다. 이 점에서는 맬서스와 밀이 일치하지만, 노동자 가족 수를 줄이는 처방으로 맬서스가 노동자의 성적 무절제에 대한 억제를 주장한 반면, 밀은 교육을 통한 산아제한을 제시하고 있다.

그런데 밀은 인구 증가로 말미암아 노동자들의 삶이 실질적으로 개선될 가능성이 봉쇄된다는 주장을 받아들이지 않았다. 그는 임금이 기금에 의해 제약되지 않는다고 하고 오히려 임금의 한계는 총이윤에서 자본가의 생존에 필요한 양을 뺀 것에 달려 있다고 하였다. 따라서 임금은 기금에 의해서가 아니라 노동자와 자본가 간의 경쟁적인 투쟁으로 결정될 것이며, 노동자의 단결과 파업이 이윤으로부터 임금으로의 소득 재분배에 있어 중요하다고 보았다. 밀이 이처럼 임금기금설을 철회한 것은 집단 투쟁을 통해 노동자들이 획득할 수 있는 이익이 있음을 보여 주고 있으며, 임금이 경제적 요인보다 사회·정치적 요인으로 결정된다는 점을 보여 주었다고 할 수 있다.

3) 질적 공리주의

밀은 리카도의 제자이지만 공리주의자 벤담의 제자이기도 했다. 밀은 인간의 행동이 부에 대한 소망에 영향을 주는 두 개의 상반되는 원칙, 즉 "노동에 대한 기피와 현재의 비싼 방종을 탐닉하려는 욕구"에 의해서 영향을 받는다고 하였다. 벤담 이후 공리주의는 뚜렷이 대조적인 양대 조류로 나뉘며, 양대 조류의 대표자는 밀과 바스티아(C. F. Bastiat)였다. 교조적이고 경건한 바스티아는 공리주의의 심리학과 윤리를 일관성 있게 발전시켰다. 그는 극단적인 보수주의 신봉자이자 자유방임주의의 완고한 옹호자인 오스트리아학파와 시카고학파의 선구자였다고 할 수 있다. 반면, 밀은 자유주의적 개혁과 정부 간섭을 옹호하는 경향이 강하였으며, 세련되고 학문적으로도 훨씬 뛰어나지만 내적 모순을 가진 이론을 전개한 절충주의자였다.

밀은 바스티아와는 달리, 사적 소유를 신의 창조물이 아니라 인간의 관습이며 편의적인 것으로 보았다. 사적 소유권이 신성불가침하다는 관념을 거부하였다는 점에서 볼 때, 밀이 교환을 경제학 연구의 기본 대상으로 삼는 것을 거부하였다는 것은 놀랄 일이 아니다. 그의 말을 인용하면, 교환이 "생산물 분배에 관한 근본적인 법칙이 아닌 것은 마치 도로와 수레가 운동의 본질적 법칙이 아닌 것과 같다. 교환은 단지 분배를 이루기 위한 기구의 일부에 불과하다"는 것이다. 그러나 바스티아를 비롯한 모든 공리주의자에 있어서 교환은 언제나 경제이론의 핵심이었다. 이러한 차이는 밀의 독특한 공리주의에 있었다.

밀의 저서『공리주의』제2장에 정의된 공리주의는 벤담의 공리주의와도 차이를 보였다. 앞에서 언급한 대로 벤담은 공리주의에서 기본적인 두 가지 전제는 ① 모든 동기는 자기 이해적인 쾌락 추구로 환원될 수 있으며, ② 각 개인은 자신의 쾌락에 관한 유일한 판단자라는 것이다. 따라서 쾌락의 개인 상호간 비교는 불가능하다. 그러나 밀은 모든 행동이 자기 이해에 의해 동기가 주어진다는 말을 받아들이지 않았다. 그는 경쟁적 자본주의 문화 속에서 성품이 형성된 사람들은 대개 이기심에 따라 행동하지만, 다른 사회의 사람들은 보다 고상한 동기에 의해 행동할 것이라고 기대하였다. 또한 밀은 어떤 쾌락이 다른 쾌락보다 도덕적으로 우위에 있다고 판단할 수 있다고 하였다. 따라서 그는 배부른 돼지가 되기보다 불만족스러운 소크라테스가 되는 것이 더 낫다는 것을 의심하지 않았다.

밀의 독특한 공리주의는 사회 개혁 사상으로 이어진다. 밀은 모든 생산수단의 소유권이 소수의 자본가에 집중됨으로써 생기는 여러 결과를 도덕적으로 비난하였다. 그는 극단적인 부의 불평등 때문에 당시의 자본주의 계급구조를 거부했을 뿐 아니라 궁극적으로 철폐될 것이라고 믿었다. 밀은 사회주의 사상에 공감하였지만 그의 진정한 목적은 자본주의의 개혁을 촉진하는 것이었다. 기존의 소유권을 신성불가침으로 여기는 사람들과는 반대로, 밀은 사회가 스스로 충분히 고려해서 공공선의 실현에 방해가 된다고 판단한 어떤 특정의 소유권에 대해서 그것을 폐기하거나 개조할 완전한 자격이 있다고 생각하였다.

　이러한 밀의 자본주의 개혁 사상이 엿보이는 흥미로운 주제가 재산 상속권의 문제였다. 밀은 증여권은 재산을 형성한 자의 재산권 처분에 해당하므로 인정하되, 상속권은 인정할 수 없다고 하였다. 따라서 사망자가 많은 재산을 남겼을 때 상속권자인 그 자녀에게는 생활을 유지할 수 있는 일정한 정도의 재산만을 지급하고, 나머지는 국가에 귀속시켜야 한다고 주장하였다. 또한 부의 편재를 완화하기 위해 노력하지도 않은 자들의 손에 거대한 재산이 축적되는 것을 규제할 수 있는 방법의 하나로 특정인이 증여, 유증, 또는 상속에 의해 획득할 수 있는 양에 제한이 있어야 한다고 하였다.

　밀이 공리주의의 일관성을 유지하려고 했다면 그의 사회 개혁 사상은 성립할 수 없었을 것이다. 공리주의는 서로 다른 개인의 욕망에 대한 비교 가능성을 배제하며 또한 극단적으로 개인주의적이기 때문에, 공리주의 하에서는 사회윤리가 개인윤리와 양립할 수 없다. 예컨대, 일치성이 존재한다면 개인의 효용의 합인 사회의 총효용의 최대화는 사회윤리로 성립할 수 있다. 그러나 불일치성이 존재하여, 만일 다른 사람의 고통으로부터 쾌락을 얻는 염세주의자가 있다면 박애주의자의 욕망을 염세주의자의 욕망보다 위에 놓을 근거는 없다. 따라서 일관된 공리주의에서는 사회윤리와 같은 것은 성립할 수 없으며, 공공선을 실현하려는 사회 개혁의 정당성도 확보되지 않는다.

밀의 공리주의 해석과 사회 개혁 사상, 그리고 그 밖에 그의 저작들에서 나타나는 학문적 경향으로 보면, 밀은 애덤 스미스 이후 영국의 전통이었던 철학자와 경제학자의 측면을 겸비하고 있던 마지막 한 사람이었다고 평가할 수 있다. 그에게 있어서 경제학은 사회과학 중에 가장 고도로 발달된 분야이지만, 단순히 도덕과학의 하나에 불과하며 자신을 갖고 다룰 수 있는 광범한 지식의 일부에 불과했다. 밀은『경제학원리』의 서문에서 "실제로 경제학은 사회철학의 다른 분야와 분리할 수 없을 만큼 밀접하게 관련되어 있다. 말단적인 사항을 제외하고 실제적인 문제는, 가령 그것이 순수하게 경제적인 문제에 매우 가까운 문제였다고 해도, 경제학적 근거만으로 결정할 수는 없다"라고 말하였다.

그는 경제 정책과 경제학을 구분하고, 후자를 '경제인'이라는 가공의 인물이 존재하는 연역적 추론의 추상적 시스템이라고 했지만, 그 경우에는 자신의 연구 대상을 이러한 구분이 가져올 좁은 범위의 경제 문제에 국한시킬 생각을 하지 않았다. 또한 경제학의 과학적 측면이 규범적이고 치료적인 측면보다 더 권위가 있다고 말하려고도 하지 않았다. 당시에는 밀뿐 아니라 자신을 가장 좁은 의미에서 전문적 경제학자로 여긴 학자들조차 경제학의 규범적이고 치료적인 측면이 추상적이고 과학적인 측면과 마찬가지로 중요하거나 그 이상으로 중요함을 인정하고 있었다. 사실 경제학의 범위와 시야를 좁혀 나간 것은 고전학파 이후의 신고전학파 시대의 경제학이었다.

이단아 마르크스

이단아 마르크스

1. 이질적 경제학

1848년은 대륙의 구질서를 뒤흔든 공포의 한 해였다. 프랑스 파리와 독일 베를린, 이탈리아, 프라하와 빈에서 대중 봉기가 일어나 도시가 장악되었다. 이를 저지하기 위해 구체제는 동맹을 맺었다. 그리고 이 사태를 다음과 같이 예리하게 파악한 팸플릿이 나돌았다. "하나의 유령이 유럽을 배회하고 있다. 공산주의라는 유령이. 구유럽의 모든 세력, 즉 교황과 차르, 메테르니히와 기조, 프랑스의 급진파와 독일의 경찰이 이 유령을 사냥하려고 신성 동맹을 맺었다." 팸플릿은 이렇게 끝을 맺고 있다. "지배계급이 공산주의 혁명 앞에서 벌벌 떨게 하라. 프롤레타리아가 혁명에서 잃을 것이라고는 쇠사슬뿐이요, 얻을 것은 세계 전체다. 만국의 노동자여 단결하라."

이 지극히 선동적인 팸플릿은 1848년 2월부터 6월 사이에 전개된 '프랑스 2월 혁명'이 시작될 때 발표된 『공산당선언』(*Communist Manifesto*)이며, 집필자는 카를 마르크스(K. Marx, 1818-1883)와 프리드리히 엥겔스(F. Engels, 1820-1895)였다. 이 선언은 몇 부 인쇄되지 않았기 때문에 2월 혁명에 직접적인 영향을 미쳤다고는 생각되지 않지만, 이후 지구상의 많은 나라의 언어로 번역·출판되고 수많은 추종자를 만들었다. 역사상 마르크스만큼 지적인 문제나 실제적인 문제에서 큰 영향을 미친 사상가는 드물다. 그의 사상이 철학·정치·사회·경제·문화 분야의 학문에 미친 영향력은 새삼 언급할 필요가 없을 만큼 잘 알려져 있다. 마르크스는 당대는 물론이고 이후에도 그리스도나 마호메트와 견줄 만한 종교적 숭배를 받았다고 할 수 있다. 그의 저작들은 방대할 뿐 아니라 분야도 다양하여 모두 언급하기 어려울 정도이다.

마르크스는 독일의 부유한 유대인 가정의 둘째 아들로 태어났다. 그의 부친은 법률가로서 존경받는 인물이었다. 본 대학에서 법학을 공부하던 마르크스는 베를린 대학으로 옮겨 철학과 역사를 공부하면서 당대의 거창한 철학 논쟁에 빠졌다. 이 논쟁은 마르크스보다 반세기 앞선 인물인 프리드리히 헤겔(F. Hegel, 1770-1831)의 변증법에서 시작되었다. 헤겔에 의하면 모든 테제는 안티테제를 낳고 이 둘은 합(Synthese)으로 통일되

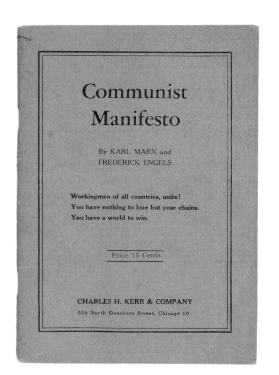

Communist Manifesto

By KARL MARX and FREDERICK ENGELS

Workingmen of all countries, unite! You have nothing to lose but your chains. You have a world to win.

Price 15 Cents

CHARLES H. KERR & COMPANY
510 North Dearborn Street, Chicago 10

며, 이것이 다시 테제가 되어 안티테제를 낳는다. 사상과 역사가 이렇게 갈등과 융합을 통해서 발전한다고 보는 헤겔의 철학에 심취한 마르크스는 '청년 헤겔파'로 알려진 지식인집단에 가입했다. 이후 마르크스는 신문사 편집장과 잡지 편집자로 활동하면서 유럽의 반동적 상황을 비판하였다. 이처럼 급진적 사상을 유포한 마르크스는 프로이센 정부의 요청으로 프랑스 파리로부터 추방당하였다. 이후 그는 브뤼셀에 머물면서 1847년에 결성된 '공산주의자동맹'을 위해 『공산당선언』을 막 출판하자마자 프랑스 2월 혁명의 기쁜 소식을 들을 수 있었다. 그러나 혁명이 실패로 끝나자 그는 신변의 위협을 감지하고 정치적 자유를 찾아 1849년에 런던으로 이주하였다.

영국에서 마르크스는 자신의 절친한 동지이자 맨체스터의 존경받는 신사인 엥겔스의 재정적 후원을 받아 생활하였다. 19세기 자본주의의 본산인 영국은 이 위험한 인물에게 정치적 자유와 풍부한 자료를 제공하였다. 마르크스는 매일 대영박물관 열람실에서 복잡하게 흩어져 있는 문서를 정리하며 연구에 몰두하였다. 마르크스는 새로운 방법론에 입각한 자기 이론의 골자를 1859년에 『경제학비판 요강』(*A Contribution to the Critique of Political Economy*)이라는 제목으로 출판했다. 그리고 마침내 1867년에 자기를 키워 준 자본주의에 시한부 삶을 선고하는 『자본론』(*Das Kapital*) 제1권을 독일에서 간행하였다.

K. 마르크스(1818-1883)

마르크스는 한 번도 영어를 모국어로 하는 경제학자의 공동체에는 들어가지 않았으므로 주류 경제학에 대해 거의 영향을 끼치지 못했다. 그런데도 마르크스의 경제학 연구는 영국의 고전학파를 직접적인 근원으로 한다. 마르크스는 고전학파 경제학자들과 마찬가지로 성장에 관심을 가졌으며, 리카도가 그랬듯이 가치와 소득분배를 성장을 이해하는 열쇠라고 생각했다. 그는 또 리카도의 노동가치설 및 이윤율 평준화와 이윤율 하락의 법칙을 받아들였으며, 자본 집약적 경향을 가진 기술 발전에 의한 실업의 발생이라는 리카도의 생각을 계승하였다. 마르크스는 고전학파에 따라 경제주체를 지주, 자본가, 노동자의 세 계급으로 구분하고, 세 계급 간에 분배되는 지대, 이윤, 임금의 분석에 초점을 맞추었다.

마르크스는 이처럼 고전학파의 전통을 계승하고 있었지만, 고전학파의 이론을 대체할 새로운 이론을 내놓았으며, 애덤 스미스나 리카도와는 전혀 다른 결론에 도달했다. 그가 어떻게 애덤 스미스와 리카도에 의해 완성된 영국 주류 경제학 이론과 전혀 다른 자본주의 분석 이론을 만들어 낼 수 있었던 것일까. 이 물음에 대한 답은 세 가지 주요한 측면에서 살펴볼 수 있다. 첫째, 그는 다른 철학적 전제 속에서 대상을 고찰하였다. 둘째, 다른 학문상의 목적을 가지고 있었다. 즉, 해결해야 할 문제가 달랐다. 셋째, 다른 방법론으로 접근하였다.

첫째, 마르크스가 애덤 스미스나 벤담 또는 밀과는 공통적이지만 리카도나 이후의 거의 모든 경제학자와 구별되는 특징은, 무엇보다도 먼저 그는 철학자였으며 경제학자라는 측면은 부차적이었다는 점이다. 마르크스에게 있어서 경제학은 비록 가장 중요하다고는 해도 인간의 사회적 행동 전반에 관한 연구의 한 분야에 불과하였다. 그는 경제학을 연구하기 이전에 철학, 역사 및 법률 분야의 연구를 통해 혁명적 사상과 현실을 이해하기 위한 지식에 대한 끝없는 욕구를 갖게 되었다. 마르크스는 대륙의 전통 속에서 모든 분야의 정통적 이론을 철저하게 비판적으로 연구하였기 때문에, 주류 경제학과는 전혀 다른 방향으로 나아가지 않을 수 없었다.

애덤 스미스처럼 그는 인류의 발전, 특히 물질면에서 인류의 발전 조건을 분석하려 했다. 애덤 스미스는 인간 사회에 신이 부여한 개인의 정서와 욕구의 조화로부터 '자연스럽게' 발전이 이루어진다는 사고방식에 입각한 분석 체계를 창출했다. 반면, 마르크스는 발전을 부단한 갈등의 산물로 보는 헤겔의 변증법으로부터 출발했다. 그러나 그는 "나의 변증법은 헤겔의 변증법과는 다를 뿐만 아니라 정반대"라고 하면서 헤겔의 변증법을 역전시켰다. 그의 철학은 헤겔의 변증법을 따르고 있지만, 관념의 세계가 아니라 물질적 세계에 기초를 둔다는 점에서 유물론적이다. 소위 변증법적 유물론이 그가 인간 사회를 이해하는 철학적 기초였다.

마르크스는 헤겔이 법철학에서 말한 '시민사회론'을 비판적으로 검토한 후, "나의 연구 결과 내려진 결론은, 어떤 법적 관계나 정치 형태도 그 자체만으로, 또는 이른바 인간 정신의 일반적인 발전의 기초를 통해서 이해될 수 있는 것은 아니라는 것이다. …시민사회의 해부는 경제학을 통해 이루어지지 않

으면 안 된다"(CCPE)라고 하였다. 헤겔이 정신세계(geist)를 강조한 것과는 달리, 그는 물질세계에서 일어나는 인류의 자연과의 투쟁과 인간이 물질적 상황을 개선해 가는 과정에서 발생하는 다양한 인간관계의 패턴(투쟁이나 단결)이 사회의 발전을 가져왔다고 하였다. 그의 경제학 연구의 실마리가 된 이러한 유물사관 또는 사적 유물론은 1845-1846년에 집필한 『독일 이데올로기 비판』(A Critique of the German Ideology)에서 구상되었으며, 이후 『경제학비판 요강』에서 다음과 같이 정식화되었다.

> 인간은 사회적 생산에서 일정하고 필연적이며 그들의 의지와 독립적인 여러 관계를, 그들의 물질적 생산력의 일정한 발전 단계에 대응하는 생산관계를 맺는다. 이 생산관계의 총체는 사회의 경제적 메커니즘을 형성하며, 이것이 현실의 토대가 되어 그 위에 법률적·정치적 상부 구조가 구축된다. 또한 일정한 사회적 의식 형태는 이 현실의 토대에 조응한다. 물질적 생활의 생산양식은 사회적·정치적·정신적 생활 과정 일반을 제약한다. 인간의 의식이 그 존재를 규정하는 것이 아니라, 역으로 인간의 사회적 존재가 그 의식을 규정하는 것이다. 사회의 물질적 생산력은 그 발전이 어떤 단계에 이르면 지금까지 그것이 그 가운데 작동한 기존의 생산관계, 또는 그 법적 표현에 불과한 소유관계와 모순하게 된다. 이들 제 관계는 생산력의 발전 형태로 그 질곡으로 일변한다. 이때 사회혁명의 시기가 시작된다.(CCPE)

그러므로 모든 사회적 변화의 궁극적 원인은 각 시대의 생산양식에 대한 연구를 통해서 밝혀질 수 있다. 그러나 그의 경제학 연구는 혁명의 와중에 좌절

되었으며, 실패로 끝난 1848년 2월 혁명 이후 대륙에서 노골화된 정치적 반동으로 인해 정치 저널리스트로서의 일조차 상실한 마르크스는 런던으로 이주하였다. 이후 그는 자신의 후견자이자 동지인 엥겔스와 함께 경제학을 중점적으로 연구하는 데 집중하였다. 그럴 수 있었던 배경으로 마르크스는, 대영박물관에서 접할 수 있었던 방대한 자료, 부르주아 사회의 발전에서 런던이 갖고 있는 우월한 위치, 부르주아 사회가 새로운 발전 단계에 접어들었다는 인식, 이 세 가지였음을 언급하였다. 어쨌든 경제학이야말로 마르크스의 분석 의도의 중심이며 핵을 이루는 것이었다. 애덤 스미스나 밀처럼, 마르크스는 경제학을 자신의 철학적 · 사회적 · 정치적 사고의 보다 넓은 틀 속에 통합시켰다.

둘째, 마르크스는 영국으로 이주한 초기 수년 동안은 중상주의자 페티(W. Petty)에 관한 논문에서 시작하여 정통적 경제학을 체계적으로 비판하였으며, 이로부터 그는 19세기 후반에 전개된 정통적 경제학 이론과는 다른 '목적'의 이론을 제공하기에 이르렀다. 『자본론』 제1권의 서문에서 마르크스는 현재의 자본주의 경제 체제의 운동 법칙을 분명히 하는 것이 이 저서의 최종 목적이라고 하였다. 이는 애덤 스미스가 『국부론』에서 행했던 것보다도 훨씬 야심적인 목표였다. 왜냐하면 그것은 애덤 스미스처럼 인간 사회를 단순하게 기계론적으로 이해하는 것이 아니라 유기체로 이해함으로써 사회를 동학적으로 분석하려는 시도였기 때문이다.

그는 일반적인 경제학자들의 생각과는 달리, 교환이나 소비가 아니라 생산양식이야말로 경제의 특질을 기본적으로 결정하는 것이며, 경제학자의 주요한 연구 대상이라고 생각했다. 마르크스에게 있어서 자본주의 생산양식은 불연속적으로 이어지는 사회적 · 경제적 발전의 한 단계에 불과하였다. 따라서 사회적 · 경제적 변화를 설명하기 위해서는 애덤 스미스와 같은 기계론적인 사회 인식은 무의미했다. 그는 인간 사회의 각 단계를 동물이나 식물처럼 탄생과 성장 및 소멸을 겪는 유기체로 이해하였으며, 사회 발전의 각 단계가 다음 단계로 이행하는 원인이 된다는 헤겔의 변증법에 철학적 기초를 두었다. 그의 이해에 따르면, 사회는 각 발전 단계에서 나타나는 갈등과 모순이 혁명적 변화를 통해 극복되고 다음 단계로 이행하는 식으로 발전한다.

이러한 사고로부터 얻어진 결과는 그 자체가 독특할 뿐 아니라 설명하려는 범위가 경이적일 정도로 넓은 새로운 경제학이었다. 엥겔스는 1883년에 하이게이트 묘지에서 행한 추도사에서 마르크스에 대해 다음과 같이 간결하게 평가하였다. "다윈이 자연의 유기체에서 진화의 법칙을 발견한 것처럼 마르크스는 인류 역사에서 진화의 법칙을 발견했다. …그러나 그것만이 아니다. 마르크스는 또한 현대의 자본주의적 생산양식과 그 생산양식에 의해 만들어진 부르주아 사회를 지배하고 있는 특수한 운동 법칙을 발견했다." 경제학을 연구하기 위해 대영박물관에 자리를 잡았을 때 마르크스가 갖고 있던 문제의식은 영국이나 미국에서 전형적으로 나타나고 있는 당시의 자본주의 경제의 운동 법칙을 이해하는 것이었다. 그때 이미 그는 사회 변화의 과정에서 중요한 변수와 구성요소가 무엇인지를 마음속으로 결정하였다고 할 수 있다.

유물사관에 입각한 마르크스의 자본주의 분석의 중요한 변수는 잉여가치와 그것을 설명해 주는 자본-임노동의 생산관계였다. 자본주의 사회에서 가치증식체로서의 자본은 노동을 자기 속으로 포섭한다. 자본가는 자본의 인격체이고 생산수단의 소유자이며, 반면 임노동자는 노동을 구현하기 위한 생산수단을 갖고 있지 못하므로, 생활 유지를 위해 자기 노동력을 상품으로 자본가에게 팔 수밖에 없는 존재이다. 가치를 증식하는 자본의 계보를 소급해 보면, 그것은 화폐를 고이자율로 대부하는 고리대나 원격지 무역을 통한 이익을 추구하는 상인에게도 존재했다. 또한 공동체 간의 교역에서나 공동체 내부에서, 예컨대 노예와 노예주의 관계 또는 농노와 영주의 관계에서도 존재했다. 그러나 마르크스에 따르면 자본주의 사회의 자본은 근대 시민사회의 평등한 관계 속에서 노동의 상품화에 의한 등가교환을 매개로 하여 가치를 증식해 간다는 점에서 큰 차이가 있다.

셋째, 마르크스는 자본주의 운동 법칙을 밝히는 것에서 멈추지 않았다. 그는 과거뿐 아니라 미래도 꿰뚫어 보면서 사회를 동학적으로 관찰하였으며, 사회 조직의 여러 관계를 불변이라고는 생각하지 않고 경제 변화의 내생변수라고 생각했다. 이 점에서 그의 방법론은 리카도의 방법론과 달랐다. 그는 단지 생산물이 어떻게 분배되는가에 흥미를 가졌을 뿐만 아니라 왜 그와 같이 분배되는 것인가, 그리고 특히 어떻게 생산물이 산출되는가에 흥미를 가졌다. 그는 경제를 움직이는 유일한 원동력이 탐욕이고 탐욕스런 자들 간의 투쟁뿐이라고 하면서, '경쟁'을 자본주의 경제 체제의 특징으로 인식하였다. 또한 자본주의가 어떻게 과거의 경제 체제로부터 필연적으로 탄생하며 독점자본주의로 발전할 수밖에 없는가라는 점에 관해서도 설명하였다.

그는 당시의 경제학자들이 "어느 사이엔가 부르주아 사회의 여러 관계를 부정할 수 없는 사회의 자연 법칙으로 인정하고 마는"(CCPE) 경향을 적극적으로 비판했다. 마르크스는 경제학자의 일은 주로 현대 경제사회의 장기적 발전의 해명에 있다고 생각했다. 그가 자본주의의 가장 중요하고 특징적인 측면이자 변화의 열쇠로 본 것은 '자본-임노동'이라는 생산관계였다. 즉, 전통 사회의 생산자가 이제 적대적인 두 계급으로 분화되었다. 이러한 자본주의적 생산관계는 이전 시대에서는 생각할 수 없던 규모로 생산과 생산성의 증대를 가져왔으나, 궁극적으로는 자본주의를 사회주의로 변환시키는 계급투쟁과 사회혁명의 원인을 조성하였다. 『공산당선언』은 그 점을 다음과 같이 표현하였다.

> 부르주아지는 역사에서 아주 혁명적인 역할을 해냈다. …부르주아지는
> 100년도 채 못 되는 계급 지배 동안에 과거의 모든 세대가 만들어 낸 것
> 을 다 합친 것보다도 더 많고, 더 거대한 생산력을 만들어 냈다. …부르
> 주아지가 봉건 제도를 무너뜨릴 때 사용한 그 무기가 이제는 부르주아
> 지 자신에게 겨누어진다. …공업의 발전으로 프롤레타리아트의 숫자만
> 늘어나는 것은 아니다. 그들은 더 거대한 집단 속에서 한데 뭉쳐 세력이
> 커지며, 차츰 자신의 힘을 스스로 깨닫게 된다. …이처럼 대공업의 발전
> 과 더불어 부르주아지가 생산물을 생산하고 점유하는 기반 자체가 부르
> 주아지의 발밑에서 무너져 간다. 부르주아지는 다른 무엇보다도 자신의
> 무덤을 파는 일꾼을 생산하는 셈이다.

2. 잉여가치론

1) 잉여가치 개념

리카도는 마르크스가 가장 중심적인 경제 문제라고 생각한 '잉여가치' 문
제의 확실한 출발점을 제공했다. 그러나 리카도는 잉여의 분석이 갖는 사회적
함의에는 관심이 없었고, 더구나 그것이 갖고 있는 혁명적 함의에 대해서는 더
욱 관심이 희박했다. 그러다 보니 리카도는 자신의 저작에서 사람들이 당연한

듯이 도출하는 사회적·정치적 결론에 놀라움을 금할 수 없었다. 예컨대, 리카도는 맬서스나 다른 사람들이 자신을 지주계급의 적이라고 지칭하는 것에 특히 당혹스러워했다. 간결하고 신중하게 정의된 가정에 기반하고 있는 자신의 이론을, 주어진 조건이고 설명의 범위 밖에 속한다고 생각한 사회 질서나 자본주의 체제에 대한 비판으로 이해하는 것 자체가 그에게는 어처구니없는 일이었다. 이윤에 대한 다음과 같은 리카도의 서술도 마찬가지이다.

매년 자본가는 (전년에서 이월된) 1만 3,000파운드의 가치가 있는 식료품과 필수품을 가지고 사업을 시작한다. 1년 내에 그는 그 액수의 화폐와 교환으로 노동자에게 전부 팔아 버린다. 같은 기간에 그는 같은 금액의 화폐를 노동자에게 임금으로 지불한다. 1년의 마지막에 그의 소유는 1만 5,000파운드의 식료품과 필수품이 되고, 그중 2,000파운드를 자신의 욕구와 만족에 가장 적절하게 소비하고 처분한다.(*PPET*)

이것 또한 리카도의 의도와는 달리 마르크스의 이윤 착취이론의 완전무결한 출발점이 되었다. 사실 리카도는 이윤에 관한 이론을 갖지 않았다고 말하는 것이 맞다. 그가 염두에 둔 것은 단지 생산물이 어떻게 분배되느냐는 것에 대한 이해였다. 그는 지대를 독립적으로 설명할 수 있는 이론을 만든 후, 지대를 제외한 나머지 생산물을 둘러싼 이윤과 임금의 관계를 설명했을 뿐이었다. 리카도가 남겨 놓은 이론의 빈칸을 자신들의 사상적 입장에 적합한 형태로 메운 사람은 바스티아, 세, 시니어와 밀이었다. 그들은 이윤이란 생산 과정에서 자본가가 수행하는 역할에 대한 보수라는 형태의 이윤론을 전개했다. 예컨대, 밀은 "생산에 필요한 자금을 공급한 사람들에게 되돌려지는 이득의 일부인 자본의 총이윤은… 절제에 대한 충분한 등가와 위험에 대한 보상과 동시에 감독에 필요한 노동이나 기술에 대한 보수에 해당하는 것"(*PPE*)이라고 하였다.

한편, 다음 장에서 살펴볼 신고전학파 경제학은 시장가격이나 자원 배분에 관한 이론에 비하면 분배를 설명하는 이론을 만드는 데는 별로 관심을 두지 않았다. 그로 인해 그들은 밀의 정의에 포함되어 있는 고전학파의 사고방식을 계승하여, 이윤 역시 임금과 마찬가지로 생산요소에 대한 수요와 공급에 의해 결정된다고 생각했다. 그렇게 함으로써 그들은 분배 문제를 고찰할 때 불가피하게 드러날 사회적·정치적 편향을 자신들의 분석과는 무관한 것으로 배제하는 데 성공했다.

이 점에서 마르크스가 추구했던 길은 정통적 고전학파나 신고전학파가 추구했던 길과 예리하게 달랐다. 왜냐하면 마르크스는 사회적·경제적인 의미에서 분배 문제에 관심을 두고 있었으며, 리카도의 지대론(소유권이라는 제도에 기인하는 잉여로서의 지대)에 나타난 사고방식에 따라, 프롤레타리아트가 생산수단인 자본과 토지를 소유하는 계급과 투쟁하고 있다는 자본주의 사회의 계급구조 속에서 이윤을 설명하려 했기 때문이다. 마셜은 이 점이야말로 마르크스 경제학과 정통적 고전학파의 기본적인 차이이며, 그것이 이미 최초의 가정에서부터 예견된 것임을 다음과 같이 지적하였다.

그들(마르크스주의자)은 노동이 그 임금과 노동을 보조하기 위해 사용된 자본의 마모 이상으로 항상 '잉여'를 낳으며 또한 다른 사람에 의한 이 잉여의 착취에 노동에 대해 가해지는 부당함이 존재한다고 주장했다. 그러나 이 모든 잉여가 노동으로 만들어졌다는 가정 자체가 실은 그들이 궁극적으로 증명하려고 하고 있는 결론을 이미 당연시하였다. 그들

은 이 가정을 증명하려고 하지 않고 있으며, 또 이 가정은 옳지도 않다.(*POE*)

경제적인 여러 관계의 발전이야말로 역사를 규정하는 요인이라고 생각하는 사고방식이나, 역사를 생산수단을 소유하는 계급과 생산수단에 종속되어 일하는 계급 간의 부단한 갈등 과정으로 보아야 효과적으로 분석할 수 있다는 사고방식은 결코 새로운 것이 아니었다. 마르크스에 앞서 프랑스 사회주의자 생시몽(Saint-Simon)이나 스위스 경제학자 시스몽디(T. C. L. Sismondi)도 자본주의 사회에서의 과잉생산이 위기를 야기하고, 그 결과 발생하는 계급투쟁이 파멸적인 결과를 초래한다고 생각했다. 마르크스가 보인 특징적인 점이라면, 그것을 하나의 중심적 가설로부터 모든 결론이 논리적으로 얻어지는 모형 속에 집어넣은 데 있다. 그에 의하면, 거대한 자본축적이나 기술 발전을 가능하게 하고 경제성장과 순환을 만들고 경제구조의 특징 및 발전 방향을 결정하는 것은, 모두 자본-임노동의 관계이다.

자본주의 사회는 기본적으로 자신이 가진 유일한 상품인 노동력을 처분함으로써 비로소 생존할 수 있는 자유로운 신분의 노동자계급과, 자신의 동료 기업가와 끊임없는 경쟁을 벌이고 축적을 위해 분투해야 하는 자본가계급으로 구성되어 있다. 문제는 자본가의 이윤을 어떻게 설명할 것인가라는 점이다. 마르크스는 노동가치설을 리카도보다 완전한 형태로 설명하고, 그것을 발전시킴으로써 이윤론(또는 잉여가치론)을 완성했다. 리카도는 노동가치설을 상품의 상대적 가치를 설명하는 편리한 가설 또는 잘 고안된 도구 정도로만 도입하였지만, 마르크스는 상품에 구체화된 노동이야말로 가치의 근원이며 척도임을 다음과 같이 설명하였다.

상품의 사용가치로 결실되는 노동시간은, 사용가치를 교환가치로, 따라서 상품으로 전화시키는 실체일 뿐만 아니라 가치의 크기를 정확하게 측정하기 위한 기준이기도 하다. …교환가치로 보면 모든 상품은 단지 어떤 양의 응고된 노동시간일 뿐이다.(*CCPE*)

교환가치는 일정한 양의 다른 상품과 교환할 수 있는 상품의 양이고 화폐 가치로 표현된다. 이 교환가치가 전제하는 바는 모든 상품에 공통적 요소가 존재한다는 점이다. 즉, 모든 상품은 사용가치면에서는 다르지만 인간 노동의 결정체라는 공통점을 갖고 있다. 마르크스는 모든 상품에 공통적이고 양적 비교가 가능한 유일한 요소를 '추상노동시간'이라 하였다. 그것은 정상적 생산 조건에서 평균적인 숙련과 강도로 어떤 재화를 생산하는 데 들어가는 노동시간을 의미한다.

자본가의 이윤은 자본주의 사회에서 '노동력이 상품으로 변한다는 사실'로부터 설명된다. 애덤 스미스나 리카도의 노동가치설은 재화의 가치 결정 원리에 불과했지만, 마르크스의 노동가치설은 노동력이 상품이 되는 특수한 사회 체제와 연관시킨 점에 큰 의의가 있다. 다른 일반 상품과 마찬가지로 노동력이라는 상품 역시 교환가치와 사용가치를 갖는다. 노동력의 사용가치는 노동이 가진 특정한 기능을 의미하며 노동력의 교환가치는 노동력의 재생산 비용, 즉 노동력을 유지하기 위한 비용을 의미한다. 노동력의 재생산 비용은 노동자 가족의 생존을 위한 생활 수단의 가치이며, 생존 수준은 관습적으로 결정되고 역사적 발전의 산물이다. 노동자는 고용주에게 하루의 노동력을 팔고 그것의 교환가치인 노동의 재생산 비용을 확보하며, 대신 자본가는 하루의 노동력이 갖고 있는 사용가치를 사용한다. 양자가 동일하지 않다는 사실로부터 잉여가치가 생겨남을 마르크스는 다음과 같이 설명하였다.

> 다른 상품의 판매자와 마찬가지로 노동력의 판매자는 노동의 교환가치
> 를 실현하고 사용가치를 준다. 후자를 주지 않고서 전자를 가질 수 없다.
> …화폐 소유자는 하루 노동력의 가치를 지불하였으며… 하루의 노동은
> 그의 소유가 된다. 한편으로 노동력의 하루 유지가 반일의 노동에 해당
> 하며, 다른 한편으로 동일한 노동력이 하루를 일할 수 있는 상황, 결과적
> 으로 하루 동안 노동력의 사용이 창출하는 가치가 노동력 사용을 위해 지
> 불하는 것의 두 배가 되는 상황, 바로 이런 상황은 (노동력) 구매자에게 의
> 심할 바 없는 행운이며 판매자에게도 결코 손해가 아니다.(CAP)

즉, 노동력의 가치와 그 노동력이 실현된 생산물의 가치 간의 차이가 바로
자본주의 생산양식에서의 잉여가치이다. 즉, 노동력에 의해 생산되는 상품의
가치가 노동자가 생존하는 데 필요한 생필품 등의 가치보다 크며 그 차이가 잉
여가치가 된다. 결국 노동자의 노동일(시간)은 노동력의 재생산에 필요한 필요
노동시간과 그것을 초과하는 잉여노동시간으로 구분된다. 예컨대, 잉여가치율
이 100%라고 하면 하루 12시간의 노동 중 6시간은 필요노동시간이고 6시간은
잉여노동시간이다. 잉여가치의 발생은 자본가들이 생산수단을 독점하고 있으
므로 가능하다. 마르크스에게 잉여가치 개념은 자본주의 발전의 전 과정을 이
해하고, 계급투쟁을 사회경제 발전의 모형 속에서 설명하는 핵심적 고리이다.
왜냐하면 잉여가치야말로 자본축적과 성장을 위한 원동력인 동시에 자본주의
를 결국 붕괴시키게 되는 계급 간의 불가피한 투쟁을 가져오는 원인이기 때문
이다.

마르크스는 자신의 가치론을 역사적·사회적 구조와 연관시키고 자본주의로의 발전 과정을 세 개의 추상적 단계로 구분하였다. 첫 단계는 생산자 자신이 생산수단을 보유하며, 자본가라는 계급이 존재하지 않는 자본주의 이전 단계이다(단순 소상품 생산). 두 번째 단계는 생산수단을 독점하는 계급이 나타나기 시작하는 자본주의 초기 단계이며, 자본가는 노동자의 생존에 필요한 이상의 노동을 강제함으로써 잉여를 자기 것으로 갖는다(매뉴팩처 생산). 마지막으로 완전한 자본주의 단계에서는 기계가 노동을 대체함에 따라 재화의 가치 중에 살아 있는 노동의 비중이 감소하고, 기계로 구체화된 죽은 노동의 비중이 점차 증대하며, 노동의 완전고용이 곤란해진다(공장제 생산).

마르크스에 따르면 발달한 자본주의 경제에서 노동력은 상품으로 전화하며, 잉여가치의 원천은 노동 구매자인 자본가가 상품으로 구체화되는 노동시간을 위해 지불한 가격, 즉 임금보다 높은 가격으로 상품을 팔 수 있다는 점에 있다. 마르크스는 자본주의 하에서 생산되는 상품의 가치를 구성하는 세 가지 요소를 다음과 같이 구분하였다. 그것은 살아 있는 노동을 구입하기 위해 지불되고 잉여를 발생시키는 가변자본(variable capital), 생산에 필요한 원료, 도구, 기계, 건물 등을 위해 지불되며 가치의 이전만 있을 뿐 변화가 없는 불변자본(constant capital), 그리고 자본가가 수취하는 잉여가치(surplus)이다.

그는 이윤 최대화를 목적으로 하는 기업 간의 경쟁이 임금의 상승으로 이어지지 않는 이유가 실업자라 불리는 '산업예비군'의 존재에 있다고 설명하였다. 고전학파 경제학자라면 의심할 것도 없이 맬서스의 인구론을 원용하여 노동자의 낮은 임금을 설명하려고 했을 것이다. 그러나 마르크스는 가난한 사람에게 더 높은 정절을 찾고 부자에게 과도한 소비를 시킴으로써 빈곤을 감소시킬 수 있다는 함의를 갖고 있는 맬서스 이론을 받아들일 수 없었으며, 오히려 노동자계급의 빈곤이 자본주의 메커니즘으로부터 비롯되는 것임을 다음과 같이 서술하였다.

> 자본주의 체제에서 노동의 사회적 생산력을 높이는 모든 방법은 개별 노동자를 희생시킴으로써 성취된다. 다시 말해, 생산의 발전을 도모하는 모든 수단이 생산자에 대한 지배와 착취의 수단으로 전화한다. 그것은 노동자를 불완전한 인간으로 불구화시키고 노동자의 지위를 기계의 부속품으로 전락시키며, 작업 과정의 모든 매력적 요소를 파괴함으로써 노동을 저주스러운 고역으로 만들어 놓는다.(*CAP*)

마르크스는 리카도처럼 임금이 노동자의 생존 수준에서 결정된다고 생각했지만, 그것을 인구학적으로 설명하지 않고 자본의 축적 메커니즘으로 설명하였다. 즉, 자본주의적 부문이 성장하면서 그로 인해 희생되는 전(前) 자본주의적 부문으로부터 외연적 실업이 형성된다. 더 중요한 것은 자본이 축적되면서 임금으로 지급되는 가변자본보다, 원료나 고정자본의 구입을 위해 지불되는 불변자본이 증가하면서 '자본의 유기적 구성'이 변화한다는 점이다. 바꾸어 말하면, 자본주의 경제의 생산적 지출은 점차 '살아 있는 노동'에서 '죽은 노동'으로 구성이 변하는 것이다. 이로 인해 산업예비군이 증가하게 되고, 이것이 임금을 압박하는 역할을 한다. 만일 산업예비군이 감소하기 시작하면, 자본가는 노동자 1인당 생산성을 증대시키는 자본 집약적(즉, 노동 절약적) 기술에 투자함으로써 노동 부족의 발생에 대응한다.

이상에서 본 것처럼, 잉여가치론이야말로 마르크스 경제학과 정통적인 고전학파 경제학의 가장 중요한 차이점이다. 바로 이 잉여가치론에서 우리는 자본과 노동 간에는 피할 수 없는 갈등이 존재한다는 마르크스의 '이단적' 사상을 가장 명확하게 의심의 여지 없이 간파할 수 있다. 이것은 마치 산업예비군의 역할이 기술 발전의 특질에 관한 마르크스의 가정에서 자동으로 유도되는 것처럼, 가치론을 정식화할 때의 가정에서 불가피하게 유도되는 공준이라고 할 수 있다. 그러나 생산물의 가치와 사회적 잉여가 노동으로부터 나온다는 가정은, 반증 가능한 사실이나 논리가 아니라 신앙의 문제와 같다.

2) 전형 문제

마르크스는 상품의 교환가치가 상품에 구체화된 노동에 의해 결정된다는 리카도식의 단순한 노동가치설에 입각해 있다. 비록 내용에서는 중요한 차이가 있지만, 그 결과 그는 리카도가 직면했던 것과 같은 문제에 부딪히지 않을 수 없다. 그것은 구체화된 노동량이 같더라도 불변자본과 가변자본의 비율이 다르다면, 즉 자본과 노동의 결합 비율이 다르다면, 동일한 노동이 투입되었더라도 시장에서 실현되는 가격이 달라진다는 문제이다. 왜냐하면 자본가는 가변자본뿐 아니라 투입한 모든 자본을 보상할 정도의 가격을 받으려고 하므로, 시장가격이 어떻게 정의되든 간에 그것은 구체화된 노동으로 측정되는 가치와 같아질 수 없기 때문이다. 이것이 가치의 가격으로 변형 과정에서 생기는 이른바 '전형 문제'(transformation problem)이다. 이에 대해서는 마르크스 이후에 일일이 거론할 수 없을 정도의 많은 연구가 나왔지만, 여기서는 마르크스의 설명을 살펴보기로 하자.

마르크스의 노동가치설에서 핵심은 바로 '살아 있는 노동만이 잉여가치의 유일한 원천'이라는 것이다. 이 때문에 그는 자본의 이윤율을 균등화시키는 경쟁이 결국 상품의 가치와 가격 간의 괴리를 발생시킬 가능성에 직면하지 않을 수 없었다. 『자본론』 제1권에서는 간결한 설명을 위해, 마르크스는 상품 가격이 상품에 구체화된 노동의 가치와 같다고 가정함으로써 이 문제를 옆으로 밀어 놓았다. 마르크스 사후에 출간된 『자본론』 제3권에서, 마르크스는 상품 가격이 항상 실질가치, 즉 구체화된 노동의 가치와 같다고 하는 가정을 약화시키고, 경제 전체로 보면 총잉여가치 또는 총이윤은 노동투입량에 의존하지만, 그것이 지출한 자본에 비례하여 개별 자본가에게 분배된다고 하였다.

예컨대, 〈표 6-1〉과 같이 자본의 유기적 구성이 다른 여러 개의 산업이 있다고 하자. 사회의 평균 이윤율 $r=s/(c+v)=(s/v)/(1+c/v)$이다. 여기서 s/v는 잉여가치율(표에서는 100%로 가정)이며, c/v는 자본의 유기적 구성이다. 상품의 가치는 '상품에 구체화된 노동이 가치의 근원'이라는 가정에 따라 정해지며, 잉여가치율(착취율)은 자본주의 생산관계(생산수단을 소유한 자본가와 팔 것이라고는 자신의 노동력뿐인 노동자 간의 관계)로부터 설명된다. 따라서 상품의 가치는 소모된 불변자본과 가변자본 그리고 잉여가치의 합, 즉 $c+v+s$이다. 그러나 시장에서 상품의 가격은 생산 비용의 합에 평균 이윤을 더한 것으로 결정된다. 즉, 상품의 가격

〈표 6-1〉 상품의 가치와 가격의 결정

산업	자본	총불변자본	소모된 불변자본 c	가변자본 v	잉여가치 s	생산비용 $c+v$	상품가치 $c+v+s$	이윤 r	상품가격 $c+v+r$	가격 -가치
I	100	80	40	20	20	60	80	22	82	2
II	100	70	35	30	30	65	95	22	87	-8
III	100	60	30	40	40	70	110	22	92	-18
IV	100	85	40	15	15	55	70	22	77	7
V	100	95	50	5	5	55	60	22	77	17
합계	500	390	195	110	110	305	415	110	415	

은 $c+v+r$이며, 따라서 그것과 상품의 가치 간에는 괴리가 있다.

마르크스는 개별 상품의 가격이 각 상품에 구체화되어 있는 노동의 가치를 그대로 반영하지 못하는 문제를 자본주의의 역사적 특징과 관련지어 설명하였다. 자본 간의 경쟁에 의해 상품은 잉여가치가 아니라 평균 이윤을 포함한 생산가격으로 팔리므로 생산비 중 불변자본의 크기에 따라 상품의 가격이 원래의 '가치'보다 크거나 작아진다. 표에서 확인할 수 있듯이 가변자본의 비율이 가장 큰 산업 III의 상품 가격은 가치에 가장 크게 못 미치지만, 반대의 경우인 산업 V의 상품 가격은 가치를 가장 크게 웃돈다. 즉, 상대적으로 노동 집약적 방법으로 생산되는 상품은 투입된 가치 이하의 가격으로 판매되지만, 상대적으로 자본 집약적 방법으로 생산되는 상품은 투입된 가치 이상의 가격으로 판매된다. 이처럼 경쟁이 가격을 가치로부터 괴리시킴으로써 한 산업에서 생산된 잉여가 다른 산업으로 재분배된다. 그러나 경제 전체로는 상품 가격의 합은 생산 과정에 구체화된 노동가치의 합과 같으므로, 상품에 구체화된 노동이 가치의 근원이라는 처음의 가정은 타당하게 된다.

3. 이윤율 하락과 공황

마르크스 이론의 여러 가정이 다른 경제학자들 이론의 여러 가정보다 유익한지는, 그의 가정이 보다 현실적인지 또는 경제 내부에서 작용하고 있는 중요한 역학관계를 설명하는 데 보다 효과적인지에 달려 있지만, 그 자체가 사실 분석의 목적과도 관련되어 있다. 마르크스는 자신의 이론을 사용하여 역사적 설명과 예측을 하였다. 즉, 시간을 통해 자본주의가 어떻게 발전해 왔으며 발전할 것인가를 설명했다. 따라서 이론의 타당성을 측정하는 하나의 방법은 그의 이론이 그가 활동하던 시대의 경제 체제에 대해 어느 정도 효과적으로 설명하였는지, 또 어느 정도 정확하게 그 후의 발전을 예측하였는지를 생각해 보는 것이다.

마르크스는 자본주의를 생산수단의 사적 소유를 수반하는 교환경제이자, 생산수단을 소유한 자본가계급과 자신의 노동을 그들에게 팔지 않을 수 없는 노동자계급으로 구성된 교환경제라고 하였다. 다른 많은 고전학파 경제학자들도 마르크스만큼 제도적 측면을 강조하지는 않았지만, 계급구조를 설명할 때 거의 비슷하게 말하였다. 그러나 마르크스 분석에서 특별한 것은, 제도적 특징을 주어진 조건으로 취급하지 않고 경제 체제의 발전을 규정하는 유일한 요인으로 생각한 점에 있다.

자본주의 사회에서 생산기술은 규모의 경제를 발생시키며, 서로 경쟁하는 자본가는 규모의 이익을 향유하기 위해 자본축적을 통해 생산 규모를 확대해 나간다. 마르크스 이론에서 자본축적은 기업가의 타고난 공리주의적 성향 때문에 이루어지는 것이 아니라, 경쟁사회에서 무언의 '사회적 압력'에 의해 일어나는 것이다. 자본주의 생산의 내재적 법칙인 경쟁이 개별 자본가에게 외적 강제로 작용한다. 자본가는 자신의 자본을 유지하기 위해 자본을 끊임없이 확대해 가지 않으면 안 된다. 이러한 압력으로 인해 자본가는 가능하면 노동임금을 억제하려고 하며, 그것이 불가능하면 노동 절약적 기술을 도입한다. 마르크스가 활동했던 19세기 중엽의 시점에서 보면 기술 발전은 노동 절약적이며 자본 집약적이라는 가정은 일견 충분히 현실적으로 타당하였다고 할 수 있다.

그러나 아직 결론을 내기에는 이르다. 자본가들은 더 많은 가치를 차지하기 위해 경쟁적으로 자본축적을 확대해 간다. 축적을 위한 자본가 사이의 경쟁은 기술 진보와 그에 필요한 자본량의 증대 및 자본의 집중을 발생시키며, 이 과정에서 자본가들은 이윤율 하락이라는 딜레마에 빠진다. 앞에서 언급한 평균 이윤율 공식을 보면, 잉여가치율은 이윤율을 증가시키며 유기적 구성의 증가는 그것을 감소시킴을 알 수 있다. 따라서 자본축적이 진행되면 결국 사회 전체적으로 자본의 유기적 구성이 커지게 되며, 만일 잉여가치율이 일정하다면 이윤율은 하락할 수밖에 없다. 물론 이윤율 하락을 상쇄시키는 다음과 같은 일이 나타나기도 한다. 그것은 ① 노동시간의 연장이나 노동강도의 증가, ② 상대적 과잉인구, 즉 산업예비군을 통한 임금 압박, ③ 기술 변화로 인한 불변자본의 저렴화, ④ 해외무역을 통한 저렴한 생필품에 의해 가변자본 부분의 감소 등이다. 이런 상쇄 요인으로 인해 이윤율 하락이 일시적으로 저지되기도 하므로 마르크스는 이윤율 하락에 대해 '경향'이라는 표현을 사용하였다.

한편, 마르크스 이론에 의해 경제학자는 처음으로 산업혁명에 의해 출현한 제도적 구조와 생산기술 간의 작용과 반작용을 통해 경제성장과 경기변동의 쌍방을 설명할 수 있는 하나의 모형을 갖게 되었다. 마르크스는 자본가의 경쟁에 의한 자본축적이 부문 간 불균형을 야기하며, 그것이 주기적 공황으로 이어진다고 하였다. 그 과정은 다음과 같다. 임금이 외생적으로 주어지는 상황에서 자본가는 노동 절약적 생산방식을 도입하게 되며, 이를 통해 이전보다 적은 노동력으로도 산출을 증대시킬 수 있고, 결국 전형 문제에서 설명한 것처럼 시장에서 더 많은 가치를 지배할 수 있다. 자본축적은 생산재에 대한 수요의 증가로 나타나고, 따라서 생산재 부문은 소비재 부문보다 과잉팽창하게 된다(자본재와 소비재 간의 불균형). 생산재 부문이 팽창할수록 사회 전체적으로 불변자본은 증가하고, 가변자본, 즉 살아 있는 노동에 지출되는 부분은 감소한다. 즉, 경제는 경쟁 압력 하에서 확장되고 노동자의 희생 위에 불변자본 스톡은 증가한다. 이러한 과정은 임금 총액의 증가 없는 소비재 생산의 잠재적인 확대를 의미한다. 결국 수요 증가가 없는 과잉생산이라는 모순은 공황으로 현실화된다. 자본주의 경제는 그 속성상 반복적으로 이런 공황이라는 위기에 직면한다. 마르크스가 자본축적의 결과, 반복적인 공황과 만성적인 과소고용 상태가 나타나게 된다고 한 것은 놀랄 만큼 정확한 예측이었다.

그렇다고 해서 자본가들이 그들의 경쟁과 그로 인한 불변자본의 증가를 멈출 수는 없으며, 그들의 행동에는 잘못된 것이 없다. 그러나 그들은 경쟁 속에서 모두가 정확히 동일한 행동을 하므로 전체 생산가치 중 살아 있는 노동의 비율은 더욱 줄어들며, 결국 과잉생산(또는 과소소비)과 상품 가격의 폭락을 초래하게 된다(이를 구성의 오류라고 한다). 부도 사태와 상품 투매의 이전투구가 일어나면서 취약한 중소기업과 부실한 기업은 사라진다. 이런 자본 파괴를 통해 불변자본이 감소하면서 다시 자본의 이윤율은 회복을 경험한다. 즉, 공황은 자본주의 체제의 붕괴를 의미하는 것이 아니라 새로운 출발을 의미한다. 그러나 공황이 반복되면서 자본의 집중이 강화되지만 그의 상대인 노동계급의 반발도 증대한다. 이런 생산수단의 집중과 노동의 사회화는 마침내 자본주의와 양립할 수 없는 지점에 도달하게 되고 자본주의적 사유재산 제도도 조종을 울리게 된다.

이상이 마르크스의 예측이지만, 그것이 결과적으로 항상 옳았던 것은 아니다. 마르크스는 노동자의 생활 조건이 지속해서 악화되고 자본의 이윤율이 하락하면서 자본주의가 더욱 심각한 위기를 맞이하게 된다고 했지만, 이 모두가 사실상 증명되었다고는 할 수 없다. 노동자들의 비참함은 증가하지 않았고 임금은 상승하였으며 노동시간은 짧아졌다. 엥겔스는 마르크스에게 보낸 편지에서 영국의 프롤레타리아트는 점점 부르주아가 되어 가고 있다고 한탄했다. 자본주의는 파국을 맞지 않았으며, 위대한 빅토리아 시대에 세계는 여전히 희망이 넘쳐나 보였다. 자본주의 사회에서 이윤율이 전례없이 하락했다면, 그것은 마르크스가 설명한 것과는 다른 이유 때문이다. 또한 지금과 같은 혼합경제형의 자본주의 사회에서는 노동자와 자본가 간의 계급 갈등이 일정한 정도로 조절되고 있으며, 그것이 유일한 사회적·경제적 모순도 아니게 되었다. 마르크스는 이러한 제도적 변화를 간파하지 못했으며, 자본 절약적이거나 중립적인 기술 변화를 고려하지 않았으며, 자본 스톡에 비해 노동력이 더 느린 속도로 증가하는 인구학적 변화를 내다보지 못했다. 결국 경제학자들도 마르크스의 예언자적 메시지를 불만에 찬 급진주의자의 헛소리 정도로 무시하고 말았다.

마르크스 경제학의 분석 수준과 범위를 생각할 때 흥미 있는 질문은, 두 말할 것도 없이 왜 마르크스 경제학이 주류 경제학에 거의 영향을 주지 못했느냐는 것이다. 물론 경제학계를 새로운 연구 방법으로 전향시키는 것이 마르크스가 의도한 바는 아니었다. 그가 하려고 했던 것은 마지막 사적 소유 제도인 자본주의가 어떻게 전개되어 나가는지를 예측하는 것이었다. "어떤 사회 질서도 그 속에서 발전할 수 있는 모든 생산력이 충분히 발전하기까지는 결코 파괴되지 않고, 새로운 생산관계들은 낡은 관계들로 대체될 수 없다."(CCPE) 따라서 그의 경제학 연구의 궁극적인 목적은, 인류의 물적 잠재력을 극도로 높이고 이제는 파멸을 향해 움직이고 있는 자본주의 생산관계를 혁명적으로 변화시킬 프롤레타리아트의 계급투쟁을 돕는 것이었다.

마르크스는 리카도 경제학으로부터 출발했지만, 노동가치설에 대한 헤겔적 해석으로부터 도출한 정치적 함의, 즉 피할 수 없는 혁명으로 사회적 모순이 극복된다는 주장은, 사회조화설의 철학적 전통과 자유방임을 신봉하는 경제학적 전통 속에서 자란 19세기 영국이나 미국의 지도적 경제학자 누구에게도 수용될 수 없었다. 마르크스가 노동가치설의 전통에 집착하고 있을 때, 다수의 경제학자는 효용을 중요시하고 이윤에 내포된 주관적 비용 측면을 강조하였다. 그들은 마르크스 경제학이 보여 준 이론적 전제뿐 아니라 개념, 분석 방법 등을 전혀 이해할 수 없었으며, 그렇다고 해서 마르크스나 엥겔스가 그들을 자신들의 사상으로 전향시키는 데 관심을 두지도 않았다. 이후의 마르크스주의자들 역시 마르크스 저작을 둘러싼 훈고학적인 논쟁에 치우쳤을 뿐 마르크스 경제학을 발전시키는 데는 실패하고 말았다.

이처럼 마르크스 경제학이 주류 경제학에 아무런 영향을 줄 수 없었던 중요한 원인은 이념적 측면 때문이라고 할 수 있다. 신고전학파가 주류 경제학이 된 것은 마르크스가 말한 '부르주아 경제학자' 전체가 소유 제도, 자유방임주의, 경제적 개인주의를 암묵적으로 받아들였기 때문이다. 다음 장에서 좀 더 상세히 언급하겠지만, 신고전학파에 의해 경제학의 대상 범위는 한정되고 경제 성장 문제는 사실상 범위 밖으로 밀려나면서 미시경제학만 불균형적으로 강조되었다. 그러나 신고전학파 경제학이 가장 큰 승리를 거둔 분야라고 할 수 있는 자원배분 문제는 당시 경제학계가 중요하다고 생각한 분야였다. 하지만 그 문제에 대해 마르크스 경제학은 사실상 아무런 공헌도 하지 못했다.

그러나 양대 전간기 동안 선진 자본주의는 실업과 무역 부진 문제에 직면하였으며, 그로 인해 정부의 경제 개입을 받아들였을 뿐만 아니라 바람직스러운 것으로 생각하기에 이르렀다. 경제학자 중 일부는 그동안 누구도 의심하지 않았던 신고전학파의 이론에 대해 의심하고 마르크스 이론을 기웃거리기에 이르렀다. 또한 자본의 확대재생산 메커니즘이 가변자본의 크기를 점점 감소시킴으로써 과소소비와 공황을 야기한다는 마르크스 이론은 자본의 한계효율성

체감이 유효수요의 부족을 야기한다는 케인스의 이론을 암시해 주었다고도 할 수 있다. 그리고 제2차 세계대전 이후에는 저개발국의 경제 발전 문제의 해결에 경제적 요인뿐 아니라 정치적 · 사회적 요인도 그에 못지않게 중요하다고 인식을 하면서 부르주아 경제학자들도 마르크스 이론을 학문적으로 검토하게 되었다. 물론 선진 자본주의 사회의 구조는 이미 많이 변했고, 저개발국의 구조도 19세기 유럽과 많이 달라져 있었다. 이 때문에 본래의 마르크스 이론은 마셜의 이론과 같은 정도의 현실성을 갖지 못한 이론이 되고 말았지만, 마르크스가 자본주의 분석을 통해 발견한 여러 문제, 예컨대 부와 권력의 집중, 경제적 불안정성 등은 오늘날에도 여전히 존재하며 때로는 심각해지고 있다.

7 한계혁명과 신고전학파

Chapter 7

한계혁명과 신고전학파

1. 한계주의자의 등장

　산업혁명을 통해 자본주의가 확립되어 가는 가운데 애덤 스미스와 리카도 등에 의한 고전학파 경제학은 가치론을 비롯하여 경제성장과 소득분배 등 중요한 사회경제적 이슈를 다루고 있었다. 그들의 경제적 개인주의와 자유방임주의라는 경제사상은 공리주의와 함께 영국 사회경제 제도 형성에 큰 영향을 미쳤다. 최초의 산업혁명 국가인 영국은 1840년대에 곡물법, 항해법과 같은 중상주의적 법령을 폐지하였으며, 무역 장벽으로 작용하고 있는 수출입 관세의 폐지나 축소를 통해 자유무역 정책을 지속적으로 추진하였다. 유럽의 다른 국가들도 영국의 뒤를 따랐으며, 그 결과 1840년대 후반부터 1873년의 세계적 대불황 전까지는 산업화와 자유무역의 확대를 통해 급속한 경제적 팽창을 경험하였다. 마르크스의 예견과는 달리 자본주의는 확장되었고, 노동자계급의 생활도 점차 개선되었다. 시장의 보이지 않는 손이 여전히 작동하고 있다는 생각이 지배적이었다. 시장에 대한 이러한 신뢰가 공리주의나 도덕적 쾌락주의와 결합되어 19세기 후반에는 고전학파와는 다른 새로운 패러다임을 출현시켰다.

19세기 전반까지의 고전학파 경제학자들은 애덤 스미스와 리카도, 밀 등의 저서를 통해 경제학의 이론 및 분석 기법을 배웠다. 그들은 동일한 전문서적을 읽었으며 준거로 삼은 문헌으로부터 학문적 탐구의 범위를 정하였다. 물론 아직 경제학자를 양성하는 교육이 널리 존재하지 않았으며, 경제학이 아카데믹한 이론가와 실증연구가들의 독점적인 영역도 아니었다. 경제학 공동체를 구성하고 있는 것은 학계의 사람뿐 아니라 저널리스트, 은행가, 관료, 정치가 등 다양한 집단이었다. 따라서 경제학에서 패러다임의 전환, 즉 과학혁명은 학계의 연구자뿐 아니라 이 다양한 그룹을 새로운 패러다임으로 끌어들이는 것을 포함하지 않으면 안 된다. 19세기 마지막 4반세기의 경제학에서 일어났던 변화는 바로 그 점에서 혁명적 변화라고 할 수 있다.

빅토리아 시대(1837-1901)는 영국이 세계 최강국의 지위를 과시한 번영기였으며, 영국의 경제사상에서도 상대적으로 의견이 일치된 안정기였다. 이민과 출생률의 하락, 자유무역 등이 인구 압력을 완화해 주었으며, 맬서스와 리카도가 예견하지 못한 기술적 진보가 생산능력을 크게 향상시켰다. 따라서 사회가 곧 '정상상태'에 이를 것이라는 고전학파의 비관적 전망은 후퇴하였다. 비록 사회주의자들과 마르크스의 『자본론』이 다소 불쾌감을 주었을지 모르지만, 그것에 맞설 인물들도 출현하였다. 그들은 리카도의 국제무역의 이익에 관한 이론 및 금융 정책에 관한 이론과 또 애덤 스미스로부터 이어지는 개인주의와 자유방임주의 및 자유시장경제의 이념을 계승하였다. 그러나 그들은 리카도의 정통성을 받아들이면서 세부적인 점에서, 그리고 때로는 상당히 중요한 점에서 리카도와 의견을 달리했다. 특히, 계급 갈등적 함의를 담고 있는 리카도의 가치론과 분배이론에 대한 공격은 19세기 중엽에 이미 시작되고 있었다.

시니어(N. W. Senier)는 앞의 제5장에서 언급한 것처럼, 이미 1840년대에 가치론에 효용 개념을 부활시켰다. 그의 이론은 효용 극대화라든가 비효용 최소화 또는 한계수확 체감과 같은 개념을 포함하고 있었다. 한편, 원생적(proto) 신고전학파의 한 사람인 독일의 고센(H. H. Gossen, 1810-1858)은 1854년에 독일어로 쓴 저서『인간의 교환거래법과 인간 행위의 규칙의 발전』(*Die Entwickelung der Gesetze des menschlichen Verkehrs, und der daraus fließenden Regeln für menschliches Handeln*)에서 수요는 소비자의 효용 극대화 선택으로부터 도출될 수 있음을 세 개의 법칙으로 논증하였다. ① 재화로부터 얻는 효용은 1단위씩 추가될 때마다 감소한다(제1법칙, 한계효용 체감의 원리). ② 소득을 모든 재화의 마지막 1단위로부터 얻는 만족을 동일하도록 배분할 때 효용 극대화가 가능하다(제2법칙, 효용 극대화의 원리). ③ 수요가 공급을 초과할 때만 가치를 가진다(제3법칙, 주관적 희소성이 가치의 원천). 그는 앞의 두 개의 기본 법칙을 기하학과 대수학(algebra)적으로 완전히 정식화했다. 그러나 종래의 생산비설에 의한 가치론을 부정하고 효용에 의한 분석을 주장한 시니어의 업적은 주목받지 못했으며, 한계혁명의 기초를 놓았다고 할 수 있는 고센의 업적도 독일어로 쓰인 탓에 당시에는 거의 알려지지 않았다. 이들은 쿤의 표현대로 전 패러다임(pre paradigm)에 해당한다.

　새 패러다임이 받아들여지기 위해서는 시간이 필요했다. 고전학파 시대의 마지막 인물인 밀의 교과서가 출판된 지 20여 년이 지난 후, 마침내 때가 무르익자 세 명의 학자가 거의 동시에 출현하였다. 그들에 의해 경제학에는 새로운 관점과 도구가 도입되면서 혁명적 변화가 일어났다. 새로운 관점은 가치론에서 효용의 역할을 중시하는 것이며, 새로운 도구는 한계적(marginal) 증분에 대한 분석의 도구이다. '한계' 개념의 발견과 그것의 정치화(精緻化)를 통해 경제학자들은 이제 강력한 분석 도구를 갖게 되었다. 그것은 가계나 기업, 산업과 같은 경제 개별 주체에 대한 미시적 경제 분석에 도입되어 재화 및 생산요소의 가격 결정과 자원의 배분 문제를 설명하였다. 이렇게 탄생한 경제학의 새로운 패러 다임을 우리는 신고전학파라 하는데, 신고전학파는 주류 경제학의 지위를 획 득하고 1870년대부터 1930년대에 케인스 경제학이 등장하기까지 경제학계를 지배하였다.

세 명의 학자, 멩거(C. Menger, 1840-1921)와 제번스(W. S. Jevons, 1835-1882)와 발라 (L. Walras, 1834-1910)는 오늘날의 미시경제학의 원류를 형성한 한계주의자 (marginalist) 제1세대들이다. 그들은 오스트리아 빈, 영국 맨체스터, 프랑스 로잔 에서 거의 동시에 똑같이 한계효용의 개념을 사용하면서 고전학파 경제학과는 전혀 다른 분석 기법을 등장시켰으며, 우리는 이를 한계혁명이라고 한다. 영국 의 경제학자 제번스는 1871년에 주저 『경제학이론』(The Theory of Political Economy) 을 출판하고 한계효용 체감의 원리가 어떻게 개인의 선택을 지배하는가를 설 명했으며, 같은 해에 오스트리아의 경제학자 멩거는 『국민경제학원리』 (Principles of Economics)를 발표하고 주관적 가치론을 정밀화했으며, 마지막으로 1874년에 프랑스의 경제학자 발라가 『순수경제학요론』(Elements of Pure Economics) 에서 한계효용 분석을 엄밀한 수학적 도구를 사용하여 정식화하고 수요·공급 함수와 균형의 결정 법칙을 유도했다.

제번스는 번영의 시대에 자유무역의 혜택을 누린 항구도시 리버풀에서 부 유하고 교양 있는 상인 가문에서 출생하였다. 그는 유니테리언(Unitarians) 교도 였던 탓에 옥스퍼드 대학에 입학이 허가되지 않자, UCS(University College School)에 서 수학과 윤리학, 화학을 공부하였다. 이후 빈곤 문제와 철도 국유화에 대해 연구하면서 경제학 연구를 하였으며, 석탄 문제에 관한 연구로 일약 세상에 알 려졌다. '최대 다수의 최대 행복'이라는 벤담의 공리주의를 신봉했던 그는 경제학의 목적을 최소의 고통으로 행복을 최대화하는 것에 있다고 하였다. 그는 원래 자유방임주의를 지지하였지만, 후에 규제에 관한 논의에서 공리주의의 원칙을 강조하고 자유가 최대 행복 원리의 실현을 촉진하는 경우에는 옹호되지만 그것을 막는 경우에는 법에 의한 제한과 정부 간섭이 정당화된다고 함으로써, 개인적 자유를 절대시하지 않았다.

제번스는 1862년에 발표한 『경제학의 일반적 수학이론 약술』(*Brief Account of General Mathematical Theory of Political Economy*)에서 한계효용 개념을 제시했지만, 주목받지 못했다. 1866년에 맨체스터에 있는 오웬스(Owens) 칼리지의 철학 교수가 된 제번스는 다시 자신이 이전에 쓴 논문을 확장하여 『경제학이론』을 출판하였다. 그의 생산 및 분배 이론은 기본적으로 고전학파와 동일했지만, 가치론에서는 고전학파로부터 완전히 벗어났다. 그는 가치의 원천이 생산비가 아니라 효용과 희소성이라는 '주관적' 가치론을 주장하였다. 또한 제번스는 수학적 용어인 미분이라는 개념을 사용함으로써 고전학파의 전통에서 벗어나 경제학 방법론에 큰 변화를 가져왔다. 그는 『경제학이론』 제1판의 서문에서 경제학 방법론을 다음과 같이 설명하였다.

W. S. 제번스(1835-1882)

이와 같이 정식화된 경제이론은 정태역학(statical mechanics)과 매우 유사함을 보여준다. 교환 법칙은 가상적 속도(virtual velocity)의 원리에 지배되는 지렛대(lever)의 균형 법칙과 닮았다. 부와 가치의 본질은 쾌락과 고통의 미세한 양을 고찰함으로써 설명되는데, 그것은 마치 정

태이론이 에너지의 극소량에 의존하고 있는 것과 같다.(*TPE*)

1834년 노르망디 에브뢰에서 태어난 발라는 명문 에콜 폴리테크니크 입학 시험에 떨어지고 광업대학에 입학했다. 경제학에 수학을 포괄적으로 적용한 최초의 경제학자인 그가 낙방한 과목은 공교롭게도 수학이었다. 대학 졸업 후 그는 은행원, 저널리스트, 소설작가, 철도회사 직원으로도 일했다.

프랑스에서는 19세기 전반에 산업화가 진행되면서 노동자의 빈곤이 주목 받고 있었다. 발라는 사회에는 숙명적으로 빈곤을 대대로 이어가는 계급이 존 재하며 그들의 개인적 노력만으로는 사회적 빈곤의 근절은 기대할 수 없다고 하면서, 생애 마지막까지 사회적 빈곤의 문제에 관심을 가졌다. 개인은 시장에 서 자유롭게 행동할 권리를 갖는 대신 불평등을 받아들여야 하지만, 국가는 권 위를 갖고 경쟁 조건의 불평등을 해소해야 한다. 문제는 시장 메커니즘의 효율 적인 자원 배분이 노동자의 생존을 보장하지는 않는다는 것이었다. 그는 사회 문제의 원인이 경쟁 이전의 소유 상태에 있다고 보았다. 따라서 자유경쟁의 명 분으로 그것을 그대로 방치하면, 스스로의 노력으로 빈곤을 탈출하는 사람이 전혀 없 지는 않겠지만, 대부분은 빈곤 상태로 남는 다고 하였다. 또한 그는 시장경쟁에 관한 이론이 시장 참가자의 대등함을 가정하고 있지만 현실의 노동시장에서는 노사 간에 힘의 차이가 확연히 존재하며, 따라서 경제 학자들이 추상이라는 학문적 방법에 의해 스스로를 기만해서는 안 된다면서 노동자

L. 발라(1834–1910)

들의 결사의 자유를 지지하였다.

슘페터(J. Schumpeter)가 가장 뛰어난 경제학자로 평가한 발라는 '일반균형이론'의 틀 속에서 한계분석을 전개하였다. 프랑스의 원생적 신고전학파였던 아버지의 뒤를 이어 경제학에 입문한 그는 로잔 아카데미의 교수로 있으면서『순수경제학요론』을 저술하였다. 그의 일반균형이론은 각각의 시장이 독립적이지 않고 서로 연관되어 있으므로, 균형가격이 존재하기 위해서는 모든 시장이 동시에 균형을 이루어야 한다는 것이다. 따라서 발라의 이론은 모든 상품 또는 요소의 가격의 함수로 표시되는 수요 함수의 해를 구하는 연립방정식 체계로 되어 있다. 이런 일반균형이론은 그가 자기 후임인 파레토(V. Pareto)와 함께 이끈 로잔학파의 특징이 되었다. 발라는 모든 시장에 한계분석을 적용하였으며, 제번스와 마찬가지로 경제이론에 걸맞는 적당한 분석 방법과 분석 대상을 선택함에 있어 물리학의 균형 개념을 준거로 삼는 것에 전혀 어색해하지 않았다. 그의 정의에 의하면, 순수경제학은 응용경제학이나 사회경제학과는 구별되는 이론경제학이며, 완전자유경쟁이라는 가상적 상황에서의 가격결정이론을 다루는 이념 중립적인 '물리수학'이었다.

멩거는 1840년에 오스트리아제국에 속한 갈리시아에서 태어났다. 당시에 오스트리아는 나폴레옹과의 전쟁에서 승리한 메테르니히가 총리가 되어 유럽의 복고 체제를 이끌고 있었다. 그러나 1848년의 혁명으로 메테르니히는 영국으로 망명하고 오스트리아는 절대왕정의 입헌군주제로 이행하였다. 오스트리아는 1866년에 프로이센과의 전쟁에서 패전하였지만 1867년에 헝가리와 합하여 오스트리아-헝가리 제국이 되었다. 이 광대한 제국을 통솔한 것은 귀족 출신의 군인과 관료, 지주계급이었다. 멩거는 프라하에서 대학을 졸업하고 신문 저널리스트로 활동하다가 경제에 관심을 갖고 1867년에 연구를 시작하였다.

1871년에 빈 대학에 제출한 강의 자격 논문이 후일 『국민경제학원리』로 출간되었다. 그는 개인의 자유가 경제의 기초라고 주장하면서 사회주의에는 반대하였지만, 노동자계급의 지위 향상과 그것을 위한 시책을 정부의 책무라고 했을 정도로 그 문제에 대한 정부의 간섭을 용인하였다. 그러나 그는 노동 문제보다도 귀족계급에 대한 자유주의적 개혁을 중시하였는데, 이는 아직 영국과 같은 대공장 제도가 미발달한 중유럽 사회의 현실을 반영한 것으로 보인다.

멩거 역시 교환 비율의 결정 요인으로서의 한계효용 개념을 중심으로 자신의 가치론을 구성하였다. 그런데 그는 수학자가 아니었으므로 제번스나 발라가 전개한 것과 같은 수학적 표현을 피하는 대신 엄밀한 논리에 의지하지 않을 수 없었다. 멩거는 하나의 확정적인 시장균형 모형을 자의적으로 만드는 것에는 반대하였지만, 그 역시 한계분석에 의거하여 경쟁시장에서의 가격 결정 기구를 분석하는 경제이론을 생각하고 있었다. 그러나 멩거는 욕구를 기수적으로 측정이 가능할 것이라고 생각하지 않았으며, 한계적이라는 말도 사용하지 않았다. 대신 그는 사람들이 자신들의 필요를 서열화하고 가장 긴급한 필요부터 충족시켜 나가는 식으로 재화를 사용할 것이라 하였다. 이러한 멩거의 명제에 대해 한계효용 체감이라는 표현을 쓴 것은 그의 제자인 비저(F. Wieser)였다. 빈 대학의 교수였던 멩거는 제자인 뵘바베르크(E. Böhm-Bawerk), 비저와 함께 오스트리아학파를 이끌었으며, 수요자가 느끼는 주관적 가치가 생산요소에 대한 수요를

C. 멩거(1840-1921)

결정한다는 그의 전가이론(imputation theory)은 오스트리아학파의 연구 주제가 되었다.

한계효용이라는 용어가 만들어진 것은 후일 멩거의 후임자인 비저에 의해서였고 또한 세 권의 책 간에 적지 않은 차이가 있지만, 그럼에도 삼자 간에는 분석 방법론이나 내용에서 놀랄 만한 유사성이 있다. 이들 세 명의 경제학자는 모두 세나 시니어의 개인주의적이고 공리주의적인 관점을 계승하고 있으며, 신고전학파의 가장 중심적인 내용인 한계효용가치론을 정식화하였다. 이들은 상호 독립적으로 거의 같은 시기에 책을 출판하였으며, 이러한 '동시 발견' 이후에 경제학 공동체가 공유하고 있던 신조, 가치, 분석 방법 등 거의 모든 영역에 큰 변혁이 있었다. 그래서 우리는 1870년대를 이전과 이후를 구분하는 분수령으로 보고 '한계혁명'을 필요 이상으로 강조하기 쉽다. 그러나 당시에는 아직 혁명이라는 단어의 의미에 부합할 정도로 형태(gestalt)의 완전한 전환이 있었다고 하기는 어렵다.

첫째, 세 사람은 완전히 같은 생각, 가치관, 분석 기법 등을 공유하고 있었던 것은 아니었다. 특히, 멩거와 그의 제자들이 엄밀한 의미에서 한계주의자였는지는 논쟁의 여지가 있다. 멩거는 완전 지식과 일물일가가 성립하는 완전경쟁시장을 상정하지 않고 참가 당사자들의 교섭에 의해 가격이 결정된다고 보고 항상 시간의 흐름 속에서 시장의 조정이 이루어지는 것을 염두에 두었다. 또한 그는 경제학에 수학을 이용하는 것을 비판하고 경제의 불확실성을 중시하였다. 둘째, 이후 경제학의 범위와 방법에 대해 세 사람이 끼친 직접적인 영향은 제한적이었다. 제번스는 50세가 되기 전에 죽었으며, 동시대인에게 이론가보다 응용경제학자로 알려져 있었다. 그의 『경제학이론』은 밀이나 마셜의 책처럼 교과서로 널리 사용되지 않았다. 또한 발라의 이론은 최근까지도 대다수의 이론경제학자에게 있어서 너무나 수학적이고 접근하기 어려운 내용이어서 독자층이 제한되어 있었으며, 『순수경제학요론』은 1954년까지 영어로 번역되지도 않았다. 셋째, 세 사람에 의한 한계혁명은 아직 미성숙한 수준이어서, 그에 수반된 방법론적 혁신이 정통 경제학에 큰 영향을 끼치고 새로운 패러다임이 지배적으로 되었다고 느껴지기까지는 20년 이상이 필요했다.

물론 세 명의 학자들이 비록 같은 틀 안에 꼭 맞게 들어가 있었던 것은 아니라고 하더라도, 그들의 업적이 적어도 경제학자가 갖는 경제학의 범위와 방법에 대한 사고방식을 크게 변화시키는 단서였던 것은 확실하다. 그들은 경제학자가 표준으로 받아들이는 전형적인 기준, 모범 및 절차적 룰을 변화시켰으며, 그것과 함께 미해결 상태에 있는 중요한 학문적 연구 과제를 정식화하고 순위를 매기고 해결할 수 있는 새로운 방법을 제시하였다. 이러한 패러다임 전환의 핵심은 바로 '한계분석'의 도입이었다.

2. 한계분석의 도구

한계혁명 제1세대 세 명은 효용에 한계분석이라는 특징적인 분석 도구를 사용함으로써 인간을 합리적이고 계산적이며 극대화의 행위자로 보는 공리주의의 관점을 수학적 용어로 표현할 수 있었다. 사실 효용 개념은 고전학파 경제학자에게도 매우 친숙한 것이었지만, 주관적이고 수량화가 되지 않는다는 이유로 고전학파의 가치론으로부터 외면당했다. 고전학파 경제학 이론에 의하면, 균형의 장기 자연가격을 결정하는 것은 효용이 아니라 생산 비용이었다.

고전학파는 재화의 효용을 유용성(usefulness)과 동일시하였으며 재화가 생산될 수 있으려면 유용성을 가져야 한다는 데 동의하였다. 리카도는 상품이 아무런 유용성을 갖고 있지 못하면, 즉 그것이 우리의 만족에 아무런 기여를 하지 못한다면, 그것이 아무리 희소하거나 노동이 투입되었더라도 교환가치를 갖지 못할 것이라고 하였다. 그러나 고전학파에게 효용의 역할은 그 이하도 이상도 아니었으며, 재화의 가치를 결정하는 것은 효용이 아니라 생산 비용이었다. 고전학파가 효용과 가치의 연관을 포기하고 효용을 가치론에 포함할 수 없었던 것은 물과 다이아몬드의 역설 때문이었다. 그러나 이 역설은 효용과 사용가치를 혼돈한 고전학파의 오류에서 비롯된 것이다. 효용은 유용성이 아니라 욕구되는 정도(desiredness)를 의미하지만, 세와 시니어 정도를 제외하면 고전학파는 그것을 이해하지 못하고 애덤 스미스의 잘못된 주장을 받아들였던 것이다.

한계혁명에 의해 비로소 효용에 관한 논의가 풍부해지고 효용과 수요의 연관을 밝히는 일이 중요하게 대두하였다. 한계혁명은 고전학파의 가치론에서 배제되어 있던 효용을 중요한 중심 개념으로 삼아, 그것의 한계적 증분이 가격을 결정한다고 하였다. 제번스가 공리주의 사상에 추가한 중요한 기여는, "부와 가치의 본성을 설명할 수 있는 것은 무한히 적은 양의 쾌락과 고통에 대한 고찰"이라고 하고 "경제학자들이 조금이라도 과학성을 띠고자 한다면 수학적 기법을 써야 한다"(TPE)라고 주장한 점이다. 한계주의자들은 한계분석의 도구를 사용하여 가치, 즉 가격의 결정이론을 설명하였으며, 한계분석을 가격이론뿐 아니라 생산이론과 분배이론을 포함하는 경제학 이론의 대부분에 적용하였다. 요컨대, 한계분석이란 생산요소나 재화의 미세한 양의 변화가 생산이나 효용에 가져오는 변화를 분석하고, 그것을 통해 희소한 자원의 최적 배분 상태에 이르게 됨을 구명하는 것을 말한다.

한계분석의 도구에 의해 경제학의 중요한 과제, 가정, 분석 방법 등에 있어서 혁명적이라고 할 수 있을 정도의 큰 지적 변화가 일어났으며, 경제학의 패러다임은 고전학파에서 신고전학파로 전환되었다. 신고전학파는 한계분석의 도구를 사용함으로써 경제학의 학문적 틀과 경제학 연구의 우선순위에 근본적이고 광범한 변화를 일으켰다. 이제 경제학은 희소한 자원의 최적 배분을 기본적인 과제로 삼게 되었으며, 한계분석의 도구를 사용하여 이윤 또는 효용 극대화 문제를 해결하고 장기 경쟁 균형의 기본적인 분석 틀을 만들었다. 한계분석은 광범한 대상에 대해 쉽고 유효하게 적용할 수 있는 편리한 분석 도구일 뿐 아니라, 또한 의도적이라기보다 결과적인 것이지만 경제학에 특별한 철학적·사상적 경향을 부여하였다.

한계분석의 도구를 사용함으로써 신고전학파 경제학자는 시장경제에서 상품과 생산요소의 가격이 어떻게 결정되는가를 다음과 같은 논리로 일관되게 설명할 수 있었으며, 동시에 소비자의 효용 극대화의 조건도 분명히 할 수 있었다. 제번스에 의하면 순수 교환경제에서의 균형은 다음과 같은 조건을 만족시킨다. 가령 어떤 사람이 x를 받고 y를 주는 교환을 할 때 교환으로 얻는 효용과 상실하는 효용은 동일하며(I식), 시장에서의 상대가격은 거래량의 비율과 같다(II식). 두 식으로부터 균형에서 각 재화의 지출에 사용된 화폐 1단위의 한계효용은 동일하게 됨을 알 수 있다(III식). 이 상태에서 소비자는 효용을 극대화할 수 있다. 만약 III식의 좌변의 값이 우변의 값보다 크다면, 그는 y를 팔아 x를 사려고 할 것이며, 이를 통해 동일한 금액의 y를 포기하여 상실하는 효용보다 x를 얻어 더 큰 효용을 얻을 수 있다. 한계효용 체감의 원리에 따라 MU_y는 커지고 MU_x는 감소하므로 마침내 양변은 동일하게 된다. 만약 우변의 값이 좌변보다 크다면 동일한 과정이 반대로 진행될 것이다. 결국 양변의 값이 동일할 때

소비자의 효용은 최대화된다.

$$MU_x dx = -MU_y dy \qquad\qquad (\text{I})$$

$$-dx/dy = p_y/p_x \qquad\qquad (\text{II})$$

$$MU_x/p_x = MU_y/p_y \qquad\qquad (\text{III})$$

자발적인 교환에 참여하는 개인은 이처럼 교환으로부터 상실하는 효용과 얻는 효용이 동일하도록 구매와 판매 활동을 함으로써 효용을 극대화할 수 있다. 제번스는 그것을 이처럼 수학적으로 정식화하였다. 다만 제번스는 한계효용이 어떻게 가격을 결정하게 되는가를 설명하려 했지만, 그것을 설득력 있는 정도로까지는 설명하지 못했다. 따라서 그의 한계분석은 미완성이고 미성숙한 상태였다고 할 수 있다.

그러나 한계혁명의 제1세대는 한계분석이 희소한 자원의 가장 효율적인 배분, 즉 최적 배분을 찾아내는 분석 도구이며, 한계에서의 값을 같도록 함으로써 자원의 최적 배분 상태를 달성할 수 있음을 보여 주었다. 자유로운 경쟁 상태이고 한계효용 체감(또는 수확체감)이 존재하는 상황에서 소득이나 시간, 생산요소를 1단위씩 대안적 용도에 투입할 때 마지막 투입이 발생시키는 수익을 동일하게 함으로써 자원의 최적 배분이 달성될 수 있다. 달리 말해, 마지막 1단위의 자원을 어떤 용도에 투입하여 얻어지는 수익이 동일한 자원 1단위를 다른 용도에서 끌어들임으로써 생기는 손실과 완전히 같을 때 자원은 최적 배분되었다고 할 수 있다. 이처럼 한계분석은 경제학의 문제의식을 성장과 분배가 아닌 자원의 최적 배분을 찾는 것으로 변화시켰다. 또한 자유로운 경쟁 상태에서 자원의 최적 배분이 달성된다는 논리는 사적 이기심에 의해 공익이 극대화된다는 애덤 스미스의 자유주의 사상과 시장경제의 조화로운 질서를 지지하였다.

신고전학파는 한계분석의 도구를 사용함으로써 이론적으로는 투입과 산출을 수량화하여 분석할 수 있게 되었다. 그들은 이전의 고전학파처럼 재화에 내재하는 고유한 무엇이 있다고 생각하지 않고 경쟁시장에서 결정된 가격을 가치와 같다고 정의하였으며, 소비자의 만족도나 노동 또는 자본의 한계생산물을 객관적이고 가법적인 수로 측정할 수 있었다. 이 새로운 분석 도구의 분석력과 응용 확장성, 분석에 필요한 기본적인 가정(소비자는 만족을 극대화하고 생산자는 이윤을 극대화한다는 가정)의 간결함은 '순수' 경제학도에게 몹시 매력적이었다. 여기서 순수 경제학도라고 한 것은 정치적 강령보다 추상이론의 범위 내에서 과학적 진실에 보다 더 충실한 아카데믹한 이론가를 뜻한다. 따라서 신고전학파가 영·미에서 영향력을 갖는 학파가 되었을 때 학계의 지도자들이 실천적이라기보다 아카데믹해지는 경향을 보였던 것은 당연하다고 할 수 있다.

한계분석은 수학적 개념에 기초하고 있음에도 불구하고 수학과 인연이 없는 경제학자들도 매우 접근하기 쉬운 것이었다. 또한 한계분석은 수학적 표현이나 추상화를 전제로 하고 있기 때문에, 수학을 공부한 사람이 경제학에 관심을 갖고 이론적으로 중요한 공헌을 할 가능성을 높였다. 이후의 마셜이나 케인스는 모두 케임브리지 대학 수학과 우등 졸업생이었다. 동전의 양면과도 같은 일이지만, 한계분석에 의해 경제학이 아카데믹해질수록 경제이론은 더욱 추상화되면서 현실로부터 유리되었다. 한계분석의 초점은 시장에서의 가격 결정 문제였으며, 따라서 신고전학파는 자신들의 연구 대상을 시장의 교환 과정에 좁게 한정시켜 버렸다. 분명히 신고전학파에 속하는 학자라 하더라도 개인적으로는 이전의 고전학파 경제학자들처럼 정치적·사회적인 문제에 강하게 자극 받았을 수도 있다. 그러나 경제학자로서 그들의 관심은 대부분 당면한 현실의 정책과는 직접적인 관련이 없는 추상적·이론적 문제에 기울어져 있었다.

3. 신고전학파의 성공

1) 신고전학파의 이념적 함의

한계혁명에 의해 시작된 신고전학파가 고전학파 패러다임을 대체하고 새로운 패러다임으로 등장하는 것은 자연과학에서 패러다임의 전환이 일어나는 경우와 유사점이 있다. 토마스 쿤의 『과학혁명의 구조』(*The Structure of Science Revolution*)에 의하면, "새로운 패러다임의 지지자들이 내세우는 가장 유력하고 유일한 주장은 그들이 옛 패러다임을 위기로 몰아넣은 문제를 해결할 수 있다는 것"이다. 이런 주장은 "새로운 패러다임이 옛 경쟁 상대보다 훨씬 더 우월한 수량적 정확성을 나타내는 경우에 특히 성공할 확률이 높다." 그러나 위기를 낳은 문제의 해결에 앞서 "핵심은 어떤 경쟁 패러다임도 완전히 풀었다고 주장하지 못하는 다수의 문제에 대해 과연 어느 패러다임이 장차 연구의 지침이 될 것인가"라는 것이다. 쿤의 논지를 요약하면, 패러다임의 전환은, 첫째 현실의 여러 문제에 대해 기존의 패러다임이 효과적으로 대처하지 못하는 상황에서 새로운 패러다임이 연구의 지침이 될 수 있어야 하고, 둘째 기존의 패러다임을 위기로 몰아넣었던 문제를 새로운 패러다임이 해결해야 하며, 셋째 새로운 패러다임이 수량적 정확성에서 우월한 경우에 성공할 수 있다.

고전학파 패러다임이 위기에 직면했다는 것은 1870-1880년대에 경제학의 범위와 방법을 둘러싼 첨예한 대립이 있었음을 그 근거로 들 수 있다. 제번스는 1876년의 논문에서 『국부론』이 간행된 지 100년이 지났지만 경제학이 혼돈 상태에 있고 경제학에 관한 의견의 일치가 이전에 비해 크게 감퇴했다고 하지 않을 수 없다고 개탄하였다. 물론 이 시기에 경합하는 두 개의 패러다임, 즉 역사학파와 신고전학파 간의 의견 차이를 그 이전의 맬서스와 리카도, 또는 시니어와 맥컬록 사이의 차이와 그다지 다를 바 없다고 보는 사람도 있을 것이다. 그러나 두 패러다임의 주역들이 논쟁할 수 있는 공통 영역이 적어서 그렇지 실제로는 둘 간의 차이는 매우 컸다고 할 수 있다.

두 개의 패러다임이 경합하고 있다는 것 자체는 고전학파 패러다임이 더 이상 받아들여질 수 없는 위기에 빠져 있음을 의미한다. 경제학에서 패러다임의 위기 또는 경합은 자주 일어날 수밖에 없다. 어떤 사회적·제도적·경제적 변화가 있을 때마다 논쟁이 있기 마련이며, 정책 당국이 중요하다고 생각하는 경제적 문제의 형태나 내용이 항상 계속해서 변해 왔기 때문에, 자연과학에 비해 경제학에서는 현실을 해석하고 분석하기 위한 새로운 방법이 자주 요구되는 것은 사실이다. 그러므로 경제학의 학문적 틀이 그다지 변하지 않고 있다면 그것이 오히려 놀랄 만한 일이며, 경제학자의 지적 활동에 어떤 이념적 제약이 강하게 작용하고 있음을 방증하는 것인지도 모른다.

그런데 경제적 개인주의와 자유방임주의를 지지하는 고전학파의 이념적 경향은 신고전학파에 의해서 20세기 초에 이르기까지 계속 유지되었다. 신고전학파의 분석에서 얻어지는 정책적 결론이 그러한 이념적 합의를 가능하게 하였다. 신고전학파 패러다임의 성공은 그것이 성장이나 분배와 같은 중요한 경제적 문제에 대해 효과적인 해결책을 제시했기 때문이 아니다. 사실 신고전학파 경제학은 리카도 경제학의 관심이었던 가치론과 분배의 문제를 해결했다기보다는 카펫 밑으로 감추어 버렸다고 할 수 있다. 동학적 분석이 필요한 성장의 문제 역시 한계분석에 의한 균형이론의 유효한 연구 범위에 포함되지 않으므로 의도적으로 밀려날 수밖에 없었다. 제번스는『경제학이론』초판의 서문에서 동학적 분석의 연구도 필요할 것이라고 하였고, 마셜도 경제학이 기계역학(mechanics)보다 생물학에 비유되어야 할 것이라고 하였지만 그것뿐이었다.

그럼에도 불구하고 신고전학파 경제학이 주류 경제학이 될 수 있었던 것은 결국 다른 패러다임과의 경합에서 이념적으로 승리할 수밖에 없었던 사실에 기인한 바가 크다고 할 수 있다. 사회과학이 다루는 문제는 자연과학의 경우와 달라서 본질에서 정치적인 관련이 있기 때문에, 새로운 패러다임을 평가하는 경우에 고려하지 않을 수 없는 요소는 그것이 내포하는 이념적 함의이다. 신고전학파가 말하는 합리성, 완전경쟁, 자원의 최적 배분과 같은 순수 경제학의 전문용어는 경제적 자유주의와 조화의 철학을 내포함으로써 정치적 안정(status que)에 대한 과학적 지지를 보내는 데 기여하였다. 신고전학파의 승리를 생각할 때 이 점이야말로 다른 어떤 요소보다도 중요할지 모른다.

영국의 경제학자들은 대개 사회조화설을 받아들였으며, 정치적으로는 자유무역과 정부 개입의 억제를 지지하는 전통 속에서 성장하였다. 19세기 중엽에는 자유무역 제국주의가 확대되고 바야흐로 세계가 명실상부하게 하나로 묶이는 제1차 세계화의 바람이 불었다. 그러나 이러한 국제통합이 가져온 경기순환의 세계적 동시화는 1873년 빈과 뉴욕에서 발생한 금융공황과 그에 이은 세계적 공황을 야기하였다. 고전학파의 자유방임주의, 개인주의의 이데올로기는 점차 현실과의 모순을 드러내기 시작했다. 산업계는 점점 격화되는 국제경쟁에 직면하였으며, 마침내 자유경쟁 자본주의는 독점 자본주의로 이행하고, 열강들 간의 제국주의 경쟁이 치열해지고 있었다. 또한 19세기 중엽까지 침체 상태였던 노동조합은 비숙련 노동자를 포함한 거대 조직으로 성장하였으며, 소득 격차가 점차 명백해지고 있는 시점에 헌정 개혁에 의해 노동자계급에도 투표권이 주어졌다.

이런 상황 하에서 영국 경제학의 전통과 너무나도 동떨어져 있는 마르크스 경제학은 말할 것도 없고 리카도의 전통을 발전시키는 것조차도 위험했다. 리카도의 지대론이나 임금과 이윤의 관계에 대한 설명에는 계급 갈등을 부추기는 불온함이 포함되어 있기 때문이었다. 경제학의 시야를 넓히려고 했던 밀의 노력이나 그가 보인 일종의 자유주의적 · 사회주의적 경향도 자유방임주의를 신봉하는 경제적 개인주의자들의 눈에는 안심할 수 없는 잠재적 위험이었다. 반면, 신고전학파 방법론은 완전경쟁시장에서 자원이 최적 배분되고 있음을 보여 주고, 또한 시대에 뒤떨어진 '자연법'이라는 철학적 가정 대신에 균형이라는 '과학적' 개념을 도입하였다. 그로 인해 경제학의 영역이 좁아진다 해도 그것은 충분히 채택할 만한 것이었다. 왜냐하면 이런 방법론에 의해 경제학자는 이론적으로 현재의 소득분배 상태에 대한 이데올로기적 지지를 정당화할 수 있었기 때문이다. 이 점에서 신고전학파의 패러다임이 다른 어떤 대안적 패러다임보다 마음에 드는 이념적 함의를 갖고 있었다고 할 수 있다.

2) 가치론으로부터의 해방

어느 패러다임이 새로운 정통파로 자리 잡기 위해서는 그 이전의 패러다임이 적절히 해결하지 못한 문제의 해결에 성공하는 것이 필요하다. 고전학파 경제학자를 줄곧 괴롭혀 왔던 문제는 가치 문제였다. 애덤 스미스는『국부론』제1권의 제5-7장을 '상품의 교환가치를 규정하는 원리'에 할애하였다. 리카도는 그가 목적했던 분배이론에 집중하기 전에 가치론을 만들지 않으면 안 되었다. 그러나 이미 설명한 바와 같이 리카도는 자신의 가치론이 가진 결함을 인식하고 있었다. 첫째, 그의 노동가치설은 시간을 고려한 가치의 변화를 설명할 수 없었다. 생산 과정에 내구성이 다른 자본이 포함될 가능성을 고려하면 임금의 상승은 자본 집약적 생산물에 대한 노동 집약적 생산물의 가격을 상승시킴으로써 노동투입량과는 무관하게 상대가격을 변화시키기 때문이다. 둘째, 그는 절대적인 가치 수준이 어떻게 결정되는가를 설명하지 못했다. 모든 재화의 가치는 생산에 필요한 비용에 의존하며, 생산을 위해 다소라도 노동을 필요로 하지 않는 재화는 존재하지 않는다. 따라서 투하된 노동의 가치를 결정할 수 있는 어떤 척도도 존재할 수 없다.

리카도는 마지막까지 가치론을 완성할 수 없었다. 밀(J. S. Mill)은 리카도에 의해 가치론에서의 모든 문제가 해결되었다고 했지만, 밀의 책을 읽은 사람들은 그런 주장을 납득하기 어려웠을 것이다. 밀은 한편으로는 재화의 가치가 생산에 필요한 노동의 질에 주로 의존한다고 하면서, 다른 한편으로는 재화의 가치가 고유한 또는 본질적 성격이 아니며 그 재화와 교환하여 얻을 수 있는 다른 재화의 양을 의미한다고도 하였다. 그리고 어떤 시점에서의 재화의 가치는 공급과 수요의 결과이며, 현재 존재하는 공급에 적합한 시장(수요)을 만들어 내는 데 필요한 수준과 항상 같다고도 하였다. 이처럼 밀은 리카도의 가치론을 어느 때는 받아들이고 어느 때는 부정하였으며, 또 수요와 공급이 가치에 미치는 영향에 대해서도 그것들이 어떻게 실제의 가치를 결정하는가를 전혀 밝히지 않고 논의를 전개하였다.

신고전학파 선구자들의 관점에서 보면, 리카도의 투하노동가치설은 새로운 전제와 새로운 분석 방법을 만들지 않으면 탈출할 수 없는 막다른 골목으로 고전학파 경제학을 몰아넣고 말았다. 리카도의 노동가치설은 예를 들어 예술 작품이나 과거의 어느 해에 양조된 포도주처럼 공급이 일정하거나 초과 공급 상태에 있는 재화의 가격을 설명하지 못하며, 노동이 이질적이거나 생산 조건이 달라서 생기는 재화가격의 차이도 설명할 수 없었다. 이에 제번스는 당시 정통적 고전학파 경제학을 전방위적으로 공격하였으며, 『경제학이론』제2판 (1879)의 서문에서 "유능하지만 틀린 생각의 리카도에 의해 경제학이 잘못된 길로 들어섰으며, 마찬가지로 유능하지만 틀린 생각의 추종자 밀이 잘못된 길에 있는 경제학을 더욱 혼돈스럽게 하였다. 경제학의 교의를 바르게 잘 이해하고 있었던 맬서스나 시니어는 리카도-밀 학파의 연합과 영향에 의해 필드에서 추방되었다. 흩어진 과학의 파편들을 주워 모아 경제학을 새롭게 출발시켜야 하며 그것은 포기할 수 없는 일"(TPE)이라고 하였다.

리카도가 도달한 막다른 골목에서 탈출하기 위해서는 가치론을 고전학파 경제학자가 생각했던 것과는 전혀 다른 방법으로 접근할 필요가 있었다. 그것은 다름 아니라, 절대가치 또는 내재적 가치라는 개념의 탐구를 포기하는 것이다. 제번스는 내재적 가치의 존재를 인정하지 않았다. 그는 만일 경제학도가 가치를 물체나 대상에 내재하고 있는 것이라고 생각한다면, 경제 문제를 명석하고 바르게 이해하는 것이 불가능하다고 하였다. 제번스는 가치가 재화 간의 교환 비율을 표현한 것에 불과하다고 생각하고, 경제학의 연구 주제로 가치 대신에 효용에 초점을 맞추었다. 제번스는 재화의 가치가 한계효용, 즉 효용의 한계적 증분에 의존한다고 주장하였다. 제번스처럼 한계효용이론의 신봉자들은 내재적 가치에 대한 일체의 관심을 부정하였으며, 동시에 고전학파의 생산비설에 대해서는 그 의미를 인정하지 않았다.

한계혁명은 분석에 있어서 철학보다 수학의 기법에서 많은 것을 원용하고 경제학자의 관심을 심원한 철학적 문제인 가치의 탐구로부터 현상적인 시장 가격의 결정 요인으로 기울게 하였다. 즉, 한계혁명은 고전학파 경제학자들이 집중했던 가치에서 교환으로, 또 자연가격에서 시장가격으로 문제의식을 옮겼다. 제번스는 가치론 대신에 교환이론을 서술하기 시작했으며 교환가치, 즉 가격은 한계효용에 의해 결정된다는 것을 분명히 하였다. 또한 효용을 극대화하려고 하는 개인의 행동을 분석하기 위해 미분이라는 수학적 도구를 사용하고, 역학에 비유하면서 자신의 개념을 발전시켰다. 이와 같은 비유를 토대로 그는 '정태역학'의 분석 기법과 개념을 사용한 경제이론을 구축했다.

3) 수량적 정확성

이미 언급한 것처럼, 한계분석의 방법에 의해 보다 정확한 수학적 방법이 제시되고 수량화가 가능한 개념이 도입되었다. 이러한 수학 지향성과 수량적 정확성에 대한 강조는 신고전학파의 성공에 크게 공헌했다고 할 수 있다. 영국의 수리경제학자 에지워스(F. Y. Edgeworth)가 경제학에 매력을 갖게 된 것은, 경제학이 옳고 그름을 말해 준다거나 새로운 전망을 제시하기 때문이 아니라, 수량을 다루며 어떠한 것도 수학으로 해설할 수 있음을 보여 주었기 때문이었다. 그는 모든 사람을 '쾌락의 기계'라고 단순화하고 이 기계가 최대한의 쾌락을 얻으려 하리라는 것을 미적분학의 논리로 증명하였다. 수학적 도구에 의존하는 새로운 경제학 이론은 종래 이상으로 이론의 일반성을 유지할 수 있었으며, 모든 희소한 자원의 배분 문제에 대해 동일한 개념과 도구를 사용할 수 있게 되었다는 사실이 이론에 매력을 더하였다. 신고전학파의 방법론은 경제의 중요한 측면 중 이전에는 별로 잘 이해되지 않았던 상호 의존성에 대해 빛을 비추었다고도 말할 수 있다. 발라의 경제학에서처럼, 신고전학파는 경제 시스템 내에서의 상호 의존성을 수학적으로 나타냄으로써 그때까지 이해되지 않았던 규칙성이나 상호 관련성을 분명히 함과 동시에 이전보다 효과적인 새로운 분석 방법을 만들어 냈다.

신고전학파 경제학은 그 분석 방법이 거의 모든 중요한 경제 문제에 대해 이전과 비교할 수 없을 만큼 효과적이었기 때문에, 수학에 익숙하지 않은 경제학자에게도 매우 매력적으로 비추어졌다. 경제적으로 합리적인 의사결정을 위해서는 서로 다른 목적과 부족한 수단 간의 관계를 분명히 할 필요가 있다. 가격과 수량의 변화 또는 수요와 공급의 변화를 여러 힘이 서로 길항하는 체계로 이해하고 그것을 정태역학의 방법으로 접근하겠다는 사고방식은, 놀랄 만큼 효과적인 분석 방법을 제공하였으며, 또한 간단하지만 유용한 개념, 예컨대 마셜에 의해 고안된 탄력성 개념 등을 만들어 냈다. 그 결과, 본래 매우 학술적일 수밖에 없었던 개념들을 현실의 경제 정책 문제에서 생기는 중요한 논점을 구명하는 과정에서 실제로 사용할 수 있게 되었다.

그러므로 19세기 후반 한계혁명에 의해 출현한 신고전학파의 특징이 무엇이며, 경제학의 방법론을 지배하게 된 한계분석의 매력이 무엇인지를 설명하는 것은 어렵지 않다. 한계분석은 그 이전의 경제학이 벗어날 수 없었던 가치 문제에서 사실상 경제학을 해방시키고, 또 고전학파나 역사학파의 사상 체계보다 뛰어난 수량적 정확성을 보였으며, 어느 학파보다도 더 효과적으로 경제의 상호 의존성을 밝혔다. 또한 한계분석은 수학적 사고를 하는 경제학자들이 만족할 만한 정도로 일반성과 간결성이 있는 이론 체계를 제공하였으며, 자원배분에 관한 공공 정책에 관심을 가진, 수학적 훈련을 받지 않은 경제학자에게도 새로운 분석의 가능성을 부여하였다.

그러나 경제이론이 수학적 명제로 전환되면서 경제학자들은 고전학파 시대의 긴장이 가득했던 세계를 포기해야 했다. 새로운 학문적 틀은 다양한 경제 문제 중에서 자원 배분 문제에 관해서만 특히 유효한 방법이며, 그 결과 자원 배분과 관련한 선택의 문제가 급속히 전문적 경제학자 사이에서 중요하게 되었다. 피구(A. C. Pigou)나 슘페터(J. Schumpeter)와 같은 몇몇 예외적인 경우를 제외하면, 신고전학파의 관심은 규범적 의미가 짙은 후생 문제나 소득분배 문제로부터는 더욱 멀어졌으며, 애덤 스미스에서 밀까지의 거의 모든 경제학자에게 가장 중요한 문제였던 성장이나 발전 문제는 신고전학파 경제학에서는 해결할 수 없는 것으로 생각되었다. 경제학에서 강조하는 점이 이렇게 변한 것은, 예컨대 네빌 케인스(N. Keynes)가 경제 발전의 문제를 역사학파에 기꺼이 양보하고 있는 점에서도 나타나 있다. 우리가 잘 아는 케인스의 아버지이기도 한 그는 자신의 저서에서 "경제발전이론은 역사적인 분석 방법에 거의 완전히 의존하고 있다는 점에서 예외적이며… 다른 경제이론에 비해 분명히 일반 사회학에 속하는 것이다"(*SMPE*)라고 말하였다. 그는 이 점을 다음과 같이 부연 설명하였다.

이는… 경제성장이나 발전의 문제를 취급할 때에는 연역적 방법보다 귀납적 방법이 적절하다고 하는 사고방식과 합치한다. 왜냐하면 (정태적이든 동태적이든) 기계공학적 유사성을 갖는 것은 연역적인 분석 방법을, 생물학적이고 진화론적인 유사성을 갖는 것은 귀납적인 분석 방법을 시사하는 것으로 간주될 수 있기 때문이다.(*SMPE*)

신고전학파의 패러다임은 가격이론을 재구성하고 경제학의 연구 방향을 새롭게 설정하였지만, 거기에는 긍정적인 면과 부정적인 면이 포함되어 있다.

긍정적인 면으로는 한계분석과 그 범위 내에서 개발된 새로운 분석 방법(예컨 대, 탄력성과 대체율의 개념, 후에 고안된 무차별곡선과 생산함수)에 의해 가능하게 된 논리의 일관성, 정확성 및 분석의 간결성을 들 수 있다. 제8장에서 보듯이, 자본 을 노동을 보완하는 하나의 생산요소로 받아들이기만 한다면, 생산 및 분배 이 론도 소비자 행동에 관한 한계효용 분석과 마찬가지로 한계생산성 개념으로 설명할 수 있다. 그 결과 경쟁시장에서의 수요와 공급의 양 측면을 고려한 가격 이라는 말로 가치라는 개념을 대체할 수 있었다. 이로써 재화의 가치를 둘러싼 해결 불가능한 형이상학적 문제로부터 경제학자를 자유롭게 하고 시장에서의 경제적 행위를 이론적으로 설명할 수 있게 된 것은 긍정적인 측면이라 할 수 있다.

부정적인 면으로는 신고전학파의 패러다임이 가치론은 말할 것도 없고, 경제이론 일반의 시야를 좁히고 말았다는 것을 들 수 있을 것이다. 경제학의 범 위가 이와 같이 좁혀지고 만 것은, 비록 그것이 수학 지향적이었던 사람들의 기 호에 적합했다고 해도, 경제학계가 큰 대가를 지불하는 것을 의미했다. 경제학 (Economics)이 정치경제학(Political economy)을 대체하였으며, 긴장에 가득 차 있던 초기 경제학자들의 세계는 무대에서 사라졌다. 가치론에 의해 어느 정도 설명 될 수 있지 않을까 기대하였던 몇 가지 문제는 해결되었다기보다 경제학자의 시야에서 밀려나고 말았다. 예컨대, 고전학파의 관심을 끌었던 분배 문제는 경 제학자의 연구 과제의 범위 밖으로 밀려나고 말았다. 리카도는 오로지 경제성 장의 원동력이 이윤에 있다고 생각하고 국민총생산에서 차지하는 이윤의 몫을 설명하는 데 관심을 갖고 있었지만, 신고전학파 경제학자는 장기 균형에서의 요소가격에 관한 분석이 가져오는 단순한 논리적 부산물로서 요소소득 분배를 설명하는 데 만족했다.

그 결과 자원의 최적 배분에 관한 신고전학파의 강한 규범적 합의의 하나로, 경제 시스템이 완전경쟁시장에 가까운 형태로 기능하면 할수록 최적의 소득분배에 가까운 상태를 달성할 수 있다는 식의 부당한 주장이 나오게 되었다. 예컨대, 제번스는 "지주, 자본가와 마찬가지로, 노동자 또한 시장 상황에 따라 자신이 성공적으로 청구할 수 있는 최상의 생산물 몫을 협상하면서 그 대가로 전체 생산요소의 구성물 중 하나를 내놓는 것으로 간주해야 한다"(TPE)라고 하였다. 또한 신고전학파 경제학자는 시장가격이라는 의미 이상으로 넓은 의미에서의 가치 문제에 정면으로 맞서는 것을 거부함으로써, 그리고 경제이론은 가치관으로부터 자유롭고 객관적이라고 가정함으로써, 경제 정책의 상당 부분을 사실상 선입관을 가지고 판단하는 셈이 되고 말았다.

　신고전학파의 패러다임이 교과서에서 고전학파의 패러다임을 대신하고 신고전학파의 주요한 대항마였던 역사주의에 대한 승리를 얻는 데에는 수십 년의 세월을 필요로 했다. 영국에서 신고전학파 경제학을 성공적으로 완성한 인물은 제번스가 아니라 마셜이었다. 마셜은 신고전학파의 바이블이 된 『경제학원리』를 1890년에 출판하였으며, 그때 이미 그는 대학에서 20년간 경제학을 가르치고 있었고, 당시 영국의 경제학 교수로 재임하고 있던 경제학자의 반수는 그에게서 교육을 받은 사람들이었다.

8 신고전학파 경제학의 완성

Chapter 8

신고전학파 경제학의 완성

1. 마셜의 가격이론

제1세대인 제번스, 발라, 멩거에 의해 시작된 한계혁명은 제2세대로 이어졌다. 제2세대에 속하는 인물은 영국의 에지워스(F. Y. Edgeworth), 윅스티드(P. Wicksteed), 마셜(A. Marshall)과 오스트리아의 비저(F. Wieser), 뵘바베르크(E. Böhm-Bawerk), 스웨덴의 빅셀(K. Wicksell), 미국의 클라크(J. B. Clark), 피셔(I. Fisher) 등이었다. 밀의 『경제학원리』를 대신하여 경제학 교과서가 된 것은 수학적 지식을 갖지 않은 비전문가일지라도 쉽게 이해할 수 있는 마셜의 『경제학원리』였다. 애덤 스미스와 리카도, 그리고 밀의 책으로 교육을 받은 영국이나 미국의 경제학자들은 마셜의 책에 매우 쉽게 친숙해질 수 있었다. 수학에 능숙한 마셜은 수학적인 방식으로 분석하면서도 수학적 공식을 사용하지 않고 설명하려고 노력하였으며, 수요·공급 곡선까지도 각주에 양보함으로써, 수학에 대해 신경질적인 경제학자가 그것을 무시하고 읽을 수 있도록 하였다. 또한 그는 응용을 위한 이론을 만드는 데도 노력하였으며, 비전문인도 쉽게 접근할 수 있도록 서술적 · 역사적 주제를 중심으로 설명했다.

마셜은 런던 근교의 클래펌에서 태어났다. 밀(J. S. Mill)의 아버지만큼은 아니었지만 꽤 극성이었던 마셜의 아버지는, 아들이 똑똑하다는 사실을 알아차리고 어릴 때부터 엄청난 양의 공부를 강요했다. 마셜의 회고에 따르면 여름방학을 맞아 시골에 있는 친척 집에 가 있는 것이 어린 시절 유일한 낙이었다. 공부에 찌든 그는 언제나 창백하고 피곤한 모습이었기 때문에 양초(tallow candle)라는 별명을 얻었다. 은행원이었던 그의 아버지는 그가 옥스퍼드 대학에 진학하여 라틴어와 신학을 배워 목사가 되기를 바랐다. 그러나 그는 옥스퍼드 대학의 장학금 제의를 뿌리치고 케임브리지 대학으로 진학하였다. 수학을 전공한 마셜은 차석의 우수한 성적으로 졸업하였으며, 철학자 시지윅(H. Sidgewick)이 중심이 된 지식클럽에 가입하여 활동했다. 1860년대 말 당시 유행하던 공리주의 윤리학을 공부하던 중에 경제학을 접한 마셜은, 런던 빈민 지구를 방문하고 노동자와 교류하면서 자신의 재능을 경제학 연구에 바치기로 하였다. 그는 독일을 방문하여 역사학파 경제학자와 사회주의자들의 견해를 접하기도 했지만, 이후 한계혁명의 사고방식을 발전시키고 보다 체계적인 구조를 만들어 냄으로써 고전학파 경제학과는 전혀 다른 새로운 경제학을 완성하고 신고전학파 시대를 주도하였다.

A. 마셜(1842-1924)

마셜은 케임브리지 대학에서 경제학을 독자적 학문으로 부상시켰으며, 50여 년 동안 『산업경제학』(The Economics of Industry, 1879), 『경제학원리』(Principles of Economics, 1890), 『산업과 무역』(Industry and Trade, 1919),

『화폐 · 신용 · 상업』(*Money, Credit and Commerce*, 1923) 등 80편이 넘는 책과 논문을 저술하였다. 그중에서 가장 유명한 『경제학원리』는 제9판까지 출판되었을 정도로 인기가 높았다. 그러나 경제학에 끼친 그의 영향은 무엇보다 케임브리지 대학 교수로 재직하면서 경제학부를 창설하고 수많은 경제학자를 길러 내 케임브리지학파를 탄생시킨 것에서 찾을 수 있다. 케인스(J. M. Keynes), 피구(A. Pigou), 로빈슨(J. Robinson), 로버트슨(D. Robertson) 등의 기라성 같은 제자들이 영국의 경제학 인명사전을 꽉 채웠다. 그와 그의 제자들에 의해 형성된 케임브리지학파는 상당 기간 세계 경제학계의 흐름을 주도하였다.

전형적인 영국 신사다운 부드러운 풍모의 마셜이지만, 사회 개혁 문제에 대해서는 매우 열정적인 태도를 지녔다. 그는 학생들에게 경제학이 사람들의 경제적 복지를 향상시키는 데 도움을 줄 수 있어야 한다고 누누이 강조했다. 그는 당시 영국 사회에 아직도 빈곤이 남아 있다는 사실을 개탄해 마지않았다. 그러나 감정에만 사로잡혀서는 이 문제뿐 아니라 어떤 문제도 해결할 수 없다는 사실을 잘 알고 있었다. 그가 1885년에 케임브리지 대학의 경제학과 정교수로 취임하면서 행한 개강사에서 경제학자는 "냉철한 머리와 따뜻한 가슴(cool head and warm heart)을 갖고 자기 주위의 사회적 고뇌와 싸우기 위해 자기 최선의 힘 중에 적어도 얼마를 기꺼이 바치려는

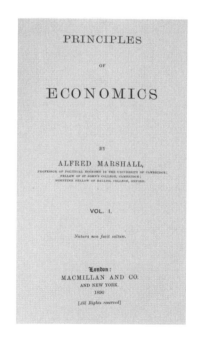

자"라고 한 것도 바로 그러한 인식에서 나온 것이다. 약자를 외면하지 않는 따뜻한 마음과 문제의 본질을 꿰뚫어 볼 수 있는 날카로운 지성을 함께 갖춘 경제학자가 될 것을 요구하는 이 말에서 우리는 깊은 감동을 느끼게 된다.

마셜은 이미 한계혁명이 있었던 1870년대 무렵에 케임브리지 대학에서 강사로 학생들에게 경제학을 가르치고, 리카도 경제학에 한계효용 분석을 접목하고 있었다. 고전학파의 가치론을 가격이론으로 대체하는 일을 완성한 사람은 마셜이었다. '자연가격'이나 장기 균형에서의 공급가격을 어떻게 정의할 것인가라는 문제에 얽매였던 고전학파는 가치의 생산비설밖에 인정하지 않았던 반면, 제번스를 비롯한 제1세대 한계주의자들은 반대의 극단으로 나아가 교조적으로 '교환가치를 결정하는 요인이 생산비가 아니라 한계효용'이라고 단언하였다. 이러한 제번스의 철학적 쾌락주의를 대신하여, 마셜은 가격이 어떻게 결정되는가에 대한 고찰에서 수요뿐 아니라 공급 요소를 추가함으로써, 신고전학파의 패러다임을 완성하였다.

마셜은 원래 정신적으로나 이념적으로나 시니어, 세, 바스티아보다는 리카도와 밀에 좀 더 가까웠다. 마셜의 가치론이 초기에는 밀의 강력한 영향을 받아 공급 요인에 치중되어 있었으나, 점차 제번스와 같은 수요 분석으로 이행하였다. 그는 소비자의 욕구와 그것의 충족이 가치론의 중요한 부분을 차지함을 알고 수요이론을 발전시켰으며, 후생경제학의 기초가 되는 소비자 잉여나 수요가 가격에 얼마나 민감한지를 측정하는 가격 탄력성과 같은 개념을 만들었다. 그러나 그는 가치를 설명함에 있어 한계효용에만 지배적인 역할을 부여할 경우에 심각한 오류에 빠질 것을 생각했다. 리카도식의 생산비에 대한 강조는 마셜에게 있어서 여전히 재화의 장기적 가치를 설명하는 근본적인 기초였다. 따라서 마셜의 이론은 수요와 공급 양 측면의 상호작용을 설명하는 구성을 갖게 되었다. 마셜은 그것을 다음과 같이 가위의 두 날에 비유하고 있다.

> 우리는 가치가 효용에 지배되고 있는지 생산비에 지배되고 있는지를 논
> 쟁하듯이 한 장의 종이를 자르는 것이 가위의 윗날인지 아랫날인지를
> 논쟁할 수 있다. 가위의 한 날을 고정시키고 다른 날을 움직여 종이를 자
> 르고서 후자가 움직여서 종이가 잘라졌다고 할 수 있겠지만 그것은 경
> 솔한 단순화이다. 그러한 진술은 전혀 정확하지 않으며, 무슨 일이 있었
> 는지에 대한 단순히 대중적인 설명이라고 한다면 모르겠지만 엄격한 과
> 학적 설명으로는 받아들일 수 없다.(POE)

그런데 가위의 비유는 마셜 자신의 것이지만, 이 비유는 그에 의해 통합된 이론에 오해를 주게 될지도 모른다. 왜냐하면 가위의 두 날은 서로 독립하여 움직이는 데 반해, 마셜 이론의 특징은 수요와 공급의 상호 의존성에 있기 때문이다. 그는 수요곡선과 공급곡선의 교점에 의해 결정되는 시장가격 속에 사용가치와 교환가치를 완전히 통합하는 이론을 정립함으로써, 애매하게 정의되고 철학적으로 편향된 고전학파 이론을 대체하였다. 마셜은 이러한 설명을 『경제학원리』 제5권에서 전개하였는데, 제5권은 스스로가 경제이론에 대해 자신이 특별한 공헌을 한 핵심이라고 여기는 부분이었다. 여기서 그는 소비자의 효용 극대화와 생산자의 이윤 극대화라는 매우 유사한 가정으로부터 출발하여, 한계효용 분석에 의한 수요이론과 한계생산성 분석에 의한 공급이론이 상호작용하는 이론 체계를 완성했다.

제번스와 멩거는 효용이론을 직접 수요이론과 연결시키지는 못했지만, 마셜은 '화폐 1단위의 한계효용을 동일하게 함으로써 만족을 최대화'한다는 소비

자의 행동 원리로부터 수요 법칙을 도출할 수 있었다. 수요 법칙은 '다른 조건이 일정하다면' 재화의 소비가 늘어날수록 재화 1단위의 소비를 더 늘리기 위해 소비자가 지불할 가격은 낮아진다는 것이다. 마셜은 재화와 화폐에 대한 개인의 한계효용표가 변하지 않는다는 것을 가정하고 다음과 같이 수요 법칙을 도출하였다. 다음의 (I)식은 각 재화의 지출에 사용된 화폐 1단위의 한계효용이 동일할 때 소비자의 효용이 최대가 된다는 것을 의미한다. (I)식으로부터 우리는 가격 변화로 인한 소득효과를 배제하면, 재화의 한계효용곡선이 수요곡선임을 알 수 있다. 이는 소득이 일정하다면 한계효용이 바로 재화가격을 결정하는 요인임을 의미한다. 또한 (I)식에서 앞의 등식을 미분한 결과인 (II)식의 좌변은 수요곡선의 기울기를 나타내며, 우변에서 $dMU_x/dx<0$이므로 수요곡선이 음의 기울기를 갖게 됨을 알 수 있다.

$$MU_M = MU_x/p_x = MU_y/p_y \qquad\qquad (I)$$

$$\frac{dx}{dp_x} = \frac{MU_M}{dMU_x/dx} \qquad\qquad (II)$$

마셜은 수요이론에 이어 생산이론을 전개하였다. 그의 생산이론은 비용이론과 공급이론, 나아가 생산요소 가격과 소득분배를 설명하는 출발이다. 고전학파 경제학자들 대부분은 생산요소들이 결합되는 기술적 계수가 고정되어 있다고 보고 생산요소의 대체 가능성을 무시했지만, 마셜은 생산요소의 다양한 결합 비율의 가능성을 열어 두었다. 그는 한계효용 체감과 유사하게 어떤 고정생산요소(예컨대, 기계)와 결합되는 가변생산요소(예컨대, 노동)를 증가시키면 수확체감 현상이 나타난다고 하였다. 마셜에 따르면, 가계가 화폐 단위당 한계효용이 동일하도록 소비 재화의 수량을 한계적으로 조정함으로써 효용을 최대화할 수 있는 것처럼, 기업은 화폐 단위당 한계생산물가치(value of marginal product)가 동일하도록 생산요소의 고용을 한계적으로 조정함으로써 생산을 최대화할 수 있다. 즉, 재화가 서로 대체 가능한 것처럼 생산요소가 서로 대체 가능하다면, 가계의 효용 극대화와 기업의 생산 극대화는 완전 대칭적이다.

그런데 기업의 목표는 생산의 극대화가 아니라 이윤의 극대화이며, 이윤은 수입과 비용에 의해 결정된다. 마셜의 비용이론은 생산이론과 동전의 양면이며, 생산에서의 수확체감은 한계비용의 체증으로 표현된다. 한편, 수입은 시장구조에 따라 달라진다. 마셜은 독점에 대해서도 언급했지만, 『경제학원리』의 대부분에서 경쟁적 시장을 가정하였다. 경쟁적 시장에서의 가격은 시장의 수요와 공급에 의해 결정되고 기업과 가계는 가격 수용자일 뿐이며, 기업은 주어진 가격으로 판매하므로 한계수입은 가격과 동일하다. 이제 이윤 최대화를 위해서는 가격(즉, 한계수입)과 한계비용이 같아야 하므로, 한계비용곡선은 기업의 공급곡선이 된다. 재화의 가격은 이처럼 한계비용으로 설명되는 공급과 수요의 상호작용에 의해 결정된다는 것이 마셜의 설명이다.

마셜은 시장의 교환관계에 있는 수요자와 공급자가 그들의 한계효용과 한계비용이 주어진 시장가격과 같게 될 때까지 수요량과 공급량을 조절하므로, 시장가격이 경제 전체의 선호와 비용을 반영하며 재화의 가치는 균형가격에 의해 결정된다고 하였다. '균형'이라는 개념은 마셜의 기본적 관심이고 빅토리아 시대에 등장한 새로운 경제관이었다. 애덤 스미스와 리카도, 그리고 밀에 이르는 고전학파의 세계에서도 균형이라는 개념이 있었지만, 피드백 메커니즘 정도로 이해되고 모호한 상태로 남아 있었으며 논리적으로 증명되지는 않았다.

마셜에 의해 완성된 신고전학파의 가치론(고전학파와 같은 가치론이 아니라 가격이론)은 단지 재화의 가격결정이론에 머무르지 않고 그것을 넘어서는 함의를 갖게 되었다. 그것은 소비자의 효용 극대화와 생산자의 이윤 극대화라는 두 행동 원리 하에서 희소한 자원을 어떻게 배분할 것이냐는 문제에 관한 일반이론이 되었으며, 동일한 기준과 동일한 분석 방법을 다른 광범위한 경제적 문제에도 응용할 수 있는 이론이 되었다. 마셜이 보여 준 한계적 균형이라는 사고는 경우에 따라 표현의 방식이 다르고 다른 결과를 가져오기는 하지만, 어떤 경우에도 '대체의 원리'가 핵심 개념으로 작용하고 있음을 보여 주었다. 이러한 점은 리카도나 밀의 사고방식과는 전혀 다르다.

말할 것도 없이 이론 체계 전체를 통해 가격의 상호 의존성을 강조하고 수요곡선과 공급곡선의 교점으로써 경쟁시장의 균형가격을 정의했다는 점에서 마셜은 거의 발라를 답습했다고 할 수 있다. 사실 발라는 경제 전체의 일반균형 체제를 정의했다고 하는 점에서 이론적 측면에서는 마셜보다도 앞서 있었다고 말할 수 있다. 발라는 한 변수에 하나의 방정식이 대응하는 연립방정식 체계를 만듦으로써 적어도 이론상으로는 가격변수와 수량변수의 값을 결정할 수 있음을 제시했다. 그러나 그 결과 얻어지는 것은 매우 엄밀하고 형식적인 수학 모형이며, 그 모형을 사용해서는 발라는 물론 누구도 일상에서 현실적으로 사람들에 의해 이루어지고 있는 의사결정을 설명할 수 없다.

그러나 발라와 달리, 항상 현실의 소비자나 기업이 취하는 행동의 원인 및 결과에 흥미를 가지고 있던 마셜은, 독특한 부분균형분석이라는 분석 방법으로 현실세계에 접근하였다. 예컨대,『경제학원리』제5권에서 그는 "우리는 제한된 능력을 갖고 한 걸음 한 걸음 나아갈 수밖에 없다. 복잡한 문제를 분해하고 조금씩 연구함으로써 마침내 부분적 해를 결합하여 어려운 문제 전체에 대한 다소 완전한 해를 얻는다. 우리는 연구를 방해하는 교란 요인들을 당분간 '다른 조건이 일정하다면'이라는 울타리에 격리시킨다"(POE)라고 말하고 있다. 마셜은 경제 전체가 어떻게 수요와 공급의 균형을 달성하느냐라는 문제를 고찰하는 대신에 부분을 매개로 하여 전체를 생각하려고 했다. 그는 한 산업에서 어떤 개별 기업 고유의 수요·공급 조건 외의 모든 복잡한 조건을 무시했을 때, 그 기업의 가격과 산출량이 어떻게 결정될 것인가를 고찰했다. 이처럼 다른 조건이 일정하다는 가정을 통해 다른 모든 시장을 동결시킨 후, 개별 재화의 가격이 어떻게 결정되는가를 설명하는 것을 부분균형분석이라 한다.

　마셜은 부분균형분석의 방법으로 기업과 소비자의 행동에 주의를 집중시킴으로써 하나의 시장에서 가격이 어떻게 결정되는가를 분석할 수 있었다. 그는 가상의 '대표적 기업'(representative firm)을 분석함으로써 시장의 균형이 개별 기업의 균형과 어떤 연관이 있는지를 설명하였다. 대표적 기업은 어떤 산업에서 생산의 내부(internal)경제와 외부(eternal)경제가 어떻게 확장되는지를 보여 준다는 의미에서의 평균적 기업이며, 따라서 대표적 기업은 어떤 산업 내의 기업의 경험을 전형적으로 보여 준다고 할 수 있다. 대표적 기업을 통해 그는 개별 기업의 현실과 정합적인 형태의 경제이론을 전개하였다.

　대표적 기업은 어떤 의미에서 평균적 기업이지만 '평균'이라는 말은 기업과 관련하여 다양하게 해석될 수 있다. 대표적 기업은 개별 산업이나 국가에서 대규모로 생산의 내부 및 외부 경제가 얼마나 일반적으로 확장되어 가는지를 알기 위해 관찰할 필요가 있는, 특별한 종류의 평균적 기업이다. 무작위로 추출한 한두 기업을 관찰해서는 그것을 알 수 없지만, 광범위한 조사를 한 후에 개인 회사든 주식회사든 이런 특별한 평균

을 보여 주는 기업을 선택함으로써 그것을 잘 알 수 있다.(POE)

마셜은 이전의 경제학자가 고려하지 못했던 시간이라는 불확실성의 요소를 도입하였으며, 그로 인한 이론적 문제에 대해 나름의 해결책을 제시하였다. 해결책은 교란 요인에 울타리를 쳐 당분간 무시하는 것이었다. 그는 그렇게 함으로써 문제를 좀 더 엄밀하게 다룰 수 있으며, 단계적으로 울타리를 제거하면서 논의를 좀 더 구체적인 현실에 대응시킬 수 있다고 보았다. 그는 가격이 결정되는 원리가 기간에 따라 다르다고 하고, 그것을 네 종류로 구분했다. 즉, 현재의 재고량이 공급의 상한이며 공급이 완전히 고정되어 있는 초단기적 시장기간(market period), 기업이 공장과 기계 등의 고정자본을 증가시킬 수는 없지만 가동률 상한까지는 수요에 따라 공급을 증가시킬 수 있는 단기, 수요의 증감에 따라 기업이 고정자본량의 증감을 통해 대응할 수 있는 장기, 마지막으로 지식·인구·자본 등 모든 것이 가변적인 초장기(secular period)이다. 가격 결정에 있어서 기간이 짧을수록 수요 측면이 지배적으로 작용하고, 기간이 길수록 공급 측면이 지배적으로 작용한다.

마셜의 가격이론은 위의 구분에서 주로 세 번째의 장기에 대한 이론이며, 장기 균형에서의 가격 결정 메커니즘은 신고전학파 이론의 핵심이 되었다. 마셜은 산업의 공급곡선을 장기에서의 수확 법칙에 기초하여 설명하였다. 장기에서 나타나는 수확 법칙에는 수확불변, 수확체감, 수확체증의 세 가지 경우가 있다. 각각은 생산의 증가가 지출 증가와 비례적으로 증가하거나 더 느리게 또는 더 빠르게 증가하는 경우를 나타낸다. 마셜에 따르면 수확체증이 일어나는 것은 산업의 외부 환경이 개선되어 나타나는 '외부경제'나 개별 기업이 규모를 확장하면서 나타나는 '내부경제' 때문이다. 마셜은 수확체증이 완전경쟁의 가정과 양립할 수 없음을 인식하였지만, 그런 수확체증이 무한히 지속될 수 있다고는 생각하지 않았다.

마셜의 『경제학원리』는 정통적 고전학파를 감히 무너뜨리려고 하지 않았다는 점에서, 그의 독자층에 속하는 경제학자나 또 고전학파 경제학을 의무적으로 읽어야만 했던 학부 학생에게 수용되기에 매우 유리했다. 그는 책의 간지에 '자연은 비약하지 않는다'고 쓸 정도로 고전학파와의 연속성을 강조하였다. 그러나 그의 책이 경제학의 면모를 일신한 것은 부정할 수 없는 사실이다. 마셜은 경제학에 탄력성, 장기와 단기라는 시간, 소비자 잉여, 준지대, 수확체증 등과 같은 참신한 개념 및 분석 도구를 제공하였다.

또한 그는 당시 유럽의 지성계를 풍미했던 다윈과 스펜스의 진화론으로부터 자극받아, 경제학이 기계론적 유추에 머물러서는 안 되며 생물학적인 유추와 유기적(organic) 성장의 관점을 가져야 한다고 하였다. 그는 제8판(1920)의 서문에서 "경제학자의 메카는 경제동학보다는 경제생물학에 있다. 그러나 생물학적 사고는 역학적 사고보다 복잡하다. 따라서 원론에서는 역학적 추론에 비교적 많은 부분을 할애할 수밖에 없다. 그리고 원론이 '균형'이라는 용어를 자주 사용하기 때문에, 정태적 추론에 속한다는 인상을 준다. …그러나 실제로 이 책은 줄곧 운동을 일으키는 힘을 다룬다. 그리고 그 기조는 정학이 아니라 동학이다"라고 하였다.

마셜이 경제학에 끼친 영향을 평가할 때 빠트릴 수 없는 또 한 가지 중요한 사실은 그가 추상적 분석의 고립적 추구를 경계하고 현실 문제에 직결되지 않는 순수이론의 폐단을 지적한 점이다. 마셜은 에지워스에게 보낸 편지에서, "이론에 관해 연구하지 않으면 경제 문제를 실질적으로 파악할 수 없다. 그러나 내 생각에는 추상적 · 일반적 · 이론적 경제학이 본래의 경제학이라고 하는 것처럼 불행한 생각은 없다"라고 하였다. 마셜은 현실의 구체적 사실에 대한 역사적 탐구를 경제이론과 똑같은 정도로 중시하고 양자의 결합이 '본래의 경제학'임을 강조하였다. 이러한 입장에서 경제 문제를 포괄적으로 설명할 수 있는 일반적 분석 도구를 추구한 것이 그의『경제학원리』였으며, 말년의『산업과 무역』및『화폐 · 신용 · 상업』에서 그는 본래의 경제학을 나름 완성할 수 있었다. 19세기 후반에 영 · 미 경제학자의 다수는 역사주의 전통을 강하게 유지하고 있었다. 따라서 역사주의의 시각에 공감하는 사람들에게는 제번스의『경제학이론』이나 발라의『순수경제학요론』보다 마셜의『경제학원리』가 받아들이기 훨씬 용이했다.

2. 한계생산력설적 분배이론

한계혁명의 제1세대는 고전학파 경제학자들의 주요 관심사였던 분배에 관해서는 아무런 이론을 제시하지 않았으며 지대, 임금, 이윤에 대해서 여전히 고전학파의 사고를 따르고 있었다. 따라서 필요했던 것은 가치론(즉, 가격이론)과 통합될 수 있는 분배이론을 만드는 일이었다. 제2세대 한계주의자들 대부분은 분배이론이나 그와 관련된 생산이론 또는 자본과 이자 이론 중 어느 하나에 주로 집중하였으며, 마셜만이 과거 애덤 스미스나 리카도와 밀이 한 것처럼 경제학의 모든 주제를 포괄하는 저작을 남겼다. 제2세대 한계주의자들이 분배이론에 관심을 갖게 된 것은 자본주의의 발전에 따른 사회경제적 변화를 반영한다. 맬서스나 리카도의 암울한 예측과는 달리, 19세기 노동자들의 실질임금이 상승하면서도 이윤은 하락의 경향을 보이지 않았던 반면, 지대는 증가하지 않았다. 따라서 이러한 현상을 설명할 수 있는 새로운 이론이 필요하였다.

마셜이 『경제학원리』 제6권에서 전개한 분배이론은 이전 저서인 『산업경제학』에서의 논의를 완성한 것이다. 『산업경제학』에 설명되어 있는 그의 분배이론은 임금기금설과 같은 고전학파적 사고를 많이 유지하고는 있지만, 생산요소에 대한 수요와 공급에 의해 요소가격이 결정된다고 설명하고 있다. 사실 그의 분배이론은 임금의 결정 원리에 대한 다음의 설명에서도 알 수 있듯이 가격이론을 응용한 것과 같다.

> 우리는 수요와 공급이 임금에 대등한 영향을 미치는 것을 보게 된다. 가위의 어느 날도 또는 아치의 어느 각주(角柱)도 더 지배적이라고 주장할 수 없는 것처럼 수요와 공급 어느 것도 더 지배적이라고 주장할 수 없다. 임금은 노동의 순생산과 일치하는 경향이 있다. 노동의 한계생산성은 노동에 대한 수요가격을 결정한다. 반면 임금은 효율적인 노동 에너지를 양성·훈련·유지하는 비용과 비록 간접적이고 복잡하지만 밀접한 관계가 있다. 문제의 다양한 요인들이 서로를 결정한다.(POE)

기업가들은 생산요소의 다양한 조합이 가져오는 비용과 수입을 계산함으로써 생산요소들 간의 대체(노동과 기계, 숙련노동과 비숙련노동 간의 대체 등)를 통해 이윤을 최대화하려는 존재이다. 기업가들이 최대의 이윤을 얻는 방법은 생산요소의 고용에 따른 한계비용과 한계수입을 일치시키는 것이다. 이윤 극대화는 상품의 생산과 판매를 통한 비용과 수입의 관점에서 볼 수 있고, 생산요소의 고용을 통한 수입과 지출의 관점에서 볼 수도 있다. 전자는 가격이론이고 후자는 분배이론이 된다. 마셜은 양자가 상호 의존적이고 보완적이라고 보았는데, 이는 이전의 고전학파에서는 없었던 사고방식이었다. 생산요소의 한계생산성은 그것에 대한 수요의 기초가 되며, 마셜의 가격이론과 분배이론을 통합하는 개념이다. 그리고 한계생산성에 따라 각 생산요소의 분배 몫이 결정된다고 보는 것이 한계생산력설이다.

한계생산력설을 발전시키는 데 크게 기여한 사람은 미국의 경제학자 존 베이츠 클라크(J. B. Clark, 1847-1938)였다. 그는 컬럼비아 대학 교수로 있으면서 『부의 분배』(The Distribution of Wealth, 1899)라는 저서를 통해 일약 명성을 얻었다. 그는 사실 초기에는 철학과 윤리학적 관점에서, 인간이 물적 이기심에 따라 행동한다는 전제에 의문을 가졌으며, 경쟁이 경제활동의 조정자로서 본질적 타당성을 갖는지에 대해서도 회의하였다. 그러나 그는 『부의 분배』를 통해 경쟁에 의존해야 경제적 정의와 사회적 조화가 작동한다는 것을 보임으로써, 신고전학파의 사상가에 포함될 수 있었다. 그는 서문에서 자연법에 의해 소득분배가 통제되며 자연법이 마찰 없이 작동한다면, 모든 생산요소가 스스로 창출한 만큼의 부를 가져다주게 되어 있음을 보이는 것이 책의 목적이라고 하였다.

J. B. 클라크(1847-1938)

클라크는 완전경쟁의 조건 하에서 각 생산요소의 한계생산성에 따라 소득분배가 결정된다는 가설을 제시하였다. 예컨대, 자본을 일정하게 고정시킨 상태에서 기업가는 이윤을 극대화하기 위해 노동의 한계생산물가치(VMP)와 노동의 가격, 즉 임금이 동일하도록 고용을 조절한다. 따라서 노동자는 자신이 생산에 기여한 가치에 해당하는 만큼의 임금을 받게 된다. 소득분배에 관한 한계생산력설은 장기적으로 기업가를 포함한 모든 생산요소가 한계생산물가치와 동일하게 분배받으며, 사회의 총생산물은 수확불변의 조건에서 각 생산요소에 대한 소득으로 완전히 분배된다고 한다. 즉, 완전경쟁시장에서 노동과 자본에 대한 지불(임금, 이윤)은 한계생산물가치와 같으며, 기업가의 이윤은 정상적인 수준보다 높을 수 없고 기업가로서의 노동의 한계생산성과 일치한다고 본다. 이는 요소 간 소득분배를 장기 경쟁균형에서의 요소가격으로부터 도출하는 아주 간단한 논리이다.

클라크는 자본가와 노동자에게 돌아가는 보상이 정확히 똑같은 원리에 기반을 두었으므로 착취의 가능성은 절대로 없음을 완벽하게 입증했다. 그러나 이러한 한계생산력설은 생산요소 가격을 설명해 주는 것이라기보다 주어진 재화가격 하에서의 생산요소에 대한 수요를 이해하는 기초를 제공하는 것이며, 생산요소 가격 결정에 있어 공급의 영향을 전혀 고려하고 있지 않다. 한계생산력설이 갖고 있는 또 다른 문제는 그것의 이념적 함의이다. 이 이론은 각 생산요소가 한계생산물가치, 즉 생산에 기여한 정도에 따라 보상받으므로 정당한 지불이 이루어지고 있다는 것을 함의한다. 따라서 자본과 노동 모두 결코 동질적이지 않다는 점에서 오는 문제와 노동시장에서의 교섭력 차이가 미치는 영향 등을 무시하였다. 또한 이론이 성립하기 위해서는 완전경쟁 상태여야 하며, 생산요소시장이나 재화시장 어느 한쪽이라도 완전경쟁 상태가 아니라면 이론은 성립할 수 없다.

한계생산물가치는 생산요소의 수요를 결정한다. 그러나 마셜은 한계효용이 단독으로 재화가격을 결정하지 못하듯이, 한계생산물가치가 생산요소에 대한 수요의 바탕이지만 생산요소 가격을 결정하지는 못한다고 하였다. 따라서 분배에 대한 완전한 설명은 생산요소의 공급을 결정하는 요인에 대한 검토를 요구한다. 생산요소의 공급에도 시간이라는 요소가 중요하다. 마셜은 단기에 서는 모든 생산요소의 공급이 변하지 않지만, 재생산이 가능한 생산요소의 장 기적인 공급은 보수에 대해 반사적 반응을 보인다고 하였다. 즉, 노동 공급은 임금이 상승하면 '장기적으로' 증가하며, 자본 공급(저축)도 이자율이 상승하면 증가한다. 다만 토지는 공급이 고정되어 있으므로 지대가 증가하더라도 공급 은 변하지 않는다.

토지처럼 공급이 고정되어 있는 생산요소의 가격은 생산요소에 대한 수요 가 결정한다. 토지는 수확이 가장 많은 곳에 투입되므로, 균형 상태에서 토지의 한계생산물가치인 지대는 모든 용도에서 동일하다. 지주의 입장에서는 여유 자본이 토지 구입에 사용될 수도 있고 산업설비 구입에도 사용될 수 있으므로, 토지는 산업설비와 그다지 다르지 않다. 또한 임차인의 입장에서 보면, 지대는 생산물의 시장가격에 포함되어야 할 비용이다. 리카도 이론에서의 지대는 비 옥한 토지에서 발생하는 잉여이며 생산물의 가격에 의해 결정될 뿐, 가격을 구 성하는 요소가 아니었다. 그러나 마셜의 관점에서 그것은 잉여가 아니라 그 토 지를 다른 용도에서 빼 오기 위해 생산자가 지불해야 할 가격이다. 마셜과 리카 도의 이러한 차이는 문제를 다루는 방식에서 기인한다. 리카도는 곡물법 폐지 와 관련하여 사회의 여러 계급의 소득을 설명하고자 했으며, 인구 증가로 인해 척박한 토지가 생산에 투입되면서 지대가 발생하는 것으로 인식하였다. 반면 마셜에게는 상품과 생산요소에 적용할 수 있는 가격 문제가 관심이었으며, 지 대는 지불해야 할 비용이었다. 리카도의 말처럼 지대가 재화가격의 결과인지 마셜의 말처럼 원인인지는 결국 각자의 출발이 된 가정의 차이에 기인한다.

지대에 관한 마셜의 설명은 공급이 고정된 단기에서의 자본과 노동에 대한 보수(가격)에도 적용된다. 한계생산성이 수요를 지배하는 법칙이며, 단기에서 생산요소에 대한 보수는 생산요소의 생산비와 무관하게 결정된다. 따라서 보수가 생산비를 초과할 수 있으며, 준지대(quasi rent)의 형태로 재화가격에 포함된다. 그러나 장기 균형에 관심을 갖고 있는 마셜의 관점에서는 이처럼 생산요소의 한계생산성이 요소에 대한 보수를 결정한다고 말하는 것은 생산요소의 공급을 고려하지 않은 것이므로 분배이론이라고 할 수 없다. 노동과 자본은 토지와 달리 재생산이 가능하며, 그것의 공급은 보수에 따라 증가하는 경향을 갖는다. 따라서 임금은 노동의 한계생산물가치와 일치하지만, 동시에 공급에 필요한 양육과 훈련비 등과 일치한다. 자본에 대한 보수도 마찬가지이다. 단기적으로는 자본의 공급이 고정되어 있으므로 자본 수익률은 준지대라고 할 수 있다. 그러나 장기적으로 고수익을 내는 부문의 자본이 증가하면서 모든 자본은 한계적 자본의 생산물가치에 해당하는 정상(normal) 수익률을 낳는다.

마셜의 이윤에 관한 이론도 임금 및 이자 이론과 동일하다. 이윤은 경영자의 임금이며, 임금 결정 원리와 동일한 원리로 결정된다. 정상이윤은 생산비의 일부이며, 재화의 장기 공급가격에 포함된다. 정상이윤을 넘어서는 초과이윤은 단기적 현상으로만 존재하며, 준지대와 마찬가지로 장기적으로는 사라진다. 이처럼 이윤을 경영자의 임금, 즉 인내와 위험부담에 대한 보수로 파악하는 것이 갖는 장점은 생산이론과 분배이론을 일관된 가격이론으로 통합할 수 있는 점에 있다. 마셜의 후계자들은 마셜 자신도 비현실적이라고 말했을 정도로 이 기법을 발전시켰다. 그러나 마셜은 자신이 '정학적 균형'의 정상상태(stationary state)에 대해 적용한 이 방법을 필요 이상으로 과도하게 주장하면, 거기서 얻어지는 결론은 현실과 동떨어지고 말 것임을 경계하였다.

요약하자면 신고전학파 분배이론은 인간들이 완전한 지식을 갖고 완전한 예견을 하는 경쟁적 시장경제를 전제로 하여, 균형에서 노동과 자본에 대한 소득이 그 한계생산물가치와 같음을 보였다. 이윤율의 결정 요인이 무엇인지 끊임없이 알기 원하는 사람들에게, 신고전학파는 수요·공급 이론에 입각한 한계분석의 자연스런 확장으로 이윤 결정이론을 제공했다. 즉, 이윤은 기업가 능력의 한계생산물가치를 나타내며, 임금이 노동이라는 비효용에 대한 보수인 것처럼, 소비를 연기한 것에 대한 보수이다. 그리고 자본과 노동 쌍방이 동질적이지 않은 투입물이라는 사실에 의해 발생하는 여러 문제 또는 요소시장에서의 교섭력 차이가 요소소득에 미치는 영향 등은, 완전경쟁시장에서 재화와 요소의 교환가치를 설명하고 희소한 자원의 최적 배분에 대한 함의를 끌어내는 모형에서의 논점과는 무관하다는 이유로 무시되었다.

한계생산력설은 전지전능하고 지칠 줄 모르게 이윤 극대화를 추구하는 기업의 존재를 가상하고 있다. 하지만 역설적이게도 경쟁시장에서 균형 상태의 정상가격은 이윤이 없는 가격이며, 따라서 기업가는 환상을 좇아가는 존재인 셈이 된다. 또한 균형 상태에서 각 개인은 생산에 기여한 만큼 소득을 얻게 되므로, 공황이나 실업 따위는 존재하지 않는다. 이 이론은 보이지 않는 손의 자비로 인해 결국 현존하는 사적 소유와 그 결과 나타난 소득분배가 정당하고 공정한 것이라는 이념적 결론에 이르게 된다. 한계생산력설에서 특히 문제가 되는 것은 자본의 개념이다. 노동은 차치하고라도 자본은 과연 원하는 대로 나누고 합치는 것이 가능할 정도로 가소적(可塑的)인가, 또한 상이한 생산에 사용된 자본을 어떻게 물리적으로 합산할 수 있는가. 자본을 가격으로 합산하는 것은 가능하지만, 그러한 측정방식은 한계생산력설을 지탱하기에 절대적으로 불충분하다.

3. 경제학 방법론

마셜은 "경제학은 일상적 삶 속에 있는 인간에 관한 연구이며, 물적 필요를 획득하고 사용하는 것과 밀접한 관련이 있는 개인 및 사회의 행동을 분석하는"(POE) 것이라고 하였다. 즉, 경제학은 부에 관한 학문이 아니라, 인간 행동에 관한 학문이라는 것이다. 따라서 『경제학원리』의 가장 중요한 목적은 경제 시스템의 작동을 지배하는 법칙을 끌어내기 위해 인간 행동의 경제적 측면을 연구하는 것이었다. 이를 위해서는 현실의 수많은 변수를 처리하기 쉽도록 몇 개의 변수로 축소하는 것이 필요하였으며, 그로 인해 현실에서 일어나는 다른 모든 사소한 효과나 반작용 효과는 '다른 조건이 일정하다'(ceteris paribus)라는 가정에 의해 통제되었다.

마셜은 시장의 균형 상태를 설명하는 제5권에서 수요와 공급의 상호작용을 탐구하기 위한 추상화의 전형적인 예를 보여 주었다. 그가 설명하고자 한 것은 경쟁적인 시장에서 가격이 결정되는 원리였다. 물론 그는 이러한 일반화도 시간이 지나면 행동의 제도적 틀과 행동 그 자체가 바뀌므로 반드시 수정되어야 한다는 것을 알고 있었다. 마셜이 역사의 중요성을 강조한 것은 경제학자가 도출한 일반화가 보편적이거나 영원할 수 없다는 것을 말하기 위한 것이었다. 또한 그는 이론이 중요하다고 생각했지만, 그것을 경제학 그 자체로 여겨서는 안 된다고 하였다.

당시에 신고전학파 경제학과는 대립적인 인식을 갖고 있는 역사학파(historical school) 경제학이 있었다. 역사학파는 19세기 말 멩거 및 오스트리아학파와의 지루한 '방법론 논쟁'을 하면서 하나의 학파로 인식되었다. 헤겔 철학과 리스트(F. List, 1789-1846)의 국민경제학에 뿌리를 두고 있는 역사학파 경제학은 민족주의적 관점에서 주류 경제학 이론을 비판하였다. 역사학파 창시자는 로셰(Rocher, 1817-1894)와 힐데브란트(Hildebrand, 1812-1878) 등이며, 그들은 고전학파의 보편적이고 개인주의적인 이론을 부정하고, 경제행위와 경제 법칙이 각각의 역사적ㆍ사회적ㆍ제도적 맥락에 의존한다고 하였다. 또한 방법론적으로도 추상성과 합리성을 추구하는 리카도와 밀의 정통파 앵글로색슨의 세계와는 달리, 역사학파라는 용어가 말해 주듯이 역사적ㆍ구체적인 경험과 귀납적 추론에 의존하였으며, 비경제적 요인들이 경제 현상에 미치는 영향을 강조하였다. 그들이 특히 강조하였던 것은 국민국가였다.

독일의 역사학파 경제학은 당시 독일 사회의 역사적 조건과 국민적 특수성에 기초하고 있다. 경제적으로 후진국인 독일이 자유무역 정책을 채택하는 것은 국내시장을 외국 공산품에 넘기는 것과 마찬가지였다. 역사학파 경제학은 자유무역주의에 반대하고 선진국의 상품으로부터 독일 경제를 보호해야 한다는 요구를 지지하였다. 그들은 사회는 변하는 것이므로 경제 발전의 각 단계에 따라 정책의 내용이 달라진다고 하였다. 이 점에서 경제 발전 단계를 고려하지 않은 정통적 경제학은 영국에 적합한 이론일 수 있지만, 독일에는 적합하지 않은 이론이 된다. 리스트가 국민국가의 경제 발전을 위해 강조한 것은 공업 육성이었다. 그는 경제사회의 발전을 '원시–목축–농업–농공업–농공상업' 단계로 구분하고, 독일을 이제 막 농공업 단계에 진입한 사회로 보았다. 따라서 이에 적합한 정책이 필요하다고 하면서 고전학파의 자유무역주의에 대립하는 보호무역주의를 제시하였다. 독일의 역사학파와 그들의 영향을 받은 경제학자들은 정통파 경제학자에게는 금기였던 국가주도형 경제를 지지하는 경향을 유지하였다.

신고전학파의 시대는 독일 역사학파의 후기에 해당한다. 후기 역사학파에는 슈몰러(G. Schmoller, 1838-1917), 좀바르트(W. Sombart, 1863-1941) 등이 있으며, 전기와 동일한 전통 위에 있었다. 역사학파의 영향은 독일에만 국한되지 않았다. 경제사상사를 연구한 블로그(M. Blaug)에 따르면, 1870년대 및 1880년대에서 영국 경제학자의 주요한 사고방식은 역사학파의 사고방식이었다. 또한 당시 미국의 대학들도 역사학파가 지배적인 독일에서 공부한 경제학자에게 크게 의존하고 있었다. 역사학파 경제학의 일반적 특징은 다음과 같다. 첫째, 신고전학파의 추상적·연역적 방법론과 달리, 구체적·귀납적 방법론에 입각해 있다. 둘째, 연구 대상을 개별 경제주체가 아니라, 범주로서의 국민 또는 민족으로 한다. 셋째, 경제이론은 특정한 민족과 시대의 산물에 불과하므로, 보편성과 절대성을 갖지 못하고 상대성을 갖는다고 본다. 넷째, 경제적 행위와 윤리적 행위는 상호 연관되어 있으므로 경제학은 윤리적·규범적 가치판단을 내포한다고 본다.

이런 역사학파의 방법론을 멩거가 비판함으로써 19세기 후반에 방법론 논쟁이 시작되었다. 이미 멩거는 1871년에 간행된 자신의 저서에서, 복잡한 경제현상을 가장 단순한 요소들로 환원하고 그것이 어떻게 합법칙적으로 생성되는가를 연구한다고 함으로써, 역사학파의 방법론에 대해 반기를 들었다. 멩거는 역사학파가 오직 경제사 연구에 몰두하면서 그것을 경제학인 양 호도하고 있다고 비판하였다. 그는 역사적 이해 대 이론적 이해가 있고 개별적·구체적 현상 인식 대 보편적 현상 인식이 있는데, 각각의 전자에 대응하는 것이 경제사와 통계학이고 후자에 대응하는 것이 이론경제학이라고 하였다. 그는 독일 역사학파가 사회현상을 유기체론적으로 이해하는 것을 비판하면서, 사회현상이 인간의 의식적 활동의 결과이므로 기계론적·원자론적으로 이해할 필요가 있다고 하였다.

경제학 방법론을 둘러싼 멩거와 슈몰러 간의 논쟁은 서로 다른 패러다임의 경제학자들이 자신들의 학문이 과학적임을 입증하기 위한 논쟁이었다. 이 같은 논쟁이 있었던 것 자체가 쿤이 말한 방법론상의 전형적인 위기, 즉 전문가의 불안감이 강해지는 현상의 증거라고 말할 수 있다. 당시에 자연과학이 주로 귀납적 방법을 사용한다는 것은 일반적 상식이었으며, 역사주의자들은 베이컨의 경험주의를 주장하면서, 이론이 경험적 관측에 의해 얻어지고 또 관측에 의해 증명되어야 과학으로 인정될 수 있다는 극단론을 전개하고 있었다. 이는 귀납적 추론보다 연역적 추론을 중시하고 가정에 따라 인간 행동을 규율하는 요인들을 이론화하는 고전학파 및 신고전학파 경제학자들에 대한 반발이었다.

마셜에 의한 신고전학파 경제학의 방법론과 범위를 명시적으로 정의한 것은 네빌 케인스(J. N. Keynes)의 『경제학의 범위와 방법』(*Scope and Method of Political Economy*, 1890)이다. 이 책은 마셜의 『경제학원리』가 출판된 해에 출판되었다. 네빌 케인스는 마셜의 초기 학생이자 케임브리지 대학에서의 동료였으며, 유명한 존 메이너드 케인스(J. M. Keynes)의 아버지이기도 하다. 방법론에 관한 네빌

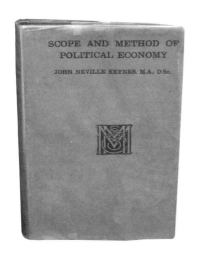

케인스의 이 책은 논쟁적이라기보다 화목을 도모하는 것을 목표로 하고 있어, 혈기에 날뛰기보다는 사려가 깊으며 논쟁보다 설명을 중심으로 하고 있다. 책의 서문에서 케인스는 "나는 당파적인 문장을 배제하고 논쟁이 되는 점은 양쪽을 편견 없이 다루려고 노력했다"(*SMPE*)라고 하였다.

케인스는 그가 기본적으로 중요하다고 생각한 부분에 초점을 맞추기 위

해 경제학에 대한 세 가지 개념, 즉 실증과학, 규범과학, 정책을 구별했다. 그는 인간의 행위에 관한 규칙을 정하는 정책에 대해서는 그 범위가 분명하지 않고 성격상 경제학이라고 하기 어렵다고 보고 경제학의 범주에서 제외하였다. 규범과학이란 어떤 존재해야 할 것에 대한 준칙과 관계되어 있고 따라서 현실과 구별된 이상과 관련 있는 체계적 지식의 집합이다. 이와 달리, 실증과학은 오로지 존재하는 것과 관련되어 있고 그 목적을 경제 법칙이나 불변균일성을 수립하는 데 두고 있는 체계적인 지식의 집합이다. 이렇게 개념을 정의한 후에 케인스는 실증과학이야말로 '과학으로서의 경제학'이라고 하였다.

그러나 네빌 케인스는 역사학파에 대응하여 단정적인 경계를 긋는 것을 의도적으로 피하였다. 그는 경제사 연구가 경제학을 구축하고 완성하는 데 특별한 역할을 하며, 경제학에는 역사적 연구로부터 도움을 받지 않으면 답이 불완전할 수밖에 없는 많은 문제가 있다고 하였다. 따라서 역사적 방법은 당연히 경제학자들이 의지해야 할 방법에 포함되지만, 그럼에도 불구하고 경제학은 본질상 역사학으로 간주될 수는 없다고 하였다. 그는 경제학이 다른 사회과학과 마찬가지로 도덕과학에 크게 의존하고 있음을 인정하였지만, 실증과학이야말로 전문가로서의 경제학자가 할 중요한 일이며, 규범적·정책적 사고나 실증적 연구(예컨대, 경제사)의 출발점인 동시에 전제 조건이라고 하였다. 실증과학으로서의 경제학은 몇 개의 추상적인 가정 하에 정확하고 엄밀한 논리적 추론을 통해 보편적이며 수량화할 수 있는 법칙을 찾아낸다. 케인스는 이와 같은 방법에 입각하지 않으면 경제 법칙이란 하나의 경향에 지나지 않는다고 하였다. 따라서 그는 역사학파 경제학을 순수하고 보편적인 유효성을 갖는 과학으로서의 경제학이 아니라, 역사의 특정 시기에만 유효한 윤리나 정책적 교훈에 중점을 둔 분야라고 하였다.

케인스는 이러한 방법론 논쟁에 대해 과학으로서의 경제학에는 연역적 분석과 함께 귀납적 분석도 필요하다는 식으로 결론을 내리고 있다. 그는 경제학이 양적 변수를 다루는 과학이며 연역적·추상적 측면에서는 수학적 방법에 많이 의존하고 귀납적·구체적 측면에서는 통계학에 의존하고 있다고 하였다. 그는 일반적으로 이론가의 추론이 현실에 입각한 원칙에 바탕을 두어야 한다는 논의에는 찬성하지만, 경제학자가 가정을 선택할 때의 기준으로서의 '일반성과 단순성'도 마찬가지로 중요하다고 말하고 있다. 요컨대, 그는 역사적 사실이 이론의 적절성 여부를 검증하고 그때그때의 정책 문제를 해결하는 데 필요한 이론을 만드는 것이 중요함을 인정하지만, 과학적 경제학의 중심이 되고 핵이 되는 것은 연역적 이론과 객관적 실증경제학이라고 했다.

마지막으로 케인스는 고전학파 및 신고전학파 경제학이 당시의 방법론 논쟁에서 언급된 이념적 편향과 무관함을 주장하였다. 그는 경제학은 "과학이며 단순한 정책이나 윤리적 탐구는 아니다. 또 경제학은 경합하는 사회과학 여러 분야로부터 중립적인 존재이다. 경제학은 어떤 행위를 함으로써 무엇이 일어날 것이라는 정보를 제공하지만 도덕적 판단은 하지 않으며, 무엇을 해야 하고 하지 말아야 하는지에 대해서 언급하지 않는다"(SMPE)라고 하였다. 고전학파 경제학자들은 18세기의 자연법적 사고(자연적 존재 질서 또는 인간의 자연적 속성으로부터 공동생활, 윤리적 행동, 정치적 행동의 규범을 이끌어 내고자 하는 사고)와 벤담의 공리주의가 결합된 영국의 전통적인 철학을 바탕으로, 자유방임주의 사상을 지지하였다. 이에 케인스는 독일 역사학파와 영국 경제학의 차이가 자유방임주의와 정부 개입에 대한 사고방식에 있다고 하였다. 케인스는 정부의 개입이 없는 자유경쟁 상태라는 경제학의 가정이 가치 판단으로부터 자유로운 가정이라고 하면서, 경제학이 이념적으로 중립적임을 강조하였다. 이념적 중립성에 대한 이러한 주장은 신고전학파의 주요한 특징의 하나가 되었다. 그는 경제학에 왜 자유경쟁이라는 가정이 필요한지를 경제학의 가정과 추론이라는 관점에서 다음과 같이 설명하였다.

추상적 경제학 교의의 대부분은 자유경쟁이고 정부 개입이 없다는 가정에 기초하고 있다. 사실 이 가정은 지난 140년 동안의 경제이론 발전에 있어서 중심적 위치를 차지하였다고 할 수 있다. 그렇게 된 데는 두 가지 이유가 있다. 첫 번째 이유는 가장 간단한 경우를 먼저 택하는 것이 추론의 일반적 원칙이라는 점에 있다. 우리가 경제적 자유의 조건 하에서 일어나는 것을 정확하게 확정할 수 있다면 계속해서 좀 더 복잡한 경우도 다룰 수 있으며, 다양한 주체가 개입할 경우에 나타나는 영향도 측정할 수 있을 것이다. 두 번째 이유는 근대 경제사회에서는 사실상 자유방임주의가 일반적 룰이라는 점이다. 그러므로 개입이 없다는 가정에 기초한 결론은 다른 어떤 마찬가지의 간단한 가정에서 얻어지는 결론보다 근대 산업의 실제와 더 잘 부합하였다.(*SMPE*)

Chapter 9

신고전학파 경제학의 발전

1. 도전과 대응

마셜에 의해 완성된 신고전학파 이론을 요약하면, 소비자의 기호와 생산 기술 및 생산요소 공급이 주어졌을 때 개별 경제주체는 경쟁시장에서의 가격 지표에 맞추어 각자의 효용 또는 이윤을 극대화하기 위해 행동하며, 그 결과 희 소한 자원의 최적 배분 상태에 도달한다는 것이다. 이처럼 신고전학파 경제학 은 효용을 극대화하려는 소비자와 이윤을 극대화하려는 기업이 상호작용하면 서 사회적 후생을 극대화한다는 것을, 정교하고 대칭적이며 미학적인 아름다 움까지 갖춘 연역적·수학적 방법으로 증명하였다. 시장경제를 서로 대립적인 계급관계 속에서 이해하는 고전학파와는 달리, 신고전학파는 경제주체들이 동 등한 경제적 지위를 갖고 각자의 주관적인 최적 상태에 도달하려 한다고 보았 다. 그리고 균형 상태의 인과적 작용 및 경제적 요인을 강조하고 경제학의 주제 를 성장이나 분배에서 교환 영역으로 이동시켰으며, 경제학을 이념적 가치로 부터 자유로운 학문이라고 생각하였다.

신고전학파의 이론과 자유방임주의는 마셜의『경제학원리』가 간행된 후약 반세기 동안 경제사상을 지배하였다. 신고전학파는 정치적·사회적 상황이변하지 않는다고 가정함으로써 경제적 요인들 간의 상호관계를 쉽게 특정화할수 있었다. 그들의 경제학은 현실을 단순화함으로써 현실의 중요한 경제적 현상을 연역적·논리적 방법으로 예리하게 설명하는 학문이었다. 그러나 단순화를 위한 가정을 추가할수록 이론은 현실과 멀어질 수밖에 없다. 예컨대, 발라의일반균형이론은 고도의 수학적 분석 방법을 사용함으로써 상품시장·생산요소시장 전체의 상호 의존성을 분명히 했으나, 이 이론은 모든 상호관계가 일정하다는 비현실적인 가정이 필요했다. 이에 대해 마셜의 부분균형분석은 미시적 단위(소비자 개인 또는 개별 기업)의 행동에 초점을 맞춤으로써 안정성의 가정을 완화하는 대신 다른 조건이 일정하다는 가정을 포함해야 했다.

　　20세기 초에 신고전학파 경제학에 대해서 내외적으로 다음과 같은 다양한도전이 있었다. 첫째, 신고전학파의 연역적 방법론에 대해서는 이미 독일 역사학파의 비판과 방법론 논쟁(Methodenstreit)이 있었지만, 미국의 제도학파 경제학자들이 비판의 대열에 합류하였다. 둘째, 경제학자들이 경제 시스템의 작동을설명하기 위해 양자물리학으로부터 차용한 '균형' 개념의 적합성에 대한 비판이 있었다. 셋째, 연역적 분석을 전제로 하는 가정에 대해서도 비판이 있었다.특히, 소비자와 공급자가 자신의 선택 결과를 최대화하기 위해 합리적으로 행동한다는 가정의 적합성은 뜨거운 논쟁의 이슈였으며, 소비자 선택에 있어 한계효용의 개념도 논쟁의 대상이었다. 넷째, 자원 배분의 가격 체계가 사적 이익뿐 아니라 사회적 복지와도 양립할 수 있는가에 대한 비판이 있었다. 마셜도 사회적 비용·편익과 사적 비용·편익 사이에 괴리가 발생할 수 있음을 인식하기는 했지만, 그의 일반적 인식은 시장의 가격 체계가 자원의 최적 배분을 가능하게 한다는 것이었다.

  미국의 제도학파는 독일 역사학파나 영국의 역사주의자들로부터 강한 영향을 받아 1880년대 말에 시작되었다. 미국 제도학파의 대표적 인물인 베블런(T. Veblen, 1857-1929)은 사실 미국 신고전학파의 원조인 클라크(J. B. Clark)의 제자였음에도 불구하고 신고전학파의 전통을 따르지 않았다. 역사학파처럼 그도 신고전학파의 방법론을 문제 삼았으며, 인간 행동은 제도적 배경 속에서 이해되어야 함을 주장하였다. 베블런은 다윈의 진화론에 영향을 받아 신고전학파의 연역적 방법론과 물리학적 균형의 개념을 비판하였다. 그는 인간의 행위가 역사의 모든 시대에 공통적인 본능에 기초하고 있지만 그것이 구체적으로 표현될 때는 서로 다른 역사·사회·제도 속에서 다양한 방식으로 나타난다고 하였다. 습관적인 행동양식은 제도로 정착되고 제도는 규범적인 힘을 가지며, 사람들은 그것이 그어 놓은 선 안에서 삶을 펼쳐 나간다는 것이다. 그의 첫 번째 저서 『유한계급론』(The Theory of the Leisure Class, 1899)은, 자본주의가 인간의 일꾼 본능과 약탈 본능 중에서 후자를 높게 평가함으로써 유한계급이 과시적 소비를 통해 어떻게 자신의 약탈적 능력을 보여 주는지를 자세하게 기술하였다.

  인간의 역사를 제도 진화의 역사로 보는 베블런은 신고전학파의 몰역사성을 비판하였다. 신고전학파는 제도의 중요성을 철저히 무시하며, 모든 인간을 역사적 상황과는 관계없이 합리적이고 이기적인 계산에 의해 효용을 극대화하는 동질적 존재로 이해하고 있기 때문이다. 그는 신고전학파의 근본적인 문제가 인간 본성에 대한 잘못된 관념, 즉 쾌락주의적 인간관에 있다고 보았다. 신고전학파적 인간은 행복을 욕망하며 그것에 의해 충동 받지만, 그에게는 선행(先行)하는 사건도 결과도 없으며, 그저 고립되고 유한한 존재로서 외부의 힘이 가해지기 전에는 안정적 균형 상태에 있다. 베블런의 설명에 의하면, 쾌락주의에 기초한 신고전학파 경제학은, 자본의 수익을 정당화하고 소득을 생산적 기여에 따른 분배라고 함으로써, 경쟁 자본주의에서 자연스럽고 정상적인 사회적 조화가 달성됨을 보여 주는 것을 궁극적 목적으로 한다.

제도학파가 경제학계에 미친 영향은 그리 크지 않았지만, 그것을 계승한 갤브레이스(J. K. Galbraith)와 하일브로너(R. L. Heilbroner) 등은 신고전학파에 대해 강한 비판의 목소리를 높여 왔다. 한편, 최근에 탄생한 신제도학파는 신고전학파 경제학에 기초하여 역사와 제도 형성 등을 설명함으로써 역사와 제도로부터 경제적 행동을 설명하는 구제도학파의 입장을 완전히 뒤집었다.

피구(A. C. Pigou, 1877-1959)는 베블런과 마찬가지로 광범한 지적 관심을 가진 경제학자였다. 그는 경제사상적으로 볼 때 가장 모순적인 인물 중 한 사람이었다. 그는 마셜의 탁월한 제자이자 그의 교수직을 이어받아 케임브리지 대학에서 신고전학파 경제학을 가르쳤다. 후일에 존 메이너드 케인스는 피구의 저작을 신고전학파의 대표적인 예라고 하면서 비판하였으며, 피구는 케인스의 공격에 대해 임금 및 가격의 신축성 가정 하에서 완전고용이 이론적으로 가능하다고 함으로써 신고전학파를 옹호하였다. 그런 피구이지만 그는 규제되지 않은 자본주의의 효율성에 대해 의문을 제기하였으며, 마셜이 남긴 힌트를 발전시켜 시장경제 체제에 내재해 있는 한계를 폭로하였다. 그리고 마침내 사회적 후생을 어떻게 극대화할 것인가에 대한 그의 탐구는 『후생경제학』(Economics of Welfare, 1920)으로 정리되었으며, 이 연구는 그를 신고전학파 정통에서 멀어지게 하였다.

사실 후생경제학은 피구에 앞서 발라의 제자인 파레토(V. Pareto, 1848-1923)에서 시작되었다. 그의 후생경제학은 신고전학파 미시경제이론인 효용 극대화 이론과 이윤 극대화 이론에 기초하고 있으며, '파레토 최적'이라는 규범을 갖게 되었다. 파레토 최적 상태는 반드시 다른 누군가의 손해를 유발하지 않고 한 개인의 이익이 증가할 수 없는 상태를 말한다. 그런데 파레토 최적은 자유시장이 합리적이고 효율적이라는 신고전학파의 가치를 옹호하지만, 부와 소득분배 상태가 일정하고 모두가 자기의 후생에 대한 최상의 판단자이고 완벽한 지식을 가진 자여야 함을 전제로 하는 비현실성을 갖고 있다. 후생경제학 이론에서 최악의 치명적 급소는 외부효과(externality)의 문제이다. 피구는 외부효과가 존재하는 경우에 사적 비용·편익이 사회적 비용·편익과 괴리될 수밖에 없음을 주장하였다. 그 경우에 시장의 보이지 않는 손에 의해서는 결코 파레토 최적 상태에 도달할 수 없다. 개인의 이기적 활동에 의해 전반적 후생이 증가할 수 있다고 믿는 신고전학파로서는 외부효과를 인정할 수 없었다. 때문에 극단적인 개인주의 편향을 갖고 있는 시카고 대학의 교수인 나이트(F. H. Knight)는 외부효과를 둘러싸고 피셔와 뜨거운 논쟁을 벌였다.

　　신고전학파 이론에 대한 이러한 대내외적 공격에 대해 신고전학파를 옹호하는 반론은 공격만큼이나 많고 다양하였다. 그중에서 특히 런던경제대학(LSE)의 교수인 로빈스(L. Robins, 1898-1984)는 신고전학파의 방법론을 강하게 방어하였다. 그는 마셜이 아니라 제번스나 윅스티드(P. Wicksteed)를 추종하고 있었던 점에서 영국 경제학계에서는 독특한 인물이었다. 그는 발라, 파레토, 뵘바베르크, 비저, 빅셀과 같은 유럽 대륙의 경제학자들로부터 많은 영향을 받았으며, 그 결과 앵글로색슨 경제학을 마셜의 노선에서 대륙의 노선으로 옮기는 역할을 하였다. 또한 오스트리아의

L. 로빈스(1898-1984)

하이에크(F. A. von Hayek)를 LSE에 초빙하여 케임브리지학파의 걸출한 인물인 케인스와 맞서게 했으며, 이 두 사람 간의 논쟁은 LSE와 케임브리지 간의 중요한 논쟁 중 하나가 되었다.

로빈스의 경제사상은 『경제학의 본질과 의의』(*An Essay on the Nature and Significance of Economic Science*, 1932)에 나타나 있다. 그가 말하고 있는 것은 기본적으로 40여 년 전에 출판된 네빌 케인스의 책에 포함된 사상과 같으며, 케인스가 말한 것과 공통된 부분이 많다. 로빈스는 케인스보다 훨씬 확신에 차 있는 강한 투로 논의를 전개했다. 네빌 케인스가 경제학 방법론을 균형 잡힌 형태로 설명하려 했던 것과 달리, 로빈스는 경제학 방법론을 이미 해결된 문제로 보았다. 그는 제도학파와 역사학파도 신고전학파에 대한 다른 모든 비판자들처럼 과학적이라기보다 이념적 동기를 갖고 있다고 비난하였다. 즉, 신고전학파에 대한 비판은 본질에서 정치적이며 경제 법칙을 인정하지 않으려는 불손한 생각에서 비롯되었다는 것이다. 그는 제도학파와 역사학파의 유일한 차이가 있다면 역사학파가 좀 더 흥미롭다는 정도뿐이며, 당시의 대공황이라는 문제에 대해 둘 다 해답을 주지 못하고 있다고 비판하였다.

로빈스는 간단한 공리로부터의 논리적 추론에 의해 얻어진 보편적 타당성을 갖는 추상적 분석 체계를 만드는 것이 경제학자의 중요한 일이며, 경제학은 실증과학적이므로 완전히 가치 중립적임을 강조하였다. 그러나 사적 비용·편익과 사회적 비용·편익이 괴리될 가능성을 강조하는 피구의 후생경제학적 분석이나, 베블런과 클라크(J. M. Clark) (한계생산력설을 주장한 J. B. Clark의 아들)가 말하는 사회경제학적인 여러 개념은 경제학이 가치 중립적이라는 주장에는 부합하지 않는다. 로빈스는 형이상학적이거나 윤리적 내용의 명제는 실증과학인 경제학과는 맞지 않는다고 주장하였다. 당위가 아니라 존재가 경제학의 주제라는 시니어의 주장은 네빌 케인스에 의해 확산되었으며, 다시 로빈스에 의해 타협할 수 없는 명제가 되었다. 로빈스의 이러한 생각은 1920-1930년대에 유행하던 논리실증주의와 연관되어 있다. 포퍼(K. Popper)의 논리실증주의는 근대 과학의 필요 조건이 반증 가능성(falsification)에 있으며, 따라서 데이터에 의해 검증 불가능한 가설은 과학적이라고 할 수 없다고 하였다. 논리실증주의는 경제학을 포함한 모든 과학의 이상이 가치 중립성에 있음을 주장한다.

한편, 로빈스는 제번스의 주관적 가치론 자체를 부정하지는 않았지만, 그것을 정당화하기 위해 사용된 쾌락설을 배척하였다. 즉, "제번스와 그의 후계자들의 쾌락설에 입각한 정리는 이론의 중요한 구조에 본질적이지 않으며… 게다가 그 이론은 쾌락설과는 전혀 관계없이 설명할 수 있고 옹호할 수 있는 것이다."(NSES) 그는 기수적으로 측정 가능하다는 효용의 개념에 대해서 호의적이지 않았으며, 제번스의 효용이론이 경제학적 추론의 중요한 기초이지만 그렇다고 해서 경제학 전체를 대표하는 것은 아니라고 하였다. 또한 그는 경제사와 경제이론의 밀접한 관련성과 실증 연구의 중요함을 인정하고 있다. 예컨대, 그는 "경제이론이 형태를 설명하고 경제사가 실태를 설명한다." 그리고 "실태 연구는 해결해야 할 문제를 제시할 수 있으며, 문제가 생겼을 때 그 해답의 응용 가능성이 어느 정도인가를 점검할 수 있다. 또한 실태 연구는 이론의 완성을 위한 가정을 제시할 수도 있다. 그러나 이론이, 그리고 이론만이 해답을 줄 수 있다"(NSES)라고 하였다.

로빈스는 실증과학으로서의 경제학, 즉 과학으로서의 '순수' 경제학의 범위를 어떻게 설정해야 하는가 하는 물음에 대해 누구보다도 명확하게 답하고 있다. 고전학파 이래 많은 경제학자에게 있어 중요한 과제는 국민경제의 경제 동향을 파악하고 정책을 탐구하는 것이었지만, 로빈스는 경제학의 그러한 전통적인 접근 방법을 부정한다. 왜냐하면 "집계된 생산량의 변화라고 하는 것은 확고한 개념이 아니며… 경제학자들이 논리적 결론을 법칙이라는 형태로 나타낼 때 그들은 항상 총생산이라고 하는 애매한 개념이 아니라 가격, 공급, 수요라고 하는 완전히 명확한 개념과 연관시키고"(*NSES*) 있기 때문이라는 것이다. 따라서 거시경제학의 관점에서 사회의 생산을 측정하거나 시간에 따른 증가와 개인·그룹 사이의 분배를 논하는 것은, 화폐이론에 대해 갖는 의미를 제외하면 전혀 무의미한 것이 된다. (명목)국민소득이니 하는 개념은 모두 화폐이론에서만 의미를 갖고 그 밖의 경우에 국민소득의 추계는 습관적인 의미밖에 없으며, 총생산은 "사실상 정확한 대응체가 없으며 순수이론의 주요 범주로부터 도출되지도 않는"(*NSES*) 자의적 가정이라는 것이다. 따라서 로빈스는 경제학자들의 일을 다음과 같이 제한하였다.

> 분석의 중심을 생산이론과 분배이론으로 나누는 대신에, 우리는 균형이론과 변동(variation)이론을 갖는다. 그리고 경제 시스템을 집계된 생산량을 산출하는 거대한 기계라고 생각하고, 생산량을 변화시키는 원인이 무엇이고 생산물이 어떻게 분배되는가에 대해 고찰하는 대신에, 경제 시스템을 인간과 경제재 사이에 상호 의존적이지만 개념적으로는 구별되는 일련의 관계라고 생각한다. 그리고 우리는 이러한 관계가 일정하기 위한 조건이 무엇이고, 이런 관계가 개재되어 있는 목적과 수단의 변화가 주는 효과가 무엇인지를 질문한다.(*NSES*)

로빈스는 사실 애덤 스미스의 중요한 경제학적 공헌도 이러한 틀 속에서 이루어진 것이라고 한다. 애덤 스미스의 위대한 저작이 국부(國富)의 원인을 다루고 있으며, 사실 응용경제학에서 매우 중요한 의미를 갖는 조건들에 대해 많은 설명을 하고 있지만, 이론경제학의 관점에서 보면 애덤 스미스가 성취한 최대의 성과는 상대가격의 메커니즘에 의해 분업이 균형 상태를 유지하는 양식을 설명한 것에 있다는 것이다. 그것은 경제학 분석 체계의 원형이 된 리카도 체계가 본질에서 "명확한 수량과 관계가 균형에 이르는 경향을 논하고 있는" 것과 같으며, 따라서 "경제재 간의 교환 비율에 대한 논의가 있는 곳 어디서든지 경제학의 일반화가 과학 법칙의 형태를 취하는 것은 결코 우연이 아니다" (NSES)라는 것이다.

마셜은 경제학을 '인간의 후생에 필요한 물질의 획득과 사용에 관련된 개인적·사회적 행위'에 대한 연구로 정의한 반면, 로빈스는 경제학을 "목적과 대체 용도를 가진 희소한 자원 간의 관계로서의 인간 행동을 연구하는 학문"이라고 정의하였다. 로빈스는 경제재의 본질이 물질적 속성이 아니라 희소성에 있음을 강조하였다. 이 점에서 필요량보다 부존량이 적은 재화를 경제재로 본 멩거가 로빈스의 경제학 정의의 선구라고 할 수 있다. 경제학에 대한 로빈스의 정의는 분석 대상을 현실의 시장에서 거래되는 재화에 한정하지 않은 점에서 기존의 정의보다 포괄적이라고 할 수 있지만, 실제로는 경제학자가 답해야 할 문제의 범위를 매우 좁혀 버리고 말았다. 그는 거시경제학의 개념이 화폐이론으로서만 의미가 있다고 하였으며, 개인 간의 만족을 합치는 것은 고사하고 비교할 수 없다는 점에서 후생경제학을 경제학에서 제외하였다. 또한 경제성장이론을 경제학에서 사실상 제외했는데, 이는 시간과 장소에 따라 가정을 해야 한다거나 사회·정치 조직의 변화를 고려해야 한다는 이유 때문이었다.

로빈스는 실증경제학이 보편적으로 성립하는 몇 개의 공리에 기초한 추론에 입각하고 있으므로, 시장관계에 대해 우월한 예측력을 갖고 있으며 또한 오류가 없음을 확신하였다. 그러나 그런 확신이 아이러니한 것은, 책이 출간된 시점에 대공황이 한창이었다는 점 때문이다. 이에 대해 그는 "경멸받고 있는 연역적 이론의 도구를 사용하여 몇몇 학자들이 홀로 경기변동이론을 연구하였으며, 그 결과 최근 수년간 발생한 저주스런 현상을 일반적 용어로 설명할 수 있게 되었다. 또 공황이라는 현상의 수수께끼를 최근 수년 내에 완전히 해명하는 것도 가능하게 되었다"(NSES)라고 강변하였다. 무오류성의 주장이 가장 특징적으로 나타난 것은 임금 정책과 관련해서였다. 로빈스는 "임금을 균형 수준 이상으로 유지했을 때 필연적으로 실업이 생기고 자본가치가 하락한다는 것은 잘 알려진 이론경제학의 일반화이다. 이것은 경제균형이론의 가장 초보적인 추론 중의 하나이며, 제1차 세계대전 이후 우리나라의 역사는 그 정당성을 증명하고 있다"(NSES)라고 하였다.

그러나 로빈스는 경제학의 사고 과정과 무관하다고 하여 모든 가치판단을 배척하였지만, 경제학의 '본질과 의의'에 대한 자신의 사고방식이 궁극적으로 어떤 가치관(합리성과 지식에 의한 선택이 바람직하다는 사고방식)에 의존하고 있음을 결국에는 인정하였다. 경제학자가 어떤 의미 있는 답을 찾아낼 수 있다고 생각한 문제들 중 어떤 문제를 선택할 것인가, '기본적 공리'와 '부수적 가정' 간의 경계를 어떻게 설정할 것인가, 또는 분석을 복잡하게 만드는 여러 요소 중무엇을 '다른 조건이 일정하다면'이라는 틀 속에 가두어 둘 것인가를 결정할 때, 노골적이지는 않더라도 경제학자 개인의 가치판단이 들어 있다고 할 수 있다. 왜냐하면 경제성장이론이나 후생경제학에 흥미를 갖는다는 것은, 정부의 경제 개입을 지지하는 입장과 직결되기 쉽기 때문이다. 또한 자유경쟁 시장에서의 가격 결정에 분석의 초점을 맞춘다는 것은 자유방임주의와 경제적 개인주의에 대한 편향을 동반하는 경향이 있다. 실제로 로빈스는 이러한 점에 관한 그의 이념적 편향을, 비록 각주로 처리한다든지 의도적으로 경제적 분석과는 분리시켰지만, 매우 솔직하게 인정하였다. 예컨대, 그는 "경제계획을 하려는 사람도 한 꺼풀 벗기면 독재자가 되려고 하는 사람과 다를 바 없다"라고 한다든지, 최저임금 정책에 관해 "우리는 이러한 정책이 불평등의 단순한 감소라는 잘못된 목적을 위해 진정한 행복을 크게 증가시키는 것을 희생하고 있다"라고 하였다.

로빈스가 과학으로서의 경제학이 답할 수 있는 문제의 범위를 한정할 때 그가 전제로 한 사상, 방법론, 단순화의 가정 등은, 『경제학의 본질과 의의』 제1판이 출판되었을 당시에는 거의 모든 정통파 경제학자 사이에서 전제이기도 했다. 그러나 제2판이 출판될 때(1937)에는 그들의 정치적·사회적 사고방식은 대공황으로 인해 크게 변하였다. 케인스의 『일반이론』이 이러한 사상의 변화를 보여 주었으며, 제2차 세계대전과 그 여파가 그 변화를 완결시켰다고 할 수 있다. 물론 집계된 소득을 측정하려는 사고방식, 개인의 효용 간을 비교하려는 사고방식, 경제 발전의 경제이론을 만들려는 사고방식 등에 대한 로빈스의 비판은 제2차 세계대전 이후에도 유효했다. 그러나 전후에는 "가격과 비용의 메커니즘에 의해 서로 다른 재화의 생산에 생산요소가 어떻게 배분되는지, …이자율과 가격 마진이 현재재의 생산과 미래재의 생산 사이에 요소 배분을 어떻게 하는지"(NSES)라는 문제는, 학계의 경제학자에게조차도 거시경제학적 집계치 간의 여러 관계, 후생경제학의 문제, 경제성장의 문제 등에 비해 중요도에서 뒤로 밀려났다.

2. 불완전경쟁시장이론

1) 스라파의 마셜 비판

마셜은 다수의 수요자와 공급자가 존재하고 동질적인 상품이 거래되는 완전경쟁시장에 논의를 집중하였다. 그러나 완전경쟁이나 완전독점이 아닌 시장에서의 가격 결정 문제가 점차 중요하게 되었다. 한계혁명 이후 반세기 동안 자본주의 경제 체제에 엄청난 변화가 있었다. 시장이 확대되고 운송과 통신망으로 전 세계가 연결되고 기술의 진보가 생산비를 계속 낮추었지만, 상품 가격은 그다지 낮아지지 않았다. 그것은 기업이 생산량을 조절하여 가격을 유지하는 담합을 하였기 때문이다. 급속한 산업화는 자본의 집중을 가져왔으며, 시장이 확대되면서 거대 기업의 시장 지배력도 점차 커지고 있었다. 제조업뿐 아니라 특히 운송과 유통, 금융에서 자본의 집중이 심했고, 경쟁적 자본주의가 아니라 새로운 형태의 자본주의가 출현하기 시작했다. 트러스트나 카르텔 결성에 의한 독점과 합병·인수를 통한 거대 복합기업이 탄생했으며, 거대 기업들은 시장가격을 통제하였다. 미국 연방정부는 1890년에 독점을 금지하는 반트러스트법을 제정하고 록펠러의 스탠더드 오일을 19년의 긴 쟁송 끝에 해체시키기도 했지만, 강고한 카르텔을 부수지는 못했다. 유럽에서는 기업들이 반독점법이 통과되지 않도록 영향력을 행사하였다. 이에 더하여 선진 자본주의 국가들의 제국주의 경쟁은 극에 달했으며, 불황의 깊이와 길이는 점점 커지고 있었다.

이와 같은 자본주의 경제 체제의 변화로 인해 신고전학파의 완전경쟁시장 모형은 이미 설명력을 상실하였다. 마셜은 제자들이 이론경제학을 완성된 학문이 아니라 계속 발전해야 할 분야로 생각하기를 원했고, 후학들을 위해 자신의 이론에 남아 있는 많은 결함을 각주에 표시해 두었다. 이에 마셜의 실용적 전통을 이어받아 현실 문제에 대해 지속적인 관심을 보인 경제학자들은 신고전학파 이론의 미진한 부분을 완성하기 위해 다양한 형태의 이론화 작업을 하고 있었다. 그들은 신고전학파의 틀 내에서 마셜이 시사해 둔 방향에 따라 이론을 수정하거나, 마셜이 각주에서 지적한 이론상의 미해결 문제를 해결하고자 했으며, 그 결과 신고전학파 경제학 이론은 몇 가지 측면에서 뚜렷한 진전을 보았다.

이와 같은 이론적 진전 중의 하나는 한계분석의 도구를 사용하여 확장한 불완전경쟁시장이론이다. 그 출발이 된 것은 스라파(P. Sraffa, 1898-1983)가 1926년에 『이코노믹 저널』(Economic Journal)지에 발표한 논문 「경쟁적 조건 하에서의 수확 법칙」("The Laws of Returns under Competitive Condition")이다. 이탈리아 태생의 스라파는 유명한 이탈리아 공산주의자 그람시(A. Gramsci)의 절친한 친구로, 마르크스주의자에 가까웠던 것으로 추측된다. 케인스(J. M. Keynes)의 도움으로 영국으로 건너온 스라파는 마셜에게 수학하고 케임브리지 대학에서 학생들을 가르쳤다. 그는 케인스와 함께 경기변동이론에 대해 하이에크와 논쟁을 벌였으며, 전후에는 신리카도(Neo-Ricardian)학파를 이끌면서 리카도서간집(Works and Correspondence)을 편집하였다.

마셜의 분석은 완전경쟁시장이라는 가정에 기초하고 있는 최적 배분이론이다. 이 시장에서 개별 기업은 시장가격에 영향을 주지 않고 얼마든지 원하는 만큼 생산물을 팔 수 있다. 또한 경쟁적인 기업의 신규 진입과 퇴장에 의해 이윤은 항상 정상 수준에 접근하는 경향을 갖는다. 완전경쟁시장의 가정은 상품의 생산량을 그 가격으로부터 추론할 수 있도록 하며, 가격이 항상 균형값에 접근하는 안정성을 설명해 주는 장점을 갖고 있으며, 또한 자유로운 시장거래를 통해 경제적 후생이 최대가 된다는 것을 보여 준다. 마셜이『경제학원리』제5권에서 보여 준 탁월한 수요·공급 분석은 이러한 완전경쟁의 가정에 의해 정당화될 수 있다. 또한 완전경쟁의 가정은 신고전학파 경제학에 강한 규범적 편향을 제공한다. 왜냐하면 완전경쟁 상태에서 모든 생산요소의 한계 수익률은 일정하므로 주어진 자원 하에서 산출량이 최대화되기 때문이다. 소득불균등의 문제를 일단 논외로 하면 완전경쟁적 시장경제는 최고의 효율성을 보여 준다고 할 수 있다.

그러나 정학적 상태를 넘어 분석하고자 하거나 완전경쟁시장의 가정, 즉 우상향하는 공급곡선이나 개별 기업에 대한 수평의 수요곡선이라는 가정이 문제가 되는 상황이라면 이 이론은 붕괴하기 시작한다. 따라서 수확이 체증하는 경우(이 경우 비용곡선은 우하향한다)는 물론이고, 체감하는 경우에도 이론은 일관성을 유지하기 어렵게 된다. 마셜 자신은 이런 문제점을 알고는 있었으나 그것을 경제학적 문제라기보다 수학적 문제라고 생각하고 각주에 다음과 같이 언급하였다. 즉, "개별 기업이 생산량을 증대시킴으로써 얻는 규모의 경제효과에 대한 추상적 논의는, 세부적인 것뿐만 아니라 그 일반적 효과에 대해서조차도 오해를 가져오기 쉽다. …수학 공식으로 교환의 균형 조건을 표시하려고 할 때, 표면 아래 감추어져 있어 특별히 문제가 되는 어려움 때문에 경제학자들이 곤경에 빠진다." "그들은 기업의 생산이 증가하면 생산 비용이 감소하는 만큼 강력한 내부경제 효과가 발생한다고 한다. 경제학자들은 대담하게 수학적 분석에 따랐으나, 그들의 전제(前提)가 기업이 처음에 무엇을 가지든지 유리한 출발이 그 지역의 모든 산업을 독점하게 하는 결론에 이르게 한다는 것을 깨닫지 못했다."(POE)

그러나 문제는 수학 공식이 아닌 경제학의 논리에 있었다. 첫째, 마셜이 가정한 수평의 수요곡선은 구매자가 그들이 구매하는 상품에 대해 무차별하지 않다는 사실을 고려하지 않았다. 구매자의 선호는 관습과 개인적 익숙함, 상품에 대한 신뢰, 친밀감, 특별한 요구 사항, 신용 제공의 가능성 등 여러 가지 요인에 따라 다양하게 나타난다. 또한 판매자의 판매방식에 따라서도 수요가 달라진다. 그러므로 개별 기업이 직면하는 자기 제품에 대한 수요곡선은 완전탄력적이지 않고 어느 정도 우하향하는 모습을 보인다.

둘째, 수확 법칙과 그것이 산업의 공급곡선에 미치는 영향을 다루는 방식에도 문제가 있었다. 만일 기업이 수확체증의 조건 하에 있다면 기업이 생산을 무제한으로 확장하여 마침내 경쟁을 파괴시켜 버리는 것을 저지할 수 없으며, 마셜 역시 그 점을 알고 있었다. 수확체증의 경우만 문제인 것은 아니며, 수확체감의 경우에도 마셜의 이론은 약점을 갖고 있었다. 스라파는 마셜의 장기 공급이론의 기초인 수확체증과 수확체감이 완전경쟁시장이론을 지지해 주지 않는다는 점을 논문에서 밝히고 있다. 마셜의 부분균형분석은 한 산업에서의 수요·공급의 변화가 다른 산업에 직·간접적인 영향을 미치지 않는다는 것을 전제로 한다. 그러나 만일 어떤 산업이 수확체감의 조건 하에 있고 그로 인해 그 생산물을 투입으로 하는 다른 산업의 비용과 생산물의 가격을 상승시키고 그 결과 해당 산업의 수요가 감소한다면, 마셜의 부분균형분석만으로는 가격과 산출량의 변화를 제대로 분석할 수 없다. 만일 그 같은 상호작용이 존재한다면 한 산업의 수요·공급의 결정 요인을 각각 독립적으로 분석할 수 없고 일반균형분석의 복잡한 연립방정식 체계에 의존하지 않으면 안 된다.

이상이 스라파가 자신의 논문에서 말한 마셜 이론의 문제점이었다. 부연하면, 수확체증과 수확체감은 비록 효과가 작용하는 메커니즘이 비대칭적이지만 둘 다 완전경쟁의 가정 하에 있는 마셜의 부분균형분석의 유효성을 약화시킨다. 규모의 경제로 인해 수확체증이 나타나는 경우에는 수요·공급의 요인이 장기 균형을 유도한다고 생각할 이유도 없어지고 만다. 수확체감의 경우에는, 한 산업이 어떤 희소한 투입물의 전부를 사용하지도 않을 것이고 그 산업의 대체재가 없을 것 같지도 않으므로, 동일한 투입물을 사용하거나 대체재를 공급하는 모든 산업은 비용과 가격에서 상호 의존적이다. 즉, 어떤 상품의 생산 증가를 위해서는 이전보다 많은 생산요소가 필요하므로 해당 상품의 생산 비용이 영향을 받을 뿐 아니라 동일한 생산요소를 사용하는 다른 상품의 비용도 영향을 받는다. 또한 동일한 생산요소를 사용하는 상품들은 대개 서로 대체재 관계에 있으므로 상품의 가격 변화는 수요에 상당한 영향을 준다.

스라파는 매우 엄격한 조건이 충족되는 경우를 제외하면 마셜이 공급이론의 기초로 삼은 수확 법칙과 그의 가격이론은 양립할 수 없다고 한다. 수확체증이든 수확체감이든 매우 '특수한 경우'를 제외하면 수요곡선을 규정하는 조건이 공급곡선도 규정하며 그 역도 성립하기 때문이다. 여기서 특수한 경우란, 한 상품의 생산이 어떤 희소한 자원을 모두 독점적으로 사용하기 때문에 생산 비용이 다른 산업의 생산과 비용에 대한 반응을 통해 수요에 영향을 줄 수 없는 경우이거나, 수확체증이 '외부경제'로 인한 효과여서 산업 내 모든 기업이 같은 조건 하에 있는 경우이다. 이러한 특수한 경우를 제외하면 수확체감 상태에서는 많은 산업의 동시 균형이 달성되기 위한 조건을 분석해야 하며, '내부경제'에 의한 수확체증 상태에서는 정상적 이윤이나 대표적 기업이라는 개념은 무의미해진다.

마지막으로 스라파는 어떻게 해야 마셜의 딜레마에서 벗어날 수 있을지에 대한 답을 제시하였다. 그는 가격이론이 산업 수준에서의 시장균형을 설명하는 대신에 기업 수준에서의 시장균형에 초점을 맞출 것을 제안하였다. 가격이론은 무한히 탄력적인 수요곡선에 직면한 '대표적 기업'으로부터 출발할 것이 아니라, 우하향의 수요곡선에 직면하는 개별 기업으로부터 출발해야 한다는 것이었다. 이 문제를 푸는 열쇠는 이미 마셜에게 있었다. 마셜은 "개별 생산자를 고찰할 때, 그의 공급곡선을(넓은 의미의 시장에서 그의 상품에 대한 일반적 수요곡선이 아니라) 그 자신의 특별한 시장에서의 수요곡선과 관련지어 생각할 필요가 있다"(POE)라고 하였다. 스라파는 "자유경쟁의 사고방식을 포기하고 반대 방향, 즉 독점에 대해 고찰할 필요가 있다"라고 함으로써 이런 마셜의 생각을 발전시켰다. 그는 개별 기업에 분석의 초점을 맞춤으로써 수확체감에서 발생하는 여러 문제를 피할 수 있었고, 따라서 아주 익숙한 부분균형분석의 방법을 사용할 수 있었다. 또한 우하향의 수요곡선을 갖는 개별 기업으로 대상을 좁힘으로써 수확체증이 존재하는 경우에 대해서도 안정적 균형의 조건을 정식화할 수 있었다. 즉, 수확체증 조건 하에 있는 개별 기업이라 하더라도 가격을 하락시키지 않고서는 재화의 공급을 증가시킬 수 없다고 하는 사실로 인해 생산의 무한한 확장은 저지될 수 있기 때문이다.

2) 로빈슨의 불완전경쟁시장이론

스라파의 논문은 적어도 전간기의 현실 세계에 적합했던 불완전경쟁이론에 대한 문호를 개방함으로써 시장에서의 비용과 생산의 여러 문제에 관한 격렬한 논의를 일으켰으며, 그 결과 신고전학파 가격이론의 중심을 크게 변화시켰다. 불완전경쟁시장이론을 통해 마셜의 독점이론과 완전경쟁이론을 더욱 일반적이고 현실적인 가격이론 속에서 해석한 것은 여성 경제학자로서 명성을 얻은 조안 로빈슨(J. V. Robinson, 1903-1983)이었다. 그녀는 모리스(Maurice) 장군의

딸로 태어나 케임브리지 대학 거튼(Girton) 칼리지에서 수학하였으며, 졸업 후 젊은 경제학자 로빈슨(E. A. G. Robinson)과 결혼하였다. 이후 인도에서 영국과 인도의 경제관계에 관한 연구위원회에서 활동하였으며, 1930년대에는 케임브리지 대학에서 학생들을 가르쳤다. 그녀는 케임브리지 대학 재학 중에 모리스 돕(M. Dobb)의 영향을 받았다. 돕은 아마도 공산당 당원증을 받은 최초의 학자였을 것이며, 그가 아니었다면 공산주의는 케임브리지 대학에서 결코 힘을 얻지 못했을 것이다.

쿠르노(A. A. Cournot)가 1세기 전인 1838년에 출판한 『자산이론의 수학적 원리 연구』(Recherches sur les principes mathématiques de la théorie des richesses)에서 독점이론을 최초로 제시한 이후 독점이론의 발전에 가장 본질적으로 기여한 것은 1933년에 출판된 로빈슨의 『불완전경쟁의 경제학』(Economics of Imperfect Competition)이었다. 물론 로빈슨은 연구를 가격이론에만 국한하지 않았으며, 케인스 이론을 정리하고 응용한 고용이론에 관한 책을 저술하고, 케임브리지학파의 성장이론을 발전시킴으로써 거시경제학의 발전에도 기여하였다. 그녀는

J. V. 로빈슨(1903-1983)

영국 노동당을 위한 활동도 하였으며, 폴란드의 마르크스주의자 칼레키(M. Kalecki)에 자극받아 마르크스 저작을 연구하고 쓴 『마르크스 경제학 에세이』(Essay on Marxian Economics, 1942)는 마르크스 경제학 연구의 시금석일 정도로 참신하고 통찰력이 있었다. 1956년에는 그녀의 대표작이라 할 수 있는 『자본축적론』(The Accumulation of Capital)을 출판하였으며, 스라파와 함께 1960년대를

풍미한 신리카도학파를 이끌었다.

　로빈슨의 새로운 이론은 완전경쟁과 순수독점을 모두 특수한 경우로 포함하고 있으며 기업행동분석의 기초를 제공하였다. 동질의 상품을 생산하는 '대표적 기업'의 행동을 분석하는 마셜의 이론에서는 현실의 개별 기업이 하고 있는 다양한 가격 결정 행동을 분석할 여지가 거의 존재하지 않았다. 로빈슨은 완전경쟁이라는 비현실적인 가정 대신 불완전경쟁의 가정을 채택함으로써 이론상의 막다른 골목에서 빠져나오는 길을 제시하였다. 로빈슨은 한계수입의 개념을 도입함으로써 완전경쟁시장의 기업과는 대조되는 독점기업의 가격 결정 원리를 이해할 수 있도록 하였다. 그녀의 관심은 순수독점이 아니라, 자신만의 독특한 생산물에 대해 독점적이며 경쟁 기업의 반응에 의해 영향받는 기업, 즉 독점적 경쟁시장에서의 기업의 행동이었다. 이 시장에서 기업은 자기만의 독특한 생산물에 대해 우하향의 수요곡선을 가지며, 한계수입과 한계비용이 일치하는 생산량에서 이윤을 극대화한다.

　새로운 이론은 독점 또는 불완전경쟁시장에 내재해 있는 경향, 즉 기업이 생산을 제한하고 가격을 인상하는 경향을 이론적으로 설명하였으며, 독점가격을 규제하는 최선의 방법을 둘러싼 또 하나의 격렬한 논쟁을 일으켰다. 또한 이 이론은 기업이 공장 설비를 최대한도로 이용하지 않고도 최대의 이윤을 얻고 있는 상태를 설명하고, 시장의 일반적 경향이 항상 희소한 자원의 최적 배분 상태를 유도한다고 할 수 없다는 것을 분명히 함으로써, 신고전학파 분석이 갖는 규범적 함의에 큰 약점이 있음을 보여 주었다. 완전경쟁시장의 가정에 입각한 분석에 따라오는 소비자 주권이나 생산적 효율성이라는 용어는, 불완전경쟁시장에서의 제품 다양성에 기초한 분석에서는 자리를 잡을 수 없었다.

　로빈슨의 불완전경쟁시장이론은 사실 케임브리지 대학에 깊게 뿌리를 내리고 있는 마셜의 전통을 그대로 따르고 있다. 로빈슨의 이론은 마셜의 부분균형분석 기법을 사용하여서 한 기업의 행동을 산업으로부터 분리시켜 분석하였다. 또한 균형이론의 열쇠가 되는 한계수입의 개념을 사용함으로써 한계분석의 기법을 더욱 세련되게 하였다. 그러나 로빈슨이 제시한 불완전경쟁이나 독점 상태에 있는 기업은 완전경쟁 상태 하에 있는 기업과 다음 몇 가지의 중요한 차이가 있다. ① 균형 생산량에서 한계비용이 가격을 밑돌고, ② 기업은 항상 평균비용 체감의 상태에서 생산하며, ③ 기업은 여러 개의 평균비용과 수입곡선의 조합을 가지고 있으며, ④ 그 산업에 존재하는 기업 수의 변화가 시장의 평균가격뿐 아니라 각 기업의 수요 탄력성을 변화시킨다. 균형에서 한계비용이 가격을 하회하므로 기업은 자원의 효율적 배분을 달성하고 있지 못하다고 할 수 있다. 서로 경쟁하고 있는 각 기업은 유사하지만 다른 상품을 생산하기 때문에 독자적인 수요곡선에 직면한다. 따라서 그 산업에서 개별 기업이 설정하는 가격이 다른 기업의 가격과 같아야 할 필요성은 없어진다.

새로운 이론은 완전경쟁시장과 독점을 포함하는 것으로 확장될 수 있는 구조였다. 한 산업에 존재하는 기업이 많아질수록 개별 기업은 자기 고객을 확보하기가 곤란해지고 마침내 기업 수가 아주 많으면 고객을 만든다는 것 자체가 불가능해진다. 즉, 기업 수가 증가하여 제품 차별화의 의미가 별로 강하지 않게 되면, 개별 기업이 직면하는 수요곡선은 점차 수평에 접근하고 결국은 완전탄력적으로 되어 완전경쟁의 상태와 일치하게 된다. 물론 반대로 산업에의 참여가 곤란해질수록 합병과 자연소멸에 의해 기업 수가 감소하고 각 기업이 직면하는 수요곡선의 기울기는 점차 커지고, 마침내 순수한 독점의 경우에 접근하게 된다.

마셜의 전통 하에서 성장한 경제학자들에게 있어서, 스펙트럼의 한쪽 끝에 완전경쟁을, 다른 쪽 끝에 독점을 놓는다는 형태로 경쟁의 이론을 재구성하고 게다가 부분균형분석의 방법과 개념을 계속 사용할 수 있게 된 것은 분명히 매우 좋은 발전이었다. 더구나 이 이론이 기업의 실제적인 문제를 보다 잘 반영하고 있으므로 스승의 가르침을 따라 경제이론이 사실에 입각해야 하고 현실의 정책적 이슈와 관련 있어야 하며, 실무에 종사하는 사람들도 이해할 수 있어야 한다고 생각한 마셜의 제자들에게 이 이론은 한층 더 매력적이었다.

생산량과 가격의 결정에 있어서 중심적 가정이었던 완전경쟁의 가정을 버리고 불완전경쟁의 가정을 채용한 점과 관련하여 흥미로운 것은, 영국 케임브리지와 미국 매사추세츠 케임브리지에서 동일한 이론적 발전이 독립적으로 일어났다는 점이다. 1870년대의 한계혁명처럼, 1920년대 말 1930년대 초에 일어난 정통적 경제이론에 대한 반발은 멀리 떨어진 곳에서 동시에 발생했다. 스라파가 그 유명한 논문을 쓰고 있던 무렵에 에드워드 체임벌린(E. Chamberlin, 1899-1967)은 하버드 대학에서 박사학위 논문을 쓰고 있었다. 체임벌린은 학위 논문을 로빈슨의『불완전경쟁의 경제학』과 같은 해인 1933년에『독점적 경쟁이론』(Theory of Monopolistic Competition)이라는 이름으로 출판하였는데, 세부 내용 및 방법의 차이를 제외하고는 기본적으로 로빈슨과 같은 이론을 제시하였다.

두 사람 모두 마셜의 부분균형분석 방법을 채용하는 한편, 가격이론의 초점을 산업에서 기업으로 옮김으로써 완전경쟁시장의 가정을 버렸다. 마셜은 어떤 상품으로부터 출발하였으며, 그 상품을 생산하고 있는 일련의 기업을 산업이라고 불렀다. 그의 목적은 각 상품(따라서 산업)의 균형 산출량과 가격이 어떻게 달성되는가를 설명하는 것이었다. '대표적 기업'이라는 개념은 현실의 기업이라기보다 산업을 구성하는 생산 단위를 통해 산업 전체의 움직임을 설명하기 위한 도구에 불과했다. 그러나 체임벌린과 로빈슨은 산업에 대해서는 그다지 관심을 기울이지 않았으며, 다른 기업의 생산물과 약간 차별화된 상품을 생산하는 개별 기업의 행동을 분석했다. 로빈슨은 산업이라는 개념을 사용하기도 하였지만, 그것은 서로 유사하여 대체 가능한 상품을 생산하고 있는 '기업군'이라는 의미였으며, 체임벌린의 산업 개념은 생산물의 수요와 비용곡선이 동일한 기업군이다. 그러나 그들의 관심은 이윤 극대화의 단위인 기업의 결정이었다. 요컨대, 체임벌린과 로빈슨 모두 마셜의 시장이론을 기업이론으로 대체하였다.

그러나 규범적인 의미를 가진 완전경쟁시장의 개념이 현역에서 사라져 버린 것은 아니었다. 자원의 최적 배분에 대해 설명할 때 경제학자들은 지배적 독점력을 갖는 공급자가 없다는 의미로 경쟁적인 시장이라는 가정으로 되돌아가는 경향이 많았다. 그 결과 완전경쟁은 미시경제 분석의 기본 모형으로 계속 존속할 수 있었다. 한편, 불완전경쟁의 가정이 표면적으로는 20세기 자본주의의 경제적 상황에 가까웠다고 할 수 있지만, 이러한 가정을 채용함으로써 보다 현실적인 경제이론이 구축되었다고 생각하는 것은 잘못이다. 어떤 면에서는 로빈슨의 분석이 마셜보다도 훨씬 더 순수한 이론화를 추구하고 있었다고 볼 수 있다. 마셜은 항상 현실로부터 가급적 멀어지지 않도록 노력했으며, 그의『경제학원리』는 이론의 전개를 위해 복잡한 현실 세계의 많은 부분을 불가피하게 부록으로 돌렸다. 마셜의『경제학원리』에 비해 로빈슨의『불완전경쟁의 경제학』은 훨씬 철저하게 간결한 논리로 구성되어 있었다.

로빈슨의 책은 체계적으로 경제학의 모형을 구축한 것으로서는 최초이며, 이후의 상당히 많은 경제 모형의 모범이 되기도 했다. 또 로빈슨의 책이 영국의 경제사상에 매우 강한 영향을 끼쳤던 주요한 이유는 로빈슨의 접근 방법이 갖는 특징적인 방법론에 있었다고 볼 수 있을 것이다. 그것은 개념 정의와 가정을 미리 주의 깊게 상술하고 항상 도표를 사용하여 설명을 하고 현실과 추상 논리와의 혼동을 피하면서 분석을 진행하는 방법론이다. 그런 의미에서 그녀의 저작이 제공하고 있는 것은 마셜의 전통 속에서 미시경제 문제를 분석하기 위한 편리한 '도구 상자'였다고 할 수 있다. 마셜도 학부 강의에서 도표에 의한 설명을 도입했다. 그는 비록 전문적 경제학자나 학생뿐 아니라 더 넓은 범위의 독자층을 대상으로 한 『경제학원리』에서는 수요 · 공급 곡선까지도 각주로 옮겼지만, 전문가를 대상으로 한 『외국무역 순수이론』(*Pure Theory of Foreign Trade*, 1879)에서는 도표를 사용하는 것에 대한 자신의 입장을 다음과 같이 밝히고 있다.

> 과학으로서의 경제학의 순수이론은 그 이론에 입각한 가정에 대한 일반적인 수량관계를 이해하고 다루는 장치를 필요로 하고 있다. 이러한 목적을 위한 가장 강력한 도구는 수학의 여러 분야에 의해 제공되고 있다. 그러나 도표는 그것을 사용할 수 있는 경우에 수학적 분석의 방법이 어떻게 그 결론을 찾아냈는가 하는 과정을 눈으로 볼 수 있는 형태로 가르쳐 준다는 점에서 매우 유익하다. 약간의 중요하지 않는 예외를 제외하고 순수경제이론에 수학적 방법을 사용함으로써 얻어지는 결과는 모두 도표를 사용하여 독립적으로 얻을 수 있는 것이다.(Marshall, *Pure Theory of Foreign Trade*, 1879)

3. 무차별곡선이론

마셜이 미진한 채로 남겼기 때문에 그의 제자가 자극을 받아 전간기에 당시의 정통적 경제이론에 큰 영향을 준 또 하나의 분야는 소비자 행동이론이었다. 이 점에서도 해결은 수학적 분석 기법에 대부분을 의존하고 있다. 마셜의 소비자 수요이론은 그의 유명한 수요 법칙에 의거하고 있다. 수요 법칙은 '수요량은 가격의 하락에 따라 증대하고 가격의 상승에 따라 감소'한다는 것이다. 마셜은 우하향하는 특징을 갖는 수요곡선을 유도하고 수요의 탄력성과 소비자 잉여라는 개념을 만들었다.

마셜의 소비자 행동이론에는 암묵적이고 근본적인, 그러나 문제가 있는 몇 가지 가정이 들어 있다. 첫째는 마셜이 '잘 알려진 인간 본성의 기본적인 경향'이라고 말한 가정이다. 즉, 어떤 사람이 재화의 보유량이 증가했을 때 얻는 추가적 편익은 그가 보유하고 있는 양이 증가함에 따라 감소한다는 법칙, 즉 '효용 체감의 법칙'이다. 둘째는 효용의 증분, 즉 한계효용은 관련된 개인과는 독립적·절대적으로 측정될 수 있다는 가정이다. 셋째는 한계효용을 화폐 단위로 측정할 수 있다는 가정이다. 넷째는 화폐의 한계효용은 일정하다는 가정, 즉 효용의 척도는 안정되어 있다는 가정이다. 시장가격에 영향력을 갖지 않는 소비자는 주어진 기호(preference)와 화폐소득 하에서 각 재화에 대한 지출의 단위화폐당 한계효용이 같아지도록 조정함으로써 자신의 총효용을 최대화할 수 있다. 따라서 균형에서 한계효용은 가격과 비례하게 된다. 이처럼 마셜의 소비자 행동이론은 효용을 기수적으로 측정할 수 있다고 하는 가정에 의존하고 있다.

그런데 소비자가 기수적(cardinal) 또는 가법적(additive)인 의미에서 효용을 계측할 수 있다는 것은 가공의 심리학적 가정이다. 효용을 기수적으로 파악한다는 것은 개인들이 느끼는 효용의 크기를 서로 비교할 수 있다는 것인데, 이는 현실적으로 성립하기 어렵다. 또한 화폐의 한계효용이 불변이라는 가정은, 소비자의 소득 수준이 변화해도 지불 용의가 있는 가격에 변화가 없다는 것, 다시 말하면 재화에 대한 소비자의 수요가 그의 소득과 무관하다는 것을 의미한다. 마셜과 마셜 이후의 경제학자들은 이러한 비현실적인 가정을 제거하려고 시도했지만, 1934년에 힉스(J. R. Hicks)와 알렌(R. G. D. Allen)이 공저한 논문 「가치론의 재고」("A Reconsideration of the Theory of Value")가 『이코노미카』(*Economica*)에 실리기 전까지는 이 딜레마를 해결할 방법은 알려져 있지 않았다. 사실 1915년에 이탈리아어로 발표된 슬루츠키(E. Slutsky)의 논문이 있었지만 영어권의 경제학자는 그것을 간과하였다.

힉스와 알렌의 해결법은 효용을 측정한다는 생각을 포기하고 무차별곡선이라는 개념을 사용하여 소비자 행동을 분석하는 것이었다. 무차별곡선은 1881년 에지워스(F. Edgeworth)에 의해 크루소와 충복 간의 계약곡선을 설명하기 위해 처음 도입되었으며, 세기 전환 시점에 파레토 (V. Pareto)가 『경제학요강』(*A Manual of Political Economy*, 1906)에서 재화의 조합에 대한 개인의 선호도를 설명하기 위해 도입하였다. 이 무차별곡선을 소비자의 효용 극대화 조건을 찾기 위해 사용한 것은 힉스와 알렌의 논문이었다. 마셜의 수요이론과 비교하여 무차별곡선에 의한 접근법이 갖는 이점은 소비자의 효용을 절대적인 의미로 측정할 필요가 없고 그의 선

J. R. 힉스(1904-1989)

호에 따라, 즉 그가 선택했을 때 나타날 선호에 따라, 소비자의 효용의 순서를 설정하기만 하면 된다는 점에 있었다. 소비자 수요와 이를 기초로 한 새로운 가격이론은 힉스의 고전적 업적인 『가치와 자본』(*Value and Capital*, 1939)에서 완성되어 정식화되었다.

힉스는 옥스퍼드에서 교육받았지만 1920년대에 런던경제대학(LSE)에서 로빈스의 도움을 받아 연구 생활을 시작하였다. 대륙 경제학에 기초하여 마셜 경제학을 앵글로색슨 전통에서 단절시켰다는 점에서 로빈스와 유사하다. 기수적 효용이론이 갖고 있는 주관성을 배척한 로빈스의 방법론이 이론적으로는 힉스의 무차별곡선이론에서 실현되었다. 힉스는 가격이론뿐 아니라 임금이론, 독점이론, 발라 연구, 뮈르달(K. G. Myrdal) 연구 등 다방면의 연구를 하였으며, 1934년 논문에서 슬루츠키 분해(소득효과와 대체효과)를 학계에 소개하기도 하였다. 또한 케인스 이론에 대한 관심으로 입문한 거시경제학에서는 하이에크의 지도하에 경기순환이론과 화폐이론의 발전에 기여하였으며, 후술하듯이 케인스 이론을 신고전학파적인 *IS-LM* 모형으로 해석하고 유동성함정 개념을 도입하였다.

무차별곡선이론은 소비자가 재화의 어떤 묶음을 다른 묶음보다 선호하는 정도를 수치로 측정하지 않고 단지 선호하는 순서만 알 수 있다는 가정, 즉 다른 상품에 대한 소비자의 선호를 서수적(ordinal) 또는 상대적인 의미에서 측정할 수 있다는 가정에 기초하고 있다. 그렇게 함으로써 힉스와 알렌은 마셜의 수요함수에 포함된 한계효용이론의 가정, 즉 소비자가 효용을 기수적으로 측정할 수 있다고 하는 가정을 제거했다. 그들은 소비자가 자신의 만족을 최대화하기 위해서는 각 재화에서 얻어지는 한계효용이 재화의 가격과 비례하지 않으면 안 된다는 원리를 대신할 기준을 제공했다. 소비자의 만족이 최대화되기 위해서는 소비자에게 동일한 만족을 주는 상이한 재화 묶음인 무차별곡선과 두 재화 간의 가격 비율을 나타내는 예산제약선의 접점, 즉 한계대체율(무차별곡선의 기울기)과 재화의 상대가격(예산제약선의 기울기)이 같은 점에서 소비가 이루어져야 한다. 이를 위한 필요충분조건은 한계대체율이 체감한다는 것뿐이다. 게다가 무차별곡선을 사용함으로써 어떤 상품의 가격이 변화했을 때 소비자의 반응을 소득효과와 대체효과로 명확히 구별할 수도 있게 되었다.

그러나 새로운 이론은 마셜의 전통적 방법론에 매우 가까운 것이었다. 어떤 의미에서 변화는 거의 전적으로 용어나 표현에 관한 것이었다. '한계효용의 체감' 대신에 '한계대체율 체감' 법칙이 도입되었으며, 한계효용과 상대가격의 비례성을 무차별곡선과 상대가격선이 접하고 있다는 균형 조건이 대신하였다. 즉, 알렌과 힉스에 의해 전개된 무차별곡선 접근 방법은 기본적으로 마셜적 개념과 방법을 발전시켜 확장한 것에 불과하다. 획기적인 점은 새로운 분석 개념을 도입함으로써 마셜의 가격이론에서 몇 가지의 바람직스럽지 못한 가정을 제거했다는 데 있다고 할 수 있을 것이다. 어떻든 이 새로운 이론은 이후 교과서에 정통 이론으로 급속히 받아들여졌다.

효용 극대화를 위한 소비자의 행동을 설명하는 무차별곡선이론과 동일한 원리로 이윤 극대화를 위한 기업의 행동을 설명할 수 있다. 예컨대, 기업이 생산량의 수준을 결정했다면, 그것을 어떻게 최소의 비용으로 생산하는가의 문제가 남는다. 기업은 주어진 양을 생산하는 데 필요한 자본과 노동의 다양한 조합을 보여 주는 등생산량곡선(iso-quant curve)의 기울기(기술적 한계대체율)와 주어진 화폐 지출로 구입 가능한 자본과 노동의 조합을 보여 주는 등비용선의 기울기(생산요소의 상대가격)가 일치하는 데서 비용 최소화를 달성할 수 있다. 이는 무차별곡선이론과 완전히 일치한다. 또한 시장이 완전경쟁의 상황이라면 비용 최소화의 균형점에서는 한계생산물가치가 각 요소의 가격과 정확히 일치하는 한계생산력설적 분배이론도 성립하게 된다.

전간기에 있었던 이와 같은 경제학의 주요한 이론적 발전(불완전경쟁이론과 무차별곡선이론)은 모두 마셜의 전통을 정면으로 공격하는 것이 아니라 그것을 수정한 것에 불과했다. 그러나 전간기가 끝나기 전에 마셜에 충실한 몇몇 사람들은 이러한 수정이 마셜의『경제학원리』가 보여 준 분석 체계를 파괴하고 있다고 생각하였다. 예컨대, 힉스는 1939년에 불완전경쟁시장에 관한 연구를 '경제이론의 중요한 부분을 파괴로 유도하는 것'이라고 말하였다. 충성스런 몇몇 학자들은 과거의 기법을 고집하였다. 효용을 화폐 단위로 측정할 수 있다는 가정을 고집하는 기수파들은, 효용의 순서를 설정할 수 있으나 측정할 수는 없다고 하는 서수파들에 대해 현시선호이론으로 맞섰다. 1950년대 중엽에 이르러서도 기수파의 가장 저명한 인물인 로버트슨(D. H. Robertson)은 케임브리지 학부 학생을 위한 강의에서 측정 가능한 효용의 개념은 충분히 경제적 의미를 갖는다고 주장하며, 강의를 혼란시킨다는 이유로 당시 교과서에서 표준적으로 다루고 있던 무차별곡선 분석을 다루고 싶다는 요구를 거부했다.

10 화폐이론의 발전

Chapter 10

화폐이론의 발전

1. 화폐수량설의 딜레마

고전학파 후기의 경제학자들, 예컨대 앞에서 언급한 바 있는 밀(J. S. Mill)은 실질변수로 정식화된 경제이론을 화폐 사용이 일상화되고 확대된 선진 산업 국가에 일반적으로 존재하는 복잡한 신용 시스템에 적용할 수 없음을 이해하고 있었다. 그러나 그들은 흄에서 시작되고 리카도가 확립한 단순한 화폐수량 설적 사고방식을 주저하지 않고 받아들이고 있었다. 19세기 초에 손턴(H. Thornton)이 화폐 공급과 실물 생산 간에 존재하는 상호작용에 주의를 환기시켰지만, 고전학파 경제학자들 대부분은 양자 사이의 관계를 해명하는 데 흥미를 갖지 않았다. 이와 같은 맹점이 존재했던 중요한 이유는 의심할 것도 없이 19세기 초를 제외하면 금융 부문에서 발생하는 경제 정책상의 문제들이 그다지 긴급하거나 악성적인 것이 아니었다는 점에 있다.

리카도 화폐이론의 특징인 이분성(dichotomy), 즉 실질변수는 실물 부문에서 그리고 명목변수는 화폐 부문에서 결정된다는 사고는 신고전학파로 이어졌다.

신고전학파에서는 상대가격은 한계비용과 한계효용에 의해 결정되는 실질변수이며, 기본적으로 '장기' 균형 상태에 있는 경쟁적 시장경제에 적용될 수 있는 것으로 설명되었다. 다만, 개별 상품의 절대 가격과 물가 수준은 화폐 스톡과 상품 스톡 간의 관계에 따라 화폐적·거시적으로 설명되었다. 이처럼 실물이론과 화폐이론은 서로 독립적으로 발전하였으며, 교과서는 후자보다 전자를 중시하였다. 그 결과 화폐이론의 가장 기본적인 내용조차도 정부 위원회에서 일시적·정책적 문제에 관한 질의에서나 나오는 정도였고 교과서에는 제공되지 않았다.

실물 부문과 화폐 부문의 이분성이 가장 분명하게 나타나 있는 것은 고전학파의 이자율이론이다. 리카도 이래의 전통에 따라 고전학파 이론가들은 장기 균형에서의 가치론과 분배이론을 만드는 데 노력을 경주했다. 신고전학파는 연구 대상의 범위를 좁혀 장기 균형에서의 시장이론, 즉 미시적 가격이론에 초점을 맞추었다. 신고전학파는 한편으로는 자본에 대한 수요인 자본의 한계생산성에 의해, 다른 한편으로는 이용 가능한 자본의 공급인 총저축에 의해 장기 이자율이 결정된다고 생각하였다. 즉, 실질이자율은 생산성과 검약이라는 두 외생적 요인의 함수이며, 화폐 정책이 이러한 변수에 미칠 영향은 전혀 고려되지 않았다. 왜냐하면 '장기적으로' 화폐는 실물 요인의 기본적 경향에 아무런 지속적 영향도 주지 않는다는 의미에서 무시할 수 있었기 때문이다.

이상의 실물 부문과 화폐 부문의 이분성을 특징으로 하는 고전학파의 화폐수량설을 잘 표현한 것이 미국의 초기 신고전학파의 한 사람인 피셔(I. Fisher, 1867-1947)의 교환방정식이다. 그의 교환방정식($MV=PT$)은 거시경제 현상인 물가(P)의 변화를 유통 화폐량(M), 유통 속도(V), 거래량(T)과 연관시켜 설명하고 있다. 그는 유통 속도가 단기적으로 일정하고 거래량은 화폐량과 무관하므로 화폐 유통량의 변화가 물가 변화의 원천이라고 하면서 흄 이래의 화폐수량설을 지지하였다.

피셔에 의하면 자유경쟁시장의 균형 상태에서 투자에 의한 기대 수익률과 미래 소득 대비 현재 소득에 대한 갈망의 정도는 같다. 더 많이 투자하고 만족을 미래로 연기할수록 투자 기회는 줄어드는 반면, 현재 소득에 대한 갈망의 정도는 커진다. 양자 간에 차이가 있으면 조정이 일어나고 마침내 양자는 일치하게 되며 이때의 이자율이 균형 실질이자율이다. 한편, 피셔는 화폐(시장)이자율과 실질이자율의 관계를 물가의 움직임에 달려 있다고 생각했다. 즉, 화폐이자율은 실질이자율에 물가상승률을 더한 것이다. 그러나 그는 단기적으로 이러한 화폐수량설이 엄격하게 들어맞지 않음을 알고 있었기 때문에, 화폐가 아무런 실물적 효과를 갖지 못한다고 할 정도로 이분성을 철저히 신봉했다고 보기 어렵다.

고전학파 이래로 경제학자는 장기적으로 자원이 어떻게 생산되고 분배되고 또한 배분되는가 하는 이론과 함께, 이자율이 대부 자금의 수급에 의존한다는 단기의 금융시장이론을 받아들이고 있었다. 이에 관한 손턴의 설명에 의하면, 화폐적 균형의 상태에서는 실물자본에 대한 수익률(이자율)과 대부 자금에 대한 시장이자율이 같으므로, 화폐시장과 실물시장 사이에는 비록 설명되지는 않았지만 명시적인 관계가 있다. 그러나 문제는 이 점과 관련하여 적어도 빅셀 (K. Wicksell, 1851-1926) 이전까지는 화폐 당국에 의해 직접 조정되는 시장이자율과 리카도가 주식이윤율이라고 불렀던 '실질' 또는 '자연' 이자율 간의 관계를 분명히 하려고 하는 체계적인 연구가 없었던 점에 있다. 통상적인 고전학파 이론은 전자를 후자의 그림자로 생각하고, 사실상 금본위제의 룰 밑에서 행동하는 화폐 당국의 행동이 시장이자율과 실질이자율을 상당 기간 괴리시킬 수 있다는 것을 부정하였다.

　이와 같이 고전학파는 실물과 화폐 부문 간의 이분성을 신봉하여, 화폐 공급의 변화가 이자율에 지속적으로 영향을 미침으로써 실물 자본의 축적에 영향을 줄 수 있다는 사고방식을 완강하게 거부했다. 전통적인 화폐수량설의 사고방식은 화폐 공급의 증가는 단지 모든 상품의 가격을 상승시킬 뿐이며, 자본 수익률(이자율)에는 초단기를 제외하고 전혀 영향을 주지 않는다는 것이었다. 예컨대, 리카도는 태환 재개를 위한 상원위원회에서의 증언에서, 통화량의 증감이 최종적으로 상품 가격의 등락을 가져오고 그것이 끝났을 때 이자율은 정확히 전과 동일해질 것이므로, 이자율의 등락은 가격이 안정되기 전까지의 기간 동안만이라고 하였다. 그러나 비록 단기에 해당한다고 하지만 고전학파의 화폐수량설에 결함이 있다면, 화폐가 중립적이고 베일에 불과하다고 하는 장기에서도 그 결함은 유의미할 수밖에 없다.

　화폐수량설의 함의는 통화량의 증가가 물가를 상승시키는 동시에 이자율을 하락시키며, 통화량의 감소는 반대 효과를 갖는다는 것이다. 리카도에 의하면, 화폐 공급의 증가는 직접적으로는 상품에 대한 수요를 증가시켜 물가를 상승시키며, 간접적으로는 은행의 대부이자율을 하락시켜 대부 자금의 수요를 증가시킴으로써 물가를 상승시킨다. 그러나 화폐수량설을 부정하는 투크(T. Tooke)는 현실의 이자율과 물가의 관계를 실증적으로 관찰함으로써 다음과 같이 서술하였다.

K. 빅셀(1851-1926)

보통의 견해는 낮은 이자율이 가격을 상승시키고 높은 이자율이 가격을 낮춘다는 것이다. …은행 할인율의 상승이 상품 가격 하락의 중요한 원인 또는 실질적으로 기여한 원인이라면 1839년에 6%로 할인율을 인상했을 때 왜 가격을 하락시키는 효과가 없었는가? …1818년과 1822년 말 사이의 이자율 하락은 상품 가격의 대폭적인 하락을 동반하였으며 동일한 효과를 보여 주는 무수한 예들이 추가될 수 있을 것이다. 상품 가격 상승이 낮은 이자율의 직접적인 영향임을 부정하는 증거들보다 더 결정적인 증거를 상상하기란 쉽지 않다. 이론은 사실이 아닐 뿐 아니라 사실과 반대이다.(Tooke, *An Inquiry into the Currency Principle*, 1844)

여기서 투크가 사실과 반한다고 한 이론은 바로 고전학파의 화폐수량설이다. 투크는 화폐수량설의 함의와는 달리, 물가와 이자율이 같은 방향으로 변한다는 사실을 확인하고, 이자율의 상승이 생산비를 상승시킴으로써 물가를 상승시키고 다시 대부 자금에 대한 수요를 통해 통화량을 증가시킨다고 이해하였다. 이처럼 이자율이 상승 또는 하락할 때 물가가 상승 또는 하락하고 통화량이 변한다면, 화폐의 공급이 물가 변동의 주요 요인이라는 고전학파의 화폐수량설이 의심스러워질 뿐 아니라, 그것이 갖고 있는 자기 균형적(self-equilibrating) 성질 자체도 의심하지 않을 수 없게 된다.

실증적 사실에 기초한 이러한 투크의 문제 제기에 대해 고민한 사람은 스웨덴의 경제학자 빅셀이었다. 그는 웁살라 대학에서 수학을 전공하였으며 마르크스가 대영박물관 도서관을 완전히 떠난 지 2년 후에 같은 도서관에서 경제학을 공부하였다. 마르크스주의에 대해서는 반대하는 입장이었지만, 그렇다고해서 현실로부터 점차 멀어져 가고 있는 신고전학파에도 만족하지 않았다. 현실로부터 한시도 눈을 떼지 않았던 그는 시장에서 마셜과 그 추종자들이 말하듯 자원의 최적 배분이 달성되지 않는 것을 목도하였다. 빅셀은 기업이 카르텔을 형성하여 초과이윤을 발생시킬 때는 정부가 시장을 인수하여야 하며, 따라서 자유경쟁과 정부 통제의 중용을 택해야 한다고 주장하였다.

빅셀이 특별히 관심을 가진 문제는 화폐가 무엇이며 어떤 기능을 하느냐는 것이었다. 신고전학파 경제학자들은 화폐 흐름을 실물 흐름의 허상으로 보았지만, 빅셀은 그렇게 단순하게 생각하지는 않았다. 1890년대에 빅셀이 해결하고자 했던 것은 바로 정통적 화폐이론의 결함이었다. 화폐수량설의 문제는 화폐량의 증가가 물가 상승에 이르는 메커니즘을 설명하지 못하며, 시장이자율과 실질이자율의 괴리를 설명하지 못한다는 것이었다. 그래서 1898년에 독일어로 처음 간행된 그의 『이자와 물가』(Interest and Prices)의 서문에서 그는 이러한 곤혹스러움을 다음과 같이 말하였다. "만일 수량설이 잘못되었다고 한다면 (수량설이 잘못되어 있는 정도로) 지금까지 단지 하나의 잘못된 화폐이론이 있을 뿐이며 다른 어떤 올바른 이론도 존재하지 않는다."(IAP)

이자와 물가의 관계에 대한 빅셀의 연구는, 화폐수량설의 분석 틀에 한층 인과적인 내실을 부여하고 시장이자율과 실질이자율을 통합하는 새로운 이론을 제시하였다. 빅셀에게 있어서 근본적인 문제는 '왜 가격이 상승하며 하락하는가'라는 것이었다. 그는 이 문제에 대한 해답의 열쇠를 화폐 정책에 의해 조작 가능한 시장(또는 화폐)이자율과 자연(또는 실질)이자율 간의 관계에서 구했다. 자연 또는 실질이자율은 투자를 위한 자본의 수요(이는 실물자본의 한계생산성에 의존하는 자본 수익률의 함수)가 공급(미래 소득에 대한 현재 소득의 선호를 반영)과 일치하는 수준에서 결정된다. 시장 또는 화폐이자율은 은행이 부과하는 이자율이며 자연이자율과 달리 객관적으로 관측된다. 양자는 일치할 수도 있고 괴리할 수도 있다. 빅셀은 만일 신용 당국이 통화 공급을 확대하면 양자 간에 괴리가 발생하고 그에 따라 물가가 상승한다는 것을 다음과 같이 설명하였다.

> 은행이 화폐를 앞에서 정의한 정상적 이자율보다 매우 낮은 이자율로 대출한다면, 먼저 저축 의욕이 줄어들게 되어 현재 소비를 위한 재화 및 용역의 수요가 증가할 것이다. 그다음으로 기업가들의 이윤 기회가 늘어나고, 미래 생산을 위해 시장에 이미 나와 있는 원자재는 물론이고 재화 및 용역에 대한 수요도 이전의 높은 이자율에 의해 억제되었던 것과 같은 정도로 증가할 것이 분명하다. 그리하여 노동자, 지주, 원자재 소유자 등에게 가는 소득의 증가로 소비재의 가격이 상승하기 시작할 것이다. …물가 상승은 그것을 일으킨 원인이 계속 작동하고 있는 한, 다시 말하면 대출이자율이 정상적 이자율보다 낮은 한 지속된다.(IAP)

빅셀의 설명에 의하면, 신용 당국이 통화 공급을 확대하여 인위적으로 시장이자율을 자연이자율보다 낮게 설정한다면, 신용에 의해 조달되는 투자에는 인위적인 프리미엄이 붙게 되므로 투자 지출이 증가하면서 재화와 서비스의 가격은 상승한다. 이러한 가격 상승은 대부 자금이 점차 부족해지면서 시장이자율이 자연이자율 수준으로 상승할 때까지 계속될 것이다. 반대로 만일 신용 당국이 통화 공급을 줄여 시장이자율을 자연이자율보다 높게 설정한다면 투자 지출은 연기되고 대부 자금에 잉여가 생기면서 시장이자율이 자연이자율 수준으로 하락할 때까지 가격은 계속 하락할 것이다.

빅셀은 자신의 연구에 의해 화폐수량설에서 말하는 통화량과 물가의 관계가 완전히 입증되었으며 동시에 "물가 상승이 저이자율이나 이자율 하락과는 거의 결부되지 않고, 오히려 많은 경우에 물가 상승은 고이자율이나 이자율 상승과 관계되어 있으며, 물가 하락은 이자율 하락과 동시에 일어난다고 하는 사실"(*IAP*)이 설명되었다고 했다. 따라서 그는 바로 이자율이야말로 물가가 통화 공급량에 의해 결정된다는 화폐수량설을 설명하는 중요한 매개변수이며, "화폐 스톡의 증가나 상대적 감소는 이자율에 반대 효과를 낳음으로써 가격을 상승 또는 하락"(*IAP*)시킨다고 하였다.

그런데 그의 화폐이론은 산출량과 투자의 변화에 대해 화폐가 아무런 효과를 갖지 못한다는 중립성의 가정을 무너뜨렸다. 왜냐하면 그의 이론으로 말미암아 단기 이자율을 조작함으로써 실제의 경제활동에 많은 영향을 끼칠 수 있다는 점이 분명해졌기 때문이다. 따라서 빅셀의 이론은 당시의 정통적 이론과 달리 화폐 정책의 역할에 대한 실천적 함의를 지니고 있었다. 그는 "은행이나 신용기관은 지금까지 가격에 대해 무의식적으로만 영향을 끼쳤다. 따라서 때로는 바람직한 영향을, 때로는 바람직하지 못한 영향을 끼쳤다. 그러나 지금은 은행이나 신용기관 스스로 의식적으로 그 목적을 추구할 수 있으며, 이는 세계경제에 명백한 이익이 될 것"(*IAP*)이라고 하였다. 물론 빅셀은 이러한 혁신성에도 불구하고 화폐수량설적 사고에서 근본적으로 탈피하지는 않았다. 그는 화폐 공급은 화폐이자율에 영향을 주지만 장기적으로 "보다 중요한 요소는 자연이자율 그 자체의 독립적인 움직임이며, 화폐이자율은 반드시 그러나 서서히 자연이자율에 상응하게 움직인다"(*IAP*)라고 하였다.

화폐이론에 대한 빅셀의 가장 큰 공헌은 화폐 부문과 실물 부문을 통합하여 분석했다는 점이다. 당시에는 화폐 분석이 물가와만 관련되어 있고 화폐가치의 변화가 생산이나 고용과 같은 실물적 현상과는 무관하다는 암묵적 가정이 지배하고 있었다. 그리고 세의 법칙에 따라 모든 자원이 완전고용되고 있다는 것이 자명한 것처럼 인식되고 있었다. 그러나 빅셀의 이론은 통화량에 따른 물가의 변화가 화폐수량설에서 말하듯이 직접적으로가 아니라 이자율을 매개로 하여 간접적으로 일어난다는 점에서 화폐적 현상과 실물적 현상이 서로 연관되어 있다는 것이다. 그는 손턴 이후로 잊혀져 있던 화폐적 변수로서의 이자율을 되살렸으며, 자연이자율과 화폐이자율을 통합하고 양자의 괴리를 동학적 분석 속에서 이해하였다.

그러나 빅셀의 『이자와 물가』는 영어권 국가의 주류 경제학자에게 거의 무시되었으며, 통화 정책의 문제가 압도적 중요성을 갖게 되고 화폐이론의 혁명이 임박한 1930년대에 이르기까지 영어로 번역되지도 않았다. 그런데 사실 빅셀은 사망하기 직전에 자기 이론이 전시 인플레이션이나 1920년대의 알 수 없는 가격 폭등 현상을 잘 설명할 수 있을지에 의문을 품었다. 그는 화폐이론의 초석이라고 생각하고 있던 부분, 즉 화폐수량설이 견고한지에 대해 의심을 가졌다. 화폐수량설은 화폐이자율이 저축과 투자가 같아지는 실질이자율과 일치한다면 상품 가격이 일정한 수준에서 멈추게 된다고 생각하지만, 현실은 그와 달랐기 때문이었다.

2. 케임브리지 현금잔고설

정통적 화폐이론이 1920년대의 혼란스런 화폐적 문제들을 설명하고 해결하기 위한 기초로 삼기에는 부적당하다는 것을 발견한 이론가는 빅셀만이 아니었다. 1914년에서 1918년까지의 제1차 세계대전은 고전학파의 화폐수량설이 이론적으로 지지해 온 국제 금본위제를 중단시켰다. 전후에는 모두가 금본위제로의 복귀를 당연한 것처럼 생각했지만, 얼마간 시간이 흐르면서 각국이 직면한 국내외적 문제의 복잡성으로 인해 시계를 원래대로 되돌리는 것이 불가능하다는 것을 대다수의 관계자가 인식하게 되었다. 금본위제 하에 유지되었던 세계무역 시스템과 지불 시스템이 붕괴하였다. 이는 전쟁 배상금 지불과 전시 대부금 상환이라는 형태로 진행되는 막대한 자본의 일방적 전이, 1914년 이전의 금본위제를 지탱하고 있던 영국 파운드화의 계속되는 약화, 핫머니 움직임의 급격한 방향 전환, 그리고 각국의 초인플레이션(hyper inflation)과 국제수지 불균형으로 인한 것이었다. 이러한 국내외적 현상은 화폐 시스템의 작동방식에 대한 그동안의 이해를 매우 혼란스럽게 하는 실증적 자료였다. 다른 한편으로는 이러한 사태야말로 경제학자들이 화폐 문제에 관해 정통이라고 여긴 개념 및 이론을 체계적으로 재검토할 동기를 부여했으며, 마침내 케인스라는 명석한 학자가 정통과 다른 이단적 사고를 하게 되는 환경을 제공하였다.

20세기 초에 전통적 화폐수량설에 대한 진정한 공격이 시작되었다. 당시 마셜은 케임브리지 대학에서 강의하면서 의회의 여러 위원회와 왕실위원회를 위해 화폐 문제를 고찰하고 있었다. 케임브리지 대학에서는 이미 제1차 세계대전 발발 이전부터 마셜의 교육에 의해 화폐이론에 대한 활발한 지적 관심이 체계적이지는 않았지만 싹트고 있었다. 화폐에 관한 풍성하고 개방적인 이론화 작업은 마셜에 의해 시작되고 그가 은퇴한 이후에는 그의 후계자들에 의해 더욱 진전되었으며, 그 결과 20세기에 가장 영향력 있는 이론이 탄생했다. 마셜의 교육을 받은 그의 가장 유능한 학생이 신고전학파의 전통적 화폐수량설을 사실상 타도하는 영예를 안았는데, 그는 바로 1906년에 마셜에게서 화폐에 관한 강의를 들었으며, 1924년에 화폐이론에 대한 마셜의 공헌이 갖는 중요성과 독창성, 통찰력을 증언한 케인스(J. M. Keynes)였다.

케인스는 마셜이 사망한 1924년에 추도사에서 스승인 마셜이 화폐이론에 관한 책의 출판을 생애 마지막까지 미루었던 것을 아쉬워하면서, 경제학의 어느 부분을 보아도 화폐이론 이상으로 마셜의 독창성과 훌륭함이 나타나 있는 부분은 없다고 하였다. 케인스에 따르면, 마셜은 화폐의 가치를 한편으로는 전통적인 화폐수량설이 말하는 것처럼 공급의 함수이고, 다른 한편으로는 '사람이 쉽게 사용할 수 있는 형태로 보유하는 상품 청구권의 평균적 스톡'으로서 측정되는 수요의 함수라고 가르쳤다. 마셜은 사람들이 재화 및 서비스의 화폐가치의 일정 부분에 해당하는 현금을 보유한다고 하고, 이처럼 사람들이 현금을 수요하는 본질적 이유는 소득을 얻는 시점과 그것을 지출하는 시점 간의 차이를 연결한 유동성에 대한 선호 때문이라고 하였다. 화폐이론에 관한 마셜의 저서는 그가 사망하기 직전인 1923년에 나온 『화폐, 신용 및 상업』(*Money, Credit and Commerce*)이었다.

케인스는 마셜의 강의에서 화폐이론에 대한 관심을 갖게 되었으며, 인도성에서 근무하면서 생애 최초의 주요 저서로 1913년에 『인도의 통화와 금융』(*Indian Currency and Finance*)을 출판하였으며, 마셜의 저서가 출판된 해인 1923년에는 『화폐개혁론』(*Tract on Monetary Reform*)을 출판하였다. 그의 화폐이론은 기본적으로 마셜의 수량설에서 크게 벗어나지 않았지만, 화폐수량설이 갖고 있는 전통적인 가치관(이는 케임브리지 화폐이론에도 여전히 남아 있는 문제였다)을 비판하였다. 예컨대, 케인스는 인플레이션보다 디플레이션의 위험을 무릅쓰는 것이 바람직하다는 사고를 비판하였으며, 1844년의 은행조례에 의해 법률적 지지를 받으면서 굳게 고수되어 온 사고, 즉 경제의 번영은 환율의 건전성에 달려 있으며 국내 정책은 환율 안정이라는 매우 중요한 목적에 예속되지 않으면 안 된다고 하는 사고에 대해서도 반대하였다. 또한 케인스는 은행조례 이후 고수되어 온 환율안정론의 배후에 있는 고전학파 및 신고전학파적 사고, 즉 장기 균형 상태에 대한 강박적인 집착에 대해서도 『화폐개혁론』에서 다음과 같은 유명한 비꼼으로 비판하였다. "장기적이라는 것은 현재의 문제를 잘못된 길로 이끈다. 장기적으로 우리 모두는 죽는다. 경제학자들이 폭풍이 몰아치는 시기에 폭풍이 지나고 한참 후가 되면 바다가 다시 평온을 찾게 될 것이라 말하기만 한다면, 그들은 너무나도 안일하고 무익하다."(TMR)

마셜 자신을 비롯하여 그의 직접적인 영향 하에서 피구(A. C. Pigou)와 로버트슨(D. H. Robertson), 그리고 케인스(J. M. Keynes) 등에 의해 공동으로 창조된 새로운 화폐이론은 케임브리지 '현금잔고설'(cash balance theory)로 알려져 있다. 피셔가 전통적 화폐수량설을 $MV = PT$라는 이른바 거시경제적 교환방정식으로 표현하였지만, 케임브리지학파는 피셔의 그러한 순환론적 정식화를 $M = kY$라고 하는 미시경제적 행동의 정식화로 발전시켰다. 여기서 k는 일반 대중이 소득 중 현금잔고의 형태로 보유하려는 액수의 비율이며 흔히 '마셜의 k'라고 한다. 형식논리로 볼 때 k는 V의 역수와 같고 $Y = PT$이므로, 두 방정식은 차이가 없으며 통화량에 의해 물가의 변동을 설명하려는 화폐수량설적 전통을 공유하고 있다. 그러나 새로운 방정식은 화폐에 대한 수요에서 나타나는 변화의 인과관계를 반영하고 있다는 점에서 피셔의 방정식과 큰 차이가 있다. 케인스는 마셜의 책을 인용하면서 k에 대해 다음과 같이 설명하였다.

사회가 어떤 상태이건 사람들이 현금 형태로 보유하는 것이 좋다고 생각하는 소득의 부분이 있다. … 자원의 큰 부분을 현금의 형태로 보유하면 사업이 쉽고 유연하게 되며 협상에서 유리하다. … 사람은 추가로 쉽게 사용할 수 있다는 이점과 자신의 더 많은 자원을 직접적 소득이나 다른 혜택을 가져다주지 않는 형태로 두는 불리함을 서로 균형시킨 후에 적절한 비율을 정한다. 한 나라의 주민이… 평균적인 구매력을 그 연간 소득의 1/10, 그 재산의 1/15만큼 보유하는 것이 좋다고 생각한다고 가정하자. 그러면 그 나라의 통화의 총가치는 이 양의 합계와 같아질 것이다.(*TMR*)

피셔가 정식화한 전통적 화폐수량설은 화폐의 거래적 수요가 안정적이라는 사고에 기초하고 있으며, 화폐를 단순히 거래를 가능하게 하는 교환의 매개수단에 불과한 정도로 파악하였다. 케임브리지학파는 이 점에서 변화를 보였다. 케임브리지학파의 화폐이론은 판매와 구매가 동시에 일어나지 않으므로 구매력이 일시적으로 저장될 필요, 즉 부가 일시적으로 저장될 필요가 있다고 본다. 이로써 이전에는 간과되었던 화폐의 성질, 즉 가치저장 수단으로서의 역할이 중요해진다. 이 점에서 케임브리지학파의 화폐이론은 전통적인 화폐수량설과 본질적으로 다르다. 즉, 피셔의 교환방정식에서 화폐는 단지 교환의 매개수단일 뿐이므로 이득을 낳지 않지만, 케임브리지 이론에서의 화폐는 가치저장 외에도 불확실성을 헤지(hedge)하고 판매와 구매를 분리 가능하게 하는 등의 효용을 갖는다.

물론 케임브리지학파의 화폐이론은 이처럼 간단한 수식으로 나타낼 만큼 명확하게 정리되어 있지도 않았고 엄밀하지도 않았다. 그들은 우선 가계와 기업이 얼마만큼의 화폐를 보유하려고 하는가라는 미시경제적 문제로부터 출발하였으며, 화폐 보유에 따른 편의성과 안정성을 화폐 수요의 동기로 파악하였다. 화폐 수요는 화폐를 보유함으로써 얻을 수 있는 효용과 다른 형태의 자산을 보유함으로써 얻을 수 있는 효용을 비교함으로써 결정된다. 이처럼 케임브리지학파의 경제학자들은 현금잔고를 보유하거나 줄이려고 하는 경제주체의 심리적 동기에 초점을 맞추었으며, 의사결정에는 소득(flow)의 제약뿐 아니라 부(stock)의 제약이 존재함을 명백히 의식하고 있었다.

이러한 현금잔고설의 사고방식은 마셜이 1899년 인도통화위원회에서 한 증언으로까지 거슬러 올라간다. 마셜은 동 위원회의 증언에서 화폐수량설의 근저에 존재하는 화폐 유통 속도의 안정성이라는 가정에 대해서 회의를 표시하였다. 그리고 이후 그것을 『화폐, 신용 및 상업』에서 서술하기를, "수량설은 어느 정도는 유익하다. 그러나 그 결론을 정당화하기 위해 일정하다고 가정하지 않으면 안 되는 '다른 사정'이 무엇인지 분명하지 않고 또 유통 속도를 지배하는 여러 요인이 무엇인가는 설명되어 있지 않다"라고 하였다. 신고전학파의 화폐수량설을 설명하는 피셔의 교환방정식에 의하면, 유통 속도는 제도적으로 결정되며 화폐가 단지 교환의 매개 수단의 기능을 할 때의 화폐 공급량과 가격 수준 간의 간단한 관계를 기술하는 방식일 뿐이다. 그러나 케임브리지학파의 화폐이론이 말하듯이, 화폐가 당해 시점에서의 거래를 위해서뿐만 아니라 장래의 재화 구입을 위한 가치저장으로서의 편익에 의해서도 영향을 받는다는 것을 인정하면 유통 속도는 더 이상 외생변수라고 할 수는 없게 된다.

요약하자면, 전통적인 고전학파 화폐수량설이 화폐 공급에 초점을 맞추고 있는 반면, 케임브리지 화폐이론은 '화폐 수요'를 설명하는 이론이었다. 화폐에 대한 수요는 경제활동의 수준이나 제도적 요인뿐만 아니라, 여러 가격의 움직임 및 이러한 모든 변수에 대한 기업가의 기대에도 의존하며, 이 중에서도 특히 소득이나 부와 이자율에 달려 있다. 케임브리지 화폐이론은 현금잔고 비율이 제도적으로 고정되어 있을 필요가 없이 변한다고 하며, 이 점에서도 유통 속도가 일정하다고 간주하는 전통적 화폐수량설과는 크게 달랐다.

3. 케인스의 유동성선호이론

1) 『화폐론』

1920년대의 화폐이론의 발전에 있어서 또 하나의 방향은 이미 1892년 말에 빅셀이 그의 첫 저서(*Value, Capital and Rent*)에서 지적한 사고방식이다. 즉, 일반 물가 수준에 영향을 끼치는 여러 요인을 분석하는 화폐이론과 투자, 산출량 및 상대가격에 영향을 주는 요인들을 분석하는 실물이론 사이의 고전적 이분성을 부정하고, 가격, 이자, 저축, 투자 간의 연관을 분석하려는 사고방식이었다.

이와 같은 사고가 1920년대에 힘을 얻게 된 것은 전간기의 문제들이 전전의 문제와 달라져 있었기 때문이다. 화폐 문제가 새롭게 중요시되었던 점을 제외하고도 중요한 실물적 문제들(특히, 만성적인 실업에 부수된 모든 문제)이 기존 경제이론으로는 설명할 수 없는 형태로 화폐적 요인에 영향을 주고, 또 화폐적 요인으로부터 영향을 받고 있음이 분명하였다. 그 결과, 적어도 영국과 스웨덴의 경제학자 다수의 관심을 끈 문제는 급격하게 변하였으며, 두 개의 분리되고 때로 상호 모순적인 지식의 칸에서 끌어낸 분석 개념이나 이론으로 그 문제에 접근한다는 것은 더이상 유효하지 않게 되었다. 현실의 중요한 문제는 모두 단기적 현상인 반면, 시장경제이론은 장기적 문제와 관련되어 있다는 이유만으로 넘어갈 수 있는 것이 아니었다. 화폐이론 역시 시장이론과 마찬가지로 단기의 문제를 분석하는 도구로는 만족스럽지 못했다.

　전간기에 정통적 화폐이론을 근본적으로 재구성하도록 고무했던 또 하나의 사정은, 제도적 맥락이 19세기 당시의 화폐수량설에서 가정했던 것과는 크게 달라졌다는 점이다. 영국에서 일어난 상황 변화의 두 가지 좋은 예는, 1914년까지의 약 4반세기에 걸쳐 외부에는 거의 알려지지 않은 채 발전한 잉글랜드은행의 금융관리기술, 그리고 거대한 규모의 국채 잔고에 내재해 있는 엄청나게 커진 공개시장조작의 가능성이었다. 또한 최대 경제대국으로 부상한 미국에서 1913년에 연방준비제도가 출현했다는 사실도 새로운 화폐이론이 필요하다는 것을 보여 준 중요한 변화였다. 분명히 이 시기는 보다 섬세하고 적극적인 금융 정책에 관해서뿐만 아니라, 생산이나 고용에 대해 복잡하게 작용하는 화폐의 영향에 관해서도 경제학자가 생각해야 할 때였다.

　1920-1930년대에 스웨덴학파가 빅셀의 사고방식에 따라 화폐이론에 중요한 공헌을 하고 있었으며, 그 무렵 영국에서는 로버트슨과 케인스가 지도적 입장에 있었다. 이 두 사람은 동료로서 활동하고 게다가 자주 의견을 교환하였으므로, 로버트슨이 1926년의 『은행 정책과 가격 수준』(Banking Policy and the Price Level)에서 말하고 있는 것처럼, "어디까지가 상대방의 생각이며 어디까지가 자기 생각인지를 알 수 없게 되었다"라고 할 정도로 밀접한 관계였다. 정통적 화폐이론의 변혁에서 케인스가 한 주요한 공헌은 4년 후인 1930년에 출판된 『화폐론』(Treatise on Money) 전 2권이다. 이 책의 집필은 『화폐개혁론』이 나온 지 1년이 되지 않은 시점부터 이론적 체계화를 위해 시작되었다. 책을 집필하는 과정에서 생각이 변하고 범위가 확장되어 출판이 수차례 연기되었다. 이 책은 그런 의미에서 이미 현실적으로 시대에 맞지 않는다고도 할 수 있지만, 케인스의 저작 중에서 가장 학문적이고 논쟁이 적으며, 여러 경제학자가 1920년대에 생각

하고 있던 참신한 생각을 총망라하여 발전시킨 책이다.

그러나 당시의 경제학자에게는 이 책이 케인스가 속했던 맥밀란위원회(영국 경제 침체의 근원이 된 1929년의 주식시장 붕괴 후 영국 정부가 구성한 금융 및 산업위원회)가 고심하던 문제를 해결할 만한 것으로 보이지 않았다. 1929년에 구성된 맥밀란위원회의 과제는 영국의 은행 및 금융 시스템이 영국의 무역과 산업을 방해하는지 지원하는지를 규명하는 것이었다. 이에 대해 동 위원회는 "화폐제도나 금융활동이 경제 상황에 영향을 주는 형태에 대해 어떤 보편적으로 인정된 일반원리가 알려져 있지 않으며, 더구나 이러한 금융면의 원인이 다른 원인과 비교하여 어느 정도 중요한가는 더욱 알려져 있지 않다"라고 하였다. 사실『화폐론』의 서문에 의하면 책이 출판되었을 때 케인스의 생각은 이미 책의 내용을 앞서고 있었다. 그리고 케인스가 1936년에『고용, 이자, 화폐에 관한 일반이론』(The General Theory of Employment, Interest and Money, 이하『일반이론』이라 표기)을 내고 주저 없이『화폐론』에 내포된 신고전학파적인 균형론적 사고 틀을 극적으로 부정했을 때,『화폐론』은 케인스 이론의 신봉자에게조차 무의미해졌으며 학계에서도 핵심 강의 참고서 목록에서 빠르게 사라졌다.

그러나 케인스 혁명의 본질에 관한 최근의 연구는,『화폐론』이 화폐이론에서의 케인스의 업적을 보다 완전하고 체계적으로 드러내고 있을 뿐 아니라, 케인스의 사고를 통합했다고 보는 경향이 있다. 예컨대, 힉스는『일반이론』이 폐쇄된 국민경제에 대한 이론인 반면,『화폐론』은 국제금융이론에 대한 케인스의 공헌을 보여 주고 있다고 하였다. 레이욘후프부드(W. Leijonhufvud)는 화폐이론에서 정통파와 케인스의 본질적인 차이는『화폐개혁론』과『화폐론』의 차이에 있다고 하였다. 즉, 전자는 화폐의 가치와 생산물에 대한 수요를 거시적 수준에서 다루는 화폐이론과 상대가격에 초점을 맞추고 있는 가격이론 간의 전통적인 경계를 존중하고 있지만, 후자는 그러한 '전통적인 구분'을 결과적으로 포기했다는 것이다.

케인스는 자신의 『화폐론』에 대해 자평하기를, "일찍이 자신이 휘말려 들어간 수량설의 혼란"으로부터 탈출시켜 마침내 화폐이론을 가격이론과 통합하고 완전히 새로운 화폐이론을 만들게 한 돌파구였다라고 하였다. 『화폐론』에는 이전과 다른 사고에 기초하고 있음을 보여 주는 대목이 많이 포함되어 있다. 특히, 공급이 수요를 창출한다는 세의 주장과는 달리, 저축이 자동적으로 투자로 연결되지 않는다는 것을 다음과 같이 말하고 있다.

세상에 축적된 부란 개인들이 소비하는 기쁨을 자발적으로 절제하는 행위, 이른바 검약을 통해서 고통스럽게 얻어진 것이라고 생각하는 것이 보통이다. 그러나 단순한 절제만으로는 도시를 건설하거나 늪지대를 개간하기에 충분하지 않다는 것이 명백하다. …사회의 부를 축적하고 향상시키는 것은 기업이다. … 만약 기업이 활발하게 움직이면 검약에 어떠한 일이 일어나든지 부는 축적된다. 그리고 만약 기업이 잠들면 검약으로 무엇을 하든지 부는 쇠퇴하게 된다." (Keynes, *A Treatise on Money*)

화폐이론의 중심 주제는 가격 체계의 불안정성이었다. 빅셀은 그것을 투자와 저축의 간격이 사라지는 과정에서 나타나는 현상으로 설명함으로써 부지불식간에 신고전학파의 화폐 중립성의 가정을 위반하였다. 케인스 역시 『화폐론』에서 화폐수량설적 사고방식을 부정하고, 통화량이 물가에 미치는 효과를 직접적인 것이 아니라 간접적인 것으로 보았다. 통화량의 변화는 이자율을 통하여 투자와 저축을 변화시키고 기업 이윤과 나아가 물가에 영향을 미치게 된다. 여기서는 실물 부문과 화폐 부문이 이자율에 의해 연결되어 있다. 후의『일반이론』에 승계된 이러한 접근법은 화폐이론의 가장 중요한 혁신이었다고 할 수 있다. 케인스는 통화량의 변화가 중요하며 자본시장이 발달되어 있는 현대 경제 하에서는 복잡한 과정을 거쳐서 그 효과가 나타난다고 주장하였다. 다만, 케인스는『화폐론』에서 통화 정책의 영향을 상세하게 분석하는 이론적 기초를 제공하려 했지만 성공하지 못했다. 이 점을 의식하여 그는 책의 서문에서 '완성된 작품이라기보다 재료를 모아놓은 것'이라고 고백하였다.

2)『일반이론』에서의 유동성 선호이론

물론 이상과 달리, 케인스가『일반이론』에서『화폐론』에 아직 남아 있던 수량설적 잔재를 부정한 것이야말로 전통적 화폐이론으로부터의 근본적 탈피였음을 강조하는 사람들도 있다.『화폐론』에 대한 평가가 어떠하든,『일반이론』을 저술하던 시점의 케인스는, 신고전학파 경제학자가 직면한 문제에 대해 자신의 분석 기법을 적용함으로써, 다른 제도적 맥락 속에서 다른 정책 과제에 대한 처방을 내리고 여러 문제에 답하기 위해 노력하고 있었다. 1930년대에 케인스의 관심을 집중시켰던 정책 문제는 화폐가치, 즉 물가의 변동 문제가 아니고 대량 실업의 문제였다. 그는『화폐론』과『일반이론』의 차이를 서문에 다음과 같이 서술하였다.

내가『화폐론』을 쓰기 시작했을 때는, 여전히 화폐의 영향을 수요·공급의 일반원리와 별개인 그 무엇으로 간주하는 전통적인 사고방식에 사로잡혀 있었다. 내가 집필을 마쳤을 때 나는 화폐이론을 경제 전체로서의 산출이론의 일부가 되도록 돌이키는 데 약간의 진전을 보았다. 내가 아직 고정관념에서 완전히 벗어나지 못하고 있었다는 점은 …산출 수준의 변화의 영향을 완전히 다루는 데 실패했다는 사실에서 잘 나타난다. 나의 소위 기본방정식은 산출량이 일정하다는 가정 하에서 취한 스냅사진과 같다. …스냅사진과는 다른 동태적 과정은 불완전하고 극히 혼란스러운 채로 남았다. 반면, 이 책은 주로 전체적인 산출량과 고용 규모의 변화를 결정하는 힘들에 대한 연구로 전개되었으며, 화폐가 본질적이고 특별한 방식으로 경제 체계에 도입된 점이 눈에 띄겠지만, 화폐와 관련된 세부 사항을 명시적으로 다루지는 않는다.(*GTE*)

케인스의 관심은 실업 문제로 옮겨졌으며, 그 문제를 위해 그는 생산 수준을 결정하는 요인에 초점을 맞추었다. 그리고 그에게 있어서 이제 화폐가 갖는 중요성은, 끊임없는 변화와 커져 가는 불확실성이 존재하는 현실 세계에서 실물 자원을 소비나 투자에 맡겨 버리는 것을 피하기(hedge) 위한 도피처라는 점에 있었다. 따라서 확정될 필요가 있는 기본적 변수는, 화폐유통량이나 가격 수준에 영향을 주는 요인들이 아니라 투자로부터 얻어지는 수익률(그는 시장 수익률과 실질 수익률을 구분하지 않는다)이며, 또 그 수익률이 경제활동 수준에 미치는 영향이었다. 이러한 사고를 통해 케인스는 화폐 분야에 새로운 분석 방법과 방법론적 기법을 완성했다. 케인스의 몇 가지 새로운 분석 도구나 방법은, 그가 연구 방법상의 강조점을 바꾼 것에 따른 것인지, 장기 균형의 경제학이 아니라 역사적인 단기 분석에 초점을 맞춘 것에 따른 것인지에 상관없이, 모든 경제학자의 공동 재산으로 받아들여졌다.

화폐이론 분야에서는 케인스가 『일반이론』 제13장 '이자율의 일반이론'에서 설명한 유동성선호이론이 경제학 교과서에서 공통적으로 채택되었으며, 최적자산구성(optimum portfolio of assets)이론과 함께 화폐이론의 전혀 새로운 분야를 형성하였다. 유동성은 거래의 매개 수단으로서 용이함의 정도를 의미하며, 화폐가 가장 크기 때문에 보통 화폐를 유동성이라고도 한다. 따라서 유동성선호이론이란 바로 케인스의 화폐수요이론을 말한다. 케인스는 화폐를 수요하는 동기를 투기적·예비적·거래적 동기로 구분하였다. 투기적 동기는 화폐를 여러 자산 중의 하나로 보고 자산 수익률을 높이기 위해 화폐를 보유함을 말하며, 이자율의 함수이다. 예비적 동기는 미래의 불확실한 위험을 대비하여 화폐를 보유함을 말하며, 소득 및 이자의 함수이다. 거래적 동기는 소득의 수취와 지불 사이의 시간적 격차를 메우기 위해 소득의 일정 비율을 현금으로 보유함을 말하며, 소득의 함수이다.

케인스의 화폐이론이 화폐 수요에 관한 이론이라는 점에서는 케임브리지 화폐이론, 즉 현금잔고설의 발전 형태이고 그것을 계승하고 있다고 할 수 있겠지만, 케인스가 화폐를 단순히 교환의 매개 수단으로 여기지 않고 불확실성 하에서 보유하는 자산의 하나로 본 것은 케인스 화폐이론의 독창성을 보여 주는 내용이다. 즉, 미래이자율에 대한 불확실성 속에서의 유동성선호가 케인스 화폐이론의 핵심적 내용이다. 미래이자율이 불확실하다는 것은, 모든 사람의 미래이자율에 대한 예상이 달라 이자율이 일률적으로 결정되지 못함을 의미한다. 이러한 케인스의 화폐이론의 특징을 잘 보여 주는 것이 화폐에 대한 투기적 동기에 의한 화폐 수요이다.

보유할 수 있는 자산이 화폐와 증권 두 가지만 있는 상황에서, 증권 보유에 따른 수익률은 증권에 약속된 이자소득과 시장이자율의 변동(즉, 증권 가격의 변동)에 의한 자본이득, 이 두 가지를 합한 것이다. 만일 증권에 영구적으로 매년

1원의 이자가 지급되고 시장이자율이 r이라면 증권 가격은 $1/r$이 된다. 미래의 예상이자율이 r^e라고 하면 증권의 예상 가격은 $1/r^e$이고, 예상되는 자산 수익률 g는 $[(1/r^e)-(1/r)]/(1/r)=(r/r^e)-1$이며, 따라서 증권 보유를 통한 예상 수익률 $r+g=r+(r/r^e)-1$이다. 만일 이 수익률이 0보다 크면 증권을 보유하고, 작으면 현금을 보유하려 할 것이다. 즉, $r>r^e/(r^e+1)$이면 자산을 증권으로 보유하고, 반대면 화폐로 보유할 것이다. 시장에는 미래의 예상이자율이 서로 다른 사람들이 존재한다. 이자율이 낮을수록 조만간 이자율이 상승하여 증권 가격이 하락할 것으로 예상하고 증권을 적게 보유하려는 사람이 많아질 것이므로 화폐에 대한 수요가 커질 것이다. 따라서 화폐 수요는 이자율과 음의 상관관계를 갖고 있다.

이처럼 화폐 수요는 불확실성 하에서의 이자율의 함수이며, 이자율은 실물 시장에서 투자를 결정하는 요인이다. 따라서 유동성선호이론에 의해 실물 부문과 화폐 부문이 서로 연결된다. 즉, 케인스의 화폐이론은 수요이론이면서 실물 부문과 화폐 부문을 통합하는 이론이고, 불확실성을 담고 있는 동태적 이론이었다. 화폐이론에서의 이러한 발전은, 20세기의 화폐경제에 좀 더 적합한 일반적 분석 체계를 만들려고 하는 그의 노력으로부터 생겨난 경제이론의 근원적 재편성, 즉 『일반이론』의 일부였다.

Chapter 11

케인스 혁명

1. 신고전학파 경제학 비판

1930년대 초까지 경제학 공동체는 한계혁명과 그것에 관련되는 분석 방법을 받아들였다는 점에서 충분히 학문적인 통일성을 달성하고 있었다. 물론 이론의 대부분은 비전문가들이 전혀 이해할 수 없었을 뿐만 아니라, 당시 증가하고 있던 실증적 연구자나 또는 언론인, 정치가, 은행가, 정부 관리로서 나름의 전문적 조언이나 설명을 해온 경제학부 졸업생에게도 너무 추상적이었다. 그런데도 순수 경제이론가의 공통 목적은 여전히 정책 입안자가 합리적 경제 정책을 만들 때 지침이 될 분석이나 예측 모형을 만드는 것이었다. 그러나 전문적 경제학자가 중요하다고 생각하는 문제들은 학계 내부에서만 결정되는 것은 아니다. 중요한 문제에 경제학이 효과적으로 대처할 수 없을 때 실무에 종사하는 사람들은 저변에 확산되는 지적 불안감을 공유하게 되기 때문이다.

그런 점에서 보면, 불안정한 자본주의를 바라보는 신고전학파 경제학의 입장은 너무 낙관적이고 이상적이었다. 그들이 기본 모형으로 가정하는 완전경쟁시장은 효용 극대화와 이윤 극대화를 추구하는 경제주체들에 의해 사회가 최적 상태를 달성할 수 있음을 보여 주기 때문이다. 물론 시장에 대한 이러한 신뢰는 멀리 애덤 스미스의 '보이지 않는 손'으로 거슬러 올라간다. 시장경제 사회에서는 모든 것이 신축적이어서 가격과 임금은 시장에서의 수요와 공급에 따라 자동 조절되며, 공급이 스스로 수요를 창출한다는 세의 법칙에 따라 과잉 생산이나 과소소비의 가능성은 존재하지 않는다. 최선의 경제 정책은 어떤 간섭도 하지 않고 현실의 마찰이 시장 메커니즘에 의해 자연스럽게 조정되도록 하는 것이었다.

그러나 성숙기를 맞이한 자본주의 국가들의 가장 중요한 문제는, 광범하고 전례 없는 대량의 실업을 수반한 강력하고 지속적인 불황이었다. 자본주의가 성립하고서 이미 몇 차례 심각한 공황이 있었지만, 제1차 세계대전 이후 1920년대에 영국은 경제력의 급격한 약화와 심각한 수준의 실업으로 고민 중이었으며, 다른 서유럽 국가들에서도 실업 문제가 만성화되고 있었다. 제1차 세계대전과 그 이후에도 홀로 호황을 누리면서 아메리칸 드림을 불러일으킨 미국도 1929년 10월에 주가가 폭락하고 대공황이 시작되면서 감당하기 어려울 정도로 심각한 실업 사태에 맞닥뜨렸다. 무엇이 잘못되었기에 전체의 1/4이나 되는 노동자들이 실직하고 그 가족들이 구걸과 자선단체의 구호 앞에 줄을 서야 했는가. 1932년에 한 신문은 시카고의 쓰레기 폐기장을 이렇게 묘사하였다. "쓰레기와 여타 폐기물을 실은 트럭 주변에 남자와 여자, 그리고 아이들이 둘러섰다. 트럭이 쓰레기 더미를 부리자, 모두가 달려들어 막대기나 맨손으로 쓰레기 더미를 뒤져 음식과 채소 부스러기 등을 미친 듯이 움켜쥐었다."

이런 재앙 앞에서 신고전학파 경제학이 말하는 시장의 자기조정기능은 무력했고, 자유방임주의적 정책으로 인해 상황이 개선되기는커녕 더욱 악화되고 있었다. 자유무역주의의 본산이었던 영국은 마침내 1932년에 보호주의 전략을 채용했으며, 경제적 개인주의로 널리 알려져 있는 미국에서는 뉴딜 정책이 전례 없는 수준에서 정부 개입을 용인하였다. 케인스가 이미 1924년 11월에 '자유방임주의의 종언'이라는 제목의 강연에서 신고전학파 패러다임을 '속류 경제학'으로 평가하였을 정도로 자유방임주의라는 이념은 시대착오적인 것이 되었다. 제1차 세계대전 이래로 영국이 겪고 있는 어려움이 균형 수준 이상의 임금이 유지되었기 때문이라는 로빈스의 사고방식은, 여전히 많은 정치가나 관료에 의해 공유되고 있었지만, 정책 입안자에게는 아무런 정책상의 지침을 줄 수 없었다. 이것이 바로 케인스가 그의 새로운 이론을 만들어 냈던 때의 상황이었다.

케인스(J. M. Keynes)는 1883년에 케임브리지에서 태어났다. 케임브리지 대학의 고위 직원이었던 아버지 네빌 케인스 역시 독창적인 생각을 가진 경제사상가였으며 어머니는 케임브리지 최초의 여성 시장이었다. 케인스는 이튼 스쿨을 졸업한 후, 케임브리지 대학 킹스 칼리지에 입학하여 수학과 도덕철학을 공부했다. 이후 마셜의 경제학 강의를 들으면서 경제학에 심취하였고 탁월한 학문적 능력을 보였다. 대단한 학구파이면서 1911년에 『이코노믹 저널』(*Economic Journal*)지의 편집자가 될 정도로 학문적 인정을 받았으며, 인생을 즐길 줄도 알아 상류층 사교 모임인 블룸즈버리(Bloomsbury) 그룹의 핵심 멤버이기도 하였다.

케인스는 대학을 졸업한 후 공무원 시

J. M. 케인스(1883-1946)

험에 차석으로 합격하여 정부 내 인도성(省)에서 근무하면서 1913년에는 금본위제도의 작동에 관한 탁월한 검토라고 평가받고 있는 『인도의 통화와 금융』(Indian Currency and Finance)을 출간하였다. 그는 주중에는 공무원으로 일하고 주말이면 블룸즈버리의 멤버들과 교제를 하면서도, 고난도의 확률론에 대한 비판 논문을 쓰기도 하였다. 이때 갖게 된 불확실성에 대한 사고는 후일 그의 경제학에 핵심적 요소가 되었다. 확률론에 관한 초고 논문 덕분에 케임브리지 대학에서 강의도 하지만, 제1차 세계대전이 발발하자 재무성에 고용되어 발군의 실력을 보였으며, 그 덕분에 전후 문제 처리를 위한 베르사유 강화 회담에 영국 대표단의 재무성 수석대표로 참석하게 되었다. 그러나 회담에서 독일이 감당할 수 없는 과도한 전쟁배상금을 요구하는 것에 반대하여 사임하였으며 귀국하자마자 1919년에 『평화의 경제적 결과』(The Consequences of the Peace)를 저술하였다. 이 책으로 그는 일약 유명인사가 되었고, 그의 예측대로 과도한 배상금 문제는 1920년대의 세계경제를 불안정하게 하였고 결국에는 파국으로 이끌었다.

케임브리지 대학으로 돌아온 케인스는 1920년대 영국의 실업 문제와 화폐제도 개혁에 대해 참신한 의견을 내놓았지만 학계 반응은 시큰둥하였다. 그는 이런 평가를 비웃듯이 일부러 느긋하였고 저녁이면 블룸즈버리에서 한담을 즐겼다. 그는 『화폐개혁론』(1923)에서 케임브리지의 화폐이론으로 불리는 현금잔고설을 발전시켰다. 또한 영국이 구평가기준으로 금본위제에 복귀하는 것을 반대하였으며, 이와 관련하여 자유방임적 정부 정책을 비난하는 두 개의 논문을 저술하였다. 그리고 『화폐론』(1930)에서 빅셀의 신용이론을 효과적으로 전개하고 유동성선호설의 기초를 제시하였으며, 케임브리지 대학 출신의 젊은 경제학자로 구성된 독서 그룹을 만들었는데, 그중에는 케인스에게 승수이론을 제시한 칸(R. Khan)도 포함되어 있었다.

세계 대공황으로 거리에는 실업자가 넘치고 있었지만 경제전문가들은 여전히 낡은 자유방임적 정책을 고집하면서 경기가 곧 좋아질 것이라고 하였다. 이처럼 경제학이 아무런 대책도 제시하지 못하고 있을 때, 케인스는 1936년에 『일반이론』(원 제목은 *The General Theory of Employment, Interest and Money*)을 출판함으로써 경제학의 새로운 패러다임을 제시하였다. 제2차 세계대전이 발발하자 케인스는 다시 재무성의 요청으로 수석 경제고문으로 근무하면서, 1940년에 『전쟁 비용을 어떻게 조달할 것인가』(*How to Pay for the War*)를 저술하고 전시 인플레이션을 저지하기 위한 강제 저축의 실행을 주장하였다. 1943년에 전후의 금융질서 재편을 위한 국제청산연맹안((Bancor)을 작성하였으며, 1944년 브레턴우즈 회의에 영국 대표단을 이끌고 참석, 전후 세계경제 질서의 회복을 위해 달러를 기축통화로 하는 대달러 고정환율제라는 미국의 요구(White Plan)를 받아들이는 대신 IBRD(국제부흥개발은행)와 IMF(국제통화기금)를 탄생시켰다.

케인스의 『일반이론』은 어떤 의미에서 경제학의 새로운 패러다임을 만들어 냈던 것일까? 케인스는 자신의 이론이 종래 정통적 이론과는 전혀 다른 것이라고 생각하였다. 케인스는 1935년에 버나드 쇼(G. B. Shaw)에게 쓴 편지에서 자신이 경제이론에 대해 현재 집필중인 책이 세계가 경제 문제를 생각하는 방식에 혁명을 가져올 것이라고 하였다. 『일반이론』의 제1장은 바로 그것을 말해주는 하나의 짧은 문단으로 되어 있다.

나는 본서를 '일반적'이라는 수식어를 강조하면서 '고용, 이자, 화폐의 일반이론'이라 명명하였다. 그런 제목을 붙인 목적은, 나의 주장과 결론의 성격을 그 주제에 관한 고전학파 이론의 성격과 대조시키는 데 있다. 고전학파 이론은 나를 키웠으며, 지난 100년 동안 그랬던 것처럼, 현 세대를 주도하는 학문적 계층의 경제사상을 실제적 · 이론적으로 지배하고 있다. 나는 고전학파의 공준이 일반적인 경우가 아니라 어떤 특별한 경우, 즉 가능한 점들 중에서 균형이라는 제한된 한 점이라고 하는 경우에만 적용될 수 있다고 주장한다. 더구나 고전학파가 가정한 특별한 경우의 특징은 우리가 실제 살아가는 경제사회의 특징이 아니며, 우리가 그것이 가르쳐 주는 것을 경험적 사실에 적용하면 잘못된 길로 가거나 파멸하는 결과를 얻게 된다.(GTE)

이 한 문단을 통해 케인스는 기존의 이론이 보다 일반적인 틀 속에 있는 특별한 경우라는 의미에서 자신의 새 이론을 일반이론이라고 명료하게 말하였다. 그는 자신의 스승인 마셜이 그랬던 것처럼 의도적으로 자신이 배운 경제학을 좀 더 일반화하려고 하였다. 일반화한다는 것은 이론이 좀 더 넓은 틀에서 설명력을 갖도록 한다는 것을 의미한다. 그러나 마셜과 달리 그는 자신을 각색자 정도가 아니라 혁신자로 생각하였다. 그러나 결과적으로 보면, 마셜은 고전학파 이론을 자기가 인정하는 것보다 훨씬 많이 바꾸어 버렸으며, 케인스는 의식적으로 고전학파를 비판했지만 생각보다는 더 고전학파의 전통을 유지하였다. 케인스가 비판한 고전학파에는 리카도의 추종자들과 고전학파 경제학을 완성시킨 밀뿐 아니라, 마셜, 에지워스, 피구 등의 신고전학파 경제학자들이 망라되어 있다. 따라서 케인스가 고전학파라고 할 때 그것은 신고전학파를 포함한 것임에 유의할 필요가 있다.

세계 대공황이라는 시대적 배경 하에서 고전학파 경제이론에 대한 케인스의 주된 비판은 실업에 관한 것이었다. 고전학파 이론 체계에 의하면 실업은 마찰적이거나 시장이 불완전하기 때문에, 그리고 노동자가 고용을 꺼리기 때문에 발생한다. 즉, 시장이 완전하다면 완전고용 상태(물론 경제가 항상 완전고용 수준에 있다는 것이 아니라 최종적인 균형이 완전고용 상태)를 유지할 수 있다는 것이다. 그러나 이러한 주장은, 전간기의 장기 불황을 경험하고 호황일 때도 노동력의 평균 10%가 실업 상태였던 영국의 입장에서 보면, 명백히 경제 정책의 중요한 문제를 무시한 것이라고 할 수 있다. 따라서 케인스가 책의 제목에 고용을 가장 앞세웠으며 제1장의 짧은 문단에 이어 『일반이론』의 제2장에서 가장 먼저 비판한 것이 바로 신고전학파의 고용이론이었다. 제2장에서 케인스는 신고전학파가 근거하고 있는 기본적인 공준을 다음과 같이 정리하였다.

1. 임금은 노동의 한계생산물과 같다. … 다만 경쟁과 시장이 불완전하다면 그러한 균형이 어떤 원리에 따라 교란될 수 있다는 단서가 붙는다.
2. 특정한 양의 노동이 고용되어 있을 때, 임금의 효용은 그 양에 상응하는 고용의 한계비효용과 같다. … 다만 첫 번째 공준에서 경쟁의 불완전성이라는 단서 조건이 작용하는 것과 비슷하게, 여기서는 고용될 수 있는 노동 단위들 간의 결속이 개별 노동 단위들 사이의 균등성을 교란할 수 있다는 단서가 붙는다.

이상의 두 공준은 각각 노동의 수요와 노동의 공급에 관한 공준이며, 케인스에 따르면 이에 기초하여 고전학파의 다음과 같은 세 가지 가정이 도출된다. 즉, 실질임금은 현재의 고용에 대응하며 한계비효용과 같다(가정 ①). 엄밀한 의미에서의 비자발적 실업은 존재하지 않는다(가정 ②). 생산 및 고용의 모든 수준에서 총수요와 총공급이 같다는 의미에서 공급은 스스로의 수요를 창출한다(가정 ③). 케인스는 고전학파의 첫 번째 공준을 당연한 것으로 받아들임으로써

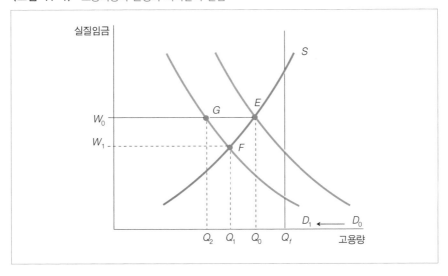

〈그림 11-1〉 노동시장의 균형과 비자발적 실업

신고전학파의 이론을 부분적으로 수용하였다고도 볼 수 있다. 그러나 그는 두 번째 공준과 그것의 논리적 귀결로써 비자발적 실업이 존재하지 않는다는 가정 ②에 대해서는 정면으로 충돌하였다.

실질임금이 노동의 한계비효용과 같다고 하는 두 번째 공준은 실질임금이 고용된 만큼의 노동을 공급하기에 꼭 알맞은 수준이라는 것이다. 이 공준은 마찰적 실업이나 자발적 실업과는 양립할 수 있지만, 케인스가 말하는 비자발적 실업이 성립할 가능성을 용납하지 않는다. 자발적 실업이란 노동자들이 자신의 한계생산물가치와 같은 크기의 보수를 받아들이기를 거부하기 때문에 발생하는 실업을 말한다. 〈그림 11-1〉에서 노동의 수요(D_0)와 공급(S)이 일치하는 균형점(E)에서는 노동의 한계생산물가치와 임금이 일치한다. 그러나 이 균형 상태의 고용량(Q_0)을 넘어서는 노동(예컨대, Q_f)에서는 노동의 한계생산물가치보다 노동의 한계비효용이 크기 때문에 취업을 하지 않는 자발적 실업이 존재한다. 이러한 자발적 실업을 줄이는 방법은 노동의 한계비효용을 낮추거나 노동생산성을 높이는 것, 즉 노동공급곡선이나 노동수요곡선의 우측 이동이다.

케인스가 두 번째 공준을 비판했던 것은, "미국에서 실업이 늘어난 것이 노동자가 화폐임금의 삭감을 받아들이기를 완강하게 거부하거나, 생산성이 제공할 수 있는 이상의 실질임금을 완강히 요구하고 있기 때문이라고 주장하는 것은 그다지 설득력이 없다"(*GTE*)라고 생각하였기 때문이다. 물론 고전학파 이론도 비자발적 실업이나 불황이라는 것이 전혀 존재할 수 없다고 말하지는 않으며, 다만 경제가 장기 균형에 있을 때 비자발적 실업이 존재하지 않는다는 것이었다. 예컨대,『실업이론』(*Theory of Unemployment*)의 저자 피구는 불황, 즉 불균형의 시기에는 실업이 증가하고 실질임금이 감소할 수 있다는 것을 인정하였다. 그러나 고전학파 이론은 어디까지나 장기균형이론이므로 그러한 불균형 상태를 이론 내에 포함할 수 없었다. 신고전학파의 두 번째 공준에 대해 케인스는 좀 더 구체적으로 다음과 같이 반론하였다.

(신)고전파의 두 번째 공준에 대해서는 두 가지 반론이 있다. 첫째는 노동의 실제 행동과 관련되어 있다. 화폐임금에 변화가 없고 물가가 상승하여 실질임금이 하락하더라도 보통 현행의 임금에서 제공되는 노동의 공급이 물가 상승 전의 고용량 아래로 떨어지지는 않는 것이 보통이다. … 이어지는 장에서 전개하겠지만 보다 근본적인 두 번째 반론은, 실질임금의 일반적 수준이 임금 협상에 의해 직접 결정된다는 가정에 대한 반박으로부터 비롯된다. 고전학파는 임금 협상이 실질임금을 결정한다고 가정함으로써 현실적으로 타당하지 않은 가정을 하였다. 노동자 전

체가 화폐임금을 기준으로 기업가와 새로운 협상을 통해 자신들의 실질

임금을 어떤 일정한 수준으로 낮출 수 있는 방법은 존재하지 않기 때문

이다.(GTE)

첫째, 케인스가 신고전학파의 두 번째 공준을 받아들일 수 없었던 것은 화
폐임금에 대한 노동자들의 태도가 고전학파 이론에 근본적인 문제를 제기한다
고 보았기 때문이었다. 고전학파의 공준은 실질임금이 노동 공급의 크기를 결
정한다는 것이다. 따라서 경기침체로 인해 노동 수요가 〈그림 11-1〉처럼 감소
한다면($D_0{\rightarrow}D_1$) 화폐임금이 삭감되어 실질임금이 하락하고($W_0{\rightarrow}W_1$) 균형 고용
량도 변해야 한다($Q_0{\rightarrow}Q_1$). 만일 화폐임금의 변화가 없다면 고용을 원하는 사람
(Q_0)이 모두 고용되기 전에 노동에 대한 수요(Q_2)가 충족되므로 그 차이만큼 실
업이 발생한다. 그런데 이는 노동자들이 화폐임금을 덜 받고는 일하지 않겠다
고 했기 때문에 빚어진 상황이므로, 그것은 단체교섭 등에 의한 '자발적' 실업이
라는 것이다. 결국 신고전학파의 공준이 갖는 함의는 노동자들이 화폐임금의
삭감을 받아들인다면 고용이 확대될 수 있다는 것이다.

케인스는 일상적인 경험에 의하면 노동자들이 고용계약 시에 실질임금보
다는 화폐임금을 기준으로 하고 있음에 의문의 여지가 없다고 하였다. 그리고
"한 산업에 국한해서 본다면 화폐임금과 실질임금이 같은 방향으로 변하는 것
을 예상할 수 있지만, 전반적인 임금 수준의 변화를 본다면 화폐임금과 실질임
금의 변화는 같은 방향이 아니라 대체로 상반된 방향"일 경우가 많고, "화폐임
금 하락과 실질임금 상승이 고용 감소에 수반하여 동시에 나타날 가능성이 높
다"(GTE)라고 하였다. 노동자들은 화폐임금에 크게 의존하기 때문에, 임금재의
가격이 올라 실질임금이 하락했다고 해서 노동을 철수할 것이라고 말할 수 없

다. 따라서 실질임금이 노동의 한계비효용을 반영한다고 추론하기는 어렵다. 이처럼 노동 공급이 실질임금만의 함수가 아니라고 하면 신고전학파의 노동시장이론은 붕괴한다.

둘째, 두 번째 공준에서 더 근본적인 문제가 되는 것은 노동자들이 기업가들과 벌이는 임금 협상을 통해 실질임금이 결정된다고 하는 생각이다. 두 번째 공준은 노동자들이 실질임금을 결정할 수 있다는 것을 전제로 하고 있다. 즉, 자유로운 경쟁에 대한 제약만 없다면 노동자들은 기업가가 원하는 고용량에 노동의 한계비효용이 일치하도록 실질임금을 조정할 수 있다는 것이다. 화폐임금은 물가와 같은 비율로 변하는 것이므로 실질임금과 고용 수준에는 사실상 아무런 영향을 주지 않는다는 것이 고전학파를 사로잡고 있는 사고였다.

임금을 둘러싼 투쟁이 실질임금의 수준을 결정한다고 믿는 사람들이 있지만, 그러나 임금 투쟁은 화폐의 구매력 변화에 기인하는 실질임금의 하락을 일일이 저지하기 위해 실행되기는 어려우며, 또한 실질임금의 하락은 아주 심한 정도가 아니라면 저항의 대상이 되지도 않는다. 또한 어떤 노동자가 다른 노동자보다 상대적으로 화폐임금을 적게 받는다면, 그것은 그의 실질임금이 상대적으로 하락한다는 것을 의미한다. 따라서 화폐임금과 관련한 노동자의 투쟁은 결국 실질임금이 어떻게 배분되는가만 영향을 미칠 뿐이며, 실질임금의 일반적 수준은 경제 체제 내의 다른 힘에 의존하여 결정된다는 것이 케인스의 주장이다.

두 공준에 기초하고 있는 신고전학파의 가정 ①은 사실 완전고용의 명제와 혼합되어 있다. 또한 가정 ②가 말하고 있듯이, 신고전학파의 두 공준이 성립하는 경우에는 케인스가 의미하는 바의 비자발적 실업은 존재할 수 없다. 그런데 케인스가 말하는 비자발적 실업은 단순히 소진되지 않은 노동력이 존재함을 의미하는 것이 아니었다. 비자발적 실업에 대한 케인스의 정의는 다음과 같다.

> 만약 임금재의 가격이 화폐임금에 비해 다소 상승할 때 현재의 화폐임금에서 기꺼이 일하고자 하는 노동의 총공급과 그 임금에서 고용하고자 하는 노동의 총수요가 모두 현재의 고용 규모보다 크다면 사람들은 비자발적 실업의 상태에 있는 것이다.(GTE)

즉, 비자발적 실업은 현재의 임금에서 일하려고 하고 고용하려고 하지만 일자리가 충분하지 못할 때 발생한다. 이러한 비자발적 실업은 노동의 한계비효용이 현행의 임금보다 높기 때문에 노동을 선택하지 않아 발생하는 자발적 실업과는 다르다. 실질임금이 고용의 한계비효용과 같다는 것은 비자발적 실업이 존재하지 않는 완전고용의 상태를 의미하며, 완전고용 상태란 고전학파의 가격이론이나 분배이론과 부합하는 상태이다. 비자발적 실업을 인정하지 않는 입장에서 보면 실업은 결국 고용되지 못한 노동이 자신의 한계생산성에 상응하는 보수를 받아들이기를 거부하기 때문에 생기는 것이 된다. 그러나 대공황기의 실업은 케인스가 말하는 비자발적 실업이라는 개념 없이는 이해될 수 없다. 케인스는 비자발적 실업이 존재하는 이유가 유효수요의 부족에 있다고 보고, 비자발적 실업을 설명한 제2장에 이어 제3장에서 유효수요에 대해 설명하고 있다.

유효수요에 대한 강조는 케인스가 도출한 고전학파 경제학의 가정 ③, 즉 세의 법칙(Say's law)에 대한 비판이었다. 고전학파 경제학자인 세는 시장 전체로 볼 때 공급 과잉이나 불황으로 인해 비자발적 실업이 나타나는 일은 결코 있을 수 없다고 하였다. 시장경제는 교환을 위해 생산하는 경제이며, 공급은 당연히 그것과 같은 크기의 수요를 창출하게 되어 있다는 것이다. 즉, 모든 판매자는 반드시 구매자이기 때문에 공급이 두 배로 증가하면 동시에 수요도 두 배로 증가한다. 공급 과잉과 공급 부족 상태는 일시적으로 있을 수 있지만, 이는 시장 가격이 장기 균형가격에 비해 너무 높거나 낮기 때문이며, 시장 전체로는 과잉과 부족이 상쇄될 것이다. 즉, 공급 과잉인 경우에는 가격이 하락하여 수요가 증가하며 공급 부족인 경우에는 가격이 상승하여 수요가 감소함으로써 불균형 상태가 해소된다는 것이다. 그러나 제1차 세계대전 이후에 경제학자들은 이런 관점을 유지할 수 없었다. 케인스는 동시대의 많은 경제학자들이 이미 세의 법칙을 실제로는 받아들이지 않고 있음을 알고 있었다. 그런데도 그가 세의 법칙을 새삼스럽게 비판하지 않을 수 없었던 이유는, 그것이 완전고용 달성에 아무런 실질적 장애물이 없다고 하는 명제와 사실상 같은 것이며, 1930년대의 경제적 상황을 경제학자들이 명확하게 이해하는 것을 방해하는 암묵적인 가정의 하나였기 때문이었다.

만일 당시의 주류 경제학자들이 경제 법칙이라는 의미에서 세의 법칙을 사용하지 않고 있다면, 그것은 고전학파 및 신고전학파 경제이론이 그동안 세의 법칙이 의미를 갖는 거시경제 문제, 즉 총수요와 총공급의 문제들에 대한 관심을 갖지 않았기 때문일 것이다. 그런데 전간기에 거시경제 정책의 문제가 논의의 중심에 등장하게 되자, 이 암묵적인 가정은 경제 분석에 강한 힘을 발휘하였다. 예컨대, 당시 재무성은 공공사업 확대에 부정적인 견해를 갖고 있었는데, 그것은 공공사업이 자금을 사적인 생산적 투자에서 비생산적인 공적 투자로 돌림으로써 실업을 경감하기보다 오히려 증가시킨다고 생각하였기 때문이었다. 이는 공급의 증가 없는 수요의 증가는 결국 다른 수요의 감소를 가져온다는 것이며, 바로 공급에 의해 수요가 창출된다는 세의 법칙에 타당성의 근거를 두고 있다고 할 수 있다. 세의 법칙이 갖고 있는 오류는 현실 경제를 일종의 로빈슨 크루소 경제로부터 유추한 데서 기인한다. 거기서는 소비하지 않을 생산은 하지 않을 것이므로 생산은 곧 소비로 이어진다. 그러나 현실에서는 예컨대 현재 소비의 절제에 의한 저축이라는 공급과 미래의 소비를 위한 저축(투자)이라는 수요를 하나로 이어주는 줄은 없다.

2. 동학적 개념과 원리

케인스는 『일반이론』의 제1장에서 고전학파가 특수한 경우에 적용되는 공준에 의존하고 있음을 분명히 했다. 특수한 경우란 시장에서의 가격에 의해 총수요가 항상 총공급과 일치하도록 조정되고, 이로 인해 지속적인 완전고용의 경향이 존재하는 경제이다. 그러나 그것은 현실과 맞지 않았다. 이에 케인스는 "고전학파의 이론가는 마치 비유클리드 공간에 있는 유클리드(Euclid) 기하학자와 닮았다. 그들은 서로 평행한 직선이 종종 교차하는 것을 경험적으로 발견하면 그 직선들이 직선의 형태를 유지하고 있지 못하다고 탓할지도 모른다"(GTE)라고 하였다. 해결책은 평행선에 관한 공리를 버리고 비유클리드 기하학을 수립하는 것 외에는 없다.

필요한 것은 경험상의 사실에서 출발하여 경제의 '실체에 맞는' 새로운 모형, 바꾸어 말하면 지속적으로 무엇인가 불완전고용으로 기울어지는 경향을 가진 모형을 만들어 내는 것이었다. 케인스는 고용 수준이 ① 한계소비성향(MPC), ② 자본의 한계효율(MEC), ③ 화폐량, ④ 임금이라는 4요소에 의존하는 이론을 만들어 냈다. 각각은 상품, 자본, 화폐, 노동시장을 설명하는 핵심 요소들이다. 이론의 핵심 원리는 ⓐ 소비성향과 신규 투자율을 통해 경제활동 수준의 상한을 규정하는 '유효수요'와 ⓑ 대부자와 차입자에게 있어서 장래에 관한 불확실성을 반영하고 그것을 이자율 및 투자율에 반영한다는 점에서, '현재와 장래의 연결고리'인 화폐의 역할에 있다. 케인스 이론에 대한 이해를 위해서는 이들 4요소와 그 핵심 원리에 대한 이해가 필요하다. 앞 장과 본장 앞에서 설명한 것을 제외하고 이하에서는 한계소비성향, 자본의 한계효율, 유효수요에 대해서 설명한다.

케인스는 소비의 크기를 결정하는 요인에는 객관적인 것(소득)과 주관적인 것(심리)이 있다고 하고, 주관적 요인은 변화 속도가 느리므로 객관적 요인을 중심으로 소비함수를 분석해도 무방하다고 하였다. 소득이 1단위 증가함에 따른 소비의 증가를 한계소비성향(MPC)이라 하며, 그것이 1보다 작은 것은 장래의 불확실성에서 유래하는 인간의 기본 행동이라고 하였다. 또한 한계소비성향이 1보다 작기 때문에 소득이 증가하면서 소득 중 소비의 비중은 작아지고 저축의 비중이 커진다. 따라서 케인스는 어떤 소득 수준에서도 저축이 투자로 이어진다는 세의 법칙을 부정하고, 일반적으로 자본주의 경제에서 수요는 만성적으로 부족하게 되며, 저축에 상응하는 투자가 존재하지 않아 불완전고용 상태를 보이게 된다고 하였다.

소득이 소비재와 생산재의 생산으로 구성되며 소비재에 대한 수요가 소비이며 자본재에 대한 수요가 투자이다. 케인스는 자본재에 대한 수요를 자본의 한계효율(MEC)로 설명하였다. 자본의 한계효율은 '자산으로부터 기대되는 매년의 일정한 수익의 현재 가치를 자산의 공급가격과 일치시키는 할인율'로 정의된다. 각 기업은 자본재로부터 기대되는 수익의 현재 가치가 자본재의 가격을 초과하면 그것을 구입할 것이다. 자본재로부터 기대되는 수익은 미래의 시장 상황, 기술 발전, 인구 등 다양한 요소를 고려한 기업가의 '주관적' 예상에 기초하고 있다. 투자는 자본의 한계효율과 기회비용인 이자율에 민감하게 반응한다. 개인이 많은 예측을 하여 완전하게 행동하는 세계에서는 자본의 한계효율과 이자율이 정확하게 일치할 것이다. 그러나 현실에서는 그렇지 않아, 전자가 후자보다 크면 투자가 이루어지며, 투자가 증가할수록 전자가 하락하여 후자와 같아지면 신규 투자도 더 이상 나타나지 않는다.

앞에서도 언급하였지만, 케인스는 만연해 있는 비자발적 실업 상태의 원인이 유효수요의 부족에 있다고 하였다. 고용량은 기업이 고용을 통해 생산한 것으로부터 예상되는 판매 수입 규모에 달려 있다. 즉, "고용량은 총수요함수와 총공급함수가 교차하는 지점에서 결정된다. 왜냐하면 바로 그 지점에서 이윤에 대한 기업가들의 기대가 최대화될 것이기 때문이다. 총수요함수와 총공급함수가 교차하는 지점에서 총수요함수가 갖는 값을 유효수요라고 한다." (GTE) 노동자들이 화폐임금에 더욱 민감하며 그것의 삭감을 좀처럼 받아들이지 못한다고 설명한 것 때문에, 케인스의 중요한 이론적 기여가 마치 실업의 원인으로 노동자들의 화폐 환상을 지적한 점이라고 오해하기 쉽다. 사실 케인스의 진정한 기여는 유효수요의 부족으로 인해 비자발적 실업이 발생한다는 것을 지적한 점이다. 케인스 자신도 '유효수요'라는 개념이 고용의 『일반이론』에서 핵심임을 강조하였다.

국민소득의 결정 원리에서 고전학파 경제학과 케인스 경제학 간에는 본질적인 차이가 있다. 공급이 수요를 창출한다는 고전학파의 세계에서는 어떤 고용 수준에서도 총수요는 총공급에 맞도록 조정되기 때문에 유효수요는 유일한 균형 값이 아니라 무수히 존재한다. 또한 기업가들의 경쟁은 고용의 확대를 가져오며, 완전고용에 이르기까지 총수요도 함께 확대되고 마침내 총수요가 증가해도 총공급이 더 이상 확대될 수 없는 완전고용 상태에 이르게 된다. 이처럼 완전고용에 대한 장애물이 존재하지 않는다는 것이 세의 법칙이다. 그러나 실제로 일정한 수준의 고용이 유지되려면 생산 중 일부가 소비로 처분되고 투자가 나머지를 흡수할 정도로 충분해야 한다. 어떤 한계소비성향과 자본의 한계효율과 이자율의 함수인 투자율을 가정하면, 그것에 부합하는 고용 수준은 오직 하나뿐이다. 그리고 그것이 완전고용 상태의 고용과 같을 것이라고 볼 근거는 없다. 완전고용 상태가 되기 위해서는 그때의 유효수요가 총생산에서 소비로 처분되고 남은 부분인 저축이 투자와 정확히 일치하는 관계를 실현할 수 있어야 한다.

케인스 이론에는 여러 새로운 개념들이 도입되었다. 그것은 한계저축성향의 역수로 표현되는 승수, 화폐수요를 소득이나 지출의 흐름뿐만 아니라 투기적 동기의 자산 선택에 의존한다는 유동성선호, 그리고 자산의 가격과 미래의 기대 수익 간의 관계를 설명하는 자본의 한계효율이라는 개념들이다. 이 개념들은 기원에서는 반드시 새롭다고 할 수 없지만 '동학적'인 형태로 사용되었다는 점에서 이론을 풍성하게 하였다. 승수가 동학적 개념이라는 것에 대해서는 두 말할 것도 없다. 앞 장에서 유동성선호에 대해 설명한 대로, 자산 선택의 기준이 되는 것은 자산의 현재 가격과 미래의 예상 가격이며 자산의 가격은 미래에 발생되는 수익의 현재 가치로부터 계산된다는 점에서, 유동성선호라는 개념은 동학적 이해에 기초하고 있다. 자본의 한계효율 역시, 자본 1단위의 미래가치와 현재의 자본 가격을 일치시키는 할인율을 의미하므로 동학적 개념이라 할 수 있다.

케인스의 『일반이론』이 경제사상에서 혁명의 시작이었음은 의심할 여지

〈그림 11-2〉 *IS−LM* 모형

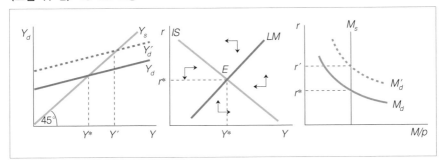

가 없다. 그는 경제를 불확실성 하에 있는 불균형 상태로 이해하고 동학적 성격의 개념을 사용하는 등, 경제학의 분석 틀을 근본적으로 변환시키려고 했다. 그러나 이 혁명이 케인스가 의도한 대로 진행되었는지, 또는 신고전학파의 패러다임을 어느 정도 붕괴시켰는지에 대해서는 여전히 상당한 논의가 진행되고 있다. 또한 경제학 교과서에 포함된 케인스 이론은 사실 케인스 자신의 생각과는 전혀 다르게 해석된 것이었다. 그렇게 된 것은 기존의 지배적 패러다임이 견고하였기 때문이기도 하고, 또 케인스의 이론에 열광하여 전향한 자들의 일부가 과거에 훈련받은 통설로 스승의 사상을 해석해 버렸기 때문이다. 그 결과 케인스 이론은 신고전학파 이론의 특수한 경우로 취급되고 말았다. 대표적인 것이 케인스 이론을 도식화한 힉스(J. R. Hicks)의 *IS−LM* 모형이다.

*IS*와 *LM*은 각각 실물 부문과 화폐 부문이 균형일 때의 이자율과 소득의 관계를 나타낸다. 〈그림 11-2〉의 첫 번째 그림에서 원점을 지나는 선이 총공급(=소비+저축)을 나타낸다. 그것이 45도선과 일치하는 것은 저축이 소득에서 소비를 뺀 잔여로 정의되기 때문이다. Y_d는 각 소득 수준에서의 총수요(=소비+투자)를 나타낸다. 한계소비성향이 1보다 작기 때문에 총수요의 기울기는 45도선보다

완만하다. 이 첫 번째 그림은 수요에 의해 소득 수준이 결정된다는 케인스의 유효수요의 원리를 보여 준다. 즉, 그림에서처럼 소득과 총수요(Y_d)가 일치하는 점에서 균형국민소득이 결정되며, 수요가 변하면 소득이 변한다. 만약 이자율이 하락하면 투자 수요가 확대되어 총수요는 위쪽으로 이동하므로($Y_d{\rightarrow}Y_d'$) 균형국민소득이 상승한다($Y^*{\rightarrow}Y'$). 이를 이자율과 국민소득 평면에 도시하면 우하향하는 곡선이 얻어지며 이것이 두 번째 그림에 도시한 IS 곡선이다. 화폐 부문의 시장 균형은 세 번째 그림에 도시되어 있다. 중앙은행이 결정하는 화폐 공급은 이자율과 무관하며 화폐 수요는 유동성선호이론에 따라 이자율과 음의 관계를 갖고 있다. 만일 소득이 증가하면 화폐 수요가 증가하여 화폐 수요곡선이 우측으로 이동하게 되므로($M_d{\rightarrow}M_d'$) 균형이자율은 상승한다($r^*{\rightarrow}r'$). 이를 이자율과 국민소득 평면에 도시한 것이 두 번째 그림에서 우상향하는 LM 곡선이다. 거시경제의 이자율과 국민소득은 실물 부문과 화폐 부문의 균형을 나타내는 IS와 LM 곡선이 교차하는 점에서 달성된다. 두 번째 그림에서 화살표는 균형 상태에서 벗어나 있을 때 동학적 조정이 이루어지는 방향을 나타내며, 최종적으로 균형점 E로 회복된다는 것을 보여 준다.

이 모형에 의하면, 주어진 화폐임금 하에서 총소득의 균형 수준은 소비성향, 투자 수요, 유동성선호, 화폐량에 의해 결정된다. 단기에서 앞의 둘은 안정된 함수이며, 유동성선호는 낮은 이자율에서 안정적(매우 탄력적)이라고 가정되었다. 케인스 이론에 대한 신고전학파적 해석에 의하면, 불완전 고용에 대한 케인스의 설명은 다음과 같은 특별한 경우에서 비롯된 것이다. 그것은 화폐임금이 비탄력적(경직적)이거나, 혹은 낮은 이자율에서 화폐 수요가 완전 탄력적이어서 화폐 공급이 증대해도 이자율이 하락하지 않는 유동성함정 상태이거나, 또는 미래에 대한 비관적 전망으로 인해 투자의 이자율 탄력성이 낮은 경우이다.

　이상이 일반 경제학 교과서에 케인스 경제학으로 소개되어 있는 것이지만, 케인스가 그것을 수용했을 것으로 생각되지 않는다. 그는 자신을 추종하는 케인지언(Keynsian)들이 자신의 이론을 신고전학파의 틀 속에 편입시키기 위해 설정한 여러 가정을 타당한 것으로 생각하지 않았다. 예컨대, 그가 임금이 고정적이라고 말한 것은 사실이지만, 그것은 설명의 편의를 위한 가정일 뿐이며 이론의 논리 구성에 반드시 필수불가결한 것은 아니었다. 또한 케인스는 케인지언이 말하는 유동성함정이 현실적으로 존재한다고도 생각하지 않았다. 그는 민간의 투자를 기대하기 어려운 상황에서는 정부가 은행으로부터 차입을 하여 유효수요의 부족을 메우는 것이 훨씬 쉬운 일이라는 것을 보여 주기 위해 가공의 가능성으로서 유동성함정을 언급하였다. 이러한 유동성함정이 존재할 경우에는 이자율 하락을 통한 민간 투자 증대를 기대하는 통화 정책은 무효할 수밖에 없다.

　신고전학파적 해석에 따르면, 『일반이론』의 '참신함'은 소비함수나 유동성선호라는 '심리적' 개념을 사용한 점, 공급이 수요를 창출하는 고전학파의 세계에서처럼 가격이 신축적으로 변한다는 생각 대신에 생산량의 변화를 일으키는 유효수요의 역할을 강조한 점, 화폐 수요가 소득과 지출의 흐름이 아니라 자산 간의 선택에 의존한다고 본 점, 그리고 자본축적의 주요한 원인으로 저축이 아니라 투자를 강조한 점으로 요약된다.

　그러나 사실 케인스 이론은 참신함 정도가 아니라 우리가 이해하고 있는 것보다 훨씬 더 근원적으로 신고전학파 패러다임의 사고방식을 부정하였다. 케인스 혁명은 저축이라고 불리는 개가 투자라고 불리는 꼬리를 흔들고 있는 모형에서, 투자라고 불리는 개가 저축이라고 불리는 꼬리를 흔들고 있는 모형으로 경제학자의 사고를 전환시킨 점에 있다고 할 수 있다.

　케인스는 신고전학파의 한계분석이라는 기계적 분석 방법에 암암리에 포함된 경향, 즉 경제학을 자연과학과 마찬가지로 과학적 예측을 제공할 수 있는 학문이라고 생각하는 경향에 대해 반기를 들었다. 투입이 있으면 그에 따른 결과를 예측할 수 있다는 인과론은 근대 학문, 특히 애덤 스미스 이래의 경제학에서 오랫동안 익숙해진 사고방식이다. 경제학은 그런 확실성의 세계에 있으며 로빈스의 말처럼 예측을 위한 학문으로 자리 잡았다. 그러나 케인스는 경제 모형이 예측을 위한 것이 아니라 분석 수단으로서 존재한다고 하였다. 즉, "경제 모형의 목적은 반영속적이거나 상대적으로 불변인 요소를 일시적 · 변동적 요소로부터 분리함으로써 후자에 관해 생각하고 그것이 낳는 일련의 결과를 이해하는 논리적 방법을 개발하는"(*GTE*) 것이다. 이처럼 케인스는 경제학에 대한 이해에서부터 신고전학파와 달랐다. 그는 1938년에 해로드(R. F. Harrod)에게 쓴 편지에서 경제학이 본질적으로 도덕과학이지 자연과학이 아니라고 하면서 다음과 같이 말하였다.

　나는 일찍이 경제학은 자기 분석의 학문이며 가치관을 취급하는 학문이라고 말했다. 또 경제학은 동기, 기대, 심리적 불확실성도 취급하는 학문이라고 말해도 좋을 것이다. 경제학의 탐구 대상이 불변이며 동질이라고 하는 사고방식에는 항상 경계심을 가지고 대처하지 않으면 안 된다.

　케인스는 경제학에서의 심리적 요인과 불확실성 하에서의 기대의 역할을 강조했다. 예컨대, 그에 의하면 투자는 "장래에 대한 적절하거나 확실한 근거가 없는 두 종류의 판단(화폐를 보유하려는 정도와 주요한 자산의 장래 이율에 대한 예상)에 의존한다."(*GTE*) 또한 그는 1937년의 논문 「고용의 일반이론」("General Theory of Employment," *Quarterly Journal of Economics*, 1937)에서 불확실성이란 통계학적 확률로 환원될 수 있는 것을 말하는 것이 아니라 알 수 없다는 것을 의미한다고 하였다. 룰렛 게임은 불확실성에 해당하지 않지만, 유럽 전쟁의 발발 전망이나 20년 후에 이자율과 같은 것은 불확실성에 해당한다. 케인스에 따르면 우리는 모를 뿐이며 어떤 계산이 가능함을 보여 주는 아무런 과학적 기초도 갖고 있지 않다. 그런데도 경제학 이론은 그런 불편한 진실을 감추고 우리를 대단히 실용적인 사람인 것처럼 몰아붙여 마치 다가올 유불리에 대해 공리주의적 계산을 하고 행동하는 것처럼 그렇게 이해한다.

케인스는 자신이 자라온 학문적 배경으로 인해 『일반이론』에서 종종 균형 개념을 사용하기는 하였으나, 그의 중요한 관심은 균형보다 불균형 상태였다. 불균형에 대한 그의 관심은 일찍부터 있었다. 금본위제를 비판적으로 검토한 1913년의 『인도통화와 금융』으로부터 시작하여 자유방임주의의 붕괴를 분명하게 보여 준 『평화의 경제적 결과』, 중앙은행의 재량적 정책을 지지한 『화폐개혁론』, 저축과 투자의 결정이 서로 무관하다는 원리를 구축하는 데 기여한 『화폐론』과 마침내 그러한 불균형이 일반적임을 명시적으로 설명한 『일반이론』에 이르기까지 그의 저작은 모두 신고전학파의 균형이론을 거부하였다. 케인스는 장기균형이론으로서의 경제학을 지나치게 집착하는 고전학파 및 신고전학파에 대해 이미 앞 장에서 인용한 것처럼 장기적으로는 우리 모두가 죽는다는 식의 냉소적 표현으로 비판하였다. 신고전학파는 마셜의 전통 위에서 균형가격 결정 메커니즘에 관심을 갖고 있었으나, 케인스가 초점을 맞춘 것은 그 이전의 누구도 인식하지 못한 불균형의 문제였다.

3. 패러다임의 전환

케인스의 『일반이론』이 고전학파의 틀에서 벗어나 새로운 경제학을 만들어 내는 데 성공했던 이유는 과제와 결론과 방법, 이 세 가지 점에 있다고 말할 수 있을 것이다. 첫째, 이미 강조한 바와 같이 케인스가 초점을 맞추었던 중심 과제는 신고전학파가 효과적으로 대처할 수 없었던 문제, 즉 총공급·총수요의 문제였다. 개별 재화의 균형가격 문제에 분석의 초점을 맞춘 신고전학파 경제학은 총수요·총공급 같은 집계변수는 정확한 개념이 아니라고 보고 그것을 경제학의 대상 범위에서 배제하였다. 그러나 『일반이론』이 출판됨으로써 소득과 고용을 결정하는 거시경제변수인 총수요와 총공급에 대한 분석이 무대의 중심에 서게 되었다. 『일반이론』으로 인해 이제 자원 배분이 아니라 자원의 고용 문제가 경제학이 답해야 할 가장 중요한 문제가 되었다.

둘째, 케인스 이론의 결론은 사적인 이기심을 사회적 편익으로 전환하는 보이지 않는 손이라는 시스템은 존재하지 않는다는 것이었다. 이 점이야말로 케인스 경제학이 보여 준 이단성의 핵심이다. 케인스는 「자유방임주의의 종언」("The End of laissez-faire")이라는 논문의 기초가 된 1924년 강연에서 "경제학자는 이미 사회의 조화라는 교조주의를 낳은 신학적·정치적 철학과는 아무런 관련도 없으며 경제학에 의한 과학적 분석은 그런 결론을 도출하지 않는다"라고 선언하였다. 그는 『일반이론』의 원고 마감에 쫓기고 있던 1934년에 BBC 방송에서 '경제 시스템은 자동적으로 조절하는 경향을 가지고 있는가?'라는 제목의 강연을 통해 그 점을 좀 더 공격적으로 말하였다. 그는 경제학자들이 "수많은 불균형 현상이 현실에서 발견되고 있음에도 장기적으로 결국 시장의 자기 조정 능력이 발휘된다고 믿고 있다. …시장의 자기 조정 능력을 믿는 전통은 과거 100년이 넘는 기간 동안 경제학을 지배했다"라고 비판하면서 주저하지 않고 자신을 이단 쪽에 놓았다. 그는 정통적 이론에 "무엇이 유효수요의 수준과 총고용량을 결정하는지에 관한 치명적 오류가 있다고 확신"하였다. 1930년 대라는 시대적 맥락에서 보면, 『일반이론』이 가져온 참으로 충격적인 결론은 임금 삭감이 고전학파가 생각했던 것처럼 실업을 줄이기는커녕 유효수요를 감퇴시킴으로써 실업을 증가시킬지도 모른다는 것이었다.

셋째, 이러한 결론에 이르기 위한 케인스의 방법은 경제 전체의 집계 모형(aggregative model)을 만드는 것이었다. 그것은 기본적 구성이 매우 단순하여 평균적인 학생이나 관심 있는 정치가도 쉽게 이해할 수 있을 뿐만 아니라, 당시의 경제 문제와 유의미하게 연관되어 있고 대상의 범위에서도 납득이 되는 모형이었다. 피구에 따르면, 케인스 이전에는 실물적 요소와 화폐적 요소를 불문하고 관련 있는 모든 요소를 하나의 체계로 통합하고 여러 요소 간의 연관성을 시종 일관성 있게 분석할 수 있는 형태의 모형을 제시한 경제학자는 없었다. 케인스는 국민소득과 총수요의 관계에 관심을 집중시켰다. 그는 총수요가 소득을 산출하는 능력을 갖는다는 의미에서 그 자체에 의존하고 있다는 것을 이전에는 생각하지 못했던 극적이고 명료한 형태로 제시했다. 그렇게 함으로써 그는 고전학파 이론에 존재하는 큰 간극을 메우고 경제 분석에 새로운 차원을 추가하였다. 오늘날의 거시경제학은 바로 케인스의 『일반이론』에서 시작되었다고 할 수 있다.

『일반이론』이 경제사상에 도입한 혁신적 내용을 자세히 살펴보면, 그것의 대부분을 이전의 경제학자에게서 찾을 수 있다. 맬서스는 그의 『경제학원리』에서 공식적으로 세의 법칙을 부정하고 1820년경에 이미 유효수요, 소비, 총생산 간의 관계를 인식하고 있었다. 홉슨(J. Hobson) 역시 과잉 저축의 결과 생산이 소비를 초과해 버리는 경향이 있음을 지적하였다. 빅셀(K. Wicksell)을 계승한 스웨덴학파는 1930년대 초에 저축과 투자의 불일치에 초점을 맞추어, 『일반이론』이 제시하는 화폐시장의 균형이론과 기본적으로 같은 이론을 만들었다. 스웨덴학파는 저축과 투자의 사전 개념과 사후 개념을 구별함으로써, 저축과 투자의 불균형이 갖는 동학적 중요성을 케인스보다도 앞서 더욱 명확하게 지적하였다고 할 수 있다. 한편, 승수 개념은 1931년에 『이코노믹 저널』지에 발표된 논문에서 칸(R. F. Kahn)에 의해 공식적으로 언급되었다.

이처럼 선행 연구가 있었다 하더라도 『일반이론』이 경제사상에 미친 혁명성은 줄어들지 않는다. 그 혁명성은 케인스 이론이 보여 준 광범위한 윤곽, 즉 ① 이론상의 기본 문제를 균형가격이 아닌 경제활동 수준을 설명하는 데 있다고 재정식화한 점, ② 국민소득–지출의 분석 틀을 사용한 점, ③ 정부와 금융 당국의 재량적 수요관리를 지지하는 정책적 함의에 있다. 물론 케인스가 생각한 형태로 혁명이 일어났는지 여부는 또 다른 문제이다.

케인스 자신은 그의 스승이나 동년배 경제학자를 중심으로 하는 학계로부터 점차 소외감을 느꼈던 것 같지만, 그의 지적 명성은 그와 입장을 달리하는 사람들에게조차 1세기 전에 리카도의 명성이 맬서스에게 있어서 그러했던 것만큼 '압도적'이었다고 할 수 있다. 『일반이론』이 영국뿐만 아니라 전 세계적으로 대학의 안팎에서 전문적인 경제학자 집단에 이렇게 큰 영향을 끼친 주요한 이유는, 의심할 것도 없이 시기가 성숙해 있었던 점에 있다. 케인스에 의한 이론적 추상화는 다른 이론에 비해 1930년대의 상황에 훨씬 더 잘 맞았다. 그의 분석은 자유방임주의로부터 대거 퇴각하기 시작한 사조와 부합하는 정책을 지지하는 이론적 기초였다. 이로 인해 『일반이론』은 여러 정치적 당파에 속하는 다수의 경제학자로부터 관심을 모았다.

자유방임적인 경쟁 자본주의의 '신화적' 미덕을 당연한 것으로 보는 여러 가정에 동조할 수 없었던 마르크스주의 경제학자들은 이 새로운 이론을 환영하였다. 그들은 케인스가 경제학의 강조점을 가격이론에서 소득결정이론으로 전환시켰다고 이해하였다. 예컨대, 스위지(P. M. Sweezy)는 1946년에 쓴 매우 우호적인 추도문에서, 케인스의 가장 위대한 업적은 영ㆍ미의 경제학을 세의 법칙이라는 '전제적인 교조주의'로부터 해방시키고 "19세기 자유주의의 초석이었던 사적 이해와 공공의 이해가 일치한다는 신화를 최종적으로" 격파한 점에 있다고 말하였다.

　　자유주의 경제학자들이 케인스 경제학에 끌렸던 것은 케인스 경제학이 당시 만연해 있는 사회주의 혁명의 사조에 대한 해독제 역할을 한다고 보았기 때문이다. 비록 케인스가 자본주의를 관리하는 정책을 신봉한 것을 두고 런던경제대학(LSE)의 하이에크(F. Hayek)는 케인스를 사회주의자로 공격하였지만, 그렇다고 케인스가 사회주의를 옹호하거나 사기업 경제를 반대한 것은 아니었다. 그는 부르주아적 삶에 대한 예찬자였고 사회주의 경제에 대해서는 잘 알지도 못했다. 오히려 자본주의를 구출하는 것을 목표로 삼은 그를 자본주의의 멸망을 원하는 진영에 포함시킨 것은 지나친 비판이었다고 할 수 있다. 또한 케인스 경제학이 고전학파 경제학을 완전히 배제하지도 않는 분석 체계이면서 경제학자가 가져야 할 관심과 외연을 열어 두었다는 점도 매력적이었다. 케인스는 스승인 마셜에 대해 언급하면서, 경제학이 철학이나 순수과학에 비해 쉬운 분야이지만 경제학자는 다양한 재능을 겸비해야 한다면서 다음과 같이 말하였다.

　　경제학자는 어느 정도는 수학자ㆍ역사가ㆍ정치가ㆍ철학자가 되어야 한다. 상징을 이해할 수 있어야 하고 또 그것을 말로 표현해야 한다. 보편적인 것에 비추어 특수한 것을 생각해야 하고, 추상과 구체를 동시에 고려하면서 다루어야 한다. 미래에 지향할 목적을 위해 과거에 비추어 현재를 연구해야 한다. 인간의 본성이나 인간의 제도 그 어떤 것도 경제학자의 관심에서 완전히 벗어난 것은 없다. 경제학자는 목적의식과 초연함을 동시에 지녀야 한다. 예술가처럼 초연하고 부패하지 않으면서 동시에 정치가처럼 세속에 접근해야 한다.(Keynes, *Essays in Biography*)

마지막으로 응용경제학자(특히, 당시에 증가하고 있던 실증 분석 연구자)에게 케인스 이론이 주는 매력은, 그것이 수량화와 통계적 검증에 적합한 일관된 논리 체계였다는 점에 있다. 케인스 경제학은 특히 정책적 관심을 갖는 사람들에게 경제학의 가능성을 넓히는 새로운 연구 프로그램의 길을 만들어 냈다. 만일 이 새로운 체계가 절박한 현실의 문제에 초점을 맞추지 않았다면, 신고전학파라는 정통으로부터 그렇게 많은 이론가 및 실증 연구자를 흡인하고 또 그렇게 수많은 실무적 정책 입안자에게 경제학이 그들의 의사결정에 있어서 무엇인가 유익한 요소를 제공한다는 확신을 주지는 못했을 것이다.

신고전학파 경제학자는 각 재화시장에서, 또 개별 기업이나 산업의 레벨에서 가격과 생산량을 결정하는 여러 요인을 고찰했다. 그들은 또 개별 소비자의 행동을 중심으로 분석을 했다. 그들은 이 분석의 부산물로서만 거시경제학적 결론을 유도하고 정책 입안자가 생각해야 할 일반적 후생 기준을 제시했다. 그들은 거의 언제나 경제를 구성하는 각각의 원자가 취하는 행동과 상호관계로부터 경제를 분석한 것에 불과하다. 결국 화폐이론을 제외하고는(화폐이론은 그다지 심오하지도 않았을 뿐 아니라 결국 수요, 생산, 분배의 기초이론과 완전히 통합되지는 않았다) 그들의 분석 방법은 거시적이라기보다 미시적이었다. 이에 반해 케인스는 집계된 변수를 사용하여 한 나라 경제를 분석함으로써, 학자와 정치가가 공통으로 중요하다고 생각한 여러 문제에 초점을 맞추는 동시에, 일국의 경제 시스템이 어떻게 기능하고 있는가에 대해 예리하게 관찰하고, 그 결과 얻어진 여러 가정을 사용하여 그 문제에 적극적으로 파고 들수 있었다.

1950년대 및 1960년대에 전개된 케인지언 경제학의 발전과 그로부터 발단한 방대한 양의 통계적 · 계량적 연구를 생각하면, 케인스가 현실을 중시했다는 것이 반이론적 편향을 의미하지는 않는다는 점을 강조할 필요가 있다. 오히려 케인스는 마셜이 지나친 사실주의로 모형을 복잡하게 하면서 간결하고 추상적으로 정리하는 것을 불필요할 정도로 부끄러워한 것을 비판하였다. 그러나 그는 계량경제학자들이 경제 예측의 기초로 사용하기 위해 모형을 수량화하려고 시도한 것에는 반대하였다. 케인스는 통계학자의 역할이 경제 모형을 확장하여 예측을 하는 데 있는 것이 아니고, 모형의 현실성과 유효성을 살펴보는 데 있을 뿐이라고 하고, "경제학에서는 모형을 수량적 공식으로 바꾸어 놓는 것은 사고의 도구로서 모형이 갖고 있는 유용성을 파괴하는 것"이라고 하였다.

케인스는 미시적 경제 분석에서 신고전학파 이론을 대체할 것을 의도하지는 않았으며, 또한 본인이 의도한 것보다 훨씬 더 많이 신고전학파의 틀을 유지하였다. 그는 자본주의를 붕괴로부터 구출하기 위해 시장이 자동 조정 기능을 갖고 있다는 가정은 포기하였지만, 임금이 노동의 한계생산물과 같다는 한계생산력설과 시장의 배분적 효율성에 대한 가정은 고수하였다. 그럼에도 불구하고 케인스 이론이 갖고 있는 여러 요소는 경제사상에 뚜렷이 각인되었다. 케인스 이론은 정부 역할에 관한 사고방식에 혁명을 가져왔다. 정부가 유효수요를 재량적으로 조절하는 정책을 시행하는 것은 제2차 세계대전 후의 선진 자본주의 국가에 공통적인 특징이 되었다. 케인스는 무의미해 보일지라도 정부가 개입하는 것이 가만히 있는 것보다 낫다는 것을 다소 희화적이지만 다음과 같이 말하였다.

만약 재무성이 헌 병에 은행권을 채워 쓰레기로 채워진 폐탄광 깊숙한 곳에 묻고 자유방임주의에 입각해 있는 사적 기업에 은행권을 다시 캐내도록 한다면, 어떤 실업도 존재할 필요가 없고 그 결과 실질소득과 자본도 현재보다 더 커질 것이다. 사실 집을 짓는다거나 하는 것이 그보다 더 합리적이지만, 만일 거기에 정치적 또는 실제적 어려움이 있다면, 위와 같이 하는 것이 아무것도 하지 않는 것보다 낫다.(GTE)

케인스 이론 그 자체라기보다 그것에 대한 해석이라고 할 수 있는 케인지언 모형은 이후의 모든 거시경제 일반균형과 동학이론의 기본이 되었다. 케인지언 모형은 그 유효성으로 인해 마침내 순수와 응용을 불문하고 경제학의 거의 모든 문제를 생각할 때의 좌표축이 되었다. 그리고 이러한 강력한 경쟁적 이론의 등장에 대응하여, 신고전학파 경제이론도 기본적 가정에 대한 재검토를 통해 그동안 통설로 여겨 온 '안정화 효과'라는 것을 사실상 포기함으로써, 새로운 활력을 얻어 비케인스적 방향으로 이륙하기 시작했다. 그럼에도 불구하고 케인지언 경제학은 케인스가 『일반이론』과 『화폐론』에서 전개한 이론과는 전혀 이질적인 것이 되고 말았다. 레이욘후프부드에 의하면, 1950-1960년대에 출판된 정통적 거시경제학 교과서의 기본적 구성 요소인 소득-지출 이론은 원래의 케인스 이론과는 구조나 강조점에 있어서 전혀 달랐다. 특히, 금융 정책에 대한 재정 정책 효과의 우월성을 강조하는 것은 후세의 발전이며, 『일반이론』

에서의 논의를 반영한 것은 아니었다. 또 신고전학파가 케인스의 이론이 신고전학파 이론의 특수한 경우에 불과하다는 점을 정당화하기 위해 인용한, 임금이 경직적이며 저축과 투자가 이자에 대해 비탄력적이라는 가정은 케인스 이론에 있어서 반드시 필수적인 것이 아니었다.

물론 케인스는 사실 무엇을 말하려고 했는가에 대한 레이욘후프부드의 이해와 다른 견해도 있을 수 있다. 그러나 그의 지적으로 인해 그동안 케인스 경제학으로 간주되어 온 대부분의 거시경제이론이 케인스 이론인지 재검토되기에 이르렀다. 최근에 존슨(E. Johnson)과 모그리지(D. E. Moggridge)가 편집한 『케인스 전집』이 간행된 이래, 종래 입수가 힘들었던 편지나 미간행 논문을 통해 케인스의 사고방식을 알 수 있게 되었다. 특히, 흥미를 끄는 것은 케인스 이론에 대한 힉스의 유명한 정식화($IS-LM$ 모형)에 대해 케인스가 한 반론(1937년 3월 31일자의 편지)이다. 모그리지가 지적한 것처럼, 힉스의 정식화에 대해 케인스가 제기한 이의 중 하나는 힉스가 기대를 현행 소득 수준에서 주어진 것으로 취급한 점이었다.

$IS-LM$ 모형은 결국 투자 결정에서 불확실성의 영향을 무시함으로써 모형에 비현실적일 정도의 예측 잠재력을 부여한 셈이었다. 결국 케인스에 대한 신고전학파적 해석은 케인스가 강조했던 불확실성 속의 부조화보다는 정부의 총수요 정책에 의해 완전고용을 달성하면 신고전학파의 세계가 온다는 것을 함의하였다. 그러나 불확실성은 케인스 경제학의 특징이라 할 정도로 케인스가 중요하게 생각했던 점이다. 이 점에서 $IS-LM$ 모형을 만든 당사자인 힉스가 후일 다음과 같이 고백한 것은 의미심장하다.

케인스 혁명은 중도에 무산되었다. … 그래서 균형론자들은 자신들이

패했다는 것을 알지 못했다. 또 자신들이 도전을 받았음도 알지 못했다. 그들은 케인스가 말한 것을 자신들의 균형 체계 속으로 흡수하였다고 생각했다. 오직 필요한 것은 자신들의 균형 체제의 범위가 확대되어야 한다는 것이었다. 그래서 주지하듯이 많은 확장과 엄청난 확장이 있었다. 내가 하는 말은 그러한 확장이 결코 핵심에는 이르지 못했다는 것이다. … 내게는 *IS-LM* 그림이 지금도 여전히 많은 다른 사람에게 친숙한 것처럼 친숙하지 않음을 고백하지 않을 수 없다. 그것은 일반이론을 균형경제학으로 환원시킨 것이며 실로 시대에 맞지도 않다.(Hicks, "Time in Economics," in *Evolution, Welfare and Time in Economics*, 1976)

케인스 혁명으로 말미암아 탄생된 거시경제학적 개념과 이론은 이론적·실증적 연구 방향으로서 몇 가지의 서로 다른 방향을 제시했다. 또한 케인스의 전통에 따라 연구하고 있다고 생각하는 경제학자들 간에도 채택한 기본적 가정이나 분석 방법에서 큰 차이가 존재한다. 한편으로는 제2차 세계대전과 종전 이후의 문제가 『일반이론』이 분석하려고 했던 문제와는 이질적이었기 때문에, 또 다른 한편으로는 전문적 경제학자들이 케인스 말의 혁명적 성격을 소화하기 전에 그가 사망했기 때문에, 『일반이론』은 마셜의 『경제학원리』와 같은 '새로운 경제학'의 바이블이 되지는 못했다. 그것은 1950년대와 1960년대의 평균적인 학부생이 원전이 아니라 케인스 입문이라든가 거시적 경제학의 교과서라고 하는 2차적 자료를 통해 이해해야 하는 고전이 되고 말았다.

12 경제성장·발전 이론

Chapter 12

경제성장 · 발전 이론

1. 슘페터의 혁신이론

고전학파 경제학자들은 자본주의가 곧 성장을 멈추게 될 것이라는 우울한 전망을 내놓았고 마르크스가 자본주의는 필연적으로 멸망할 것이라고 예언했음에도 불구하고, 1세기가 넘는 기간 동안 자본주의는 성장을 지속해 왔다. 한계혁명을 통해 새로운 패러다임으로 등장한 신고전학파 경제학은 경제성장이 한계분석의 도구를 응용하는 데 적합한 분야는 아니므로 순수 경제학의 범위에는 속하지 않는다고 생각하고 방기하였다. 그러는 사이에 발발한 전대미문의 공황에 직면하여 신고전학파 경제학은 속수무책이었다. 장기간 해소될 기미가 보이지 않는 심각한 공황은 많은 사람을 절망으로 몰아넣었다. 케인스에 의해 공황의 진단과 대책이 내려졌지만, 자본주의에 대한 신뢰는 무너졌고 불투명한 미래에 대한 불안감만 남아 있었다.

그러나 이론적 관심과 통찰력에서 시대를 훨씬 앞질렀던 경제학자 조지프 슘페터(J. Schumpeter, 1883-1950)는 하버드 대학에서 행한 경제 관련 강연에서 불황이 오히려 자본주의의 내재적 회복을 위해 바람직하다고 설파하였다. 그는 합스부르크 모라비아에서 독일계 구교도의 자녀로 태어났다. 빈(vienna) 대학에서 법학을 전공하였으며, 오스트리아학파의 뵘바베르크와 비저(Wieser)의 제자였지만 오스트리아학파를 따르지는 않았다. 그는 법학 박사 학위를 받고 법률가로 지내면서 1911년에 『경제 발전의 이론』(The Theory of Economic Development, An Inquiry into Profits, Capital, Credit, Interest, and the Business Cycle)을 출판하였으며, 그라츠(Graz) 대학의 교수로 지내다가 1919년에 오스트리아 재무상이 되었지만 초인플레이션을 안정시키기 위해 제출한 계획이 승인도 나기 전에 의견의 불일치를 야기하면서 해임되었다. 이후 잠시 민간 은행의 총재를 지내기도 하였지만, 본(Bonn) 대학 교수와 1920년대 말에 하버드 대학의 객원교수를 거쳐 1932년에 미국으로 이주하면서 하버드 대학에 자리를 잡았다.

동시대의 영어권 경제학자들과는 달리, 슈페터는 오스트리아학파에 대해서는 물론이고 마셜 뿐 아니라 마르크스와 발라에 대해서도 조예가 깊었다. 이 때문에 그의 경제이론은 예외적으로 넓은 이론과 개념, 방법론의 틀 속에서 전개되었다. 그는 마르크스처럼 '사회적 과정이 실제로 불가분의 일체임'을 인정하면서도 경제학자는 경제적 변수로 설명해야 한다는 마셜의 견해를 공유했다. 그는 경제학의 역할에 대해 다음과 같이 말하고 있다.

두 현상 간의 명확한 인과관계를 발견했을 때 원인이 되는 현상이 비경제적인 현상이라면 문제는 풀린 것이 된다. 이 경우에 경제학자로서 우리가 할 수 있는 것을 다한 것이 되고, 경제학은 다른 학문에 자리를 양보하지 않으면 안 된다. 만일 반대로 인과관계의 원인이 되는 요소가 본질적으로 경제적 요소라고 한다면, 우리들은 비경제적 요소에 다다를

때까지 설명의 노력을 계속하지 않으면 안 된다.(*TED*)

    마르크스와 마찬가지로 그는 자본주의의 실체에 대한 기본 이론을 만드는 재료를 얻기 위해 경기순환을 분석하는 동시에 경제 발전의 본질과 구조적 특징에 대한 인식의 기초를 쌓기 위해 역사, 사회학, 정치학을 고찰했다.『경제 발전의 이론』은 이론의 기초가 되는 모형을 설명하고 있다. 이 책은 1912년에 독일에서 처음 출판되었지만 1934년에야 비로소 영어로 번역되었다. 이후의 저서인 『경기순환론』(*Business Cycles*, 1939)과 『자본주의, 사회주의, 민주주의』(*Capitalism, Socialism and Democracy*, 1942)는 이론적인 기초 모형에 실증적인 살을 붙이고, 그것을 사회적 과정 전체라는 한층 넓은 문맥 속에 위치지운 책들이었다. 특히, 마지막 저서는 매우 널리 읽혔으며 많은 논쟁을 유발하였다. 슘페터는 마르크스주의자가 아니었지만 자본주의 경제체제가 독자의 내재적 동학을 가진다는 것을 확신하였으며, 자본주의가 사회주의로 점진적으로 변화됨을 예언한 경제학자였다.

    고전학파 이론은 경제 발전 또는 성장을 동학적 논리로 설명하는 대신에 최종적으로는 정지해 버리는 메커니즘으로 설명하였다. 신고전학파는 성장이론에는 관심을 갖지 않고 총생산을 주어진 것으로 하여 정상상태에서의 자원의 최적 배분을 보장하는 문제에만 관심을 집중시켰다. 이에 대해 슘페터가 하려고 했던 것은 경제 발전 과정에 관한 하나의 이론적 모형을 만드는

J. 슘페터(1883-1950)

것이며, 경제 체제를 끊임없이 변화시키고 있는 힘이 어떻게 만들어지고 있는가를 밝히는 것이었다.

그러나 슘페터는 경제 발전의 동학을 다룬다고 하면서도 아이러니하게도, 생산의 흐름이 정태적이고 변화가 없으며 부의 확장이 없이 오로지 '순환적 흐름' 속에서 스스로를 재생산하고 있는 신고전학파적 경제 모형에서 설명을 시작하고 있다. 제1장 '일정한 조건에 제약받는 경제의 순환'은 정태적 조건 하에서 경제변수와 경제 현상들 속에서 일어나는 상호작용의 일반균형 체계, 즉 신고전학파적 정태 균형을 슘페터식으로 표현한 것이다. 슘페터는 이 경제순환을 마치 동물이라는 유기체의 혈액순환과 같이 매년 기본적으로 동일한 경로를 지나가는 '순환적 흐름'이라고 표현하였다.

이 순환은 또 다른 순환으로 발전하기 때문에 준균형 상태(quasi-equilibrium)라고 할 수 있으며, 노동, 자본, 생산량이 모두 같은 비율로 성장하고 자본-노동 비율이 일정하도록 노동의 증가에 비례하여 자본이 축적된다는 조건에 의해 특징지어진다. 이 순환은 리카도나 밀이 그린 정상상태(stationary state)와 닮았다. 사실 신고전학파의 이론은 균형과 또한 작은 교란 이후에 다시 균형이 회복되는 방식에 관한 진술에 불과하다. 즉, 균형은 실제 변화가 일어나지 않는 상태이며, 시간이 경과하더라도 불변의 실질소득을 단순 재생산할 뿐이다. 따라서 슘페터는 신고전학파의 균형이론으로는 경제 발전과 관련된 요소들에 대해 설명할 수 없음을 다음과 같이 서술하였다.

제1장의 이론은 해마다 본질적으로 동일 궤도 위에 있는 '순환'의 관점에서 경제생활을 묘사한 것이다. 이것은 동물 유기체의 혈액순환과 비교할 수 있다. 그런데 이 경제순환 및 그 궤도 자체가 변화한다. … 그리

고 혈액순환과의 대비는 여기에서 쓸모가 없어진다. …연속적으로 이루어지지 않으며, 틀과 관행의 궤도 그 자체를 변경하고 순환 분석의 수단에 의해서는 이해되지 않는 다른 종류의 변화를 경험한다. 예를 들면 역마차에서 기차로의 변화와 같은 것이다.(*TED*)

순환 궤도의 변화는 단절적인 변화이므로 "미분적 방법에 기초한 수단으로는 이와 같은 변화의 결과를 정확히 예측할 수 없다. … 즉, 정태적 고찰 방법은 이러한 변화가 일어난 후에 형성된 새로운 균형 상태만을 연구할 수 있을 뿐이다."(*TED*) 이처럼 슘페터의 목적은 경제 체제를 하나의 균형 상태에서 다른 균형 상태로 상향 이동시키는 내재적 요인을 설명하는 경제발전이론을 구축하는 것이었다. 따라서 슘페터에게 있어서 신고전학파적인 경제순환은 새로운 확장을 위한 무대였을 뿐이다.

슘페터가 말하는 발전은 단순히 순환적 흐름이 커지는 것을 의미하지는 않는다. 그는 "발전은 경제가 스스로 만들어 내는 경제생활 순환 과정의 변화들로 이해되어야만 하는 것"이며, "만약 경제 영역 그 자체에 변화 원인이 존재하지 않고… 단순히 경제 여건의 변화와 이 변화에 대한 경제의 점진적 적응에 의존하고 있는 것에 불과하다면 거기에는 어떤 경제 발전도 없다"(*TED*)라고 하였다. 그것은 역마차를 아무리 늘려 배차하더라도 그러한 양적 변화에 의해서는 결코 철도를 얻을 수 없는 것과 같다. 다음과 같이, 발전은 궤도의 변경이며 새로운 순환적 흐름으로의 이동이다.

발전이라는 것은… 특수한 현상이며, 그것은 순환 또는 균형 경향과 같은 현상 하에서 나타나는 것이 아니라, …순환 운동과는 달리 순환이 실현되는 궤도의 변경이며, 또한 어떤 균형 상태로 향하는 운동 과정과는 달리 균형 상태의 이동이다.(*TED*)

숨페터는 경제 발전이 순환 궤도로부터의 이탈이고, 따라서 불연속적인 변화이며 그 주도권이 생산 쪽에 있다고 하였다. 신고전학파 이론은 공급과 수요를 상호 독립적 요인으로 대립시켰지만, 그것은 순환 궤도상에서의 균형 상태를 설명하는 데만 유용할 뿐이었다. 숨페터는 신고전학파와 달리 균형보다 불균형 상태에 깊은 관심을 가졌으며, 또한 애덤 스미스와 달리 인구 성장을 외생변수로, 그리고 저축률을 일정하거나 잔여에 불과한 것으로 보고 성장 동력과는 무관하다고 생각하였다.

숨페터는 정상상태의 순환적 흐름이 새로운 순환적 흐름으로 이동하게 되는 이유가 이윤을 최대화하려는 기업가의 혁신(innovation) 행위에 있다고 하였다. 숨페터가 말하는 혁신은 불연속적인 변화를 초래하는 생산(생산물 및 생산 방법)의 변경이며, 사물과 힘의 결합을 변경하는 신(新)결합이다. 혁신은 새로운 재화의 생산, 새로운 생산 방법의 도입, 새로운 판로의 개척, 원료 또는 반제품의 새로운 공급원 획득, 새로운 조직의 실현 등을 포함한다. 혁신은 기존의 경제관계와 불일치하므로 사회적 상부 구조의 재조직화를 유도한다. 혁신이 사회 구조에 미치는 지대한 효과에 대한 그의 분석은 생산양식 변화의 영향에 대한 마르크스의 분석을 연상시킨다. 철도를 건설한 것은 역마차의 소유주가 아니었듯이, 낡은 것은 새로운 대약진을 이룰 힘을 갖고 있지 못하기 때문에, 혁신은 낡은 것으로부터 나타나는 것이 아니라 그것과 병행하여 나타난다. 이 새로운 변화를 이끄는 것이 기업가의 역할임을 숨페터는 다음과 같이 말하였다.

세 번째 요인, 즉 기업가 기능의 본질과 그것의 담당자인 경제주체의 행위의 본질이라는 문제에 도달했다. 이상에서 서술한 다른 두 가지 요인들은 각각 이 세 번째 요인의 대상과 수단인 것이다. 첫 번째로 서술한 요인은 신결합의 수행이며, 두 번째는 사회 형태의 여하에 따른 강권적 명령 또는 신용이다. …세 번째 요인이야말로 경제 발전 본래의 근본 현상이라고 부를 수 있는 것이다.(TED)

기업가는 신결합을 능동적으로 수행하는 기능을 가진 자이다. 슘페터가 경제 발전을 장기적 추세의 관점이 아니라 경기순환 과정을 통해 발생하는 현상으로 설명한 것은, 기술 진보의 순환적 요인, 위기의 심리적 요인, 기술의 도입과 모방에서의 기업가의 역할에 주목했기 때문이다. 순환에 변화를 가져오는 가장 핵심적인 요소는 바로 기업가의 혁신이다. 기업가의 혁신 동기는 마르크스의 말처럼 이윤을 추구하는 기업가의 원초적 본능이다. 기업가의 혁신은 결코 외생적인 것이 아니며, 이윤을 둘러싼 경쟁으로부터 도출된다. 슘페터의 이론 체계에서 노동은 수동적인 요소이며 "자본은 기업가가 자신이 필요로 하는 재화를 통제 하에 두기 위한 수단에 불과하고 생산요소를 새로운 용도에 돌리고 새로운 생산 방향을 지시하기 위한 수단에 불과하다."(TED)

슘페터는 '새로운 결합을 수행하는' 경우에만 기업가이므로 항상 기업가로 머물러 있는 사람은 드물다고 하였다. 기업가는 직업적 상태가 아니며 지속적 상태도 아니기 때문이다. 또한 기업가의 동기는 신고전학파에서 가정한 인간상, 즉 재화 획득을 위한 노력과 획득한 재화의 소비가 주는 쾌락을 비교하여 달성하는 인간의 욕망 충족이 아니다. 슘페터는 그러한 합리적·쾌락적 개인이라는 인간상을 갖고는 기업가를 이해할 수 없다고 하였다. 그가 말하는 영웅적 기업가는, 비록 덜 영웅적인 모습이기는 하지만 케인스의 『일반이론』에서도 재현되었다. 케인스가 투자는 기업가의 동물적 감각에 의존한다고 말할 때의 기업가가 바로 그들이다.

신고전학파적인 경제순환의 흐름은 바로 그러한 소수 기업가의 출현에 의해 단속적으로 깨진다. 그들은 새로운 발견과 또 이익이 큰 신규 투자의 가능성을 인식하는 천부의 능력을 가진 사람들이다. 이들 기업가는 은행으로부터 자금을 차입하며, 그 결과 화폐 공급이 증대하고 가격이 상승함으로써 추가적 자본 형성에 필요한 강제 저축이 이루어진다. 금융 시스템이 혁신을 통해 독점적 초과이윤을 노리는 기업가들에게 신용을 제공할 수 있는 한, 경제는 새로운 번영의 수준에 이르기까지 혁신의 물결을 타고 확대된다. 또한 혁신적 기업가의 투자가 경제의 또 다른 부문에서 혁신의 기회를 만들고 새로운 연구나 발명을 자극함으로써 혁신이 집적된다.

슘페터의 설명에 의하면, 기업가들이 위험을 무릅쓰고 혁신을 하는 것은 그것을 통해 보통 이상의 독점적 초과이윤을 얻을 수 있기 때문이며, 이는 그만큼 자본주의의 경쟁 시스템이 완전하지 못하다는 사실을 말해 준다. 만일 경쟁 시스템이 완전하다면 장래의 예측도 완전하게 가능하기 때문에 바로 모방이 이루어지고 이윤은 즉시 정상 수준으로 돌아가므로 혁신의 유인은 없어져 버릴 것이다. 그러나 즉각적인 모방을 막는 어느 정도의 장애물, 예컨대 특허법과 같은 제도적 제약이 존재하기 때문에 성장이 창조적 파괴(creative destruction)의 형태로 일어날 수 있는 것이다.

성공적인 기업가의 혁신은 모방자들에 의한 과잉생산과 경기 후퇴에 의해 경쟁 상태로 되돌려지기까지 초과이윤을 얻는다. 반면, 성공적 기업가를 뒤따르는 모방자들은 그만큼 유능하지 못하여 덜 좋은 상황에 놓인다. 능력이 다소 뒤떨어진 모방자들이 줄지어 뒤를 따르면서 마침내 혁신 클러스터의 비용 절감 가능성이 소멸되어 버리고, 과잉생산으로 인한 경기 후퇴가 일어난다. 은행의 대출 총액이 확대되면 신용의 공여는 점차 경색되고, 거기에 모방자들의 잘못된 계산이 더해지면 한계적 기업은 파산에 이르게 된다. 이러한 실패가 경기 침체의 조짐이다. 경기 후퇴는 고통스러운 과정이지만, 경제 팽창 과정에서 생긴 오류를 수정하고 비효율을 제거하는 과정이다. 경기 후퇴 국면은 사실 선행하는 혁신이 확산되는 과정이기도 하며, 또한 혁신의 중요한 동기인 비용 절감의 방법을 더욱 활발하게 찾도록 하는 계기가 된다. 이런 과정을 통해 경제 시스템은 이전과는 다른 새로운 수준의 생산성을 갖게 되고 보다 높은 자본-노동 비율을 달성하게 된다.

고전학파 성장이론은 성장이 무한히 계속되는 과정이라고는 생각하지 않았다. 거의 모든 이론은 자본 스톡이 노동력이나 천연자원의 공급보다 빠른 속도로 확대됨에 따라, 신규 투자의 생산성이 체감하여 이윤율이 하락하고 그로 인해 1인당 생산량이 정상상태라는 상한에 도달해 버린다고 생각했다. 슘페터도 성장의 속도가 늦어진다고도 생각했지만, 그 원인이 경제활동의 제도적 측면에 있다고 했다. 그는 생산 규모의 성장이 법인조직 기업의 관료화를 초래하고 기업가의 성격에 변화를 가져온다고 생각했다. 그 단계에 이르면 위대한 기업가적 모험이 끝나고 혁신은 제도화되고 관행으로 전락하게 된다. 이리하여 그는 『자본주의, 사회주의, 민주주의』에서 장기적 정체가 혁신적 기업가 심리의 퇴조에 있다고 설명하였다.

슘페터는 마르크스나 케인스에 대해 근본적으로 동의하지 않았지만, 그의 발전이론은 그들과 무관하지 않은 또 다른 측면을 갖고 있다. 슘페터는 『자본주의, 사회주의, 민주주의』에서 자본주의가 무한히 계속될 수 없음을 설명하였다. 자본주의 경제 체제가 초기에는 강인한 개인주의가 지배적이었으므로 생명력을 유지할 수 있었다. 그러나 법인(corporation)이 성장하여 지배적일 정도가 되면서 산업에 대한 지배는 고용된 경영자의 손에 들어가게 된다. 그 결과 부르주아는 단순한 주식 소유자의 지위로 전락하여 자본주의 생산 과정을 주도하는 대신 그 과정에 단순히 간접적으로 참여하게 된다. 따라서 슘페터도 마르크스처럼 자본주의가 결국은 소멸할 것으로 믿었지만, 그 이유는 근본적으로 다르다고 하였다. 즉, 자본주의가 생명력을 상실하게 되는 것은 착취를 당하는 노동자들의 빈곤이 증가하였기 때문이 아니라, 오히려 부르주아가 경영 과정에 대한 통제권을 상실하였기 때문이라고 하였다. 따라서 자본주의는 노동계급의 봉기나 체제의 연속적인 위기 때문에 붕괴하는 것이 아니라, 부르주아계급이 자기에 대한 확신을 상실하면서 다른 문명, 즉 사회주의로 나아가게 된다고 하였다.

2. 경제성장이론

1) 해로드-도마 성장 모형

1930년대의 공황과는 멀어질 수 있을 만큼 멀어지고 제2차 세계대전도 종료되면서 경제학자들이 관심을 갖게 된 문제는, 거의 완전고용 상태에 있는 고소득 국가의 투자를 어떻게 확대시킬 것인가 하는 것이었다. 이제 경기순환이론은 이러한 문제의 해결에 큰 의미를 갖지 못했으며, 경제성장이론이 다시 유행을 타게 되고 애덤 스미스를 생각나게 할 정도로 상대적 중요성을 되찾았다. 경제성장이론에서 이전의 사고나 방법과 달라진 것은, 케인스로부터 시작된 거시경제적 분석이 크게 발전한 점과 이론과 통계 분석이 결합된 점이다. 즉, 국민소득이라는 집계된 개념에 의한 정식화가 경제성장이론의 발전을 촉진시켰으며, 또한 실증적으로 측정할 수 있는 형태로 선택되고 정의된 이론적 개념들에 대한 수요를 발생시켰다. 경제성장이론에는 방법과 결론에서 크게 다른 두 개의 흐름이 있었다. 하나는 케인스의 수요이론으로부터 확장된 것으로서, 케인스나 리카도적인 가정을 선험적으로 좋아하는 케임브리지학파와 연관된 흐름이다. 다른 하나는 한계분석 도구를 거시변수에 적용한 것으로서, 저축이 자본형성을 결정하는 방식에 관한 비케인스적 가정을 마다하지 않는 신고전학파적 흐름이다.

먼저, 케임브리지학파와 연관된 성장이론을 보자. 단기 차원의 이론인 케인스의 이론으로부터 경제성장이라는 동학적 문제를 설명한 것은 해로드(R. F. Harrod, 1900-1978)와 도마(E. Domar, 1914-1997)였다. 해로드의 성장이론은 1939년『이코노믹 저널』지에 발표한「동학이론의 일 소고」("An Essay in Dynamic Theory")에서 시작되었으며, 1948년의『경제동학서설』(Towards a Dynamic Economics)에 포함된 여러 논문으로 발표되었다. 그에 의하면,『일반이론』에서 중요한 역할을 하는 투자는 본질적으로 동학적 개념이며 근본적 결정변수의 하나인 자본량에 지속적 증가를 가져오기 때문에 매우 역동적인 결과를 낳는다. 그의 연구는 가속도 원리와 승수효과를 결합시켜 케인스 이론의 장기 동학적 함의를 끄집어내려는 시도였다. 1946년에 미국에서 도마도 독립적으로 비슷한 분석의 틀을 전개하였다. 이 때문에 이 성장 모형을 보통 해로드-도마 모형이라고 한다.

해로드 성장 모형의 목적은, 케인스 이론에 입각하여 1인당 소득이 시간을 통해 어떻게 변동하는가를 설명하고 균형성장이 가능하기 위한 조건(자본과 노동이 완전고용되면서 성장하는 조건)을 제시하고 실제의 성장경로가 불안정적임을 명확히 밝히는 것이었다. 해로드는 저축이 소득의 함수라는 케인스의 가정을 채용하고 자본 스톡에 대한 개념, 즉 투자는 지출 수요일 뿐 아니라 생산능력을 만들어 낸다는 사고를 도입하였다. 또한 케인스처럼 투자가 저축이 아닌 기업가의 기대 여하에 따라 결정된다고 보고, 기업가의 기대가 투자에 대해 미치는 영향과 자본 스톡을 연관시켰다. 그의 모형을 간단하게 정리하면 다음과 같다.

① 투자는 총수요의 결정요인의 하나이며 동시에 생산능력의 증가를 의미한다. 균형에서는 $Y=I \times (1/s)$ (s는 한계저축성향)이며, 투자는 승수효과만큼 Y를 변화시킨다. $I/Y=(I/K) \times (K/Y)$이며, $I/K=g$(자본축적률 또는 생산능력증가율), $K/Y=v$(자본-산출량 비율)이다. ② 정상상태에서 총수요는 생산능력과 같은 비율로 증대해야 하므로 $(dY/dt)/Y=I/K=g$이어야 한다. $I/Y=(I/K) \times (K/Y)=gv$이고 또한 $I/Y=s$이므로, $g=s/v$로 표현된다. 여기서 s/v는 자본의 완전고용성장률, 즉 보장(warranted)성장률을 나타낸다. 만약 유효수요의 증가, 즉 실제성장률(G)이 보장성장률(G_w)을 상회하면 재고의 부족이 발생하며, 반대이면 자본의 실업이 발생한다. ③ $g_L+\lambda$(g_L는 노동공급증가율, λ는 노동생산성증가율)는 노동의 완전고용 성장률이며 자연성장률(G_n)이라 할 수 있다. 따라서 보장성장률과 자연성장률이 동일하다면($s/v=g_L+\lambda$) 자본과 노동의 완전고용이 유지된다. 만일 $s/v>g_L+\lambda$이면 자본의 실업 상태가 되고, 반대면 노동이 실업 상태가 된다. 해로드의 성장이론에 의하면 양자 간의 이러한 괴리가 경기순환의 원천이다.

이상의 해로드 모형이 도달한 결론은 다음과 같다. 안정적인(steady) 성장의 여부는 실제성장률이 자본 스톡의 증가가 보장하는 율(s/v), 즉 보장성장률로 증가할 것인지에 달려 있다. 해로드는 양자가 일치하는 균형성장 조건을 밝혔지만 실제성장률과 보장성장률은 일치하지 않을 가능성이 크다. 그것은 기업가가 올바른 투자 결정을 하는 데 필요한 수요의 증가를 정확하게 예측할 수 없기 때문이다. 노동공급증가율을 고려한 경우에는 문제가 더욱 복잡하게 된다. 이 경우에 모형에서의 안정적인 성장 조건은 자본스톡증가율과 노동공급증가율이 일치할 때($s/v=g_L+\lambda$)이다. 그러나 실제성장률과 보장성장률이 일치한다고 해도 그것이 자연성장률과도 일치하리라는 보장은 없다. 따라서 해로드 모형은 완전고용을 보장하는 안정적인 성장이란 사실상 불가능하다는 것을 함의하며, 그 점에서 케인스적인 불균형 경제학의 전통 위에 있다.

해로드 모형의 중요한 특징은 신규 투자가 소득을 발생시키는 동시에 생산능력을 창출하는 성격도 가지고 있다는 것에 착목한 점이다. 자본–산출량 비율과 저축–소득 비율이 일정하다는 두 가정에 기초하여 구축한 모형으로 경제성장의 조건을 논리적으로 증명한 것은, 특히 바람직한 성장 목표를 정하고 필요한 저축을 유도할 수 있다고 생각한 개발도상국의 관심을 끌 만한 일이었다. 그러나 실제로는 이 이론이 생각했던 것과 같은 기적을 낳을 수는 없었다. 자본–산출량 비율이 변하지 않는다는 가정은 개발도상국의 경우에는 전혀 적절하지 못한 가정이었기 때문이다.

해로드 모형이 선진 자본주의 경제에 대해 주는 가장 충격적인 함의는 극히 제한된 경우에만 균형성장이 지속될 것이라는 점이었다. 모형이 보여 주는 것처럼 일단 실제성장률과 보장성장률의 괴리가 발생하면 그것이 사라지기는커녕 오히려 폭발적으로 확산될 가능성이 크다. 불확실성이 큰 세계에서 나타나는 수요 증가나 기술 진보의 변화는, 기업이 예측할 수 없는 것이 보통이며 보장성장률보다 실제성장률을 높이거나 낮출 것이다. 만일 실제성장률(G)이 기업이 계획한 성장률, 즉 보장성장률(G_w)보다 낮다면 기업은 필요 이상의 생산

설비를 발주한 것이 되며, 이에 기업이 투자계획을 축소하면 실제성장률은 더욱 낮아진다. 반대로 만일 실제성장률이 기대한 보장성장률을 상회한다면 재고 또는 설비가 부족해지며, 그로 인해 주문이 증대하여 실제성장률은 더욱 높아질 것이다. 이처럼 양자의 괴리는 아무리 근소한 것이라고 할지라도 점점 더확대되면서 경기의 과열이나 침체로 이어진다. 결국 해로드는 저축-소득 비율과 자본-산출량 비율 간의 일정한 관계를 가정한 성장 모형을 통해 케인스 분석 체계에 경기순환의 요소를 도입한 셈이라고 할 수 있다.

해로드 모형이 함의하는 극단적인 불안전성은 말할 것도 없이 모형의 단순하고 경직적인 가정 때문이다. 실제로 승수효과나 가속도 원리가 모형에서 가정하듯이 그렇게까지 엄격하게 작동한다고 생각할 수 없다. 지출의 일부가 국내의 소득 흐름에서 수출이나 세금의 형태로 누출되므로 승수효과는 확정적이지 않다. 또 신규 투자도 그중 일부만 소득의 증가에 의해 직접 유발될 뿐이며 신규 투자의 상당 부분은 예컨대 정부지출과 같이 산출량과는 독립적으로 결정된다는 의미에서 자율적(autonomous)이라고 할 수 있다. 제2차 세계대전 후에 해로드-도마에 의해 시작된 성장이론에 자극받은 다양하고 방대한 양의 성장이론이 등장하였다. 그것의 대부분은 저축-소득 비율과 자본-산출량 비율이 일정하다는 가정을 완화하거나 자본 및 노동의 성장률에 관해 좀 더 현실적인 가정을 도입함으로써 성장경로의 칼날 위를 기어가지 않아도 되는 모형을 만드는 데 노력하였다. 이러한 노력의 결과, 어떤 구조 변화가 한 경제의 소득과 산출량에 미치는 영향이나 정상상태의 성장과 최대 성장경로를 설명하기 위한 복잡한 모형도 등장하였다.

2) 신고전학파적 솔로 모형

해로드 모형에서는 정상상태(완전고용)의 성장은 사실상 거의 불가능하며, 경로를 조금만 이탈하더라도 경제는 완전고용으로부터 점점 더 멀어지게 된다. 그러나 솔로(R. Solow)와 스완(T. Swan)은 각각 1956년 논문에서 그러한 결론에 반대하면서, 자본-산출량 비율(v)은 외생적이지 않으며 경제 시스템이 정상상태의 성장경로를 회복할 수 있도록 조정되는 변수라고 하였다. 이 모형을 솔로-스완 모형 또는 신고전학파 성장 모형이라 한다. 신고전학파 모형이라고 하는 것은 안정적 성장경로에서 이탈하더라도 다시 그곳으로 되돌아가는 힘이 작용함으로써 균형성장이 가능하다고 보기 때문이다.

솔로 모형은 미시경제적인 생산함수를 집계생산함수(aggregate production function)라는 형태로 원용하였다. 그것은 주어진 기술 하에서 모든 범위에 걸쳐 투입물(예컨대, 자본과 노동)이 원활하게 대체 가능하며, 투입물 가격의 변동에 의해 이용 가능한 투입물이 완전히 고용되는 것을 보장하는 함수이다. 솔로 모형은 이런 집계생산함수를 가정함으로써 해로드 모형이 갖는 경직성과 불안정성을 피하였다. 이러한 가정은 상당히 비현실적이지만, 신고전학파는 기술 발전이나 생산요소의 상대적인 과부족에 반응하여 가격의 조정이나 생산요소의 대체가 실제로 일어나며, 수요와 공급 간의 불균형이 생겼을 때 최적 상태의 방향으로 투입물 조합을 이동시키기 위해 경제 시스템이 적절한 반응을 보인다고 보는 것이 합리적이라고 생각했다.

솔로 모형은 다음과 같다. 생산함수 $Y=F(K, L)$을 1차 동차함수로 가정하면 $y=f(k)$로 치환할 수 있다. 총수요함수는 $y=c+i$이고 $c=(1-s)y$이므로, $i=sy=sf(k)$이다. 여기서 소문자는 모두 각 변수를 L로 나눈 값이다. 이상의 생산 및 투

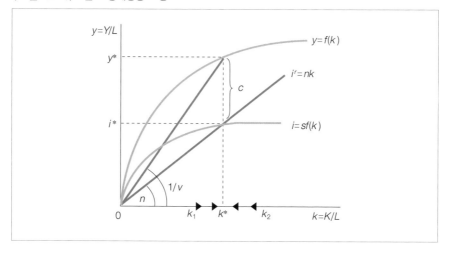

자함수는 〈그림 12-1〉처럼 한계생산물 체감을 반영하여 원점을 지나는 볼록한 곡선으로 표현할 수 있다. 이 모형에서 원점과 생산함수의 각 점을 이은 직선의 기울기가 $1/v$이므로, 해로드 모형처럼 $v(=k/y)$가 고정되어 있지 않다. 한편, 노동공급증가율 $g_L=(dL/dt)/L=n$이라면 k가 일정하기 위한 자본증가율 $g_K=(dK/dt)/K=n$이어야 하므로, $I=nK$이다. 따라서 k를 안정적으로 유지하기 위한 필요 자본증가율 $i^r=nk$이다. 〈그림 12-1〉에서 $i^r=i$의 교점은 실제 자본증가율과 필요 자본증가율이 동일함을 의미하며, 이때의 균형 자본장비율 k^*는 안정적이다. k^*의 좌측에서는 $i^r<i$, 즉 실제 자본증가율이 필요 자본증가율보다 크므로 1인당 자본장비율 k가 증가(자본이 노동보다 빨리 증가)하며, 반대로 우측에서는 $i^r<i$이므로 k가 감소하면서 k^*로 수렴하게 된다.

해로드 모형과 달리, 이상의 솔로 모형은 생산함수를 사용하여 k가 안정적 수준을 유지하는 균형성장이 지속될 수 있음을 보여 주고 있다. 즉, 솔로 모형은 생산요소 간의 완전한 대체 가능성, 완전한 예측, 그리고 실질임금과 이자율에 대한 제약의 완전한 부재라는 세 가지 가정을 함으로써 안정적 균형성장의 가능성을 보여 주었다. 대다수 경제연구가에게 이러한 모형이 갖는 매력은, 한편으로는 고도의 간결성이며, 또 다른 한편으로는 거시경제변수를 사용하면서 친밀한 미시경제 분석 방법을 사용한다는 점이다. 또한 이 모형이 얼핏 보기에도 실증 연구에 의한 검증과 예측에 적합한 것처럼 되어 있다는 점이다. 케인스적인 성장 모형에서는 이자율의 함수인 투자로부터 승수효과를 거쳐 저축이 도출되고 있지만, 솔로 모형에서는 케인스적인 금융 요소가 빠져 있을 뿐 아니라 저축과 투자의 인과관계도 역전되어 있으며 경제성장이 신고전학파적 요소시장에서의 균형 조정 과정으로 설명되고 있다. 이처럼 솔로 모형은 모든 점에서 신고전학파적이며 케인스적이지는 않다. 솔로 모형을 신고전학파 성장이론이라고 하는 이유는 바로 이런 점들 때문이다.

신고전학파 성장이론에 대한 비판에는 노동과 자본의 완전한 대체 가능성과 관련한 가정에 대한 것이 많다. 그중에서도 특히 비판받고 있는 것은, 신고전학파 이론이 기계와 같은 고정자본을 퍼티(putty)처럼 동질적이고 가소적(malleable)이며 용도 전환이 용이한 것으로 가정한 점이다. 그러나 현실의 자본은 결코 가소적이라고 할 수 없다. 또한 비판자들은 노동 및 자본의 가격이 한계생산성에 비례한다는 가정도 받아들일 수 없었다. 자본 개념에는 생산 과정에 실물로 투입되는 실물자본인지 어느 개인이 소유하고 있는 재산으로서의 금융자본인지에 대한 본질적인 애매함이 있고, 그와 아울러 자본의 가격이라는 개념도 금융자산의 할인율로서의 이자인지 현존하는 자산 스톡에서 생기는 이자인지에 대한 애매함이 존재한다. 그래서 신고전학파와 포스트 케인지언

(케인스를 충실하게 따라 경제이론을 구축하려고 하는 그룹을 말하며, 영국의 케임브리지와 미국의 케인지언들이 있다) 간에는 시각에서 근본적인 차이가 존재한다고 할 수 있다.

완전경쟁과 완전한 예측을 가정하고 과거와 현재의 차이를 부정하는 극단적인 신고전학파적 시각에서는 할인율과 이윤율이 구별되지 않는다. 이와 같은 입장에서는 경제성장에 대한 공급 측면의 요인에만 초점을 맞출 수 있고 자본축적, 노동력 또는 기술 발전이 총생산의 성장률에 끼치는 영향을 국민계정(national accounts)의 실증적 틀 속에서 분석할 수 있다. 또 그런 가정 하에서 만들어진 모형은 당연히 설명력과 예측력을 갖게 되므로, 현실의 데이터를 사용하여 경제가 실제로 어떻게 움직였으며 움직일 것인가에 대한 어떤 결론을 줄 수도 있다. 그러나 신고전학파 성장이론은 시간이라는 요소를 고려하지 않고 있으며 성장과 소득분배 간의 상호관계나 기업가의 기대(expectation)가 성장에 미치는 영향에 대해서는 아무것도 언급하고 있지 않다. 또한 생산요소의 상대적 희소성(상대가격)의 변화에 따른 자본장비율의 변화(즉, 생산함수상의 움직임)와 기술 발전의 변화에 따른 자본장비율의 변화(즉, 생산함수 자체의 이동)가 구별되지 않으므로, 신고전학파 성장이론은 분석 결과가 확정적이지 않다는 문제점을 갖고 있다.

신고전학파 성장이론과 달리, 포스트 케인지언 성장이론에서 보이는 가장 뚜렷한 일반적 특징은, 예측보다도 설명을 중시하며 기계적 가정보다도 행동에 관한 가정을 많이 포함하며 상호 결정되는 변수가 아니라 시간을 통해 실현되는 인과성을 강하게 의식하고 있다는 점이다. 그들은 균형 조건보다 변화의 원인과 그 메커니즘에 초점을 맞추었으며, 케인스가 그러했던 것처럼 일정한 형태의 경제나 역사상의 한 시점에 적용되는 이론, 즉 역사적이거나 인과적인 모형의 필요성을 강조했다. 이 접근 방법의 지도자 중 한 사람인 로빈슨(J. Robinson)은 이 사고방식을 다음과 같이 설명하고 있다.

> 인과 모형을 만들기 위해서는 균형관계로부터가 아니라 인간 행동을 지배하는 규칙과 동기로부터 출발하지 않으면 안 된다. 따라서 다른 종류의 경제가 다른 규칙을 가지고 있음을 생각한다면, 우선 모형을 적용하려고 하는 경제가 어떤 경제인가를 확인하지 않으면 안 된다. …모형을 구성하는 외생적인 여러 요소는 자연이라는 뒤흔들 수 없는 사실에 의해, 또는 어떻게 행동할 것인가를 결정하는 개인의 자유에 의해, 독립적으로 결정되는 현실의 여러 특징에 맞게 결정되어야 한다.(Robinson, *Essays in the Theory of Economic Growth*, 1963)

따라서 포스트 케인지언의 성장이론은 덜 보편적인 변수를 광범위하게 포함하고 있으며, 변수들을 다소 느슨하게 연결하고 있다. 예컨대, 로빈슨은 기술, 투자 정책, 저축 성향, 경쟁 조건, 임금 교섭, 금융 상황, 초기 자본 스톡과 경험에 의해 형성된 기대를 현대 자본주의 사회의 성장 결정 요인이라고 하였다. 또 포스트 케인지언의 모형은 예측보다는 분석을 위해 고안되었으므로 모형의 검증은 경험적이라기보다 논리적인 경우가 많다. 그러므로 포스트 케인지언의 성장 모형의 특징을 정리해서 말하기는 쉽지 않다. 포스트 케인지언의 가장 큰 특징은 케인스적 투자함수를 사용한다는 것인데, 이 투자함수는 저축이 투자를 결정한다기보다 투자가 저축을 결정한다는 것을 의미한다. 그러나 포스트 케인지언의 접근 방법을 보여 주는 가정이나 공리를 열거하기는 쉽지 않다. 그들의 전형적인 이론은 수량화하기가 용이하지 않으므로, 검증하거나 신고전학파의 생산함수 모형에 의해 만들어진 것과 같은 표준적 분석 방법을 적용하기가 쉽지 않다.

성장이론의 선택은 문제의 성격, 분석상의 개념 및 도구, 그리고 바람직하다고 설정한 가정에 관한 선입관 등에 의존한다. 각 측면을 고려하여 이루어지는 선택에는 종종 강한 이념적 편향이 존재하며, 그 결과 대립하는 학파 간의 논쟁은 문제를 분명히 하기보다 감정적 논의로 줄달음질하는 경우가 많다. 사실 포스트 케인지언과 신고전학파로 구분되는 성장이론의 중요한 두 흐름은 어느 쪽도 현재의 경제 정책에 크게 영향을 끼쳤다고는 말할 수 없으며, 또한 현실에 맞게 기본적인 가정을 수정하는 것에도 그다지 관심을 보이고 있지 않다.

3. 저개발국 발전이론

제2차 세계대전 이후 새롭게 등장한 경제 문제는 신생 독립한 저개발국들을 어떻게 경제적으로 이륙시켜 지속적인 성장경로를 타게 할 수 있을까 하는 것이었다. 고소득국의 경제학자가 저개발국의 경제 문제에 관심을 갖게 된 것은 전후의 국제정세와 관련이 있다. 신생 독립한 저개발국의 주민들은 인종주의와 정치경제적 착취에 반대했으며, 자유시장경제에 의존하는 것으로는 자신들의 상황을 절대로 개선할 수 없다고 생각하고, 소비에트 경제가 보여 준 급속한 공업화에 강한 매력을 느끼고 있었다. 따라서 전후에 사회주의 국가와 경쟁하고 있던 자본주의 고소득국의 지배적인 관심사는 이들 저개발국을 반공 진영에 편입시키는 것이었다. 로스토(W. W. Rostow)가 1959년에 발표하고 이듬해에 책으로 출판한 『경제성장의 제 단계』(The Stages of Economic Growth)는 경제발전이론의 가장 영향력 있는 책이라고 할 수 있는데, 책의 부제가 '비공산주의자 선언'(A Non-Communist Manifesto)이었다.

저개발국은 유럽과는 생활 수준이나 제도가 너무나 다르기 때문에 경제성장률을 높이는 것뿐 아니라, 그것을 지속하고 가속화할 수 있는 제도 구축과 같은 질적 변화를 필요로 한다. 이에 저개발국의 성장이론을 일반적으로 경제발전이론이라고 한다. 그것은 한편으로는 저개발국이 생활 수준 향상의 희망을 갖도록 하고, 다른 한편으로는 고소득국의 거대 다국적 기업이 저개발국에 안전하게 투자할 수 있는 제도와 장치를 갖도록 하는 것이기도 하였다. 쿠즈네츠(S. Kuznets), 루이스(W. A. Lewis), 민트(H. Myint) 등이 경제 발전이라는 특별한 주제를 분석해 온 첫 번째 그룹이었다. 이후 유엔을 비롯하여 여러 국제기구가 결성되고 이들 기구에 의해 이루어진 수많은 위탁 연구가 경제발전이론의 또 다른 자극이 되었다. 저개발국이 당면하고 있는 문제는 노동력 과잉과 자본 부족, 근대적 제도의 부재, 세계자본주의 하의 종속적 구조였다. 이하에서 이 세 가지 문제에 대한 경제학자들의 연구를 간단하게 살펴본다.

첫째, 저개발국은 노동력 과잉과 자본 부족의 문제를 안고 있다. 경제학자들이 노동생산성과 자본축적을 중요시한 애덤 스미스, 마르크스 및 기타의 고전학파 경제학자들처럼, 경제성장의 요인을 다시 연구하기 시작한 것은 제2차 세계대전 후 저개발국의 발전이 주요한 정책적 문제가 되고 나서의 일이다. 그것은 루이스의 『경제성장의 이론』(Theory of Economic Growth)을 비롯하여 경제 발전 문제를 전문으로 하는 경제학자 몇 사람의 연구로부터 시작되었다. 루이스는 저개발국의 빈곤 원인이 자본 부족에 있으며, 노동 인력의 대부분은 자급자족 부문에 있으면서 한계생산성이 제로에 가까운 상태라고 하였다. 따라서 더 많은 저축을 자본주의 부문에 투자하고 전통적 부문에 있는 비생산적 노동자를 자본주의 부문으로 끌어냄으로써 노동의 한계생산성을 높이고 국민소득을 높일 수 있으며, 자본주의 부문이 팽창하면 이윤도 증가하고 국민소득의 더 많은 부분이 재투자되는 선순환도 가능하다는 것이었다.

이러한 발전이론은 발전을 성장이나 산업화와 동일시하는 전통적인 경제 성장이론의 연장이었다. 그것은 과거 유럽의 원초적 형태와 같은 현재의 라틴 아메리카, 아시아, 아프리카의 저개발국들도 시간이 흐르면 유럽이나 북미와 같은 제도가 발전할 것으로 인식하였다. 이러한 단계론적 이해가 경제 발전에 관한 논의를 지배하였다. 특히, 로스토에 의해 유명해진 경제발전단계론은 모든 국가가 동일한 경제 발전의 역사적 단계를 통과하므로 현재의 저개발국들은 이러한 단선적인 과정의 초기 단계에 있으며, 제1세계인 유럽과 북미는 후기 단계에 있다고 한다. 이런 단선적인 경제발전단계론은 일찍이 독일 역사학파 경제학자들에 의해 주창되어 온 바이다. 체너리(H. Chenery)나 쿠즈네츠처럼 저개발의 개념을 실증적 자료에 기초하여 정의하는 많은 시도도 있었다. 그들의 실증적 연구가 보여 주는 것은, 비록 단선적인 경제 발전 단계를 명시적으로 말하기는 어려울지 모르지만, 많은 나라가 대체로 비슷한 패턴의 발전을 보이는 경향이 있다는 점이었다. 이런 관점에서 경제 발전 이론가들은 저개발국이 고소득 국가를 따라잡을 수 있는 방법과 지름길을 제시하고자 하였다.

초기의 경제 발전 연구자들은 발전을 경제성장과 동일시함으로써 자본 형성을 경제 발전을 위한 가장 중요한 요소로 보았다. 넉시(R. Nurkse)는 저개발국의 정체 원인이 시장의 부족에 있으므로 관련 산업을 동시에 개발시키는 것이 불가결하며, 이를 위해 국가가 개입하여 재원을 형성하고 배분할 필요가 있다고 하였다. '이중경제'에 대한 루이스의 기념비적인 연구도 경제 발전을 위한 저축의 역할을 상세하게 강조하였다. 또한 칼도(N. Kaldor)나 로빈슨 같은 포스트 케인지언들은 저축과 성장의 결정변수로서 소득분배 문제에 대한 관심을 불러일으켰다. 싱거(H. W. Singer)의 '균형성장론'이나 뮈르달(G. Myrdal)의 '누적적 인과관계' 이론은, 정부의 개입에 의해 저축이 조절될 수 있으며 낮은 저축률이 낮은 성장률을 가져오는 악순환을 높은 저축률과 높은 성장률이라는 선순환으로 전환시킬 수 있다는 점을 주장하였다. 따라서 계획이든 사회경제적 공학이든 아니면 유효수요 관리든, 정부 개입은 경제 발전의 중요한 수단으로 간주되었다.

둘째, 저개발국은 근대적 제도가 부재하다는 문제를 안고 있다. 경제성장을 경제 발전과 동일시하고 자본 형성에만 초점을 맞추는 것은 지나친 성장 물신주의이다. 성장을 위해서는 자본 형성이 중요한 것은 사실이다. 그런데 자본의 의미는 점차 변형되어 인적 자본이라는 개념이 등장하였으며, 이에 슐츠(T. W. Schultz)는 물적 자본보다 인적 자본 형성의 필요성을 강조하기에 이르렀다. 이러한 주장은 교육과 훈련이 성장의 선행 조건임을 강조하며, 제3세계로부터 제1세계로의 '두뇌 유출'(brain drain) 문제를 중요하게 본다. 루이스와 싱거는 이런 슐츠의 테제를 확장해서 인적 자본의 개선을 위한 총체적인 사회 발전(교육, 건강, 출산 등)이 저개발국의 경제 발전을 위한 선행 조건임을 주장하였다.

경제 발전은 1인당 생산이 증가하는 것 이상의 의미를 갖고 있는 사회적 현상이며 가난과 실업과 불평등을 모두 제거하는 것을 의미한다. 싱거와 뮈르달 등은 이런 생각을 한 첫 세대였다. 뮈르달이 빈곤 문제를 해결하는 데 필요하다고 강조한 것은 국가계획에 의한 공업화와 보호무역 정책이었다. 그는 국가가 전면적인 경제계획을 입안하고 시행하는 책임을 져야 하며, 계획은 시장에 대한 국가의 간섭을 통해 사회의 상승력을 높이는 정부의 전략이라고 하였다. 사회간접자본의 형성, 투자 방향의 설정, 저축의 동원뿐 아니라 발전의 파급을 막는 사회계층 간의 단절을 제거하기 위한 제도적 변혁도 국가의 계획 대상 중에 중요한 위치를 차지한다. 이처럼 뮈르달은 정치적 민주주의를 기반으로 하는 평등사회의 건설을 위한 국가계획을 중요시하였다.

뮈르달에 의해 이중경제, 인구 증가, 불평등, 도시화, 교육, 건강, 실업 등의 구조적 문제가 단순히 성장의 부속품은 아니라고 인식되기 시작했다. 뮈르달은 주류 경제학이 즐겨 사용하는 균형 분석 방법론에 대해 비판하였으며, 시장 경제의 작동에 의해 자동으로 균형이 실현될 것이라는 통상의 주장에 반대하였다. 그는 시장이 불평등을 점점 더 확대시키는 데 주류 경제학은 그것을 간과하고 있다고 비판하였다. 그는 경제적 요인과 비경제적 요인을 구분하는 것에 대해서도 반대하면서, 모든 경제 분석이 현실적이려면 모든 요인을 다루는 사회이론이 되어야 한다고 하였다. 그는 저개발국의 발전 문제를 생각할 때 해당 국가에 대한 이해에 기초한 새로운 접근법이 필요하다고 하였다.

셋째, 저개발국은 세계자본주의 하에서 종속적 구조 속에 위치해 있다. 그래서 많은 경제학자들은 초기의 발전경제학과 단계론적 인식에 내재해 있는 암묵적 가정에 대해 동의할 수 없었다. 그 결과 '구조주의'로 불리는 새로운 생각이 싹트기 시작했다. 구조주의 테제는 저개발국이 갖고 있는 구조적 문제에 관심을 불러일으켰다. 즉, 저개발국은 발전 국가의 원초적 형태가 아니라 그들 자신만의 독특한 특징을 갖고 있다는 것이다. 허쉬만(A. O. Hirschman)은 경제 발전에 대한 국가별 분석의 필요성을 강조한 몇 안 되는 초기의 경제학자였다. 저개발국에서의 공업화의 특징은 19세기 유럽의 공업화와 달리 이미 공업화된 서구와 공존하면서 그들과 무역으로 연결되어 있는 가운데 공업화가 진행된다는 점이다. 이는 저개발국의 경제에 어떤 구조적 문제를 야기할 수 있다. 민트 (H. Myint)와 바이너(J. Viner) 등은 국제무역과 특화가 시장의 범위를 확장한다는 애덤 스미스의 고전적 교의에 따라 무역이 성장을 촉진한다는 것을 강조하였지만, 그러한 사고에 대해서 로버트슨(D. H. Robertson)이 이미 1930년대부터 의문을 제기하였으며, 뮈르달은 국제무역 및 자본 이동이 통상의 이론과 달리 국제 간의 불평등을 강화한다고 보고 저개발국이 고소득국에 대해 자유화를 일방적으로 요구할 수 있는 '이중의 도덕적 기준'을 인정해야 한다고 하였다.

ECLA(유엔남미경제위원회) 그룹의 싱거와 프레비시(R. Prebisch)는 세계경제를 중심-주변의 관계로 파악하고 제3세계 저개발국이 고소득국인 제1세계를 위한 원료 생산지가 되어 세계경제의 주변부 또는 종속적 지위의 역할을 하도록 강요되고 있다고 파악하였다. 따라서 이들 저개발국이 자립적 발전을 해 나가기 위해서는 무역에 대한 일정한 보호주의가 필요하다고 하였다. 또한 저개발국의 교역 조건이 점차 악화되고 있음을 이유로, 무역과 수출 지향이 아니라 보호주의와 정부 정책에 의한 수입 대체가 바람직한 전략이며, 그를 위해 외자와 원조를 도입할 것을 주장하였다. 그들은 경제 발전에는 경제발전단계론이 말하는 바의 한 가지 길만 있는 것이 아니며, 일본의 메이지 시대와 같이 정부가 공업화를 주도해 가는 역사적 사례가 있다고 하였다.

프레비시-싱거의 명제는 많은 마르크스주의 경제학자들에 의해서 비판적 지지를 받았다. 신마르크스주의자들인 바란(P. Baran), 스위지(P. Sweezy), 프랑크 (A. G. Frank), 아민(S. Amin)은 프레비시-싱거의 테제를 마르크스 이론과 결합시켜 종속이론으로 정식화하였다. 종속이론은 ECLA 그룹의 이론을 본질적으로 국내 부르주아의 이데올로기로 보는 비판적 인식에서 출발하였다. 아민은 자신의 주장을 다음과 같은 다섯 가지 명제로 정리하였다. ① 국제적인 중심-주변의 관계는 자본제적 생산양식과 전 자본제적 생산양식들 간의 관계라는 맥락에서 분석되어야 한다. ② 예속과 지배의 구조는 생산 과정에서 자본에 의한 잉여노동의 수탈을 수반하고 있다. ③ 잉여노동의 이전은 상이한 부르주아들 간의 세력관계에 의존한다. ④ 자본이 주변부의 노동자를 착취할 때 그것은 동시에 주변부 노동자의 재생산에 필요한 농업잉여를 공급하는 농민을 함께 착취한다. ⑤ 주변부의 발전을 저해하는 것은 이 같은 초과 착취이다.

1960-1970년대에 이들 구조주의자 또는 신마르크스주의자들은 신식민주의, 중심-주변이론, 종속이론을 통해 저개발국 연구에 강한 영향을 주었다. 그러나 곧 신고전학파 또는 신자유주의의 반격이 시작되었는데, 그들의 명제는 단순했다. 즉, 정부의 개입은 발전을 가져오지 못하며 사실상 발전을 저해할 뿐이라는 것이었다. 거대한 관료 집단과 각종의 규제는 사적 투자를 질식시키고 가격 체계를 왜곡함으로써 경제를 훨씬 비효율적이게 한다는 것이었다. 그들의 견해에 의하면 불균형 성장이나 종속의 폐단은 대부분 정부의 실책에서 기인한다. 최근에 이런 신고전학파적 테제가 특히 라틴 아메리카에서도 큰 지지를 받고 있다. 그러나 실증적 증거는 여전히 양면적이며 논쟁적이다. 구조주의자들과 반구조주의자들은 아프리카의 재앙과 동아시아의 빠른 성장을 각각 상대방에 대한 논박의 증거로 삼는다.

13 경제학의 분열과 모색

Chapter 13

경제학의 분열과 모색

1. 전후의 경제학계

케인스가 선언한 대로 『일반이론』에 의해 경제 문제의 본질에 대한 개념은 크게 변하였다. 『일반이론』이 경제사상의 발전에 던진 충격을 케인스 혁명이라는 말로 표현하는 것은 케인스나 동시대 사람들에게만 받아들여진 것일 뿐 아니라, 그 후의 경제학계에서도 당연한 것으로 받아들여지고 있다. 케인스 혁명이 경제학의 범위와 방법에 관한 경제학자의 사고방식에 미친 영향을 묻는다면, 그 물음에 대해 당연히 주어지는 답은 케인스 혁명이 거시경제 문제를 분석하기 위한 새로운 통일된 이론, 개념, 용구를 제공함으로써 정통적 경제이론에 새로운 차원을 덧붙였다는 것이다.

고전학파 경제학도 성장이라는 거시경제 문제를 다루었지만, 케인스의 거시경제이론은 고전학파의 단순한 부활이 아니었다. 오히려 케인스가 자원의 고용 문제를 경제학이 답해야 할 첫 번째 과제라고 하면서, 공격의 대상으로 삼은 것은 고전학파 경제학이었다. 케인스의 거시경제이론은 기본적으로 이전의 경제학 패러다임과는 다른 다음의 두 가지 측면을 가지고 있다. 첫째, 총수요와 총공급을 개념화하고 유효수요의 원리를 거시경제이론의 핵심 원리로 삼았다. 케인스는 경기순환상에 나타나는 과잉생산 또는 수요 부족의 문제에 주목하였지만, 고전학파는 공급이 수요를 창출한다는 세의 법칙에 따라 자기 조정에 의해 해결된다고 보았다. 둘째, 케인스는 새로운 화폐이론을 거시경제이론의 핵심으로 삼아, 종래의 패러다임에서는 무시하거나 중립적이라고 생각한 화폐의 역할을 강조하였다.

그런데도 케인스의 『일반이론』은 고전학파 경제학의 전통적 방법의 많은 부분을 답습하고 있다. 예컨대, 소비함수의 배후에 있는 '기본적인 심리 법칙'처럼 일상적인 관찰 이상으로는 분명한 근거를 제시할 수 없는 선험적인 가정, 소비자와 기업가, 투기자의 행동 밑바닥에 최대화의 경향이 있다는 생각, 그리고 이론이 전체적으로 놓여 있는 비교정학적 방법과 균형 분석의 틀이 그것이다. 그러나 사실 이는 그다지 놀랄 일이 아니다. 왜냐하면 『일반이론』의 초판이 발행되었을 당시에 케인스는 이미 4반세기 동안 신고전학파의 본산인 케임브리지학파의 지도자였고, 또한 거의 같은 시기에 『이코노믹 저널』(*Economic Journal*)지의 편집자이기도 했다. 따라서 케인스 혁명을 단지 주류인 신고전학파의 미시경제학에 거시경제학이라는 차원을 도입함으로써 신고전학파 패러다임을 확장한 것에 불과하다고 생각할 수 있다. 이런 견해는 신고전학파의 일반균형 분석 틀에 케인스의 여러 개념과 집계 분석을 도입한 영·미 경제학자들의 대부분이 취하는 해석이다. 따라서 그들에게는 오늘날 거의 모든 학부용 교과서가 경제 분석의 틀로 받아들이고 있는 소득-지출 모형이라는 케인지언 경제학이 케인스와는 동떨어진 경제학이라는 비판은 사실 그다지 의미가 없을 수도 있다.

그러나 방법론의 차원에서 보면 신고전학파와 케인스 사이에는 무엇을 중심적인 문제로 보고 정식화하느냐는 점에서 큰 차이가 있다. 신고전학파는 거시적 문제에서 벗어나 가격 결정을 소비자 및 기업의 최대화 행동과 연관시키고 자원의 최적 배분 문제에 관심을 기울였다. 그러나 케인스는 불균형의 문제에 관심을 집중시킴으로써 신고전학파가 거의 인식하지 못한 문제를 다루었다. 균형이론인 신고전학파 경제학에서는 실업의 문제 및 그것과 연관된 소득 결정의 문제를 다루는 것은 무의미한 일에 지나지 않는다. 반면, 케인스는 고용의 크기가 총수요의 크기에 달렸으며 임금, 가격, 이자율이 신축적이라고 해서 자동으로 완전고용이 보장되지는 않는다고 하였다. 이 점이 케인스 경제학의 본질이면서 신고전학파와의 기본적인 차이라고 할 수 있다.

　　케인스는 가상적 균형보다 불균형 상태에 있는 경제가 갖는 문제들 및 시간을 통해 나타나는 변화의 과정에 흥미를 가졌다. 신고전학파 경제학의 균형 개념은 정태적 개념이며, 동태적인 현실을 다루는 데 무력하다. 실제의 역사적 시간 속에서 세계는 큰 충격과 일탈에 의해 항상 변하고 있으므로, 경제가 신고전학파적 의미의 균형에 접근해 간다고 생각할 이유는 없으며, 또한 불가피하게 발생하는 단기적 경제 변동의 속도나 방향을 분석하는 데 도움을 주는 장기 균형이라는 것이 있어 경제가 거기로 접근해 간다고 생각할 이유도 없다. 케인스는 이 점을 알고 있었기 때문에 시간 속에서의 불확실성을 강조하였다. 만일 확률적으로 생각할 과학적 근거가 없고 기대(expectation)가 급격한 변화에 영향을 받는다면, 가장 탁월한 기업가마저도 합리적인 경제 행동을 결정할 수 없다.

　　케인스의『일반이론』이 가져온 영향을 정당하게 평가하기 위해서는 그것에 의해 제기된 학문상의 여러 논쟁으로부터 충분한 시간이 경과되어야 할 것이다. 현재 우리들이 할 수 있는 것은 경제학의 범위 및 방법과 관련하여 케인스 경제학과 현재의 주류 경제학 사이에 존재하는 여러 논쟁의 주요한 구성 요소를 생각해 보는 것이다. 그에 앞서 분명히 해둘 필요가 있는 것은 현재의 경제사상이나 이론이 발전하고 있는 환경이 케인스의『일반이론』이 나온 1930년대와는 다음과 같은 점에서 근본적으로 다르다는 점이다.

첫째, 제2차 세계대전 후의 가장 중요한 경제 문제는 전간기에 케인스의 관심을 끌었던 문제들과는 달랐다. 아마 가장 근본적인 변화는 경제에 관한 정부의 역할에서 나타난 변화일 것이다. 경제 시스템에 정부가 어디까지 어떻게 개입할 것인가 하는 점에 관해서 경제학자 사이에는 아직도 이념상의 큰 차이가 존재한다. 그럼에도 불구하고 정부 지출과 자산이 상당한 정도로 증대하였기 때문에 그것은 경제이론이 정식화되는 환경을 변화시켰다. 정부가 자원 배분을 의도적으로 관리하는 역할을 해오고 있었다는 점에 대해서는 논쟁의 여지가 거의 사라졌으며, 논쟁은 금융 정책과 재정 정책 중 어느 것이 정부가 기대한 의도를 효과적으로 전달하는 방식인지, 또는 정부가 경제 변화를 유도하거나 안정화시키려고 해야 하는지 하지 말아야 하는지에 집중되고 있다. 또한 경기순환은 여러 국면마다 정부의 개입이 일상화되면서 평탄해져 호황과 불황을 거의 식별할 수 없을 정도가 되었다. 상황이 이러하므로 공황에 대한 실증적·이론적 관심은 소멸하였으며, 케인스의 화폐이론처럼 투자재와 소비재 간의 상대가격 변화가 경제활동에 미치는 영향을 강조하는 사고방식은 쇠퇴하였다. 그 결과 교과서는 케인스 경제학의 분석 틀을 집계생산함수의 모형으로 축소하여 설명하기에 이르렀다.

둘째, 정부는 적절한 재정 정책을 사용함으로써 수요를 조절하고 어떠한 고용 수준도 만들 수 있다고 생각하였다. 1958년에 필립스(A. W. Phillips)는 이전의 약 100년에 걸쳐 영국의 화폐임금률과 실업률의 관계를 조사한 결과 양자 간에 상당히 밀접한 음의 상관관계가 있음을 밝혔다. 화폐임금률을 물가변화율의 대리변수로 간주한다면, 그것이 곧 인플레이션과 실업률의 관계를 보여주는 필립스곡선이 된다. 필립스곡선은 인플레이션과 실업률이 상충적 관계이며 양자에 대한 정부의 정책적 선택이 가능함을 함의한다. 이 때문에 실업 문제는 전간기 때처럼 고민스러운 문제는 아니었다. 또한 재정 정책만으로 실업률을 낮출 수 있다고 생각했기 때문에 금융 정책의 역할과 화폐이론의 중요성에 대한 인식도 그만큼 감소했다. 그 결과 이자율의 수준에 관한 케인스의 열정적인 관심이 전후의 그의 후계자들에게는 계승되지 않았다. 또한 화폐이론과 가치론을 결부시킨 케인스의 이론은 사라지고 고전학파의 이분법이 다시 등장했으며, 이는 거시경제학과 미시경제학 간의 이분법으로 반영되고 있다. 이분법은 현재도 여전히 해결되지 않은 문제이지만, 이분법에 도전하고 있는 것은 아이러니하게도 케인지언의 계보에 있는 사람들이 아니고 일반균형이론의 학파에 속하는 사람들이었다.

셋째, 경기침체를 동반하는 인플레이션, 즉 스태그플레이션의 문제가 1970년대에 중요한 문제로 등장했다. 케인지언 경제학자들은 필립스곡선이 보여주듯이 인플레이션과 실업을 상충관계(trade off)로 파악했다. 경기후퇴기에 정부는 경기부양 정책을 통해 인플레이션을 감수하면서도 실업률의 증가를 적절하게 막을 수 있었다. 그러나 의학에서 흔히 그런 것처럼, 한번도 실험을 거치지 않은 새로운 치료법이 실시되었을 때, 그것이 고치려는 질병만큼이나 부작용이 따를 수 있다. 정부의 지속적인 경기부양책으로 인해 만성적 인플레이션이 지속되었지만 경기는 회복되지 않았다. 신고전학파 경제학이 완전고용을 가정함으로써 실업 문제를 시야로부터 배제해 버렸던 것처럼 전후의 케인지언 경제학은 가격이 단기적으로 안정되어 있다고 가정함으로써 인플레이션의 위험을 무시했다. 때문에 만성적 인플레이션의 문제와 그것이 경제적 행동에 미치는 영향에 관심을 갖는 사람들에게는 프리드먼(M. Friedman)에 의한 화폐수량설의 재정식화가 적지 않게 매력적인 것으로 받아들여졌다.

한편, 전후에는 경제학 공동체에도 괄목할 만한 변화가 있었다. 먼저, 경제학이 훨씬 전문화되고 경제학자로 일하는 사람의 수가 두드러지게 증가했다. 경제학자가 증가하는 분기점이 된 것은 제2차 세계대전이었다. 학계에 있던 다수의 경제학자들이 정부 부문에 들어가 전시 목적에 따라 자원을 최적 배분하는 역할을 하였다. 그것은 신고전학파의 전통에 의해 교육받은 경제학자에게 특히 적합하였다. 평시에는 종종 서로 모순되는 복수의 정책 목표가 존재하므로 경제 정책을 결정함에 있어서 경제학자의 역할은 필연적으로 정치가에 종속될 수밖에 없지만, 전시에는 최우선의 유일한 목표가 있기 때문에 경제학자는 자신이 배운 최적화의 기법을 최대한으로 활용하고 그것을 통해 실제적인 경험을 쌓을 수 있었다. 당시 가장 명망 있던 사람은 케인스였다. 제2차 세계대전이 발발하자 케인스와 그의 후계자들은, 학계뿐 아니라 광범위한 실무 영역의 경제학자들에게도 『일반이론』의 혁신적 사고방식을 소개할 수 있었다. 1939년에 케인스의 『전쟁비용을 어떻게 조달할 것인가』가 간행된 이후로 정부 부문에 있는 경제학자들은 케인스의 거시경제적 사고를 정책 분석에 적용하고 채택하였다. 즉, 전시기를 통해 케인스와 그의 추종자들은 거시경제학 분석 틀이 갖고 있는 실제적 유익함을 지식인이나 관료, 그리고 정부 부문에서 일하면서 케인스로부터 직접 영향을 받은 많은 경제학자에게 알릴 수 있었다.

전쟁 직후에도 경제 정책은 많은 점에서 전시와 똑같은 형태로 결정되었다. 경제 재건과 평화경제로의 이행 문제는 높은 수준의 정부 개입을 필요로 했다. 정부는 매년 다음 해의 거시경제 예측을 발표했다. 비록 전후가 정책 목표에서는 전시와 달랐으나, 정책의 우선순위에 대해 거의 모든 사람이 동의하고 있었다는 점에서는 전시와 다르지 않았다. 전후의 중요한 경제 문제가 천정부지의 인플레이션이라는 것을 부정하는 사람은 거의 없었고, 안정화라는 정책 목표가 전쟁에서의 승리라는 전시의 목표에 필적하리만큼 큰 지지를 얻었다.

그러나 경제 문제가 평시의 보다 복잡한 문제로 변화함에 따라 경제 정책의 결정에 관해 경제학자가 전시에 누렸던 명성과 영향력은 줄어들기 시작했다. 이는 한편으로는 학계 지도자의 대부분이 관직에서 물러나 대학에서의 연구 생활을 재개했기 때문이었다. 다른 한편으로는『이코노믹 서베이』에 과감하게 발표된 수량 예측이 대부분 틀렸다는 점 때문이었다. 이는 전시 통제경제하의 예측 기술을 평시의 경제에도 적용해 보려던 경제학자들에 대한 신뢰를 약화시켰다. 그리고 전시 중의 통제가 민간의 요구에 따라 서서히 완화되어 감에 따라 경제학자의 기능을 필요로 하는 정책 문제가 감소하였기 때문이기도 했다. 그렇다고 해서 경제학에 종사하는 사람들의 수가 감소했던 것은 아니었다. 단지 그들의 중요한 활동 무대가 정부기관에서 대학과 연구소로 변한 것에 불과하였다. 정부가 하던 경제 예측의 발표는 점차 국책 연구소나 민간으로 넘어갔다. 또한 대학이 정상화되자 경제학자의 수도 증가하였다. 전후의 대학과 고등기술 교육기관의 대확충으로 사회과학, 특히 경제학은 인기가 높아 많은 학생을 끌어당겼다.

전후에 나타난 또 하나의 현상은 국가의 경제활동 수준, 구조 및 성장을 측정하기 위한 데이터가 전례 없이 많이 만들어지고 그것이 일상화되었다는 점이다. UN은 세계 각국의 국민소득과 교역에 관한 통계를 수집하기 시작하였으며, 각국마다 케인스 모형에 적합한 국민소득·국민지출 통계 작성에 착수했다. 케인지언의 분석 틀을 벗어나서는 거시경제이론을 검증하고 충분한 실증 연구를 하는 것이 거의 불가능해졌다. 왜냐하면 집계 데이터는 케인지언 경제학의 분석 틀에서만 의미가 있었기 때문이다. 따라서 다른 어떤 이유가 없었더라도 케인지언 모형은 거시경제학에서 통상의 과학적 연구가 따르지 않으면 안 되는 일반적인 정통 이론이 되었을 것이다.

『일반이론』의 개념을 도입하고 경제학의 기초 교육의 일부로서 거시경제학을 적어도 미시경제학과 같은 정도로 중요시하도록 교과서를 고쳐 쓰는 일은 이미 1940년대에 시작되고 있었다. 새로운 사고방식에 바탕을 둔 최초의 입문적 교과서는 1942년에 처음 출판된 힉스의 『사회적 틀』(*The Social Framework*)이었다. 거시경제학은 당시의 긴급을 요하는 국민적 정책 과제에 있어서 분명히 중요했기 때문에 많은 인기를 모았다. 또한 공공기관에서 발표되는 대량의 새로운 통계 계열이 개념적으로 케인스 체계와 연결되어 있었기 때문에, 대학 안팎의 응용 경제학자에게 있어서 거시경제학은 인기 있는 분야였다. 그러나 그의 이론적 혁신이 의미하는 바가 충분히 밝혀지기도 전에 케인스는 세상을 떠나고 말았다. 따라서 새로운 문제가 출현함에 따라 케인스 혁명이 『일반이론』의 본래의 메시지와는 맞지 않는 방향으로 진행되고 만 것도 당연한 일이다.

2. 논쟁과 비판

1) 실증주의와 규범주의

애덤 스미스 이래로 경제학에는 다양한 패러다임이 있었다. 그들 간의 차이를 정리하고 체계적으로 분류하기 위해 가장 많이 사용되는 것은 이념적 기준일 것이다. 예컨대, 사회계급 간의 균등한 소득분배를 어느 정도 강조하며 정부에 의한 경제적 개입을 어느 정도 지지하느냐라는 것이 기준이 될 수 있다. 그러나 이념적 분류는 경제이론과 그 영향을 받은 사람들의 정치적 입장을 분명히 할 수는 있어도, 경제이론 간의 방법론적 차이를 분명히 할 수 없는 경우가 많다. 실제로 현재의 경제이론가들을 분열시키고 있는 방법론적인 문제들의 본질을 객관적으로 이해하기 위해 이념적 차이를 생각하는 것은 도리어 혼란을 더할 뿐이다. 어떤 경제이론이 갖고 있는 이념적 함의가 그 이론의 수용 여부에 분명히 영향을 주고 이론의 존속 여부에 관계가 있다고 할지라도, 경제이론의 분석 방법이나 문제 설정을 논리적·과학적 기준보다 이념적 기준에 의해 선택하는 것은 정당하지 않다.

경제학에서 케인스 혁명이라는 말과 마찬가지로 한계혁명이라는 말도 정당시되고 있다. 신고전학파 패러다임은 여전히 정통적 경제이론의 기초를 구성하고 있다. 케인스 혁명이 어떤 것이었던지 간에 그것이 표준적인 교과서에 있는 이런 신고전학파 패러다임을 대체하지는 못했다. 두 혁명은 미시경제학과 거시경제학이라는 서로 별개일 것 같은 영역을 구축하고 있으며, 현재의 신고전학파(새 고전파, New Classical)와 포스트 케인지언(케임브리지학파) 간에는 논쟁이 존재한다. 논쟁의 바탕에는 경제학에 대한 실증적 접근과 규범적 접근이라고 하는 방법론상의 중요한 차이가 있다. 즉, 그것은 경제이론이 이론가의 개인적 가치판단과 어떤 사회적 · 제도적 상황과 관계되어 있어야 하는지, 아니면 원칙적으로 순수하게 객관적 입장에서 정식화되고 윤리적 · 역사적 관계는 경험적 분석에 필요한 정도로만 고려되어야 하는지에 대한 사고의 차이이다.

　실증주의는 모형의 현실성보다 논리적 · 내적 일관성에 관심을 가지고 있으며, 사회를 생물학적이라기보다 기계론적으로 이해하고 있다. 실증주의 방법론의 지도적 인물인 프리드먼(M. Friedman)은 「실증경제학의 방법론」("The Methodology of Positive Economics," 1953)이라는 논문에서 다음과 같이 말하였다. "실증경제학은 원칙적으로 일정한 윤리적 입장이나 규범적 판단으로부터는 완전히 독립적이다. … 그 임무는 일반적 체계를 만듦으로써 상황이 변화했을 때에 항상 그 귀결을 바르게 예측할 수 있도록 하는 점에 있다. 그 성과는 예측의 정확성, 일반성, 경험과의 일치에 의해 판단되어야 한다." 그러나 뮈르달이 지적한 바와 같이, 경제학의 기본 개념은 대부분 이미 규범적 의미를 내포하고 있으며, 이론가가 제아무리 의도적으로 객관적이라고 해도 경제이론은 실제상 가치판단으로부터 독립적으로 존재할 수 없는 것도 사실이다. 로빈슨은 보다 분명하게 다음과 같이 말하고 있다.

　　순수경제이론만으로 해결될 수 있는 순수한 경제학적 문제는 존재하지 않으며, 정치적인 이해관계와 편견이 현실 문제에 대한 모든 논의에 개입되어 있다. 모든 논쟁의 참가자들은 보수적이든 급진적이든 학파로 갈라지게 되며 이념이 논리 안에 침입하게 된다.(Robinson, "What are the Question?," *Journal of Economic Literature*, 15, 1977)

실증주의적 신고전학파 경제학자의 여러 가지 공통적인 특징으로는 다음과 같은 점을 들 수 있다. 첫째, 논리적 일관성을 강조하는 점이다. 이는 때로는 추상적인 수학 모형, 특히 일반균형이론으로 나아가려는 경향 속에 반영되어 있다. 둘째, 이론의 기본적 가정에 대한 검토는 없이 통계적 검증을 통해서만 이론의 적합성을 판단한다는 점이다. 이는 수량화나 통계 분석의 세련된 기법을 개발하려는 경향으로 나타난다. 그러나 통계적 기법이 아무리 강력해도 최종적으로는 가정의 현실 타당성이 통계적 결론의 유효성을 결정한다. 예컨대, 성장률의 국가 간 차이에 관한 수량적 분석(예컨대, 총요소생산성 분석)은, 임금이 노동의 한계생산물가치와 같다는 것을 가정하고 있지만, 만일 그 가정이 옳지 않으면 국가 간 성장률에 어떤 차이가 있는가를 말하는 것에 불과하다. 셋째, 동기, 제도, 정보 체계, 문화양식 등의 변화, 즉 경제 목적과 그것에 관련된 행동에 영향을 끼치는 여러 요인의 변화에 대해서 설명하려고 하지 않는 점이다. 예를 들면, 새뮤얼슨(P. Samuelson)의 현시선호이론은 시장에서 실제의 선택을 통해 선호가 현시된다고 보는 이론인데, 그렇게 하면 시차효과, 선호의 부정합성, 집합적 욕구 등을 설명할 수 없게 된다.

반면, 포스트 케인지언은 신고전학파 체계와 같은 기계적 추론은 별로 하지 않고 마르크스의 자본주의 분석이론처럼 유기체적 변화의 가능성을 강하게 의식한다. 신고전학파가 생산자와 소비자에 분석을 한정시키고 있는 데 비해, 포스트 케인지언은 마르크스처럼 사회학적 범주(예컨대, 노동자와 자본가라는 개념)를 사용한 분석을 중시하고 사회계급 간 소득분배의 문제를 추구한다. 그들은 시장의 상호 의존이 아니라 생산의 상호 의존을 강조함으로써 한계혁명 이전의 통설로 돌아갔으며, 기술적 · 제도적 관계에 관심을 가지고 있다. 또한 투자는 저축과 독립적으로 이루어진다는 케인스의 가정을 수용하며, 투자를 동물적 감각이나 기대 또는 기술의 동학으로 설명한다. 그들은 불완전경쟁시장처럼 생산자에게 주도권이 존재하는 한, 유의미한 소비자 주권은 존재하지 않는다고 생각한다. 특히, 그들은 시간을 고려하지 않은 집계생산함수에 의한 접근법을 부정하며 요소의 완전 대체성, 비인격적 시장관계, 완전 지식과 완전 예견 등의 가정을 배제한다. 그들은 생산함수적 접근법 대신에 회계학적 접근법을 사용하며, 대상이 되는 경제의 구조적 특징을 상세하게 특정화한다. 그들의 목표는 예측이 아니고 분석과 설명이며, 그 때문에 변수를 무조건 수량화하려고 하지 않는다.

요컨대, 고급 수학이나 계량경제학의 기법을 사용하여 해답을 찾고자 하는 연구자에게 지금까지 가장 큰 가능성을 준 것은 신고전학파의 접근법이다. 반면, 포스트 케인지언은 수량화할 수 없는 것을 수량화하거나 가공의 데이터를 수학 또는 계량경제학 기법으로 다루는 것을 받아들이지 않았기 때문에, 그들의 모형은 정책상의 귀결을 유도할 수 없는 이론적 구축물에 불과할 가능성이 컸다. 그러므로 포스트 케인지언은 응용연구자를 많이 배출할 수 없었다. 역설적이지만 지속적인 실증 연구의 원형이나 표준, 그리고 난제에 대한 해결책의 대부분을 제공한 것은 의식적으로 비현실적인 가정을 채용한 신고전학파였다. 포스트 케인지언이 의식적으로 현실적인 가정을 기초로 하여 완성한 '역사적' 모형은 현실의 데이터와 맞지 않고 통계적으로 검증도 되지 않았다. 경제 문제를 실증적으로 연구하려면, 비록 그것에 대한 관심이 포스트 케인스적인 것이라고 할지라도, 신고전학파의 도구 상자(이론, 개념, 연구 기법)를 기초로 데이터를 수집하게 되는 것은 어찌 보면 당연한 일이다.

2) 신고전학파 종합과 비판

　제2차 세계대전 이후에 경제학은 한계혁명에서 발전한 미시경제학과 케인스 혁명에서 출발한 거시경제학으로 구성되었다. 그러나 케인스의 혁명적 도전이 있었음에도 불구하고, 주류 경제학의 사고는 여전히 신고전학파의 일반균형이론이나 화폐수량설의 전통을 유지하고 있다. 따라서 경제학의 학문적 틀 속에서 상당한 정도의 논쟁이 있었으며 다양한 이론, 개념, 가정에 대한 논의가 지속되었다. 그 결과, 마르크스주의 경제학이 『자본론』의 교의로부터 멀리 떨어지고 말았던 것처럼, 케인지언 경제학이 케인스 자신의 경제학과 달라져 버렸다고 해서 놀랄 이유는 없다. 앞에서 설명한 것처럼 전후의 경제학 교과서에서 케인스 이론이라고 소개된 것은 사실 케인스에 대한 일반균형이론적 해석이며, 그것을 우리는 소위 신고전학파 종합(Neoclassical-Keynesian Synthesis)이라 부른다. 새뮤얼슨은 자신의 교과서 『경제학』(*Economics*)에서, 신고전학파 종합을 "새로운 총소득 결정이론의 기본적인 것과 미시경제학의 고전학파 이론을 결합"한 것이라고 하였다.

　신고전학파 종합(또는 신케인지언)은 전후에 미국인 경제학자 그룹에 의한 케인스 혁명의 해석과 공식화를 지칭한다. 신고전학파 종합의 중심을 차지하는 이론은 케인스 경제학의 기본 모델로 이해되어 온 힉스의 *IS–LM* 모형이다. 이 모형은 어떻게 거시경제의 균형이 달성되는가를 보여 준다는 점에서 신고전학파의 균형이론을 계승하고 있으며, 어떻게 신고전학파적 완전고용의 상태에 도달하는가를 보여 준다. 만약 모형으로부터 케인스가 말한 불완전고용 상태의 균형이라는 결과를 얻기 위해서는 경직적인 화폐임금, 또는 이자에 대해 비탄력적인 투자 수요 및 화폐 수요와 같은 무엇인가의 불완전성에 호소하면

된다.

　이 모형을 신고전학파와 케인스의 종합이라고 하는 것은, 모형이 완전하게 작동하는 장기에서는 신고전학파적이고, 불완전하게 작동하는 단기에서는 케인스의 결론을 보여 주기 때문이다. 그렇다면 신고전학파 종합은 궁극적으로는 무엇을 말해 주는가. 이에 대해 새뮤얼슨은 "현대의 소득결정 분석의 완전한 터득은 기초적인 고전학파의 가격결정 원리가 정당함을 진정으로 확인시켜 준다. 그리하여 경제학자가 이제는 거시경제학과 미시경제학 간의 커다란 차이는 메워졌다고 말해도 정당한 것으로 받아들여진다"라고 하였으며, 또한 "금융 정책과 재정 정책을 통해 고전학파 이론에서 상정하는 완전고용의 가정이 성립됨으로써, 고전학파 이론은 다시 제자리를 잡게 되며 경제학자는 새로운 확신을 갖고 사회경제에 관한 고전적 진리를 주장할 수 있다"(*Economics*)라고 하였다.

　IS-*LM* 모형을 사용하면 정부 정책의 효과도 유효하게 분석할 수 있다. 재정 정책에 의해 *IS* 곡선이 이동하고 금융 정책에 의해 *LM* 곡선이 이동하므로 이 모형에 의해 재정·금융 정책이 거시경제에 미치는 영향을 알 수 있다. *IS-LM* 모형은 소수의 방정식으로부터 경제의 현상과 정책의 방침을 이끌어 낸다는 점에서 매우 편리한 도구였으므로, 아카데믹한 경제학 내부에서 중심적 지위를 차지하였다. 이후 먼델(R. A. Mundell)과 플레밍(J. M. Fleming)에 의해 환율, 무역을 포함하는 개방경제 모형이 고안되었다. 신고전학파 종합은 전후에 매우 성공적이고 지배적인 거시경제학으로 많은 연구자를 모을 수 있었다. 신고전학파 종합, 즉 신케인지언은 오랫동안 케인스 혁명과 동일시되었으며, 이론적으로나 정책적으로 강한 영향력을 발휘하였다.

　그러나 신케인지언 체계는 OECD 국가들에서 인플레이션과 실업의 공존이라는 스태그플레이션이 지속되는 1960년대 말 1970년대 초에 심각한 공격의 대상이 되었다. 하나의 비판은 *IS-LM* 모형이 케인스의 주장을 과도하게 단순화하거나 일부의 주장을 지나치게 과장했다는 것이다. 레이욘후프부드는 신케인지언이 케인스의 『일반이론』의 의미를 너무 왜곡시켰다고 하였다. 이에 그는 불완전한 체계 속에서 불완전고용의 균형을 찾지 말고, 사전적 경직성이 없는 체계 내에서 장기 지속적인 불균형을 분석할 것을 제안하였다. 일반균형이론적인 *IS-LM* 모형을 중심으로 하는 거시경제학은 케인스 경제학이라기보다 힉스 경제학이라고 하는 것이 타당할 것이다. 케인스의 이론을 따르는 포스트 케인지언들은 신케인지언과는 전혀 다른 방향으로 케인스 혁명을 해석하였다. 그들은 *IS-LM* 모형을 사용하지 않았으며 케인스의 일반이론을 동학적인 성장 모형이나 경기순환 모형으로 확장시켰다. 포스트 케인지언들은 신케인지언의 이론을 케인스 혁명에 대한 끔찍한 배반 정도로 여긴다.

　　IS-LM 모형에 대한 또 하나의 이론적 비판은 통화주의자(Monetarist)로부터 나왔다. 스태그플레이션 현상은 신고전학파 종합의 예측과는 양립할 수 없으며, 많은 서구의 정부들이 해온 케인스식의 정책은 전혀 문제를 해결할 수 있을 것 같지 않았다. 통화주의자의 지도자인 프리드먼(M. Friedman)은 1968년 미국경제학회장 취임 연설에서 자연실업률 가설을 제시하였다. 자연실업률은 경제가 정상인 상태에서도 존재하며, 장기적으로도 사라지지 않는 실업률이다. 필립스곡선에 의하면 실업과 인플레이션은 음의 상관관계가 있고, 정부는 총수요 확장 정책

M. 프리드먼(1912-2006)

을 통해 실업을 줄일 수 있다. 그러나 프리드먼은 이런 주장을 반박하면서 실업률은 원래의 상태로 돌아가게 되며, 확장적 수요 정책은 실업률을 낮추지 못하고 인플레이션의 원인으로만 작용한다고 하였다. 자연실업률 가설은 유명한 경제학자들에 의해 공식화되었으며, 총수요 정책에 반대하는 새 고전파 이론의 기초로 사용되었다. 새 고전파 거시경제이론은 신케인지언의 이론을 대신하여 거시경제학의 새로운 통설이 되었다.

3) 분배이론과 화폐이론

신고전학파의 이론 중에서 가장 논쟁적인 문제가 분배이론이다. 그들은 경제·사회·정치 제도와 무관한 소득분배이론을 정립하였는데, 그것은 곧 균형에서 한계생산성과 각 생산요소의 가격이 일치하고, 따라서 각 생산요소는 생산에 기여한 만큼을 보수로 받는다는 한계생산력설이다. 신고전학파는 생산함수라는 미시경제학의 대표적 모형을 단순하게 거시경제 모형으로 변형시킴으로써, 미시경제적 분배이론을 거시경제적 분배이론으로 변환시켰다. 즉, 생산함수에서 자본과 노동의 한계생산성을 도출할 수 있으며, 그것이 곧 국민계정(national accounts)에서 자본의 소득, 즉 이자율 또는 이윤율이고 노동임금률이 되어 자본과 노동의 분배 몫이 결정된다는 것이다.

신고전학파 분배이론인 한계생산력설에 대한 지속적인 첫 번째 비판은, 한계생산물가치를 결정하는 데 중요한 영향을 주는 상품에 대한 수요와 생산요소의 공급이 소득분배 그 자체에 의해 영향을 받는다는 것이다. 다음으로 케임브리지학파는 집계생산함수라는 것의 측정 가능성 문제를 들어 신고전학파의 분배이론을 비판하고 있다. 즉, 노동의 총량은 비교적 다루기 쉽다고 하더라도 이질적인 자본을 어떻게 집계할 것인가의 문제가 있다. 또한 앞 장에서 이미 지적하였지만 신고전학파의 자본 개념은 가소성을 전제로 하는 비현실성을 갖고 있다. 마지막 비판은 설령 자본재를 가격으로 합산한다고 해도 다음과 같은 이유로 인해 순환론에 빠지게 된다는 것이다. 신고전학파에 의하면 자본재의 가격은 자본의 한계생산성에 의해 결정되는 미래 소득의 현재 가치인데, 그렇게 집계된 자본재로부터 다시 자본의 한계생산성이 도출되고 있다.

한계생산력설적인 분배이론을 배격하는 케임브리지학파는 이윤율을 사회 각 계층의 저축성향과 경제성장률로 설명한다. 이에 대해 솔로는 경험적 연구에서만 자본량이 의의를 가지며, 이론 구성에서는 이윤율을 자본의 측정 가능성과 무관하게 결정할 수 있다고 비판하였다. 자본의 이윤율을 중심으로 한 분배이론 논쟁은 기술 재전환(reswitching) 문제를 둘러싼 논쟁으로 이어졌다. 신고전학파 이론에서는 이자율 하락이 자본 집약적인 기술을 가져온다고 하였지만, 기술 재전환이 일어나면 신고전학파의 그런 명제는 무너지고 만다. 기술 재전환이 불가능한 경우는 동일한 자본-노동 비율을 가질 때뿐이며, 기술 재전환은 현실에서 일반적으로 일어나는 현상이라는 것이 케임브리지학파의 비판이었다.

한편, 케인스 혁명의 후계자들이 전개한 이론이 케인스가 제시했던 방향과 일치하고 있다고는 생각되지 않는 또 하나의 주요한 분야는 화폐이론이다. 케인스에 의해 설 자리를 잃게 된 신고전학파의 화폐수량설은, 물가 문제가 실업 문제를 능가하거나 적어도 같은 정도로 중요한 정책 과제가 되면서, 프리드먼 등 통화주의자의 반혁명에 의해 적어도 이론적으로는 옛 지위를 회복하였다. 반면 스스로를 케인지언이라고 하는 사람들이나 케인스의 가장 똑똑한 제자들조차 종종 금융 정책의 중요성을 부정하고 케인스의 화폐이론을 무시하고 말았으며, 그 결과 케인스가 하려고 했던 화폐이론과 가치론의 통합은 원래부터 없었던 것처럼 되어 버렸다.

화폐 문제가 중요하게 된 것은 1960년대 이후 통화주의자들이 신케인지언을 비판한 통화주의 논쟁과 스태그플레이션이라는 현실적 문제 때문이었다. 일반균형이론, 통화주의, 포스트 케인지언은 전통적인 화폐수량설이 문제로 삼지 않았던 소득결정 과정, 그리고 집계된 수요와 산출량이라는 관점에서 문제를 설정하였으며, 그런 의미에서는 모두를 케인스 혁명의 사생아라고 할 수 있지만 서로 간에는 뚜렷한 견해의 차이가 있었다.

일반균형이론은 화폐이론을 가격이론의 한 분야로 포함시켜 화폐와 가격의 통합 이론을 구축하는 것을 목표로 하였다. 따라서 그들은 명목화폐량보다 실질화폐량을 강조하고, 실질화폐량이 실질 국내 지출 수준을 변화시키는 효과에 주목한다. 이러한 사고는 19세기 신고전학파의 화폐이론, 특히 발라로 거슬러 올라가는 일반균형이론의 매우 추상적인 수학적 경향을 갖고 있다.

포스트 케인지언은 금융자산을 화폐의 밀접한 대체재라고 생각하였다. 그들은 화폐 공급의 변화가 장·단기 금융자산의 구성을 통해 나타나는 이자율의 변화를 통해 지출 행동에 영향을 준다고 한다. 그들은 화폐 공급과 가격 간의 관계에 대한 화폐수량설적 정식화를 인정하지만, 가격 상승이 화폐 공급의 증가를 유발한다는 인과관계도 그 반대의 인과관계와 마찬가지로 존재한다고 생각한다. 그들의 분석이 갖는 함의는 금융 정책이 그 자체로는 투자나 소비 행동, 따라서 경제활동의 수준이나 가격 수준에 별로 영향을 주지 않고 예측도 곤란하다는 것이다. 그 이유는 특히 유동성선호가 기대에 민감하게 반응하며 안정적이지 않다는 데 있다. 그들의 사고방식은 19세기 전반의 은행학파나 밀(J. S. Mill)의 좀 더 현실적인 분석과 연관을 갖고 있다.

통화주의는 장기적으로 가격 체계가 자동적으로 균형을 이루는 경향이 있다고 가정하고, 인플레이션을 제도보다 화폐적 요인으로 설명한다는 점에서 일반균형이론과 상통하고 있다. 통화주의는 화폐는 독특한 자산이며 금융자산과 마찬가지로 실물자산과도 대체적이며, 화폐 수요는 인플레이션율을 감안한 실질변수로서 안정적이라고 생각한다. 통화주의자의 모형에서 화폐 공급의 변화는 소비재, 투자재, 금융자산의 어느 쪽을 불문하고 모든 지출계획에 광범하고 직접적인 영향을 준다. 이것의 함의는 금융 정책이 경제활동 수준과 가격 수준에 좋든 나쁘든 큰 영향을 준다는 것이다. 통화주의자들에 따르면, 경제는 외부의 충격에 의해 교란되더라도 신속하게 회복되어 안정화되는 경향을 갖고 있으므로 정부의 금융 정책은 오히려 사태를 악화시킬 수 있다.

요컨대, 통화주의자와 포스트 케인지언이 화폐이론에 대해 서로 의견이 다른 것은 어찌 보면 당연하다. 그들은 기본적으로 다른 방법론과 다른 개념을 사용하여 논의하고 있기 때문이다. 예컨대, 그들은 '화폐란 무엇인가'라는 점에서나 경제가 어떤 메커니즘을 갖고 있는가라는 점에서 일치점을 갖고 있지 않다. 또한 거의 모든 방법론상의 문제, 예컨대 균형 분석인가 불균형 분석인가, 제도적 요인이 중요한가 등에 대해 정반대의 사고방식을 취하고 있다. 그들은 이념적 문제, 즉 시장경제는 본질적으로 어디까지 안정적인가, 바람직한 정부 개입은 어느 정도까지인가 등의 문제에 대해서는 근본적으로 의견을 달리한다. 포스트 케인지언과 일반균형이론의 대립도 이와 유사하며, 결국 시장경제에 대한 비전의 대립이라고 할 수 있다. 즉, 전자는 대립적 계급의 존재라는 제도적 여건과 성장 및 분배 문제를 중시하지만, 후자는 정상상태에서의 시장경제의 순환과 조화로운 질서를 중시한다. 그런데 양 비전 간의 대립은 『국부론』에서도 이미 예시되었으므로 완전히 새로운 것은 아니었다.

주요한 경제변수에 관한 양측의 주장이나 반박 중 몇 가지는 실증적으로 검증 가능하고 또 실제로 검증되어 왔다. 그러므로 양측의 이론 중 극단적인 주장은 학문적 논의로부터 배제되었다. 또 정책상의 몇 가지 문제, 예컨대 화폐의 메커니즘의 시차와 복잡성으로 말미암아 금융 정책은 '미세조정'(fine tuning)에는 적당하지 않은 것이 아닌가 하는 점에 대해서는 양측의 대다수가 합의하고 있다. 한편, 이론면에서의 기본적인 대립은 실증 연구에 의해서는 검증할 수 없다. 왜냐하면 검증할 때 무엇이 주요한 변수이고 어떻게 이론 개념을 실증 연구의 여러 요소에 대응시키는가에 대해 합의할 수 있다고 해도, 경제 시스템은 불변이 아니기 때문이다. 화폐의 소득 유통 속도가 최근 비교적 안정되어 있기 때문이라고 하여, 그것이 금융 정책, 제도적 요인, 기대의 적절한 변경이 장래에 유통 속도를 불안정하게 하지 않을 것을 보장하지는 않는다.

3. 경제학의 과제

애덤 스미스에 의해 경제 문제에 대한 통일적이고 분석적인 하나의 과학 체계로서 경제학이 최초로 성립한 이래 경제학은 사회과학의 여왕이라는 지위를 확보하였으며, 현대 물리학에 비견할 만한 정치한 이론을 갖게 되었다. 의미 있는 경제이론은 여러 경제 문제들에 대해 신뢰할 만한 분석을 하고, 정책 입안자가 중요하다고 생각하는 문제에 적절한 정책을 제시할 수 있어야 한다. 그러나 전문가들이 현재의 주류 경제학에 대해 실망하는 것은 그것이 그렇지 못하기 때문이다. 현재의 경제학, 즉 정통 교과서의 미시와 거시 경제학에서 사용되는 개념 및 방법 등은 많은 비판을 받고 있다. 즉, 경제학은 패러다임 전환의 목전에 전형적으로 나타나는 '방법론적 위기'에 직면해 있다고 할 수 있다. 전문가들 사이에서 그런 인식이 일반적임은, 지금의 주류 경제학에 대한 통상의 비판자, 예컨대 이론이 지나치게 추상적으로 되면서 인내심을 잃어버린 경제사가나 실증분석가나 급진적 경제학자뿐 아니라, 경제학계의 지도적 인물들로부터도 경제학에 대한 불만이 쏟아지고 있다는 점에서 분명하다.

문제는 경제학자들이 자신들의 연구에 대해, 그리고 그것이 할 만한 가치가 있는지에 대해 서로 동의하지 않는다는 점이다. 경제학계 외부에서는 오랫동안 경제학자들이 보인 연역적 방법론, 공식화하려는 태도, 불가해한 수학에 대한 과도한 의존, 복잡한 증거에 대한 회피, 상이한 사실 앞에 노골적으로 드러난 비일관성에 대해 비판하였다. 전문가들은 경제학이 사회과학의 여왕이라는 주장을 이제 더 이상 할 수 없음을 알고 있다. 그동안 그런 주장을 했던 것은 경제학자들이 특히 제2차 세계대전 이후 계속해서 외형적으로 정확한 수학적 용어로 말하기를 고집한 것에 기초하고 있다. 예컨대, 시카고학파 지도자 중 한 사람인 스티글러(G. Stigler)는 "수학이 없으면 우리는 사회학자들처럼 트집 잡기로 전락할 것"이라고 하였다.

그런데 공식화를 추구하는 경제학은 획일적인 틀을 제시하고 끝나버리는 경우가 많다. 모든 과학의 목적인 실제 세계를 밝히는 것은 밀려나고, 획일적인 틀이 경제학자와 그들이 이해하려고 애쓰는 현실 사이에 들어와 버린다. 이런 문제점은 교과서나 교실 내에서만 머물면 그나마 다행이겠지만, 경제학자들이 실제로 상당한 힘을 갖는 경우가 많기 때문에, 사회적으로 중요한 의미를 갖는다. 즉, 공식화된 경제학은 정책 입안자가 어떻게 문제를 정의하고 선택을 인식하며 정책을 입안할 것인가에 대해 근본적인 영향을 미친다.

경제학에 대한 외부의 비판에 대해, 경제학자들은 경제학자들 간의 불일치가 있음을 인정하지 않고 가족 간의 건강한 토론일 뿐이라고 하면서 불일치를 경시하였다. 새뮤얼슨은 저서에서 신고전학파 이론이 극소수의 좌우익을 제외한 거의 모든 사람에게 받아들여지고 있다고 하였다. 그러면서도 "의회가 여섯 명의 경제학자에게 의견을 물으면 일곱 가지 답이 나올 것"임을 인정하였다.

경제학에 뒤늦은 수정이 이루어지고 있음에도 불구하고 경제학이 근본적으로 변할 수 있을 것인가는 전혀 분명하지 않다. 여전히 경제학자들이 고집하는 몇 가지 공준, 예컨대 시장이 결과를 최적화한다는 믿음, 일반균형의 가정, 이기적 인간이 사회적 진공 상태에서 합리적 선택을 한다는 전제, 제도의 문제에 대한 경시 등은 모형을 복잡하게 뒤엉킨 현실로부터 격리시키기 때문이다. 외부의 비판에도 불구하고 대부분의 경제학자는 근본적인 변화에 강인하게 저항하고 있다. 지나친 수학적 이론화에 치우친 결과, 경제학은 경험적·응용적 기반이 취약하게 되었다. 이런 비판을 수용하고 경제학이 본질적으로 더 많이 발전하기 위해서는 상호 의존적이기도 한 다음의 세 가지 점을 강조할 필요가 있다.

첫째, 경제학은 현실의 실천적 문제와 관련하여 데이터를 좀 더 광범하고 체계적으로 수집하여 분석할 수 있어야 한다. 모겐스턴(O. Morgenstern)은 뉴턴의 업적이 뉴턴 이전의 천문학자에 의해 축적된 주의 깊은 관찰과 측정을 기초로 하지 않고서는 불가능하였을 것이라고 하였다. 그는 경제가 종종 거대하고 급격한 변화를 경험하는 것을 생각하면 그것을 기술하는 것이 뉴턴 시대에 불변이라고 생각한 우주를 설명하는 것보다 훨씬 곤란한 일이라고 하였다. 그러면서 그는 경제학의 전통적인 방법에 강력한 도전을 하였다. 그것은 바로 인간 행동의 관찰에 기초하고 있는 '게임이론'을 경제학의 일부로 도입한 노이만(J. V. Neumann)과 모겐스턴의 『게임이론과 경제행동』(*Theory of Games and Economic Behavior*, 1944)이었다.

둘째, 경제학이 좀 더 개방적으로 다른 관련 과학(사회학이나 심리학 등)에서 새로 생긴 이론, 개념, 사고방식 등을 도입해야 한다. 지금의 주류 경제학은 점점 더 고급의 수학적 기법에 매달리고 있다. 미국경제학회의 대학원 경제학 교육에 대한 조사는, 지나치게 수학적 방법을 고집한 결과 경제학 대학원생의 구술 능력이 계속 하락하고 있으며, 대학원 과정이 테크닉 면에서 숙달되었지만 실제 경제 문제에는 무지한 백치를 양산하고 있음이 한 세대 내에 드러날 것이라는 우려할 만한 결과를 내놓았다. 펠프스 브라운(E. H. Phelps Brown)은 경제학과 다른 사회과학 간의 전통적인 경계를 제거할 것을 제창하면서, "전문화는 필요하며 분명히 경제학자가 중심이 되어 연구해야 할 활동도 존재한다. 그러나 그 같은 문제의 핵심에 대해 언급하기 위해서는, 어떤 경향은 사회심리학이나 사회인류학에서 연구되고 다른 경향은 경제학이 적합하다고 하는 식으로 구분할 수 없다"("The Underdevelopment of Economics," *Economic Journal*, 1972)라고 하였다.

셋째, 다른 사회과학과 마찬가지로 경제학은 자연과학이 생각하는 시스템과는 다른 시스템을 대상으로 하고 있다는 점을 고려해야 한다. 맨큐(N. G. Mankiw)는 자신의 『경제학원론』(*Principles of Economics*)에서 "경제학자들은 과학적 객관성을 갖고 경제 문제를 연구한다. … 그들은 이론을 만들고 자료를 수입하고 자료를 분석하여 자신의 이론을 검증한다"라고 하였다. 경제학자들은 자연과학에서처럼 경제 행위의 규칙성을 발견하는 것을 가장 중요한 업적으로 생각한다. 그러나 우리는 경제학을 과학으로 간주하는 경향에 지나치게 환호해서는 안 되며, 경제학은 자연과학과 같은 객관성과 정확성을 가질 수 없다는 점을 간과해서도 안 된다. 그 이유는 경제학의 대상은 항상 변화하고 있을 뿐만 아니라, 그 변화는 고도의 불확실성과 자기 상관에 지배되고 있기 때문이다. 케인스가 경제학에 불확실성을 도입하려고 한 것이야말로 신고전학파의 패러다임이 받아들이기 가장 곤란한 사고방식이었다. 왜냐하면 불확실성의 세계는 항상 불균형 상태이며 자기 조정 체계라는 신고전학파적 개념의 의미가 없어져 버리기 때문이다.

이상의 세 가지 점을 고려하여 경제학이 지금과는 다른 새로운 활로를 모색해야 한다. 중요한 문제에 정통파가 유효한 해답을 제공할 수 없다고 수없이 비판하는 것만으로는 아무런 의미가 없다. 더 효과적인 경제학의 분석 체계를 만들기 위해 현재 행해지고 있는 몇 가지의 시도 중 무엇이 경제학의 새로운 패러다임의 기초를 구축할 수 있는지를 판단하는 것은 불가능하지만, 새로운 이단적 이론이 현재 정통파의 지배를 타파하기 위해서는 실제적인 연구 성과를 축적할 필요가 있다. 그래서 새로운 학문적 틀을 사용함으로써 새로 등장한 문제를 해결할 수 있을 뿐만 아니라 낡은 문제에 대해서도 기존의 틀보다 더 효과적으로 대처할 수 있다고 하는 점을, 종래의 교육을 받아 온 경제학자에게 확신시키는 것이 필요하다. 지금처럼 현실과 부합하지 않는 신고전학파적 이론이 미시 또는 거시적 수준에서 개념과 분석 방법을 제공하고 실증 데이터가 그것에 부합하는 형태로 집적되고 있는 한, 새로운 경제학의 틀을 만들어 내기 위한 도약은 어렵다.

새로운 패러다임을 모색하기 위해 경제학자는 실제의 경제생활이 지극히 정치적이라는 것을 인정할 필요가 있다. 소득분배와 같은 핵심적 경제 문제가 뉴턴의 중력 법칙과도 같은 법칙에 의해 결정된다고 생각할 수는 없으며, 그것은 확실히 정치 영역의 문제일 가능성이 크다. 물론 경제학자가 자신의 관찰에 기초하여 과학적 방법을 동원할 수 있는 여지는 많다. 그러나 경제학자들이 다루는 중요한 대상 중 정치로부터 영향을 받지 않는 것이 있는가. 경제이론이 말하는 것처럼 모든 경제 현상이 진공 상태에서 일어나는 것인가. 과학자가 현미경으로 연구한 물리 세계의 질서를 법칙으로 주장하듯이, 경제학자가 사회에 대해 발견한 질서를 과학적 법칙으로 주장할 수 있는가. 답은 그렇지 못하다는 것이다. 가령 경제이론 속에 담아내지 못한 권력의 지배와 복종이 경제 행위에 미치는 영향이 크다면, 자연과학이론에 붙인 법칙성과 과학성을 경제이론에도 적용할 수 있다고 하기는 어려울 것이다. 따라서 경제학자들이 중립성을 가장한 채 과학성을 명분으로, 적어도 애덤 스미스를 포함한 많은 경제학자, 특히 이단적 경제학자들이 보여 준 고민으로부터 도피하지 말아야 할 것이다.

참고문헌

(*CAP*) Karl Marx, *Capital*, Vol.1, 1867.

(*CCPE*) Karl Marx, *A Contribution to the Critique of Political Economy*, 1859.

(*EIC*) Joan Robinson, *The Economics of Imperfect Competition*, 2nd edn., 1969.

(*EPC*) Henry Thornton, *An Enquiry into the Natures and Effects of the Paper Credit of Great Britain*, 1802.

(*EPE*) Leon Walras, *Elements of Pure Economics*, 1874.

(*GTE*) John Maynard Keynes, *The General Theory of Employment, Interest and Money*, 1936.

(*HPB*) David Ricardo, *The High Price of Bullion, a Proof of the Depreciation of the Bank Notes*, 1810.

(*IP*) Knut Wicksell, *Interest and Prices*, 1898, translated by R. F. Kahn, 1936.

(*MS*) Adam Smith, *The Theory of Moral Sentiments*, 1759.

(*NSES*) Lionel Robbins, *The Nature and Significance of Economic Science*, 1932.

(*POE*) Alfred Marshall, *Principles of Economics*, 1890.

(*POPE*) Thomas R. Malthus, *Principles of Political Economy*, 1820.

(*PPE*) John Steward Mill, *Principles of Political Economy*, 1848.

(*PPET*) David Ricardo, *On the Principles of Political Economy and Taxation*, 1817.

(*SMPE*) John Neville Keynes, *The Scope and Method of Political Economy*, 1890.

(*TED*) Joseph Schumpeter, *The Theory of Economic Development*, 1911/1934.

(*TM*) John Maynard Keynes, *A Treatise on Money*, 1930.

(*TMR*) John Maynard Keynes, *A Tract on Monetary Reform*, 1923.

(*TPE*) William Stanley Jevons, *The Theory of Political Economy*, 1871.

(*WN*) Adam Smith, *An Inquiry into the Nature and Causes of the Wealth of Nations*, 1776.

E. K. Hunt and M. Lautzenheiser, *History of Economic History*, 3rd ed., 2011(홍기빈 역, 『E. K. 헌트의 경제사상사』, 시대의 창, 2015).

I. H. Rima, *Development of Economic Analysis*, 3rd ed., 1978.

J. Niehans, *A History of Economic Theory*, 1990.

P. Deane, *The Evolution of Economic Ideas*, 1978.

R. L. Heilbroner, *Worly Philosophers*, 7th ed., 1999(장상환 역, 『세속의 철학자들』, 이마고, 2006).

찾아보기